前瞻教育

叢書主編　黃政傑

大學整併
成效、問題與展望

台灣教育研究院　策劃

黃政傑　李懿芳　主編

黃政傑　李懿芳　王振輝　林新發

于承平　楊慶煜　彭煥勝　張慶勳

梁金盛　劉名峯　王麗雲　戰寶華

梁忠銘　楊思偉　李宜麟　丁志權

胡茹萍　謝金枝　張國保　袁宇熙

詹盛如　陳宏彰　黃士銘

合著

五南圖書出版公司 印行

主編序

　　各國高等教育為因應國內外社會、政治、經濟、科技、文化變遷發展之需求，均持續不斷地進行高教改革，追求大學轉型發展，以提升大學品質、發揮大學功能，符應各界需要。政府和大學受到周遭各個影響勢力衝擊，高教改革推陳出新，大學力爭上游，是不得不然的現象。

　　在高教改革過程中常出現的是大學整併，希望經由這一政策的推動，擴展大學規模和影響力，整合教育資源，提升大學教育品質，增強國內外招生優勢，促進學習成效和辦學成績，並於國際上享有盛名。不論是美國、日本、歐盟各國，在二十世紀末大學整併已有不少實例；時至二十一世紀，大學整併風潮更蔚為潮流。大學經由整併，規模變得愈來愈大，校際及國際競爭愈演愈烈。

　　國內 1980 年代以來的大學擴增，或新設公私立大學，或改制專科學校為學院，改名學院為大學，大學院系所及招生名額大幅增加；不過，由於擴充太快，又遭遇學齡人口愈來愈少的嚴重狀況，出現大學供需失衡的危機。大學整併將大學重新整合，被視為可以改變大學校數過多的現象，有助於解決高教生源短缺問題。不過更重要的是在高教國際化和全球化的趨勢下，大學必須走出去發揮國際影響力，大學透過整併擴展規模和資源，提升辦學品質，乃成為可以達成期許目標的途徑。

　　大學整併是很複雜的事，其中之大學合併尤其困難。國內近二十年來已經完成 21 所大學合併，各校合併經驗、成果和問題值得深入探討，並展望未來，提出建言，做為政策和實務改進之參考。台灣教育研究院乃以大學整併為題，邀集國內專家學者撰文，編輯成書；全書各篇文章均經匿名雙審通過後刊登，以確保內容品質。如今專書出

版，特感謝本書作者惠賜鴻文，感謝專家學者協助審查，感謝五南圖書出版公司精編出版，感謝本社張意翎專員擔任本書聯絡及文稿彙整工作，也要感謝台灣教育研究院社全體理監事和秘書處全體同仁之指導與協助。

《大學整併》專書主編

李佩儒、李奕芳

台灣教育研究院

2020 年 10 月 5 日

導　讀

黃政傑、李懿芳

 本書編輯意旨與重點

一、編輯意旨

　　國內外大專院校在發展的過程中，常經歷整併的過程，整併成功的大學，其系所學程及招生對象去蕪存菁，學生人數增加、規模變大，有機會轉變成更優質、更有影響力之大學，提供優質的教學和研究，回應學生、社會及國家發展推動需要，並促進全球發展。為了推動大學整併政策，各國都會參考先進國家的計畫和實施成果，吸取寶貴的國際經驗。國內的高等教育歷經大學擴增過程，又受到內外部因素之衝擊，進入緊縮時刻，自二十世紀最後的十年開始，大學整併成為社會討論的重要課題。

　　1990 年左右國內教改風潮吹起，大學校院廣設，其後歷經少子化及其他因素之衝擊，大學教育品質和供需失衡，私校開始邁向退場之路，公立大學整併則成為重要教育政策。1995 年教育部《中華民國教育報告書》及 1996 年行政院教改會《教育改革總諮議報告書》，提出大學合併建言，主張部分規模過小、缺乏經營效率及競爭力之學校，有必要尋求與其他學校合併，以利資源做有效運用，提升效益和品質。1999 年教育部開始推動「地區性國立大學校院整併試辦計畫」，編列預算作為國立大專院校整併之激勵，國立嘉義師院與國立嘉義技術學院於 2000 年 2 月 1 日正式合併為國立嘉義大學。其後大學整併持續推動，推動計畫數易其名，由地區性國立大學整併，到區域資源整合、研究型大學整合、到師範校院定位轉型發展及其與鄰近大學整併，不斷尋找大學整併的焦點。當時大學整併成果有限，各界不滿整併成績，不斷提出批評，以為教育部主動性不夠導致成效不彰，乃進而於 2011 年 1 月 26 日修正《大學法》，授予教育部擬訂

大學合併計畫之權責。教育部在 2012 年 6 月 22 日制定《國立大學合併推動辦法》，組成合併推動審議會。於 2013 起針對「單一縣市超過 2 所國立大學且學生數低於 1 萬人」之大學，進行整併之全面推動。

國立大學整併政策推動迄今歷時多年，執行亦有成效，軍警校院不計，整併完成的有國立嘉義大學（嘉技和嘉師合併）、國立臺灣師範大學（僑教先修班併入）、國立東華大學（花蓮師院併入）、國立臺中科技大學（臺中技院和臺中護專合併）、臺北市立大學（北市體院和北市教大合併）、國立屏東大學（屏商技和屏教大合併）、國立清華大學（新竹教大併入）、國立高雄科技大學（高應用科大、高雄第一科大、高雄海洋科大合併）。私校有兩個零星案例，其一為法鼓文理學院（籌備中法鼓人文社會學院和法鼓佛教學院合併），其二為康寧大學（康寧專校併入）。大學整併進行中的還有交通大學和陽明大學兩校合併案，已確定 2021 年 2 日合併為國立陽明交通大學，另有國立中山大學和國立高雄大學兩校合併案，國立臺灣科技大學／國立屏東科技大學／國立雲林科技大學三校合併構想案，後者隨著臺科大校長即將卸任，暫時沒有進一步動作。大學整併十分不易，起心動念到成功完成，費時甚長，有的談到最後仍失敗，合併後又分手的案例也出現過。校名改變後，真實的合併才是更大的困難，面對的挑戰更為艱鉅。

二、撰稿重點

有鑑於整併完成的學校還有很長的路要走，有的整併暫時失敗但還會有後續，也還有學校正在商談整併，未來也許仍會有更多大學投入整併之路，但大學整併的相關經驗鮮少公開，資料難尋，又很敏感，以致寶貴經驗無法分享，十分可惜。本專書的編輯乃在探討大學整併之歷史、理念、過程、困難、成果及展望，總結過往之經驗，提出前瞻性建議，以助於大學整併之路走得更為順暢。本書作者或針對國外大學整併進行探討，或就國內大學整併之單一案例撰文，或比較不同案例之異同，或選大學整併的特定主題進行學理和實務之探討。本書作者寫作的參考方向為：1. 大學為何要整併？其目標如何？大學整併如何論述？2. 大學整併政策的影響因素

為何，政策成效及問題為何？3.大學整併的法令規章及實際運作如何？教育部所訂原則是否適合？4.大學主導或教育部主導如何進行，有何實例？教育部提供的誘因為何？大學受到哪些實質協助？6.大學整併的利弊得失為何？各方思維有何不同？7.不同大學整併的困難有何不同？整併成功與否的影響因素為何？8.大學整併後，該如何定位？如何破除阻礙？大學整併如何確實整合為一個學校？需要什麼配套？9.大學整併行政組織和編制如何調配？如何規劃和經營不同校區？10.大學合併的辦學方向如何決定？大學合併是否更為優質？未來展望為何？

各文簡介

本書以國內大學整併為主體，全書文章可分成整體觀點、個案分析、國際經驗和未來展望四大類。茲就各類文章加以介紹，以利讀者閱讀本書。

一、整體觀點

整體觀點是對焦於整個大學整併加以探討，涉及學理、政策、成效、實況、問題及改進，有的文章也會融入國際大學整併文獻進行分析和討論，有的會比較國內外的情況。這部分的文章有：從高教產業化來討論大學整併問題、整體探討大學整併的意涵成效問題和治理策略、公立高教機構整併的問題與因應，及從國際經驗省思國內大學整併推動策略等文章。

㈠從高等教育產業化論大學整併及其問題

王振輝教授從宏觀、學理和實務的角度，撰寫「從高等教育產業化論大學整併及其問題」。該文先提出世界整體高等教育產業化發展的視域和政策，溯自美國的高等教育產業化潮流，討論臺灣高等教育如何納入，也分析此一潮流如何翻轉傳統主體概念的人力資本、進而探究其中問題提出結論。他指出，我國高等教育政策深受新自由主義的影響，但是外來的文化受到我國政治文化環境等各種因素影響，在實施幾年後逐漸變形，成

爲半調子的新自由主義。他也指出美國在 1980 年代的新自由主義與傳統自由主義的差異相當微小，但看似微小的差異導致政策與作法上的巨大差別。接著該文從六個層次分析我國大學整併呈現出來的問題，分別是高等教育的普及化與自由化、開放大學自治再加限縮、缺乏自我管制力道、政府扮演積極主宰的角色、迴避公立大學學生數量擴增問題、公立大學的官僚主義導致效能及效率失落。該文認爲這些問題沒有解決的話，公公併無法解決我國高等教育問題。該文總結，公公併只是加深國家財政負擔、稀釋有限教育資源，原本應該是承擔高等教育產業化主要角色的私立大學，卻在政策中喪失競爭力，國家高等教育的整體發展反而受到拖累。

㈡大學校院整併的意涵、成效、問題與治理策略

林新發教授從宏觀的角度，撰寫「大學校院整併的意涵、成效、問題與治理策略」。首先，探究人口出生率、產業發展及內外在社會環境發展趨勢對大學人才培育之衝擊與影響，其次，闡述推動大學校院整併的意涵，及提出大學校院整併之相關研究，再次，分析大學校院整併實施的成效與問題，最後，提出大學校院整併之治理策略，俾供未來採行或改進之參考。該文指出全球化、科技化、少子化、M 型化、高齡化、數位化、智能化的發展趨勢，加上氣候環境變遷，新型病毒疫情流行，都是社會發展和大學校院經營與治理的重大挑戰，亟需面對和採取因應和治理策略。他評估大學整併的五大成效分別是適度提升大學聲譽、提升大學未來競爭力、產生規模經濟效應、快速形成綜合大學、增加跨域選修互動；也指出其產生的願景目標、院系體制、學校名稱、特色整合、選課系統、教職工權益、文化融合及校區位置等八大問題。該文最後針對問題，提出願景定位、專業評估、系統整合、創新轉型、溝通協調、文化融合、經費補助、產學合作、素養領導、特色治理等十大治理策略。

㈢公立高等教育機構整併問題與因應之道

張國保和袁宇熙教授撰寫「公立高等教育機構整併問題與因應之道」，從大學整併（或稱合併、合校或併校）之不同角度探討，提出相關問題及解決策略之論述。作者認爲公立大學在整併前、整併中、整併

後分別有不同的挑戰需要面對。歸結而言，併校任務繁重與複雜，更須步步為營、審慎執行。接著作者歸納出十大問題，分別是師生及校友共識與認同、新願景與計畫凝聚、組織立場之本位、校務人員編制及配置、教學系統整合、課程統整及教學問題、學務交流統合、多校區溝通協調、預算及核銷、整體發展與競爭力等。作者認為學校整併打破了原有的組織、運作、資源重構、多校區溝通等樣態，的確會有些許必須重新構思與因應的問題，必須針對問題加以解決；具體建議是建構師生及校友資訊平台、博採眾議擬定宏觀願景、合理有效重議行政組織、適宜調配人員編制、充分整合校務系統、完善師生課程教與學系統、提供多元化學生學習機會、暢通多校區溝通協調管道、建置簡便有效的經費核銷機制及提升整體競爭優勢之因應等。

㈣從國外大學合併案例探討臺灣推動大學合併可行策略

　　于承平副研究員撰寫「從國外大學合併案例探討臺灣推動大學合併可行策略」，分析國外大學校院合併策略作法，藉此提出參考建議，引出對大學合併更多的思考及方向。該文首先探討大學合併的定義、目的及策略，認為大學合併具有短中長期目標，自維繫學校生存、增加系所多元化以因應市場環境變遷，而至降低成本，成為世界級大學及提升大學排名；進而討論推動大學合併可能產生之機會及挑戰，實際結果有成有敗。該文認為臺灣近年來主要採公公併，遭遇到的政治、組織、社會、文化及心理層面等與人有關的因素大致相同，歐洲各國大學係以私立大學合併（私私併）為主，考量合併後維繫學校生存的財務。在法律層面，臺灣有利於公公併而歐洲則是有利於私私併，而公私併則是共同的困難和問題。該文接著分析國外大學校院合併型態的案例，認為我國公立大學合併及公私立大學聯盟二種模式，已運作相當順暢。國外大學的分析包含芬蘭、日本的大學，及西班牙拉曼魯爾大學、紐西蘭公立技術及理工學院合併案例、最後也討論了歐洲跨國大學聯盟案例。該文總結時，提出新近國外大學合併趨勢採傘狀合併，數個大學校院合併成傘狀組織，像日本實施學校法人同時可經營數個大學之「一法人多大學制」，類似於美國各州的公立大學系

統。最後該文分析臺灣推動大學合併之現況分析與可行作法，宜效法國外在推動大學合併政策前，先行規畫其所想要達到的高等教育遠景的做法。

二、國內個案

個案分析著眼於個別大學的整併構想、規劃、過程、成果和經驗，也討論合併學校的辦學理念目標、遭遇的問題及挑戰，提出因應策略。這部分有探討國立高雄科技大學、國立清華大學、國立屏東大學、國立東華大學等個案整併的四篇文章。

㈠從原三校到高科大：三校整併的實務挑戰、因應策略及未來展望

楊慶煜校長撰寫「從原三校到高科大：三校整併的實務挑戰、因應策略及未來展望」，分析國立高雄海洋科技大學、國立高雄應用科技大學、國立高雄第一科技大學三校，於 2018 年 2 月 1 日合併為國立高雄科技大學（簡稱高科大）的挑戰和發展。原來三校均位處高雄，同為技職屬性，學術專長領域具有互補性，合併後有助於回應少子女化、全球化競爭及產業升級轉型人才培育等挑戰。作者指出高科大融合海洋科技、親產優質及創新創業三大特色為發展主軸，但合併亦有不少挑戰。該文先分析從「你我」到「我們」的挑戰，需要面對內部的整合與認同問題，包含校園融合難題（文化融合的挑戰）、校區管理不易（跨區治理的挑戰）、系統整合困難（系統整合的挑戰）、規章制度差異（異中求同的挑戰）、校園文化保守（多元創新的挑戰）。在這些挑戰下，新大學需要制訂校務發展策略，突破困境開創新局，包含推動行政效能優質服務（行政提升能量）、活化五大校區健全發展（校區核心發展）、建構學校文化品牌特色（品牌凝聚共識）、建構多元文化友善校園（多元美化校園）、加強國際學術交流合作（交流邁向國際）、打造特色創新發展環境（特色轉動創新）。更重要的是作者提出邁向卓越，成就未來的願景，一方面讓特色更出色，打造 BEST University，做為全國最大的科技大學，高科大的目標是「邁向卓越」，也就是 "For the BEST"，B 是 Brain —高雄的智庫、E 是 Engine —

產業的引擎、S 是 South —南向的基地、T 是 Together —融合的校園。二方面要成就充滿希望的未來人才，培養學生成為具有 WISH 能力的人，WISH 即「成就未來」，W 指 Whole Person —全方位跨域、I 指 International Mobility —國際移動力、S 指 Sustainable Learning —永續學習力，以及 H 指 Humanity —具人本關懷。該文提出的併校挑戰中，包含文化、地理、資訊、制度、創新等方面的問題和因應做法，頗具參考價值。

㈡國立新竹教育大學合併案的過程與省思

彭煥勝教授撰寫「國立新竹教育大學合併案的過程與省思」，聚焦於 2016 年這所歷經七十六年主要培育小學與學前教育師資的學府，被併入國立清華大學（簡稱清華），正式走入歷史的歷程，並省思其中之問題所在。國立新竹教育大學（簡稱竹教大）原是一所主要培育小學及學前教育師資的學校，創校於 1940 年日治時期臺灣總督府新竹師範學校，其後歷經改制升格和改名過程，辦學素有口碑，為何會走入被併校的命運呢？作者還回應其他問題：這與臺灣小學師資培育政策從計畫式走向市場化有密切關連嗎？小學師資培育機構被檢討需要轉型發展或與鄰近大學合併校，是否又與國內少子女化下的高等教育過度膨脹有關連呢？小學師資培育機構與綜合性大學合併，是否能解決高等教育過度膨脹問題？是否有利於師資培育的精進發展？大學整併過程是否兼顧資訊透明、相互尊重、民主溝通與互利互補呢？回應這些問題，該文從歷史的角度切入，蒐集併校一手及相關的史料，輔以少量的遷校案相關人員的訪談，先談合併案的背景緣由，其次討論合併案的過程，再檢討併校過程在目的與手段是否符合正當性的問題，再以研究者自身參與和親歷此合併案的觀察剖析，期盼對於此合併案提出初步的觀察與省思。該文質疑此次併校案的目的與手段是否符合正當性，頗值深思。

㈢從屏教大與屏商合校到屏東大學：兼具高教、技職與師培體系的教學與科研融合型大學

張慶勳教授撰寫「從屏教大與屏商合校到屏東大學：兼具高教、技職與師培體系的教學與科研融合型大學」，聚焦於原屏東教育大學與原屏

東商業技術學院兩校合校為屏東大學的發展脈絡背景、合校的緣由、信念、過程與重要關鍵事件、合校過程中所遭遇到的困境與解決途徑。該文也分析合校後，首任校長的治校理念和領導的具體策略和作為、合校後所遭遇到的困境與解決策略、學校新文化的重塑及未來的展望。作者雖曾擔任並參與兩校合校的實際運作過程，但為能掌握兩校合校的論述與合校前後的實際運作，訪談合校前的校長，及合校後首任校長、行政副校長、新校歌作詞者，針對前述焦點進行訪談。作者依據文獻探討及訪談結果進行分析，整理四點結論：大學整併因地因校因時與特定目的而制宜、大學整併是以解決問題為導向的組織行為微觀政治決策過程、大學整併是融合結構性、社會性與文化性的重構工程；大學整併以優先目標、特色辦學、創新經營與永續發展為未來展望。作者最後也提出四項建議，分別是：大學整併宜先從交流互動尋找共同交集，形成共識開始；大學整併宜以變動最少，互補性強為策略；大學整併應關注組織成員權益，尋求共識，解決問題為優先；大學整併應積極爭取校內外利害關係人與團體的支持。

㈣花師東華共創新東華大學

梁金盛教授以個人在合併過程中之實際參與、行政運作及文獻檔案分析做為依據，撰寫「花師東華共創新東華大學」，分析 2008 年起由國立東華大學（以下簡稱東華）與國立花蓮教育大學（以下簡稱花師）合校的新東華大學，兩校正式洽談合校至正式合校完成長達十二年才完成，合校迄今也過了十二年，該文分析這二十四年間，兩校由分立、合作、交流、衝突、合校、磨合，成為現在的新東華大學，整個過程之艱辛和成果。作者分析兩校合併之因緣、壓力、困難及終至於成的過程；其中的大環境因素值得特別注意，兩校合校完成前幾年，大學的擴充和少子女化等因素，加上經濟發展趨緩及大學擴充已現飽和等因素，大學部及研究所之招生報名人數都呈現逐年下滑現象，這種情形又以地處東部的大學為甚。此外，校務基金實施後，公立大學補助僅足支付教職員工的基本薪酬，拓展生源、爭取競爭型計畫及研究計畫即相當重要。教育部對於原兩校合併後之招生名額、新設系所、教學建築等承諾亦屬重要影響因素。兩校合校後教

學研究集中於單一校區，行政組織架構單純，系所合一，可以減併支出，師生之間接觸溝通合作的機會增加，容易建立共識。此一合校模式，值得和其他案例併校後之多校區經營相比較。

三、國際經驗

　　國際經驗部分，共有五篇文章，包含有兩篇文章探討美國大學整併經驗，各有特色；另兩篇文章探討日本大學整併經驗，一談政策和展望，二談一法人複數大學的新制度；還有一篇文章進行中法日臺四國的大學整併的探討經驗。這些文章有助於擴展高教整併的視野，理解大學整併的國際趨勢和異同，藉收他山攻錯之用。

㈠美國大學整併經驗探究與啟示

　　劉名峯博士和王麗雲教授撰寫「美國大學整併經驗探究與啟示」，先探討美國大學整併之背景。雖然從國際學生總量、留學國家趨向、就學階段選擇、頂尖大學數量等各項數據來看，都顯示美國高等教育能量充足，但美國的高等教育機構確實在近年來面臨經營、發展、創新、整合或轉型上的重要時刻，其衝擊來自於學生、資源、內部經營及外部競爭等幾個面向，大學整併似乎成為變革的驅動力量。該文從參與者類型及機構類型分析美國大學整併的類型，也探討美國大學整併的內外部影響因素，美國大學的整併因素可從影響來源面向進行探究，其內容包含外部影響及內部影響兩部分。私立學校的整併因素可能來自於董事會決策，而公立學校的整併因素則可能來自於機構發展需求。美國大學整併目的可以區分為發展性目的及脈絡性目的兩類。該文分析美國大學整併經驗、影響整併成果的因素，並舉出公立大學的系統性整併典範——University System of Georgia 為成功案例，認為學生族群的組成亦有可能成為阻礙大學整併的主要因素，強調做好大學整併影響評估是很重要的。最後該文就美國大學整併經驗中可供我國未來參考的項目加以說明，提出策略夥伴關係的發展、公立大學的系統性整合、私立大學間的整併等方向，並提醒不能為併而併，不要迷信「數大就是美」，要有明確的目標。

㈡美國高等教育整併之探析與啟示

　　戰寶華教授撰寫「美國高等教育整併之探析與啟示」，文中從美國高等教育現況與發展趨勢切入，進而分析美國高等教育的整併情形與其影響，從而探析整併案例，了解成功整併之關鍵因素以及克服整併挑戰的做法，並提出對我國未來高教發展與整併之啟示。該文從美國高等教育發展現況進行分析，聚焦於美國高等教育學生人數與機構數量、解析其收支與就學成本變化，探析美國高等教育發展背景與整併理論，並由其意涵範疇以及適用理論切入，期能建構高教整併思維之完整內涵。該文指出 2016 年至 2018 年，美國已有 20 所非營利以及 62 所職業訓練導向之高教機構倒閉，但也分析美國高等教育機構整併的案例，檢視成功的關鍵因素，認為整併應被視為追求願景達成之手段，而不是最終目標，而成功的可能方法或實現成功的方法很多樣，乃提出美國高等教育機構整併構思啟示之概念圖及實踐的七項途徑。該文總結指出，由於環境、品質與存續的三元互動的影響範圍更寬廣、更複雜，高教機構應持續不斷提升競能與社會價值。

㈢日本高等教育整併政策與展望

　　梁忠銘教授撰寫「日本高等教育整併政策與展望」，先分析影響大學整併政策背景，大分為「外在因素」與「內在因素」的影響。所謂「外在因素」是指國外各種的因素，如軍事介入、國際化、全球化等因素的影響；而「內在因素」如少子化、生員減少、資訊化、科技化的發展、強化競爭力、規模的調整、政策的調整、國家社會發展的需求、產業競爭等。作者分析日本的高等教育在 1945 年第二次世界大戰以後大學整併的發展，再就 1980 年代以後面臨的是少子化及國際化全球化的競爭及資訊化時代的衝擊加以回應，之後日本延續 1990 年代初期廢止教養學部，同時配合教育學部入學定員大幅的削減，進行以教育學院為主的整併。2001-2009 年日本國公立大學整併，2010 年代以後，日本文部科學省努力的方向以私立學校的整合為主。作者指出日本高等教育發展趨勢整體最大的改變，在於積極跳脫以往整併思維，以生存能力、人材培育、地域貢獻、產

學連攜、強化教育爲政策思維核心，轉向發展高等卓越和特色教育著手，並結合生涯學習、國際教育及產業發展爲重點，強調卓越、特色及產官學合作。作者接著討論日本大學整併問題，分析影響日本大學整併理念與因素，最後歸納出大力進行國立大學的整編與統合、國立大學導入民間經營方式、大學導入第三者評鑑及競爭機制，爲日本大學整併的發展方向。作者認爲臺灣自 2000 年至今有 10 所成功案例，以總數大約 50 所國立高等教育機構而言，成果高於日本；但近年來，臺灣高等教育的國際競爭力並未顯著提升，值得深思。

(四)日本國立大學整併之分析：以一法人複數大學制爲例

　　楊思偉和李宜麟教授撰寫「日本國立大學整併之分析：以一法人複數大學制爲例」，以日本文部科學省（簡稱文科省）提出的國立大學整併之「一法人複數大學」（一法人管理多個大學）爲例，探究日本國立大學法人在「一法人複數大學制」下的整併重要政策內涵及個案，再綜合內涵和個案分析後，析論日本國立大學法人整併之目的、理念、策略、相關配套措施，進而提出日本國立大學法人整併的特色，並歸納對國內大學整併的啟示。該文首先指出 2019 年日本文科省對《國立大學法人法》進行修訂，引入一種同意多所大學在一法人框架下營運的體制，進而建立一種行政管理系統，以實現更具策略意義的大學管理。基本設計的理想方式包含：大學法人主席和大學校長間的角色劃分、法人主席和大學校長的任命程序、法人決策系統（理事會、監事、經營協議會、教育研究評議會等）、中期目標及計畫和評鑑、指定國立大學法人整併時的處理等。該文接著說明日本國立大學法人整併個案，包含有：2020 年 4 月國立大學法人岐阜大學和國立大學法人名古屋大學、2021 年國立大學法人靜岡大學和國立大學法人浜松醫科大學，以及 2022 年預定整併的有國立大學法人小樽商科大學、國立大學法人帶広畜產大學、國立大學法人北見工業大學，2022 年預定整併的則有：國立大學法人奈良教育大學、國立大學奈良女子大學等。接著，作者分析一法人複數大學爲例的大學整併的目的、理念、政策架構、配套措施，分析此一整併政策的特色，包含整併以高教發展目標方

向做爲基礎，並有整併的藍圖與運作機制，充分發揮大學活化產業和社會的責任，以經營和教學充分配合等焦點。

㈤中日法臺四國高等教育機構整併之比較分析

丁志權教授撰寫「中日法臺四國高等教育機構整併之比較分析」，涵蓋大學及學院或專科學校合併和聯盟，依推動合併之年代順序，分析中國、日本、法國與臺灣的高等教育機構整併政策執行情形，並進行比較分析。作者指出中國 1990 年代至 2000 年代初期高等教育機構合併達 431 案，成果最豐碩，主因是「黨國合一」，以行政命令推動高等教育機構合併，執行效率高。日本 2000 年代初期以後，推動的高等教育機構合併，成果不理想。惟 2019 年修正《國立大學法人》後，推動「一法人多大學」模式，值得觀察。法國 2000 年代初期以後，全面推動高等教育機構合併，其世界排名顯著提升。作者指出，1980 年代以後新自由主義與新公共管理強調經濟、效率和效能，是大學合併的論述基礎，各國政府積極改革高等教育，課予高等教育機構績效責任，希望擴大高等教育機構規模，增加課程的多元性與品質，並強化資源運效率，整併成爲重要的改革的策略。

四、未來方向

未來方向這部分，包含四篇文章，分別是大學合併成效評估，這是大學整併之後比較難做的探討，也常受到忽視，以後可再加強。其二爲大學合併的法規分析，指出目前國內大學合併之適用法規，及其執行困難和有待補救的缺陷。其三爲公私立大學合併的可行性評估，有助於公私併政策之釐訂。其四爲大學整併的問題分析與未來展望，探討國內大學整併的政策、法規、成效、問題，並提供改進建議，具有政策研修之價值。

㈠大學合併的成效評估：案例分析

謝金枝助理教授撰寫「大學合併的成效評估：案例分析」，探討大學合併成效的相關研究及文獻，歸納大學合併成效評估的面向與議題，作爲大學合併前的預先評估及合併後期成效探討的參考。作者認爲大學合併成

效的評估需依據合併的目標來檢視，而目標的訂定受到合併動機的影響，因此該文首先探討大學合併的動因與預期目標，然後分析大學合併的影響及成效的相關研究，歸納出新合併後大學成效評估的面向及結果。該文指出各國進行大學合併的主要目的，可以歸納為效率效能、競爭力及多樣性三方面。作者以臺灣的嘉義大學與清華大學、葡萄牙的里斯本大學、南非的納爾遜．曼德拉城市大學及其他案例，討論大學合併成效，指出大學合併的條件、歷程、時間長短不一，以合併成效來看，評估的面向包括具體的數據指標、效率的計算、各類利益關係人的知覺、觀點與意見。至於評估的面向最常見的是師生人數的成長、研究出版量及資源設備的強化，也都圍繞在大學合併的三個主要目的：「效能、效率」、「競爭力」及「多樣性」。作者認為成效評估尚缺乏全面性且為較弱的一環，有必要進一步研究改進。

㈡大學合併之法規分析

胡茹萍副教授撰寫「大學合併之法規分析」，指出現行大學合併，除國立臺中科技大學及康寧大學，係由大學與專科學校合併成立，以及法鼓文理學院係由大學與宗教研修學院合併外，其餘都是大學之間的合併。由於民主國家必須依法行政，了解大學合併的法源有其必要，作者乃依大學公、私立屬性，就公立大學間、私立大學間及公私立大學間三種類型的合併，以法律及法規命令分別梳理合併相關法規依據。就公立大學間之合併而言，依《大學法》第 7 條規定，合併之發動主體，得由公立大學主動申請，或由教育部主動合併國立大學為之，兩者都有其困難點，直轄市政府、縣（市）政府主動合併所屬大學之法據缺漏，值得注意。就私立大學間之合併而言，應依《大學法》、《私立學校法》及《設立變更停辦辦法》規定辦理，應經校務會議及董事會同意，得採存續合併、新設合併及改隸合併。作者認為私立大學合併缺乏宣導及行政協助，公私立大學間之合併，現行法規並未有相關規範。公私併的主要問題在於，公、私立大學之法律定性不同，合併後之大學定性待議，可行做法為藉由學校法人得將全部財產捐贈政府，促成公、私立大學之合併，或參照《促進民間參與公

共建設法》，以投資契約訂定方式辦理。

(三)大學整併的新可能：公私整併的模式與途徑

詹盛如、陳宏彰、黃士銘等學者，撰寫「大學整併的新可能：公私整併的模式與途徑」，探討大學整併的理念與目的，解析大學公私立整併之模式與樣態，探究大學公私立整併之法規、困難與可能的途徑，根據發現提出可行之建議。該文認為大學整併具有卓越／提升競爭力、資源整合／互補、財務平衡、擴充就學機會與服務在地社區發展等多樣性目標和理念。該文引用大學整併係一系列不同組織結合程度的發展樣態光譜的理論，據以對國內外高等教育與私部門的公私立整併個案加以分析，訪談與調查國內高等教育互動關係人，作成結論為：大學整併主要是以提升競爭力以及學術卓越為主軸；國外公私立整併的模式多樣化，但都無法完全適應我國需求；公私整併涉及法規多元且複雜，主要困難包括法人化、人事與會計制度。作者最後主張，在現有法令與治理架構下，我國公私立大學全校層級的實質合併有其困難，除非在法制上能有法人化改革、暫行條例頒布或是更具彈性的法令授權空間。退而求其次，可朝向學院系所層級的共同治理和創新合作。作者也主張鼓勵有意願的學校先行透過跨校聯盟、大學系統精進合作，從此類較為鬆散的「軟性」合併／協作，循序漸進地為「硬性」整併。

(四)大學整併的問題分析與未來展望

黃政傑教授撰寫「大學整併的問題分析與未來展望」，指出大學整併為國內外大學改革的風潮，相關研究和討論愈來愈多，國內這一波大學整併推動以來已有二十年，大學合併校數高達 10 所，涉及 21 所大學，對大學的轉型發展影響很大。該文分析大學整併的意涵與發展，討論大學整併推動理由，分析大學整併的相關法規，探討大學合併實際推動之各種可能，剖析大學合併之問題，最後作成建議。該文的分析顯示，未來大學合併宜關注整體高教發展藍圖的訂定，重新思考大學合併推動的目標，由公公併模式私私併，並評估公私併的可行性、運作方式和相關配套，比較不

同體系學制類型大學合併的利弊得失及發展方向和所需協助，再評估單科型大學併入大型大學或綜合大學後的辦學成效，剖析分散校區大學的合併效益及集中式校區所需支持，切實做好大學合併成效評估，解決大學合併之問題。最後作者指出，大學合併只是大學整併的一環，大學合併的未來如何走，大學系統是否是一條有利的道路，值得評估改進。

 ## 參 結語

　　本書書名是「大學整併：成效、問題與展望」，大學整併一詞廣義而言，可包含大學合併、大學系統、大學聯盟及更鬆散合作的做法。大學系統在國內的實施尚未深入，大學聯盟的合作事項亦屬有限，其他大學之間的合作並無太大問題，這三者均非本書現階段的探究焦點。大學合併則為各方所關切，合併的校數愈來愈多，合併的問題若不解決則無法達成合併的目標，亦難落實合併所持的理想和願景，後續的合併難以持續開展，因而本書乃以大學合併為主軸，邀請作者撰稿。本書大部分文章都圍繞在大學合併或併校之分析，部分文章從更寬廣的角度分析探討，亦有其價值。過去二十年來，臺灣的大學合併，以國立大學為主軸，輔以市立大學和私立大學的合併，下一波會不會更多私私併和公私併登場，大家莫不拭目以待。揆諸本書各文作者之意旨，大學合併不單是為了因應少子化問題，更重要的是滿足大學學術卓越發展的需求，追求大學教育品質及維護學生教育平等權，以培育社會所需的優質人才，也要關注地方、產業、社會、文化及全球永續發展。不過，政府和大學千萬不要為合併而合併，合併只是大學發展的一條路，而不是一切；合併一定要有整體高教發展藍圖，提示應興應革之路。在大學合併之外，如何規劃更具整體性及縱深度的大學系統去整合和運作，似乎也是高教改革不可忽略的方向。

目　錄

整體觀點篇

第一章

從高等教育產業化
論大學整併及其問題

王振輝

國立政治大學東亞研究所法學博士
靜宜大學教育研究所教授

壹　前言

近二十年來國內興起公立大學併校的潮流；從 2000 年開始，嘉義師範學院與嘉義技術學院合併為「嘉義大學」；2008 年，東華大學與花蓮教育大學合併為「東華大學」；2011 年，臺中技術學院與臺中護理專科學校合併為「臺中科技大學」；2013 年，臺北市立教育大學與臺北市立體育學院合併為「臺北市立大學」；2014 年，屏東教育大學和屏東商業技術學院合併為「屏東大學」；2016 年，清華大學與新竹教育大學合併為清華大學；2018 年，高雄第一科技大學、高雄應用科技大學、高雄海洋科技大學合併為高雄科技大學；2018 年，陽明大學和交通大學議約，校名定為「國立陽明交通大學」，目前已接近完成合併；最近一起則是 2019 年中山大學 3 月宣布合併高雄大學，而高雄大學在 6 月於校務會議針對該案獲得在場代表半數以上支持通過（黃政傑，2016a；羊正鈺，2019）。

至於為何會有如此併校潮流？究其因，這是由於我國最近十幾年來，肇因於少子化、大學數量的過度膨脹以及大學競爭力日益下滑等等因素，學界為文呼籲，大學應該減量（陳維昭，2005；陳曼玲，2014；黃政傑，2015）；1999 年教育部推動《地區性國立大學校院整併試辦計畫》作為國立大專院校整併依據（行政院研究發展考核委員會編，2002），2012 年教育部部務會報通過《國立大學合併推動辦法》，同年 9 月成立「合併推動審議委員會」，掌握大學合併的主導權，並編列獎勵經費預算誘因，鼓勵各國立大學提出合併計畫，積極推動公立大學整併用以解決大學數量太多問題；前教育部長吳思華在 2014 年甚至提出臺灣的大學數量希望在幾年內降到一百所的政策（戎華儀，2014）。2015 年教育部發布的《高等教育創新轉型方案》裡則提到，公立大學整併的基本條件是「單一縣市超過 2 所國立大學學生數低於 1 萬人」（技術及職業教育司，2015）。

從教育部發布的政策看來，在緊縮大學數量的政策裡，其中一項重要作為便是推動公立大學的整併，顯然，在未來很長的一段時期裡，公立大學的整併將是教育部非常重要的政策；對於推動大學整併，時任教育部長

潘文忠在出席「教育部所屬國立大學卸新任校長交接典禮」，會後接受媒體訪問時指出，在大學整併議題上，教育部希望能由下而上來推動，並結合兩校不足之處、發揮結合上的特色，才是推動目標，「而不是拿來解決少子化的問題」（潘文忠，2016）。

從教育部長的言論看來，大學整併的目的在於結合不同的資源，截長補短，將資源、人才做最有效的利用，用以提高大學的競爭能量。果真如此，那真是臺灣高等教育之幸。本文也希望教育部長期許的目標可以達成。但是從第一個公公併大學──嘉義大學以來，實施大學整併至今已有十年，我國大學的競爭力是提升了呢？抑或是下降了？對此，科技部長陳良基 2019 年在立法院備詢時給出了答案，他指出，我國近十年基礎研究投資逐年減少，不僅落後多數主要競爭國家，2017 年更創新低，從 2008 年的 10.2% 掉到只剩 7.8%。論文發表數開始往下掉，發表論文力道也不斷減弱（簡惠茹，2019）。這些客觀的數據與事實都告訴國人，教育部這樣的大學整併政策顯然是有很大的問題的。

因此，雖然從大學自治的層次來說，大學之間的合併應該是一件喜事，只要兩廂情願，大家應予以尊重，外人不應指指點點，然而，教育部推動公立大學整併政策不僅關乎臺灣整體高等教育的健全發展，而且整併後的大學之全球競爭力則攸關我國國家競爭力的長遠願景，是以本文仍願不揣鄙陋，就教育部目前大學整併政策進一步深論，期望能提供決策者一個有用的參考視角。

以下本文便從世界整體高等教育產業化（entrepreneurialization of the university）發展的視域來深入探討目前我國大學整併所呈現出來的問題。在下文中我們將分別討論高等教育產業化政策的源起、源自美國的高等教育產業化、臺灣高等教育如何納入美國新自由主義洪流、翻轉傳統主體概念的「人力資本」、問題與討論，最後是本文的結論。

美國高等教育產業化政策的源起與發展

要談我國的大學整併這個議題，就要深入了解美國高等教育產業化政策，因爲正是在該政策的影響下才導致我國大學總量極度的擴張，有了當時大學不當的擴張，其中尤其是公立大學如雨後春筍般地大量出現，如今才有大學整併的問題。

然而，這裡所講的高等教育產業化，包含幾個層次的意義，首先就是高等教育的普及化與自由化，其次是高等教育與產業界的合作，第三就是以企業管理模式來有效地經營高等教育、提升其競爭力（王振輝，2016）。

說來也奇怪，當前流行於全世界的高等教育產業化事實上是源自一場南美洲的經濟危機；1985 年玻利維亞（Republica de Bolivia）爆發嚴重的經濟危機，通貨膨脹率高達 24000%，經濟負成長 12%，當時民不聊生，政局動蕩。這場反危機措施大獲成功，其源自新自由主義經濟主張即「休克療法」（shock therapy）也因此名揚世界（Klein, 2008；王京東、孫浩林，2002）。東歐許多國家也都紛紛仿效以休克療法對治其經濟問題而獲得相當的成效，從社會主義計畫經濟轉型爲資本主義自由經濟，新自由主義一時間成了新的信仰，也變成了美國征服全世界的重要意識形態（張才國，2007）。

新自由主義思想自此蔓延到各個領域，1980 年代以來，許多歐美國家也以新自由主義的理論對其高等教育進行改革，其中最重要的政策便是大學的普及化（李小科，2006）；大學的普及化，大學教育由精英教育轉型爲普及教育，往好處想就是透過市場化的競爭，提升人力資源素質，以優良的人力資本，幫助產業轉型。

然而，從大學普及化的角度來看，美國高等教育普及化的作爲不是在1980 年代新自由主義崛起之後，而是在 1940 年，特別是在凱恩斯理論提出後，高等教育與大學生數量迅速上升。1940 年美國高等教育總數量爲1,800 所，1965 年爲 2,230 所，1978 年增爲 3,360 所。1940 年，美國大學生爲 150 萬人，到了 1975 年就突破 1100 萬大關。1955 年研究生爲 25 萬

名，到了 1975 年則接近 85 萬名（王振輝，2016）。

　　據學者分析，在第二次世界大戰後到 1970 年間，西方高等教育的擴張與國家對於總體勞動政策有密切關係；從勞動力的素質來說，政府透過投資高等教育，培養了更多高技術的勞動力，高等教育就成了勞動力市場的活水源頭。從量的方面來說，在政府經濟計畫中，大學生數量的增加代表了勞動力進出市場的總量管制獲得了較大的伸縮與調節空間，對於戰後的西方社會而言，大學就成了國家調節勞動力進出市場的蓄水池（reserving pool）（吳挺鋒，2002）。

　　依照史密斯（David N. Smith）的研究也顯示，從 1950 年到 1970 年，勞工屬性分類成長最迅速的便是「專業與技術勞工」（professional and technical workers）這一階層，而這毫無疑問是對應了大學擴張與其就業人口大量化的供給。這便是戰後出現的「新中產階級」（New Middle Class），這一批新創造出來的「中層群體」的流動模式並非仰賴父祖餘蔭而得的財富累積，而是依靠個人知識與聲望的「專業認可」取得較優勢的社會位置，而有別於傳統藍領的生活方式（Smith, 1974）。

　　然而，大學教育的普及化還不等於高等教育產業化；應該說，高等教育的擴張乃是現代工業發展的內在需求，然而，這種需求卻造成國家在經費上龐大的壓力，從而也排擠了其他預算。再加上，戰後大學教育的擴張後，大部分公立大學的經營與資源的運用因爲官僚主義的扭曲，造成國家有限資源的大量浪費與閒置，屢屢遭到各界的檢討與攻擊（陳啟榮，2005；Ball, 1993）。其實早在 1950 年代，美國經濟學家 Milton Friedman 就批評美國公立學校品質低劣，他認爲，人們應該透過市場自由競爭的原則，在教育系統內提供教育券（educational vouchers），給家長爲其子女選擇學校就讀費用，藉此改進學校品質（Friedman, 1962）。事實上美國政府也嘗試尋求各種方案針對沒有效率和巨大浪費的高等教育進行改革。最後它們在史丹佛大學（Stanford University）身上看到改革的契機。

　　所以眞正的高教產業化還是源自 1980 年代的史丹佛大學的產業化，即大學與產業開啟了深度合作，迎接知識經濟時代的來臨。

　　史丹佛大學創辦人李蘭‧史丹佛（Leland Stanford）在 1891 年 10 月 1

日開學典禮上說：「生活歸根到底是實際的，你們到此是為自己謀求一個有用的職業。這包含著創新、進取的願望，良好的設計和最終使之實現的努力。」正是史丹佛的這一實用教育精神，創造了後來的矽谷傳奇。如果說 1920 年史丹佛大學還只是一所「鄉村大學」，但到了 1960 年她便名列前茅，到 1985 年已被評為全美一流大學。它的關鍵是 1951 年由當時的副校長弗瑞德‧特爾曼（Frederick Terman）教授創建了史丹佛科學園區，開啟了高等教育產業化的先河，特爾曼後來也被公認為「矽谷之父」。到了 1980 年代，史丹佛不僅吸引了學術人才和創業高手，同時，科學園區對學術市場化的操作模式還催生了一種有利於孕育新企業的經濟環境，正是這種高科技、高風險但高利潤的經濟環境在吸引著各種各樣的創業者（老錢，2014）。

史丹佛大學的崛起為矽谷（Silicon Valley）電子產業創造了條件，同時，矽谷的發展也幫助了史丹佛大學，使她得以有今天的成就。史丹佛大學發展的這種模式使得大學、科學園區和企業之間建立深具凝聚力的聯合體，它把三者的優勢變成一個總體優勢。這種模式更有利於研究一些重大的綜合議題，特別是現代產業發展都必須是跨領域的研究。而且大學向企業轉讓先進的科技成果，為企業提供定期諮詢或技術指導，為企業培養人才，有利於縮短新技術由研究到投入生產的週期，克服產學落差，也保證新技術企業獲得長期穩定的發展。在這種情況下，公司和企業也都願意向大學投資。史丹佛大學發展的模式讓世界知道，科技是生產力，知識是科技的基礎，大學是生產知識的最重要的地方，這一系列的邏輯關係推動著大學把知識投向工業，使工業以科技取得發展、創新。這種發展邏輯正是美國「實用教育」觀念的體現（王振輝，2006）。

這種大學—產業親密而長期的合作關係，稍後即成為史丹佛大學的傳統，也成為提升學術水準和致力於公共服務重要模式。這種做法得到了美國政府的贊許和支持（老錢，2014）。

在 1983 年 5 月，美國總審計局向國會提出的報告就指出，在他們所造訪的科學園區中，發現有兩種方法可以把大學與工業保持持續的聯繫和維護大學傳統職責與目標結合起來。第一種方法是制定大學的發展規劃、

政策時，把與工業的合作關係作為提高和保持大學高水平的學術、研究與開發計劃的一部分。第二種方法是開辦科學園區，並把它列為大學公共服務職能的一個部分。據統計，美國矽谷 60%-70% 的企業是史丹福大學學生和教授創辦的，1986-1996 年矽谷總收入中至少有一半是史丹佛大學師生創辦企業貢獻的（老錢，2014）。

　　史丹佛大學成功的經驗引起學界的省思，著名的新自由主義學者 Chubb & Moe（1990），他們在《政治、市場及美國教育》（*Politics, Markets, and American's school*）一書中呼應史丹佛大學的經驗，認為對教育市場保持高靈敏度的私校與被國家操控獨斷的公立學校相較而言，來得優越許多，在這種基於供需層面的「準市場」概念下，來自各學校之間的市場競爭，將可帶動學校效能的提升。所以，他們主張將學校系統由民主政治（democratic politics）轉向市場位置（marketplace）。美國許多自由學派之學者認為教育選擇乃是根除公立學校官僚主義弊端之萬靈丹，這種主張普遍重視自由市場的機制，將經濟學中的選擇、競爭、品質等概念帶入教育系統之中，追求績效卓越（范熾文、謝月香，2015）。

　　自此，美國其他大學也開始了如此產學合作模式，例如：根據美國波士頓銀行歷時七年的研究報告，僅就麻省理工學院（Massachusetts Institute of Technology）一校來說，自 1990 年以來，該學院的畢業生和教師平均每年創辦 150 家新公司，單是 1994 這一年，這些公司就僱傭 110 萬人，創造了 2,320 億美元的經濟規模，對美國特別是對麻塞諸塞州的經濟發展做了重要貢獻（Bank of Boston, 1997）。

　　自此，史丹佛大學等美國大學開創的高等教育產業化的作法，特別是矽谷的成就與 MIT 產學合作締造驚人的經濟規模，在全世界掀起無限的風雲，更吸引無數來自世界各地優秀人才前往美國取經學習，優秀大學吸引秀異人才又形成另一種龐大教育產業規模，人才與大學的良性循環，羨煞其他國家。

　　針對美國這場教育改革，2005 年，英國《經濟學人》（*The Economist*）以「腦力事業」（The Brains Business）為專題進行全球高等教育的調查與分析，其中高度讚揚美國的高等教育政策。在這個專題裡有多篇文

章分別對不同地區（美國、歐洲、開發中國家）的大學模式與發展現況做出了優勝劣敗的評價，美國高教模式在此獲得了極高的評價，其他地區模式都落入了敗部。就中一篇〈成功的秘密〉（Secrets of success）一文，便指出了美國大學之所以能脫穎而出的三個組織原則：第一個原則是聯邦政府扮演一個有限的角色；第二個原則是強調競爭；第三個原則是大學的實用模式而非封閉在學術象牙塔裡頭。透過這三個致勝原則，美國高等教育產業化模式得以大放異彩，成為自由經濟學家眼中引領世界風騷的楷模（The Economist, 2005）。

以上這三個原則一時間頓然成為世界各國進行高等教育改革的依循準則。除此之外，有學者更從美國高等教育產業化的經驗中，總結出幾個結論：一、高等教育想要有一定數量的規模，就要鼓勵、開放私人興學，如此才得以創造出自由競爭的市場；二、政府教育經費預算逐年遞減，如此才能強迫大學開源節流，有效經營；三、開放調漲大學學費，以市場機制提高教育品質；四、使用者付費，學習者要分攤教育成本；五、提供弱勢學生予以學費補助，維護社會正義（鄭淑華，2005）；總之，高等教育產業化就是高等教育的私有化與自由化，讓高等教育成為競爭性市場的產品。

其中特別是在調漲學費方面，讓一般人感受最為深刻，像臺灣漲幅算最小的，比起二十年前，大學學費大約漲三到四倍，即便如此，國人還是深感痛苦；其他國家漲幅更是可怕，例如日本國立大學的學費平均金額從1975 年度的 3 萬 6 千元日圓，漲為 2014 年的 53 萬 5800 日圓（約 16 萬新臺幣），漲幅高達 15 倍之多（編輯記錄，2014）。在高等教育產業化下，中國的高等教育學費漲勢也是擋不住，以 2006 年的統計來說，最近十八年來，國民人均收入增長也不過幾倍，但大學的收費卻從 200 元（人民幣，下同），提高到 5 千多元至 1 萬多元之間，達到了 25 到 50 倍之驚人幅度（麥克思研究院，2007）。

美國的高等教育以數量龐大的私立大學為主體，自由競爭是其特色。由於近二十年來，教育投資帶來的所得回饋不斷提高，導致對高等教育的需求增加。如此一來，不僅推動了美國大學學費的快速增加，也提高了原

本就十分激烈的競爭程度。在過去十幾年中，美國高等教育學費的漲幅高達消費者價格指數的三倍。依照 USNEWS 在 2015 年公布美國各大學的學費，大約都落在每年 4 萬美金到 5 萬美金之間（劉松林編，2015），如果加上書籍費、住宿費、生活費等等費用相加，最節省的學生，一年也要花上個 5-6 萬美金，四年下來，20 萬美金跑不掉，即使是美國當地的人，想要念大學大多還是要貸款，以致個人債臺高築，無力償債的情形亦所在皆是（蕭霖，2015）。即便是公立的大學，從 1980 年代施行高等教育產業化政策以後，各州政府的財務補貼持續減少，於是各州立大學不得不每年增加學費和雜費，自從 1982-1983 學年起，學雜費每年的漲幅大約為 5%（於時語，2015）。

然而，縱然有這些小問題，美國高等教育產業化還是普受各國推崇，近年來，更由於蘋果、facebook、Google 創業的模式「太成功」了，更令世人普遍深信美國高等教育模式就是唯一王道（李侑珊，2015）。在經濟強勢下，高等教育產業化所衍生的問題似乎都只是枝節細末，瑕不掩瑜。

臺灣高等教育納入美國新自由主義洪流

由於臺灣自 50 年代後便以美國為馬首是瞻，很自然地接受其新自由主義；其中涉及客觀情境的束縛，由於臺灣經濟高度依賴對外貿易，對全球經濟市場的變化極端敏感，而依我國外貿型經濟來說，更是樂見於全球化經濟體系的擴張。因此，在新自由主義全球化的過程，臺灣也不可避免地被捲入其中（姜添輝，2015）。

我國的高等教育發展重要的轉捩點，主要就是根源 1987 年政治解嚴，隨後由民間發動並組成的「四一○教改聯盟」於 1994 年提出「廣設高中、大學」的訴求，緊接著教育部於 1995 年提出的《中華民國教育報告書》銳意興革，而深受社會期待的「行政院教育改革委員會」在 1995 年 4 月至 1996 年 12 月間陸續提出的四期《諮議報告書》及《總諮議報告書》，都在在標示我國的高等教育以自由經濟的市場邏輯邁向高等教育新時代的來臨（戴曉霞，1999）。數十年來臺灣歷任政府與知識界完全奉自

由化之名進行各種改革。新自由主義更主導了臺灣近來的教育政策，讓臺灣教育幾乎完全緊貼著資本主義的脈動（楊志良，2014）。

例如我國行政院（2014）就深盼「讓史丹佛建校傳奇，在臺灣現起」，當年在行政院邀請下的臺大教授陳良基以此為主題作出報告指出：

> 高等教育在教育服務業中最具國際市場競爭性，符合「自由經濟示範區」的核心理念——「自由化、國際化、前瞻性」，對國內大學而言，不但可藉引進創新經營模式提升自主性、決策品質及效率，因應內外部環境變遷，更能提供高品質教育服務，對外輸出創造效益，促進人員自由流動。

在此一行政院邀請的演講中，我們看到我國知識界精英如何緊扣美國的脈動。

這裡又向我們提出了一個問題了：臺灣教育為何會深受美國高等教育產業化的影響？

這就要回溯到二次大戰之後，國際情勢的演變，地緣政治的影響，決定了臺灣的命運，臺灣在政治、經濟上深度仰賴美國，也讓臺灣學術教育受到美國新自由主義的主宰；特別是在二次世界大戰之後，民主共產兩極對立世界體系逐漸形成，尤其是韓戰的爆發更是快速形塑了全球性冷戰體制。在東亞地區，為了圍堵蘇聯共產主義集團向外輸出革命，美國建構了資本主義世界的反共防線，分別與西太平洋各國進行軍事合作，將日本、南韓、琉球、臺灣、菲律賓等地納入其亞洲第一島鏈線軍事防禦聯盟之中。不僅如此，在 1960 年代，亞洲經濟勢力開始發展，尤其是香港、臺灣、南韓，紛紛加入以全球市場為基礎的貿易體系，幾乎完全開放的市場極力爭取美國、歐洲和日本等國家的資本家，設立出口加工區，建立以出口為導向的生產體系（廖月娟譯，2013）。

然而，數十年的冷戰秩序，美國與世界各國並非只是在軍事及國際政治的層次運作；由於長期施行反共親美政策，臺灣與美國在軍事、政治與經濟多邊的合作與交流，致使美國價值深入人心，對臺灣的政治、社會、

文化造成深遠的效應，甚至深入我們的思想、身體與欲望當中。特別是在文化上，臺灣地區在戰後的冷戰結構與國共內戰的延續，加上執政黨強烈的親美反共情結，及韓戰後南北韓分裂的確立，特別是在 1972 年中美建交、1976 年臺美正式斷交之後，臺灣快速地喪失國際活動空間，美國得以透過其軍事、經濟與政治影響力幾乎完全操控臺灣，使得美國成爲處於國際孤立的臺灣唯一主導性的對外關係。

根據教育部公布的統計數字，在 1990 年以前，臺灣 80%-90% 以上的留學生是留美的，在當時是美國最大的外籍學生群體，這些人回臺後所帶來的是美式的學術生產風格，其中的規章、知識分類、論文格式等無不效法美國。因此，戰後的臺灣高級知識分子菁英大部分有過美國讀書生活的經驗，在政治上美國式的自由民主成爲臺灣主要的想像；除了大眾流行文化的市場被好萊塢所籠罩之外，就連反對文化，幾乎是本能地以美國馬首是瞻。總之，戰後臺灣的美國化，或是說對於美國的深度依賴，是總體而全面性的。臺灣的學術生產與高等教育，就是在此一國際洪流中被迫納入了美國的系統（陳光興、錢永祥，2005：3-30）。自此，我國的高等教育就如前教育部長楊朝祥所說的：「將教育當作一種產業經營是當今新趨勢，事實上也是一種教育的創新，我國加入世界貿易組織，教育市場開放，間接也促成教育產業的成型」（楊朝祥，2009）。

雖然我國高等教育政策深受新自由主義的影響，但是畢竟是外來的文化，受到我國政治文化環境等各種因素的制約，在實施幾年後逐漸變形，被學者稱爲「半調子的新自由主義」（張國偉、何明修，2007）。

肆　翻轉傳統主體概念的「人力資本」

事實上，美國在 1980 年代所提出的新自由主義與傳統自由主義的差異是相當微小的，但正是此一看似微小的差異，導致了兩者在政策與作法上的巨大差別，爲把握此一當代思潮脈動，此一細微差異值得我們深入理解。

新自由主義與傳統自由主義兩者最主要的差異是體現在「主體」觀念

的不同，就此而言，新自由主義深受法國思想家福柯（Michael Foucault）的影響（周祝瑛，2005）。

福柯對「主體」觀念的詮釋與傳統的自由主義有所不同，在其《生命政治的誕生》（*The Birth of Biopolitics*）一書中，福柯詮釋新自由主義的主體更多的強調的是主體「自我管制」（self-governmentality）和自我規訓（Foucault, 2008）。其實這個觀點接近康德對自由的界定。

在此一理念底下，在當代資本主義社會中，政府不再像傳統自由主義那樣扮演守夜者的消極角色，而是要積極地去保護或創造自由市場競爭的各種條件，政府成了企業的守護神，因此，個體被建構成資本主義社會中「人力資本」，於是，主體的建構變成培養個體的溝通能力和社會關係。也就是說，資本不再僅限於剝削勞動力，而是通過創造和溝通的能力來穿透社會關係，主體的建構是自我技術的產物（Foucault, 1979）。

要理解福柯如此抽象的概念，我們不妨用大家都能懂的例子來進一步說明：以工人和企業的關係爲例，在傳統自由主義裡，企業對工人的期許是工廠式集中化規訓，它要求工人像機械般地服從、精準、勞動，像常見的紡織工廠工人皆是如此；但當代新自由主義中，企業對於工人的管制則大不相同，這種新的管制方式是分散的、彈性的、開放的控制，它強調個人必須整合自由、風險、權力、責任與角色，個人被建構爲要主動承擔就學、就業、選擇和責任的各種風險，並努力開發自己的潛力；易言之，在這樣的一個當代資本主義社會，每一個體都被訓練成爲配合著資本主義企業邏輯的自我管理與自行生產的小機器，最典型的就屬高科技產業界裡的「責任制」，那些所謂的「科技新貴」科技工程師，在「責任制」的要求下，他們必須「自主地」無限加班，直到在時限內完成他被交付的「責任」。

當代這種新的管制技術事實上表徵著新形態的權力和主體結合的誕生，它擴展了經濟理性的範疇，將原本在市場中的競爭意識滲透到生活的每個領域之中，個人也被形塑必須爲自己的行爲和選擇負責的「個體」，並將所有可能的風險和後果合理化爲實現個人自由所必須要付出的代價。從這個角度來看，原本屬於政府和國家管制的經濟領域被「個體化」了，

交由個人自我負責，即問題的解決方式落在發展個人的倫理方面。個體「必須」表現出理性、積極、能夠自由選擇、自我管理、自我創造、自我約束的人格特質，與此同時，自由選擇的權力和自主性也就成爲建構主體的核心。個體有義務通過自己的選擇提高自己的生活品質，「在這種新的『自我觀照』中，每個人都應該對自己瞭若指掌，將自己的人力資本發揮到最大的限度。」這也意味著資本主義已經發展到了無限地開發主體的潛能、傳播溝通能力、思考創造能力、感受能力並將之轉化爲生產力的新的階段，主體的建構不僅僅是由國家和經濟決定的，而是個體的自我管制，是個體將國家與企業規訓與常規內化爲自我的一種表現（史唯、劉世鼎，2010）。

在這種新自由主義下國家統治就展現爲一種學者所稱的「智性治理」（Governmentality），即政府試圖塑造最適合國家政府政策的公民，統治者系統化地透過它所掌握的國家機器從心態、技術等各方面訓育人民成爲公民，最終讓這些合格的公民接受政府管理（Mayhew, 2010）。

學者認爲，在狹義上，智性治理可以用來描述政府存在是爲看到執政權力優化、使用，培育作爲社會群體成員的個體及政府的理性觀念，「智性治理：在一廣泛的各式背景下，要求我們學會如何管理別人和自己……。」若要分析政府就要分析那些試圖塑造、動員和操縱——通過個人和群體的選擇、欲望、願望、需求和生活方式——的機制。此時智性治理提供對權力新的詮釋和理解，權力包括在紀律體系中的社會控制形式（如學校、醫院、精神病院等）以及知識的形式（意指意識型態等）（Dean, 1999）。

簡單地說，這種新自由主義認爲政府就是要去塑造個人的觀念來配合當代資本主義的自由市場需求，所以政府必須確保教育系統能將它所想要的觀念植入每個人的腦海之中，將每一個人都培育成企業家眼中有用的「人力資本」。

這種新自由主義趨勢表現在當代高等教育裡，就是前教育部長楊朝祥所說的「教育產業化」趨勢，即利用市場手段擴大教育資源、利用市場機制經營教育各項措施，並且將學校教育的知識和技術優勢直接轉化爲

社會生產力的教育潮流，而這也是我國高等教育的政策依據（楊朝祥，2009）。例如：教育部於 2012 年在全國進行所謂「校務評鑑」，在評鑑原設計人王保進教授所寫的文章中，開宗明義便點出：「高等教育全球化、國際化及市場化已成為當前高等教育發展之重要趨勢。」在評鑑項目一：「學校自我定位」中，他再次強調：

> 學校自我定位在確保大學校院能確認本身之優勢、劣勢、轉機與危機，說明學校發展方向及重點特色，界定學校之自我定位，進而擬定校務發展計劃，再依據校務發展計劃，開設適當系所及學程，並訂定學生之基本素養與核心能力，以符合教育國際化與市場化之趨勢，強化學校競爭力（王保進，2010）。

教育部官網上查到教育部有關「大學教學卓越計劃」，教育部解釋它的緣起：

> 教育產出人才與企業期待不符，不在於科系專業是否配合產業，而是大學教育是否教導學生就業的核心能力。因此，教學內容及方法必須能促進學生的就業力，大學教育應開始注重學生的就業面需求，例如加強產學合作、提早實習等等。雖然大學無須為企業量身訂作產出人力，但在大學教育普及化發展的趨勢下，人才之培育應符合社會所需（教育部，2009）。

之所以以市場導向進行教育改革，其最主要原因有二：一是，認為政府機構所提供的服務無法滿足人民的需求；二是，認為由於國家的專賣獨占缺乏市場競爭，是學校品質低落的主要原因。因此他們主張引進市場競爭的觀念，刺激學校間的競爭，並用以帶動教育革新。在美國教育改革中，市場機制受到相當的重視，因為市場機制同時可以解決經濟競爭力的危機以及國家沉重的負荷，也就是說，強調市場導向的教育改革一方面將可增進學校的效能，而市場導向的教育改革在另一方面也減少國家在教育

中的投入，朝向分權的方向，以消費者偏好的選擇作爲依據，形成市場這隻「看不見的手」來主導教育。簡單地說，教育改革的市場化，就是將企業經營的利潤與效率原則應用在教育，這便是強調市場競爭在教育中的重要，政府將不再運用管制和提供資源的方式來改革學校教育，而是透過市場力量來革新學校教育（李敦義，2000：62-88）。

伍　問題與討論

　　綜合以上對高等教育產業化的理念、發展與我國實踐的論述，本文針對我國當前的大學整併政策這個議題，打算從六個層次來看它所呈現出來的問題並進一步深入討論其意義。

　　首先，我們看到的問題事實上是與第一層次即高等教育的普及化與自由化有關：要求大學普及化，便需廣設大學，以致從早期的 22 所大學，短期內膨脹到 163 所大學（含 15 所專科學校），正因爲要求大學教育成爲一種普及教育，所以國立大學數量從早期的 9 所，膨脹到 55 所，私立大學從早期的 13 所，擴增到 108 所。

　　然而，從前面論述中我們知道，美國高等教育產業化模式裡的三個組織原則，其中前二個原則歸結到一點就是私有化，因爲私有化才有自由競爭的可能；亦即在高等教育產業化的藍圖裡，其最主要、最吃重的角色應該是鼓勵私立大學的成立，從而鼓勵其自由競爭，而非廣設國立或公立大學。若以我國的高等教育產業化的政策作爲來看，我國一開始就讓公立大學迅速膨脹，在公立大學費用相對便宜的情況下，收費昂貴的私立大學便只能在不公平的環境下，與公立大學進行不太可能有勝算的競爭。而從美國的高等教育產業化的發展來看，正是由於公立大學的官僚主義導致競爭力的衰退，從而寄望於私立大學的效率予以拯救，然我國高等教育的廣設公立大學的作法在這一點卻是背道而馳，這個矛盾力量的拉扯也註定了我國高等教育發展會有相當大的內在困境，而這也是目前教育部想要透過公公併的大學整併來拯救我國高等教育的根源。自此而論，教育部此一公立大學減量的作法「似乎」有跡可循、無可厚非。

其次，高等教育產業化重中之重的原則就是「自由」，因為唯有自由才可能有競爭。我國教育部在剛開始時，也的確制定了大學法並且開放大學自治；然而，大學自治最引人注目的結果卻是學雜費的狂飆，學費的飆漲原本是自由化應有之義，但在 1990 年之後，我國經濟發展不如預期，以致到了 2010 年國人薪資普遍還停留在二十年前的水準，在財富集中於少數人的情況下，大多數受薪階級更是薪資倒退，不堪生活的負荷；面對我國經濟發展的困難，教育部在眾多民間壓力團體的抗議下，只能強力地干預各校，連續十年凍結各校學雜費的調漲，以免窮人讀不起大學之公議，來符合壓力團體所謂的社會正義；然而，在通貨膨脹以及水電雙漲的壓力下，各大學營運成本大增，經營陷入極大的困境，在不能調漲學雜費的情況下，只有不斷地犧牲學生學習品質壓縮經營成本才能苟延殘喘等待春天；或許有人善意地理解，我國目前採取「政府管控導向」的學費政策，目的是基於教育是人民的權利，不應因某些不利因素（特別是經濟因素）影響到人民受教權（簡宗德，2016），這裡我們先不去討論高等教育是否也應像義務教育一樣是人民受教權此一問題；但是正是在社會上許多人的這種理解與默認下，政府理所當然地「管控」了大學，大學自治名存實亡，當初在制定高等教育產業化政策中所期盼因自由而產生的競爭力也如鏡花水月。

第三，承前，在這種大學整併中，新自由主義中所要翻轉傳統主體成就「自我管制」、「自我規訓」的最重要精神自是蕩然無存。如從所述，新自由主義下的高等教育產業化就是強調政府將不再運用管制和提供資源的方式來改革學校教育，而是透過市場力量來革新學校教育；只是現如今，全國所有大學所在乎都是如何迎合教育部主管單位價值標準並從中獲得最多的補助款或獎助金，以致有教育部獨厚某些特定學校之議（黃琇屏，2018）；對於教育部通過種種計畫來主導整體資源配置的現象，有學者如此評論：

> 在優勝劣敗的原則下，有的大學年年取得經費，得到不少
> 資源挹注，有的大學總是競爭不過，以致難為無米之炊。這類

競爭性計畫，扶強拔尖，極大化高教資源補助校際落差，形成強者愈強、弱者愈弱的現象，對學校和學生極不公平，不利於國內高教整體發展和社會進步，已有許多批評要求改進（黃政傑，2016b）。

也就是說，各校競爭仍然存在，只不過不是在自由市場中競爭，而是在政府高度管控中競爭，就如學者所指出的：

> 國內曾有一位校長感嘆地說，他的學校至少有三位校長，一位是教育部、一位是校務委員會，另一位是夾在這兩位大老的他，但只有他要對學校負最大責任。在這種環境下，最優秀的校長與教師也很難把學校辦好（彭森明，2012）。

於是就形成了「有責者無權，無責者有權」的怪異現象；然而，各校在生存壓力下，還是必須要「競」相「爭」取教育部手中掌握的各種頂尖計畫、教學卓越計畫、高等教育深耕計畫等等資源。在此情況下，再加上，多如牛毛的各種評鑑主導著各大學的生死，於是乎，中華民國的大學，不論是公立或私立都變相地成爲了「教育部大學」（李先泰，2017）。

第四，如前所論，在高等教育產業化的過程中，政府應該扮演有限的角色，而非支配性的主宰者；在上述的論證中，我們看到英國《經濟學人》就全球高等教育的調查與分析，對美國高教模式作出了極高的評價，它指出，其成功的秘密最重要的第一個原則便是，聯邦政府扮演一個有限的角色；這樣的結論也符合新自由主義的主張，亦即大學應該眞正的自治，如此才能「自我管制」和「自我規訓」。

從理論與實踐的層次上來看，有高度自治的校園，才有高度自制的教授，有這樣的教授才能教出眞正能「自我規訓」的學生。然而，我們看到我國教育部在高等教育產業化政策制定與執行過程中所扮演的積極性的角色，而非有限的角色，例如對各大學學費調漲的強力管控、透過各種計畫

和補助金主導大學，再加上教育部對大學的種種法規、條例限制，以及繁亂且缺乏彈性的人事、會計制度，多如牛毛的各種行政命令與辦法制約了各大學的發展，讓大學自主及大學法人化只是空言（王明珂，2012）。凡此等等作為均不利於我國高等教育遠景以及營造師生主體覺醒的大環境。

第五，整併公立大學是否可以解決珍貴教育資源稀釋的問題？從學校的總量上說，如果教育部在此時能夠透過整併公立大學來調降大學數量，似乎就可以解決上述的問題。不過，本文認為，目前我國高等教育整併的真正問題，並不在於減少多少大學的數量，而是隱藏在大學數量中的學生總量，特別是公立大學學生總量。這從下面的事實就可以看出，我國大學生總量從1984年的17萬3千多人，成長到2007年的112萬人，共計163所大學校院。最近幾年來教育部進行公立校院合併，所以到了2014年，大學校院數量微降到156所，不過由於大都是用公立大學整併的方式來減少學校數量，所以學生人數不但未減，反而增加到134萬人（蔡英文、陳建仁，2015）。

若以其中公公合併方式的國立嘉義大學為例，在99學年度時，學生人數為九千多人，到了104學年度，學生人數反而膨脹到一萬二千人（嘉義大學教務處，2015）。另一個在2008年合併花蓮師院的東華大學合併當年僅以日間部學生計學生人數為6,725人，十年來逐年成長，到了2017年成長到7,659人（國立東華大學，2020a），若加計其他學制，到了2019年總學生人數則進一步成長為9,907（國立東華大學，2020b）；而另一個在2011年併校的臺中科技大學，單以日間部大學生的人數計，從當年的4,681人成長到2019年的5,355人，但如果加計其他學制，十年期間的成長則高達到16,071人（國立臺中科技大學，2020）。由此可見歷年來各公立大學的合併效果，雖然造成在學校數量上有明顯上的減少，但在學生人數上不減反增，而且是大增；它不但加重國家教育進一步的負荷，而且對那些因少子化而深陷招生泥淖的私立大學而言，財政上更是雪上加霜，真是情何以堪，當然，也進一步扭曲原本有限的教育資源。

最後，公立學校能否克服官僚主義問題，從而彰顯競爭所需的效能與效率？我們知道美國高等教育產業化之所以從史丹佛大學身上看到希望，

正是由於公立大學受到官僚主義的滲透、腐蝕，所以寄望於私立學校的效能與效率；教育部口口聲聲要以國立大學整併的方式來提升大學競爭力，但國人卻未見在此之前整併之後的那些國立大學之成效評估，究竟整併之後的公立大學有無解決它長期以來為人所垢病的酬庸師資、人事浮濫、資源浪費、行政怠惰、經費運用不當等問題？如果這些問題沒有評估、沒有答案，那麼要以公公併來進行大學整併的方式解決我國高等教育問題，這非但沒有治本，甚至連治標恐怕都談不上。

例如以提升大學競爭力的效率和效能來說，目前國內各「頂尖大學」把國際的世界大學的排名列為學校層級目標（楊正誠，2018），但諸君請看以下諸般事實：那些優先享受五年五百億龐大教育經費的「頂尖大學」卻始終在亞洲各國中遠遠落後於新加坡、日本、韓國和香港，即便與後起之秀——中國的差距也愈來愈遠（陳俊欽，2017），而科技部長陳良基也作證指出，我國近十年論文發表數開始往下掉，發表論文力道不斷減弱（簡惠茹，2019），再加上獲得教育部各種計畫補助的學校中，多數學校只是由行政單位或兼任行政主管的教師在執行計畫（黃琇屏，2018），結果是，教育部運用龐大資源往往卻只得到一些計畫與書面成果報告。

另一例證便是近期發生於高雄中山大學李眉蓁碩士論文完全 96% 荒謬的抄襲案，如果學校在課程、指導教授、口試委員、系所與校方行政流程有嚴格的把關制度，實難想像有此一案；此一冰山一角的抄襲案不僅予大學普及化後快速貶值的學歷（力）以致命的打擊（卓然，2020），我國高等教育「若不痛下決心將此陋習根除，臺灣高等教育推出再多的卓越計畫、頂尖大學、深耕計畫、及玉山計畫等，都僅是表面功夫，因為高等教育求真求實的價值已不復存在」（嚴震生，2020）。凡此種種，在在證明用全國力量強力扶植的一些公立大學實在無法擺脫官僚主義的侵蝕。

 陸　結論

從高等教育產業化來看臺灣目前的大學整併議題，本文通過以上的論證，可以獲致以下幾個結論：

1. 目前教育部從公公併的方式來進行大學整併的政策用以加強我國大學競爭力，從過去的實踐來說是失敗的，即便對教育部未來的繼續推動，也不容國人有樂觀的期待。

2. 高等教育產業化的重點在於強調私立大學的自由與效率，因為只有「私有」才能擺脫公立大學官僚主義的扭曲，這也是美國高等教育成功的秘密，而我國教育部的高等教育發展的重點卻一直放在公立大學上，不論是寄望於透過公立大學的整併來提升國家競爭力或者以五年五百億頂尖大學計畫以期世界一流之理想，皆是如此。就此而言，除非教育部能令公立大學擺脫對國家資源的依賴，否則光以大學整併的方式來強化其競爭力，無異緣木求魚。

3. 因此，從高等教育產業化的視角來說，要恢復我國高等教育的生機與轉機，本文認為，一個有為的政府應該是致力於營造一個有利於自由競爭的制度與大環境，而非將有限且珍稀的教育資源傾注於那些不堪重託的公立大學身上期望它們渺不可及的競爭力，如此才有可能激發我國高等教育學府的創造力。

4. 基於健全我國高等教育的發展之立場，本文在此願意再提醒教育當局當初教育改革的初衷──「自由化」，所以何妨放開對大學教師薪資的管控、開放調漲大學學費，以市場機制提高教育品質，這才是解決之道，而這也是自由化的真諦。

整體來說，教育部推動大學整併的最重要的目的就是快速地增加我國大學的競爭力，而在這個問題上，各國累積了不少的經驗，其最直接有效的方式就是高價聘請世界上最優秀的師資與研究團隊，但是像我國教授薪資在教育部嚴格管控下不只遠遠落後於先進國家，即便在亞洲四小龍中也是敬陪末座，正所謂「出得起香蕉只能請得起猴子」之理，大學教授普遍的低薪，其直接結果導致我國高等教育優秀師資與團隊不斷地流失，當然也讓大學競爭力逐漸淪喪。雖然最近這幾年我國教育部終於也注意到這個現象，總算「稍為」放寬對薪資的管控，但與其他各國大學相較而言，薪資差距仍不可以道里計，所以對大學競爭力的提升仍只是杯水車薪。

當然，要提高教師待遇勢必要開放調漲大學學費，兩者互為聯動、互

為表裡，大學無足夠的收入是不可能有能力去聘請優秀師資與研究團隊。畢竟無利不起早，人類的自私特性決定了利益刺激的有效性，而這也是自由化市場經濟最人性的依據，我國教育當局目前想要憑藉著公立大學整併方式和各種競爭型計畫要來誘發師生創造力與競爭力，無異於天方夜譚，因為它們針對的都是整體學校的補助與獎勵而非個人，且不說這些來自官方的經費不可能流入個人帳戶，就算有些針對個人的獎勵無非就是一些中看不中用的頭銜和微薄的獎金，對刺激師生熱情與積極投入效果有限。

　　總之，如果我國教育部透過鼓勵以公公併的大學整併來解決我國高等教育問題，其最後的結果，不但加深國家的教育負擔、稀釋了原本就不多的教育預算與資源，而原本應該是承擔高等教育產業化主要角色的私立大學，卻在這樣的政策中不斷地淪喪其應有的競爭力，如此的作為反而拖累了國家高等教育的整體發展。

參考文獻

王明珂（2012）。請正視教育部五年五百億「邁向頂尖大學計劃」造成的畸形現象～一篇在總統大選期間推出但仍未能受到當政者重視的評論文章～。**臺灣教育評論月刊，1**(6)，23-25。

王保進（2010），以「整體學校評鑑」（whole school evaluation）為精神之大學校務評鑑，**評鑑雙月刊，23**，21-25。

王振輝（2016）。**奴化大學**。臺北：五南。

史唯、劉世鼎（2010）。新自由主義的主體：澳門賭場荷官的矛盾體驗。發表於成功大學舉辦的2010年臺灣文化研究年會「**文化生意：重探符號／資本／權力的新關係**」。引自www.csat.org.tw/paper/C2-2

行政院（2014）。讓史丹佛建校傳奇，在臺灣現起。5月13日。引自www.edu.tw/FileUpload/1075

行政院研究發展考核委員會編（2002）。**因應少子女化我國大專校院整併、轉型與退場機制之研究**。行政院研究發展考核委員會委託研究報告。引自https://ws.ndc.gov.tw/001/administrator/10/relfile/5644/3268/0058950_1.pdf

老錢（2014）。硅谷傳奇──硅谷之父：弗里德里克·特曼（Frederick Terman）。**老錢文集**。引自lao-qian.hxwk.org/.../老錢：硅谷傳奇-硅谷之父：弗里德……

羊正鈺（2019）。又一個頂尖大學想要併校，中山大學在急什麼？。**關鍵評論**（6/16）。見https://www.thenewslens.com/article/120374

技術及職業教育司（2015）。**高等教育創新轉型方案**。見https://www.edu.tw/news_Content.aspx?n=9E7AC85F1954DDA8&s=495C1DB78B6E7C7A

戎華儀（2014）。教長：105年起5內大學減量至百所。**中廣新聞網**，9月29日。

李小科（2006）。澄清被混用的新自由主義──兼談對New Liberalism和

Neo-Liberalism的翻譯。世紀中國。引自*intermargins.net/intermargins/TCulturalWorkshop/left/01.htm*

李先泰（2017）。行政作業「多如牛毛」教育部規畫：停辦大學系所評鑑。上報。2月8日。

李侑珊（2015）。創新創業教育陸比臺灣晚20年。中時電子報，11月25日。

於時語（2015）。美國大學生貸款：下一個債務泡沫？。北京新浪網，6月5日。http://news.sina.com.tw/article/20150605/14491150.html

李敦義（2000）。市場化理論分析及對臺灣中小學教育改革的啟示。教育研究資訊，**8**(6)，62-88。

卓然（2020）。李眉蓁毀了一整個論文產業鏈。上報。7月24日。https://www.upmedia.mg/news_info.php?SerialNo=92227

周祝瑛（2005）。新自由主義對高等教育之影響——以紐西蘭為例。教育研究月刊，**136**，148-158。

吳挺鋒（2006）。新自由主義高等教育「改革」及其批判。發表於2006年「大學基礎教育國際學術研討會」開南大學通識中心。

國立臺中科技大學（2020）。歷年學生人數統計。**1111**人力銀行。https://university.1111.com.tw/univ_talentschool.aspx?sno=%20100905

國立東華大學（2020a）。歷年學生人數統計。**1111**人力銀行。https://university.1111.com.tw/univ_talentschool.aspx?sno=102101

國立東華大學（2020b）。108學年度在學學生數。大專校院校務資公開平台。https://udb.moe.edu.tw/StatCardList/University/000012CE61AE/0020/%E5%9C%8B%E7%AB%8B%E6%9D%B1%E8%8F%AF%E5%A4%A7%E5%AD%B8

馬健生（2008）。公平與效率的抉擇：美國教育市場化改革研究。北京：科學教育出版社。

教育部（2009）。第二期獎勵大學教學卓越計畫。http://www.edu.tw/files/list/B0039/附件-2第二期獎勵大學教學卓越計畫980312-.pdf

陳光興、錢永祥（2005）。新自由主義全球化之下的學術生產。載反思會議工作小組編。全球化與知識生產：反思臺灣學術評鑑。臺北：唐山。

陳曼玲（2014）。解決大學過剩危機，教育部長掀開壓力鍋。**評鑑雙月刊**，
　　第52期。取自http://epaper.heeact.edu.tw/archive/2014 /11/01/6244.aspx

陳啟榮（2005）。當代教育市場化實施成效之檢視。**國民教育，46**(2)，81-
　　85。

陳俊欽（2017）。從全球大學排名看新加坡教育成就對臺灣教育的啟示。**臺
　　灣教育評論月刊，6**(9)，255-60。

陳維昭（2005）。當前我國大學的危機與轉機。載於黃俊傑編，二十一世紀
　　大學教育的新挑戰。臺北：臺灣大學出版中心。

楊正誠（2018）。高等教育國際化的概念框架與策略發展：評《紛亂中的高
　　等教育：改變中的世界的國際化》一書。**當代教育研究季刊，26**(1)，
　　115-127。

楊志良（2014）。近三任總統的錯誤——信仰新自由主義害慘臺灣。天下雜
　　誌，10月20日。

楊朝祥（2009）。臺灣高等教育的挑戰、超越與卓越。**教育資料集刊，44**，
　　1-28。

麥可思研究院（2007）。二〇〇六年：**中國教育的轉型與發展**。北京：社會
　　科學文獻出版社出版。

張才國（2007）。**新自由主義意識形態**。北京：中央編譯出版社。

張國偉、何明修（2007）。半調子的新自由主義：分析臺灣的高等教育學費
　　政策與爭議。**教育與社會研究，12**，73-112。

黃政傑（2015）。大學減量政策方向評析。**臺灣教育評論月刊，4**(2)，57-
　　64。

黃政傑（2016a）。清大與竹教併校評析。**臺灣教育評論月刊，5**(6)，150-
　　157。

黃政傑（2016b）。評高教後頂大計畫的構想。**臺灣教育評論月刊，5**(3)，
　　70-74。

黃琇屏（2018）。高等教育深耕計畫之我思。**臺灣教育評論月刊，7**(12)，
　　8-12。

彭森明（2012）。我所仰慕的頂尖大學。**臺灣教育評論月刊，1**(6)，6-12。

嘉義大學教務處（2015）。一般生實際在學人數統計表。**嘉義大學教務處業務統計資料**。https://www.ncyu.edu.tw/files/list/academic/10410%E6%9C%9F_%E5%AD%B801.pdf

鄭淑華（2005）。**1990年後大學學費政策之比較研究──以我國、美國及德國為例**。國立臺灣師範大學碩士論文。

蔡英文、陳建仁（2015）。2016總統大選教育政策之高等教育與技職教育。**點亮臺灣**，2015年12月4日。見http://iing.tw/posts/360

潘文忠（2016）。大學合併不是用來解決少子化。**ETtoday生活新聞**。8月1日http://www.ettoday.net/news/20160801/746174.htm#ixzz4MvU0duXC

戴曉霞（1999）。市場導向及其對高等教育之影響。**教育研究集刊**，42輯1月，233-254。

編輯紀錄（2014）。為了脫離貧窮而升學──學生面臨的卻是高漲的學費與沉重的學貸負擔。**孤島黑潮**，12月28日。引自https://www.facebook.com/tw.antimonopolynea/.../765817056842845:0

劉松林編（2015）。**2015年USNEWS美國大學綜合排名及學費一覽表**。新通留學網，8月17日。引自http://www.igo.cn/2010/news/lxxw/dxpm/2015/08/17/162236.shtml

簡宗德（2016）。我國高等教育學費與助學貸款制度之探討。**臺灣教育評論月刊**，**5**(7)，28-34。

簡惠茹（2019）。科技部長示警臺灣長程科技競爭力下滑。自由時報，**5月14日**。

關姍（2020）。李眉蓁何妨不開啟自爆模式？解救臺灣高教。**Yahoo論壇**，7月28日。

蕭霖（2015）。美國大學學費與資助措施對臺灣學費政策的啟示與影響。**教育行政研究**，**5**(1)，63-83。

嚴震生（2020）。你有指導過政治人物的論文嗎？**Yahoo論壇**，8月3日。

廖月娟譯（2013）。Jeffrey D. Sachs原著。文明的代價（*The Price of Civilization: Reawakening American Virtue and Prosperity*）。臺北：遠見天下文化。

Ball, S. J. (1993). Education markets, choice and social class: The market as a class strategy in UK and the USA. *British Journal of Sociology of Education, 14* (1), 3-19.

Bank of Boston (1997). *MIT. The impact of innovation*. Economics Department. Bank of Boston. Boston.

Chubb, J. E. & Moe, T. M. (1990). *Politics, markets, and American's school*. Washington, DC: Brookings Institution.

Dean, M. (1999). *Governmentality: Power and rule in modern society*. London: Sage.

Foucault, Michel (1979). Governmentality (trans. R. Braidotti). *Ideology and Consciousness*, 6(autumn), 5-28.

Foucault, Michel (2008) trans. Graham Burchell. Palgrave Macmillan. *The Birth of Biopolitics: Lectures at the Collège de France 1978-1979*. Basingstoke and New York.

Friedman, M. (1962). *Capitalism and freedom*. Chicago: University of Chicago.

Mayhew, S. A. (2010). *Dictionary of Geography*.NC: Oxford University Press.

Smith, David N.(1974). *Who rules the university? An essay in class analysis*. New York: Monthly Review Press.

The Ecomomist (2005). The brains business: A survey of higher education. *The Ecomomist.* Sep 8th. *www.economist.com/node/4339960*

第二章

大學校院整併的意涵、成效、問題與治理策略

林新發

國立臺灣師範大學教育研究所博士
國立臺北教育大學名譽教授

世界高等教育之發展趨勢由菁英化教育轉變為大眾化教育，甚至邁向普及化教育。1963 年臺灣有 35 所大專校院，1973 年大幅增至 99 所，1993 年有 125 所，臺灣因經濟快速發展及受教改廣設高中大學、「一縣市一國立大學」之影響，大專校院數量增加，接受大專教育之人數也隨之增多，2012 學年度臺灣有 161 所大專校院，由於臺灣面臨少子女化趨勢，生員減少，部分學校招生不足，臺灣在 2000 年以後乃有大學整併之事實及政策之提出，惟 2019 學年度臺灣之大學數量仍達 148 所，由於政府經費短缺、學雜費調漲困難，加上新冠疫情及兩岸關係外籍生及境外生大幅減少，為應對少子女化趨勢，學生來源減少，擴增大學經營規模，提升大學競爭力，乃有進行探討大學整併議題之必要。本文旨在探討大學校院整併的緣由、意涵、成效、問題與治理策略。首先，探究臺灣之大學教育現況與整併緣由，其次，闡述推動大學校院整併的意涵，及提出大學校院整併之相關研究，再次，分析大學校院整併實施的成效與問題，最後，提出大學校院整併之治理策略，俾供未來採行或改進之參考。

臺灣之大學教育數量現況與整併緣由

目前臺灣地區高中、高職畢業升讀普通大學或技職校院，都受到少子女化的衝擊與影響。依據內政部人口統計資料（2019）顯示，2019 年臺灣人口數 23,603,121 人，臺灣 2019 年總出生人口數為 175,074 人，粗出生率為千分之 7.42。

由上可知，臺灣少子女化現象並未獲得緩解，將對社會的人力資源產生影響，進而衝擊教育系統（張國保、黃嘉莉、劉曉芬、胡茹萍、徐昌慧，2012），部分公私立大學受到「每生平均教學支出低」、「規模小」、「學雜費收入低」、「所處縣市偏遠」，造成人力物力資源不足以維持其基本需求的困境（黃昆輝主編，2019）。進一步衍生的效應，是學生數量逐年驟減，造成學校經營的困難而出現退場威脅。如以每十年一個間隔為單位，進一步檢視臺灣大專校院數量的變化，自 1953 年的 9 所、1963 年的 35 所、1973 年大幅增加至 99 所、1983 年的 105 所、1993

年的 125 所、2003 年的 158 所，至 2013 年達到 161 所（教育部統計處，2014）。1992 學年度臺灣計有 3 所技術學院、74 所專科學校；至 2012 學年度臺灣計有 161 所大專院校，其中 53 所科技大學、25 所技術學院、14 所專科學校，2016 學年度臺灣計有 158 所大專院校，大學 126 所，獨立學院 19 所，專科學校 13 所（教育部統計處，2016）。2019 學年度臺灣有公立一般大學 33 所，技職校院 13 所，空中大學 2 所；私立一般大學 37 所，技職校院 57 所，宗教研修學院 6 所，計有 148 所大學校院（教育部統計處，2020）。可見大專校院學校數的大幅擴充，造成結構改變、大學過多、專科減少、資源稀釋、供需失調、學用落差、生員減少、部分學校招生不足或經營困難，故大學校院亟需整併、轉型與創新發展。

　　臺灣之大學校院在 1990 年代，隨著廣設高中大學政策的推行，不僅增設了不少大學層級的高等校院，既有的專科與學院，也紛紛爭取升格改制，在擴張教育的狀況下，現有的經濟結構或就業市場，無法提供那麼多適合大學學歷的工作，加上全球數位經濟發展趨勢，造成高學歷高失業、高學歷低薪資，人才培育，擴大學用落差，再加上少子女化趨勢，生員下降，增加大學校院招生壓力及財政困難（黃昆輝主編，2019）。此外，二十一世紀初，資訊通訊技術、人工智能、物聯網、大數據等，先後帶動產業創新、升級與轉型，開創了數位經濟。臺灣近年來的產業發展，其人力需求亦與自動化生產製造技術的發展趨勢有關，再加上大數據、雲端運算、5G 及 AI 科技已取代低階生產線的操作人員，將來還會取代許多中高階的工作，大學教育如何與產業發展趨勢配合整併或轉型，亟須加以正視。

　　再檢視學生人數變化的趨勢，近十餘年的在學大專校院學生數平均為 1,329,351 人，其中學士班在學人數平均占 74.68%，除專科學生數量顯著下降外，學士班、碩士班與博士班人數在近兩年也呈現小幅下降趨勢（教育部統計處，2014）。相較於新生兒數量入大學年來看，1998 年的新生兒於 2016 年入大學人數為 271,450 人，較前一年大幅減少 54,552 人，除 2018 年可回升到 305,312 人外，之後一路下滑至 2031 年的 194,939 人，2019 年出生率為千分之 7.42（內政部人口統計資料，2019）。臺灣已成為

全世界出生率最低的國家或地區之一。臺灣學生人數形成長期遞減趨勢，2016 年臺灣 20 歲單齡人口高等教育淨在學率達 7 成（72.9%），為世界最高比率之國家或地區，遠高於英國 43.1%，芬蘭 27.3%，法國 47.5%，紐西蘭 42.4%，南韓 69%，瑞士 20.7%，美國 46.6%。2017 年臺灣 25-34 歲接受高等教育人口比率約達 7 成（69%），OECD 平均 46%，南韓 70%，美國 48%，加拿大 61%，紐西蘭 44%，法國 44%，德國 31%，英國 52%（教育部統計處，2019a）。1998 年以前，臺灣 18-21 歲年青人高等教育淨在學率在 15% 以下，為精英化時代，1998 年時，淨在學率首度超越 15%，正式邁入大眾化時代，2004 年該年齡層已有超過 50% 的人在大專校院接受高等教育，臺灣正式進入普及化時代。

2018 年臺灣有將近 65% 的學生就讀私立大專校院，公立大專校院學生僅占約三分之一（教育部統計處，2020）。我國大學及學院的平均每位學生分攤經費，2010 年為新臺幣 170,506 元，2016 年為 190,852 元（教育部，2018）。約五成大專教師年齡在 50 歲以上，大專校院師生比 1:22.8，技職體系學校明顯偏向服務業系所發展，每五位大專畢業生即有 1 位碩博士，15-29 歲青年失業率仍屬偏高（教育部，2016）。依據行政院主計總處統計，臺灣 15-24 歲年平均失業率 2011 年到 2017 年都破 10%，2018 年 3 月份 15-24 歲失業率為 11.41%，遠高過同期失業率 3.76%（行政院主計總處，2018）。依教育部統計，2019 學年度臺灣大專校院共有 130,417 位境外生，學位生 63,530 人，非學位生 66,887 人（教育部統計處，2019b）。

面臨新世紀產業發展趨勢，以知識為本的經濟已改變全球的經濟發展型態，知識成為提升競爭力與經濟成長的主要驅動力。知識的蒐集、儲存、選擇、累積、運用、傳播、創新，是發展知識經濟的重要資源。2018 年瑞士洛桑管理學院公布《2018 年 IMD 世界人才報告》（IMD World Talent Report 2018），在評比的 63 國或地區，臺灣排名 27，較 2017 年下降 4 名，在亞洲排名第 4，僅次於香港、新加坡及馬來西亞（IMD, 2018），報告中顯示人才外流（Brain drain）指標排名第 47 名，吸引具高技能之外國人才指標排名第 44 名，吸引及留住人才指標排名第 38 名，顯現臺灣長

期人才外流與吸引力減弱情況下，仍有人才失衡的危機。臺灣推動大學校院整併的主要緣由有四：(1) 少子女化，學生來源短缺；(2) 大學校院數量過多，資源稀釋；(3) 學校規模較小，財務經營困難；(4) 政府之教育政策期望經由整併爭取進入世界百大。

貳　推動大學校院整併的意涵

整併，英文 merger 或 consolidation，或稱「合併」、「整合」、「合校」、「併校」等，皆與整併的意涵相近。大學校院整併，係指高等教育體系內兩所以上之大學校院（或其中一所為大專校院）透過組織的改造、資源的整合等歷程，所組合成的存續合併或新設合併成一所新的大學校院。1994 年四一○教改聯盟提出「廣設高中大學」之訴求，政府為回應民間教改的聲音，在 1994 年至 2005 年間推動高教普及化政策，提出臺灣各地以「一縣市一國立大學」為目標，以升格或成立新校的方式，使大學校院數量快速增加，自此臺灣之大學教育從菁英教育、大眾化教育走向普及教育，由於經濟發展放緩、資源經費有限，加上短時間大量增設系所，致使大學質量嚴重失衡、招生門檻降低、高教資源產生排擠效應，影響大學生與碩博士生素質、加上未能推動開放政策、出國人數及境外生入學進修人數減少、部分學生欠缺國際觀、出現學用落差，造成學歷文憑貶值、人才供需失衡、產業人才斷層、產生青年結構性失業問題，影響國家未來競爭力。

立法院於 2011 年 1 月 26 日通過《大學法》第 7 條修正案，賦予教育部對大專院校整併規劃與主導權限，教育部於 2012 年 6 月 22 日訂定《國立大學合併推動辦法》，2012 年 9 月成立「合併推動審議委員會」，目的在提升國家整體競爭力之前提下，教育部可於衡量高教資源、招生狀況等因素後，主導國立大學合併事宜。教育部經擬定《私立高級中等以上學校退場條例》草案，希望讓招生不佳私校轉型或退場。下列為大學校院整併的意涵：

一、擴大校院經營規模，降低單位學生成本

學校規模過小，系所單班招生，教育投資使用效益偏低，也影響到整體教育的成效。進行學校合併，有助於教育資源整合與運用。規模較大的校院較規模較小的校院來說，的確享有較佳的規模經濟，降低單位學生成本，另在研究方面，可以形成較大的跨領域創新研究團隊；在專業分工以及設備使用上可以產生明顯的規模效果，節省人力資源、減低設備購置成本，共用電腦、圖書、設備、場地等資源；另外，在教學方面，由於專業教師較多，可以讓學生擁有更多的選課空間，並促使教師教學研究更趨專精、跨域和卓越。

二、培育學生關鍵素養，提升大學教育品質

在教育品質層面上，最主要莫過於是透過整併使得學科得以優勢互補更趨於完整，學生在多個學院組成之大學環境下，不僅知識、技術、能力較易獲得開展，在大學多元選擇、組織和活動下，也有助於涵育情意、態度和價值觀，對開展大學生的視野和培育具備未來社會所需之關鍵素養亦有助益（林新發，2018a；林新發、張凌凌，2018）。由於人工智能和科技的創新發展，使得跨領域的學習、研究比過去任何社會都顯得重要，不同學科的交叉和整合成為學術創新發展的重要因素。此外，整併後雙方發揮互相截長補短的功能，可提升教學品質且更易招收優質之學生，如在研究方面，科際整合的研究在系所數量較多之大學校院更容易進行。

三、改善學用落差問題，提升國際移動能力

大學經合併後，學院系所增多，亦提供試探環境和機會，經大學聯考以分數錄取入學之學系學生，如經一年就讀後發現興趣不符或非其志願就讀之學系，則可加倍努力，俾於第二年參加轉系申請或修習學程或輔系或雙主修，或選修外國語文學分以便為將來進修或就業預先作準備，將有助於改善大學生興趣不符或學用落差現象，修習外國語文亦有助於了解另一種文化、擴大視野，提升學生溝通表達能力及國際移動力。

四、培育跨域 π 型人才，促進產業競爭實力

教育部希望大學校院能藉由整併強化競爭力，追求學術之卓越，躋身一流大學或一流學科之殿堂。期待大學校院整併後之成果效益遠大於整併之前。期望大學整併後整體院系所更完整、實力更增強、設備更充實，且能提供學生更寬廣的選擇空間，如跨院系所多元學程、產學合作、國際教育學程，降低必修學分，增加選修學分數，擴大跨域學習機會，將有助於培育未來社會所需 π 型人才（即是具備廣博之通識知能及多領域或跨域之專業人才）（林新發，2018b），此外增加國際交流、產學合作、專利研發申請等方面，對培育學生因應創新社會或產業所需具備之核心競爭力亦將更有利。

 大學校院整併之相關研究

組織合併（merger）對美國的企業界與政府部門，均有既深且鉅的影響。以 1986 年爲例，美國企業之間的購併案超過四千二百件，總金額超過 2 千億美元，涉及人數超過 30 萬人（江岷欽，1995）。組織論者視合併爲吸納環境變遷與因應不確定因素的重要措施；或視其爲拓展組織與管理成長的必要手段。非營利組織的合併，其後果及對社會體系之影響，往往不亞於營利組織；此外，許多在合併前符合策略、財務、作業三方面可行性評估的案例，卻在合併後鮮有高於 50% 的成功率（江岷欽，1995）。

江岷欽（1995）曾借用組織文化的概念，透過實徵研究，評估美國 11 個州立大學 55 個系所，從 1980 年到 1989 年間所進行的組織合併，發現經由兩個文化實體接觸迸發的競爭、對壘、變遷、衝突的動態，稱爲「涵化現象」（acculturation），此種現象隱約透露出，何以多數文化的接觸與變遷皆爲困難、反動、及衝突的案例，而殊少平穩順利過渡之原因。其將學術機構的合併，視爲一種文化體的互動。並將這種互動的動態過程歸納出四種類型：(1) 整合（integration）；(2) 濡化（assimilation）；(3) 分隔（separation）；(4) 解組（enculturation）。依研究結果顯示，涵化類型

當中，分隔為最普遍常見之情況（占 50.9%），其次為整合（30.9%），濡化與解組占約 18%，合併後呈現文化整合的系所，在組織效能與組織文化的向度上均無顯著改變，但是呈現文化分隔的系所，在效能與文化上均有衰退跡象（江岷欽，1995）；同時，許多隱藏成本亦常為人忽略。易言之，學術機構的合併所花費的成本與執行的難度，時常超過主管人員的估計。

　　大學校院整併在英國有其歷史，英國自從 1960 年代大學校院便出現不少大規模的整併，英國自 1992 年至今，整併案的討論共有 69 件，其中 11 件確定失敗（陳怡如，2011；張國保等人，2012）。這種大學系統內常有許多整併，整併的因素主要是財政（包含研究經費）、競爭力的考量。另外在面對全球化的浪潮下，世界各國大學排名之競爭日趨白熱化，此外，亦有不少大學校院透過整併、整合資源、擴增學門，有效爭取資源，提升大學排名與競爭力，例如：浙江大學、多倫多大學等。由於透過整併可讓大學校院獲致適當規模，具以提升大學校院成本效益，並進一步完成教育資源有效運用及分配；因此整併亦成為邁向綜合型大學之快速捷徑，不必經由大學校院每學年之擴增調整系所，即可達成。

　　陳伯璋（2004）以為大學整併的立論為：(1) 市場化與國際化；(2) 大學卓越與競爭；(3) 大學的統整功能與知識網絡；(4) 後現代大學組織結構的變遷 - 解構與重構。大學整併是一個非常複雜的歷程，謝金枝（2017）總結有關學者的觀點及葡萄牙的案例，以為大學若要有效整併，需同時具備以下四個要素：(1) 啟動模式應採由下而上，由大學主動發起，政府則提供必要的經費與資源及立法；(2) 啟動前必須有前置作業，包括各校間的溝通、互動及學校的情境分析，了解學校的歷史背景、學校文化、優點及弱勢等，考慮地理位置及資產等因素，選擇適合的整併方式，擬定推動計畫書，提出新大學的願景、組織與經費；(3) 啟動後應規劃一段時間讓大眾或相關人員充分表達意見，再作彙整。過程中要關注文化、政治及心理的潛在議題及其他外顯議題以及提升教職員與廣大社群彼此的信任和參與；(4) 整併成功之後應該進行追蹤研究，實施評鑑以了解整併的成效，作為進一步改進參考。其認為，四個要素中最重要的是由下而上的大學

啟動模式。這個模式的重要性已經在 Antunes 等人研究歐洲的 80 所大學
整併案例分析中被證實（轉引自謝金枝，2017）。也就是說，要能成功合
併，從下而上的邏輯是獲歐洲社會認可的，由政府介入的由上而下的重組
是被拒絕的。依楊慧琪（2019）對國立清華大學與新竹教育大學合併歷程
及效益之個案研究結果顯示：兩校合併過程一波多折，其分為：(1) 校際
交流與提案討論；(2) 重啟合併與函文討論；(3) 再次重啟與正式通過；(4)
合併後的整合與發展四個階段，各階段中重要的關鍵點影響合併是否通過
與未來發展。

　　綜合黃榮村及有關專家學者對大學校院整併的看法如下（教育部，
2013；張國保等人，2012；張惠怡，2015；林新發，2017；楊慧琪，
2019）：

一、整併目標與理念之歧異

　　參與整併的學校其整併的目的（如期望提升競爭力或因應校務發展需
求增設某學院或減少有關學院師生人數等）、對整併所抱持的理念彼此可
能互異（如整併係為因應政治需求、上級壓力、利於爭取經費預算、或為
了員額編制或成為較完整的綜合大學等），對整併後的期待也有所不同，
即使在同一機構之中，不同的成員對合併的期待也可能有所差異。大學的
整併事實不可能符應所有人的期待，但整併之後如果與期望落差太大，則
可能造成不良後果。

二、形式之合併容易，實質之融合困難

　　大學整併最主要目標是提升課程教學與學術研究的品質，增強大學整
體的競爭力，因此教師彼此之間的融合甚為重要，也是決定合併是否成功
順利或形成良好組織氛圍的關鍵所在，但不同的大學，有不同的學校文化
和傳統，彼此原來的學術水準、發展目標、重點方向、學校環境、法規制
度等也可能不同，如何讓師生能夠打破藩籬真正融合，是整併過程中最困
難的部分。事實上，合併案最大的阻力往往是來自二校的教職員工，校友
可能仍在其次。

三、整併後的結果不一定帶來競爭力的提升

整併之後，學校規模變大，實力增強，大家期待 1 加 1 等於 2 甚至 1 加 1 大於 2 的效果能夠顯現。但事實確是不一定的，規模越大，經營效益可能越好，但也可能變成多校區、距離遙遠、所花精力時間交通成本增加，甚至大而無當，導致管理不易、或失去行政效率。如在整併之後常需花費相當的力量在於彼此之間的協調溝通，彌平彼此之間的歧見、衝突或摩擦，則將因內耗反而損其實力，對提升競爭力則鮮有助益。

四、整併除了理性的思考也有情緒性的因素

大學的整併固然具有崇高理想，但參與整併的有關單位人員或利害相關人，卻未必都持理性看待此事，許多情緒性的因素也不能忽視，而這些情緒性的因素透過通訊媒體傳播，也往往是大學整併過程的阻力或難題，有時為了新的校名就可能引發許多情緒性的爭論或紛擾。

綜括以上文獻探究，獲致以下四點小結：(1) 整併有助於擴大學校經營規模，快速成為綜合型大學；(2) 學術機構的合併，為一種文化體的互動，合併成功率約為 50%；(3) 學校鄰近、整併目標和學校定位方向明確並達成共識，有助於整併之成功；(4) 整併後的結果不一定帶來學校競爭力的提升。

有關影響大學校院整併轉型成功之因素，Brender 以 Williamsport College Area Community 和 University of Penny Ivania 為研究對象，提出地理位置、資源互補、聲譽品質、組織成員、使命目標、歷史規模、時間風險等為整併成功之七個因素（王麗雲，2003；莫家豪，2003）。Brown 等人深入研究英國五所大學整併案發現，歸結可能影響成敗的重要因素如下：(1) 彼此信任不足，在過程中喪失信任；(2) 資深人物主導整併，發揮領導能力；(3) 兩個組織文化的差異是否能創造學術願景；(4) 整併過程中重要人物的更動；(5) 兩個大學不同的學術定位與聲譽，特別是「研究評鑑」的表現；(6) 整併後，兩校校長的安置；(7) 整併後的校名；(8) 整併的法律

基礎；(9) 學校財務狀況；(10) 和撥款委員會的關係，以及其他單位對於整併的補助（陳怡如，2011）。由上可知，影響成敗最主要的因素是兩校重要人物彼此共同的理解、互信、互動和領導力。

陳伯璋（2004）以為大學整併成功的條件有六：(1) 學校性質互補性高或較為懸殊者，較易整併；(2) 人事安排合理有效且士氣不受影響者較易整併成功；(3) 政府對整併配套措施的支持延續，較有成功的機會；(4) 地理位置愈相近的合併較易成功；(5) 整併計畫愈周延、可行，成功的機會愈大；(6) 先採取策略聯盟，再進行整併，較易達成文化融合，成功的機會愈高。依楊慧琪（2019）對國立清華大學與新竹教育大學合併案之研究結論為教育部承諾經費、通過校務會議、少子女化的環境因素，以及校長與團隊的堅定意志等要素，是完成合併的關鍵因素。

綜括上述，個人以為影響大學院校整併能否成功的主要因素為：(1) 學校願景定位的共識；(2) 地理環境位置的相近；(3) 院系教師專長和資源的互補；(4) 學術聲譽與教學品質；(5) 整併領導力和信任度；(6) 學校文化差距不大；(7) 整併計畫和配套；(8) 政府經費的允諾與支持；(9) 校長及領導團隊之意志；(10) 同一縣市區域內大學院系所之性質相近；(11) 少子女化之因素和趨勢。

肆　大學校院整併實施之成效與問題

臺灣在公立大學校院方面，2000 年開始積極鼓勵推動整併，2000 年有國立嘉義大學（嘉義技術學院與嘉義師範學院整併）、2006 年國立臺灣師範大學（國立臺灣師範大學與國立僑生大學先修班整併）、2008 年國立東華大學（東華大學與花蓮教育大學整併）、2011 年國立臺中科技大學（臺中技術學院與臺中護專整併）、2013 年臺北市立大學（臺北市立教育大學與臺北市立體育學院整併）、2014 年國立屏東大學（屏東教育大學與屏東商業技術學院整併）、2016 年國立清華大學（清華大學與新竹教育大學整併）、2018 年國立高雄科技大學（國立高雄第一科技大學、國立高雄海洋科技大學及國立高雄應用科技大學三校整併）；私立大

專校院方面，有 2014 年法鼓文理學院（法鼓佛教學院與法鼓人文社會學院整併）、2015 年康寧大學（康寧大學與康寧醫護暨管理專科學校整併）（張國保，2017）。而興國管理學院經改名為中信金融管理學院屬於改名轉型案例，2020 年稻江科技暨管理學院宣布於 109 學年度停招、停辦。

本文以 1998 年至 2020 年有關大學整併的成效加以探討，茲參考池婉宜（2007）、張惠怡（2015）、林新發（2017）、楊慧琪（2019）之研究，提出大學校院整併之成效如下：

一、適度提升大學聲譽

如以嘉義技術學院與嘉義師範學院合併為嘉義大學為例，依池婉宜（2007）之研究結果指出，嘉義大學合併後以提高「學校聲譽」最具成效。此外合併為清華大學後之竹師教育學院與藝術學院入學分數提高，學生素質提升，可見合併有助於提升學校聲譽。

二、提升大學未來競爭力

如以提升大學競爭力而推動整併的角度觀之，嘉義大學整併案仍有「部分」或「大部分」成效。國立新竹教育大學與國立清華大學合併後有助於提升學校知名度、競爭力、拓展師生國際觀、及促進學校的國際化。

三、產生規模經濟效應

合併後院系所學科進行調整、裁撤、合併或重整，減少原各校學科重疊所造成的資源嚴重浪費，合併後節省了管理成本，由於由單班變為雙班或多班，降低單位學生成本，產生規模經濟效應。此外如東華大學由於合併採單一校區，校園師生人數規模變大，使用率也變高，增加了經濟效益，依張惠怡（2015）之研究，東華大學在整體規模經濟效益上優於整併前，也有助於國際排名。惟嘉義大學整併後因分散四個校區，致較無法發揮資源整合或規模經濟效益，「行政支援」亦受校區分散之限制。

四、快速形成綜合大學

如浙江大學、杭州大學、浙江農業大學、浙江醫科大學整併為新的浙江大學後，重點學科的數量顯著增加，包含影響層面之更廣，科學研究成果的質量大幅提升，並快速朝向綜合型大學發展，被列為中國大陸 985 工程重點大學之一，亦具備參與國際競爭的規模基礎。原嘉義技術學院與嘉義師範學院整併為嘉義大學後，也快速使嘉義有一所大學，有「學校認同感」逐漸提升之無形效益，及「國際化程度」提升之有形效益，嘉義大學整併後對於提升大學競爭力之無形及有形效益九層面中，均與「教學」層面相關程度最高。依張惠怡（2015）之研究，有關東華大學整併後整體學科綜合優勢比整併前好。

五、增加學生跨域選修互動機會

兩所大學校院經整併為綜合性大學後，由於院系所學科更加齊全，理工、文法、社科、生技、醫護、教育等不同學科間的影響愈來愈明顯，有利於形成整合性的研究教學平台，提供學生跨域選修及互動機會，亦有助於組合成新的學程或跨域之研究中心，對培養學生具有多學科知能專長或跨域統整的素養，創造了有利的條件和環境。

茲綜合陳維昭（2003）、陳伯璋（2004）、張惠怡（2005）、池婉宜（2007）、林新發（2017）、楊慧琪（2019）等人之看法，大學校院整併，可能產生之問題如下：

一、願景目標問題

不同學校有不同的特色，由於學校各自的發展目標或性質不同，整併後之願景和目標如未達合作共識方向，將導致學校發展定位不明，如一味加以合併，將造成雙方校區治理的困擾，也可能產生學校院系間不同的「派系」，派系一形成，學校各校區教職員工同仁很難一起為學校共同願景目標而努力。合併後，如奮鬥的目標消失，將難獲得校內同仁的認同。

二、院系體制問題

整併後保留那些學院或系所，那些學院或系所裁併，教師之聘任、升等，教職員工職務調動或工作調整，各原有單位擁有多少自主權，採行何種標準，由於牽涉到教師的權益，必然受到關注。而各大學校院評估制度或評鑑標準可能不同，合併後採用何種制度？法令規定或機制為何？也是必須面對的課題。

三、學校名稱問題

校名往往是合併案首先必須面對的問題，校名看似單純，其實背後牽動的因素相當複雜，也常成為合併案最大的阻力，如中國大陸南開大學與天津大學之合併案，兩校校區鄰近，據悉校名是一個很大的爭論，通常，一般學院併入名大學，整併以後以聲譽較高大學為名，較無太大爭議，如北京醫學大學併入北京大學，臺灣之國立新竹教育大學併入國立清華大學；其次，地區性的整併，整併後以地區為名亦較少發生爭議，如浙江大學、揚州大學、嘉義大學、屏東大學、臺北市立大學、國立高雄科技大學等；此外，水平整併，整併後放棄原有校名採用新校名，如江西大學、江西工學院合組成南昌大學也較不成問題。最困難的是擁有悠久歷史且實力雄厚之校院之間的合併，不但校內會有意見，校友的反應也往往非常強烈，不得不予以正視。

四、特色整合問題

如合併後臺灣之國立清華大學，未來是否仍重視師培、教育科技研究或往新設醫學院方向發展；浙江大學在整併之前四校各自有其發展特色，整併後應以何種辦學特色作為大學未來發展的主軸，而又不至於過度偏重或偏廢任何院系所，同時又能帶動學校邁向綜合型國際頂尖大學的方向來發展，是學校必須全盤思考與面對的整合課題。

五、選課系統問題

大學整併前，兩所大學之選課系統可能不同，如在整併初期選課系統未能及早進行規劃整合與因應，可能會影響學生選課，造成學生學習權益受損的情形發生，如再整併前先進行規劃，將可縮短過渡時期人工加簽選課之時間，並可保障所有學生學習之權益，充分發揮合校之效益。

六、教職工權益問題

大學整併後規模擴大，學術面向更加多元，院系所如具互補性，整併對學校有很大的助益，學生學習面向也變得更加豐富，惟行政單位與少部分院系所重疊的教學單位或學程可能會面臨整併或裁撤，對這些成員的安置，必須考量當事人的心理因素，給予同理與尊重，並配合整併後之大學目標與功能，妥善審慎處理，避免影響教職員工之權益。

七、文化融合問題

由於學校合併的各方成員可能想保存原有之文化與認同，維持自主與獨立的狀態；是故，涉及合併的組織成員有一些會努力維繫許多基本的信念、假定、風格、文化，以使組織特異獨行與眾不同；另一種可能為一方或雙方接受對方部分的文化，進行文化統合。如各校園主體（包括原校領導層、教育者、受教者）在工作或生活上的不適應、不方便或心理上的不平衡、感覺被排斥、排擠甚或矮化，校園將產生文化衝突和認同的問題，而導致價值失衡與不和諧現象。

八、校區位置問題

整併之校區，如地理位置相距過遠或位置偏遠、交通不便，校區師生開會、教學、選課、活動或交流等，將增加時間或管理成本，校區設施設備或人力資源亦無法充分相互支援，且兩校各自有不同或相同的院、系、所及人事、會計等，要進行組織契合、資源分配、制度調整、有效溝通、意見協調、行政配合、資源利用或公文核定等，可能不是一件容易的事，

有待正視或解決此一行政管理問題。如將不同校區之院系所遷移至總校區，將有利於溝通協調及減輕管理人力之負擔，惟亦有可能產生原校區資源閒置或利用問題。

　　綜合上述及個人看法，推動大學院校整併之成效有五：(1) 適度提升大學聲譽；(2) 提升大學未來競爭力；(3) 產生規模經濟效應；(4) 快速形成綜合大學；(5) 增加跨域選修互動。產生之問題有八：(1) 願景目標問題；(2) 院系體制問題；(3) 學校名稱問題；(4) 特色整合問題；(5) 選課系統問題；(6) 教職工權益問題；(7) 文化融合問題；(8) 校區位置問題。

伍 大學校院整併之治理策略

　　如欲推動大學校院整併工作，茲提出以下治理策略供參考：

一、願景定位策略

　　國家應依研訂之經濟及社會發展中長期計畫，建構大學教育改革和發展規劃綱要，透過國家級中長程人力需求調查，提供院系所規劃與人才培育之依據（黃昆輝主編，2019）。此外依師資條件人數，調整師生比，進行招生名額總量管制，拓展中國大陸及國際學生來源，明定私立學校轉型或退場法源依據，建立退場評估機制和指標（黃懿嬌、林新發，2015），訂定專法推動輔導私立大學校院改善或停辦實施要點，並有適當之配套措施，協助大學有意願進行整併或轉型。同時，配合產業政策及結構升級，輔導大學校院系所定位和轉型。在人才培育政策方面，茲提出以下四個建議：(1) 人才培育務實化；(2) 學校教育優質化；(3) 產業用人精質化；(4) 教考訓研用合一化。在臺灣依據《大學法》設立之學院及大學以培養研究、專業及實務人才為宗旨。大學普及化後，臺灣准許大學可降格為學院，學院可降格為專科，專科可降格為高職，提供大學校院另一種轉型方式，讓招生不足的技職校院可以縮小規模經營。為供應產業發展所需人才，有效支援科技產業投入研發創新，明確定位科技大學、技術學院以人才培育及產學合作創新研發為重點，強調科技大學產學合作研發、基礎技

術扎根及專利技轉加值能力，並推動實務教學以達成增進學生實作能力與競爭力之教學目標。學校明確自我定位後，才能依據策略規劃之內涵，訂定學校之發展願景與目標，並據以擬定校務發展計畫，規劃設計達成願景目標的執行策略與行動方案。因此，對大學校院的轉型與創新發展而言，明確的校院系所定位，適切的鬆綁相關法令極為重要。

二、專業評估策略

大學整併是大學發展的另一個契機與轉捩點，惟大學整併政策必須對焦明確（黃政傑，2015），因此不宜有何者被消滅的思維，然大學整併若欲發揮一加一大於二的效益，首在教育資源的整合、學術院系所的重整和相互支援及學生學習機會的拓展上，宜先進行專業評估，進行研商討論後，明確列入整併計畫。其次，整併後的新學校宜在校園文化的營造、人員的適應與配合、經費資源實質到位及學生學習的交流與拓展上進行更細膩的磨合調適。綜言之，大學的整併不是為整併而整併，而是為競爭力的提升、拓展學生學習機會、提高教育品質以及培育未來社會所需之人才。大學整併的動機和原因，除財務、招生問題外，可能期望以提高研究和教學為目的，整併後的預期效益，希望增加優秀學生的招募，改善校園內部結構，導入更多的財務自主與更多的研究與人力資源，再透過整併帶來更多更大的研究計畫規模，並裁併不符效益之系所。故應審慎評估學校整併之可行性，考量學校與社會多種需求和關係，如願景目標定位、人口發展趨勢、產業人力需求、校區地理位置等。運用理性進行專業評估和討論，分析其利弊得失，再作最後決定。

三、系統整合策略

教育改革效益無法在短期內顯現，在進行大學校院整併轉型過程當中，應避免深陷時間匱乏或壓力所帶來的「隧道效應」（tunneling effect），所謂「隧道效應」依據美國教授穆蘭納珊與夏菲爾合著之《匱乏經濟學》（*Scarcity: Why having too little means so much*），人們處於隧道中時，會對前方的目標特別專注，但因視野受隧道侷限，以致完全看不到外

面的事物（轉引自聯合報，2017/2/21）。在有限的時間內設定多個必須快速達成的目標，會迫使個人或組織的資源運作處在「稀缺」狀態，雖可能有高效率表現，卻也可能使得一些不急迫但重要的結構性問題被忽略，最後成為影響整併或轉型的成效，故在推動整併或轉型政策前，如能多花些時間與相關對象溝通，並作沙盤推演或進行影響成效評估，將可減少負面衝擊，並及早規劃相關配套。

先規劃訂定整合藍圖，評估欲整合校院系所之師資人力，並透過整併將具共識之教育改革作法納入。如決定大學校院進行整併，可依領導決策、人事組織、財務融合、院系調整、組織文化及教學研究六個架構進行規劃（劉育光、林新發，2015），以利推動整併工作。院系齊全之研究型大學，亦可先進行校內整合，例如：單學科整合或跨學科整合，將校內優秀學者組成一教學群或研究群，針對某一重要尖端研究課題或課程教學進行合作，或設立跨校或跨領域之研究中心，針對國家重點產業項目之關鍵技術進行突破，結合各校或研究機構之優秀人才共同努力，俾便有所突破。

大學校院應加強科際整合，以便增加學生有關跨域創新和整合能力，科際整合又稱跨領域研究，指的是兩個或多個學科（領域）相互合作，在同一個目標下進行的學術活動。……許多科學家認為，只有透過多個學科的整合，才能解決人類所面臨的棘手問題及因應變革社會未來之需求，例如：人工智能、硬體與軟體之結合、跨界或跨域之整合、AIDS、癌症、流行傳染病、環境汙染、地球暖化（維基百科，2015/4/3）、嚴重傳染性肺炎、蝗蟲災害等。科技大學、技術學院由於受限經費、資源、師資、課程之限制，學校若能加強科際整合，透過不同學科、不同領域之相互合作，不僅能活絡校內科系之發展，有效融通學校人力資本，進而與他校或跨國校際進行策略聯盟和合作，對大學經營與創新力之提升定有實質效益。

有專業人才，就須要有舞臺；整合能力是企業或領導者綜合應用其現有的知識與所獲取知識之能力，這種能力不僅是工具的運用，例如資料庫，更重要的是成員之間的溝通協調，以及這些人員之間所具備的共通知

識。知識整合能力是由以下三種能力的綜合：(1) 系統化能力－經由符號、計畫程序等形式化的系統，將既有的知識整合成新知識的能力；(2) 協調能力－經由互動、溝通、教育訓練等管理手段，將既有的知識整合成新知識的能力；(3) 社會化能力－經由價值信念、非明文規範的準則或默契，成員彼此適應協調而將複雜內隱的知識整合成新知識的能力。為因應未來社會轉型促進經濟發展、產業結構調整，應提供青年人展現的舞臺，並提升技職專業技術人員之整合力。

　　此外，大學校院亦可依據系所實際需要，推動如專題實作、體育表演會、創意展演、總整課程、實習制度等，所謂總整課程（Capstone course）係指大學教育最後最顛峰的學習經驗，使學生能夠統整與深化大學所學，讓學習穩固完成；所謂實習制度係指有關以特定職業、職位工作為基礎的教育經驗。學生根據其個別興趣領域被安排至如藝術、法律、教育、醫護、通訊傳播、生技、農業、企業、工業、科技或其他領域實習。依照各種不同情況要求學生在指定時期用學期或學年中部分的時間兼職或全職實習。學生在實際情況中，透過直接操作或體驗學習。在企業實習除了學習知能、技術之外，學生可以在實習的現場體會與學習到群體社交成員的互動與人際的關懷合作甚或公民教育。在企業實習後能建立尋找工作的信心，提高工作價值，並獲得社會技能。

　　教育部為增進技職學生實作能力，研訂《學生校外實習成就或教育訓練審查及學分採計要點》，鼓勵學生利用課餘至校外學習專業知能或職場經驗；鼓勵並補助學生進行海外技能交流、建置技專校院學生校外實習媒合平台。2010-2011 學年度符合教育部補助技專校院開設校外實習課程的學生數達 82,522 人，計有 356 位學生至美國、英國、澳洲、韓國、新加坡、日本等國家參與海外實習（教育部，2013b）。在教師方面，則是聘任業界有經驗之教師至技術校院協同教學、鼓勵技術校院聘任具業界經驗之新進專業科目教師、鼓勵技術校院教師以技術報告或產學研發成果升等，並增進學生實作能力。

　　此外，鼓勵推行證能合一制，以提高技術力，證能合一是技職教育「務實致用」的方法之一。依教育部第二期技職教育再造計畫，為改進科

技大學課程與產業需求配合和調整。目前具體的作法有：(1) 研提技術校院系所與產業需求相對應之專業證照，並鼓勵學生取得；(2) 結合教考訓用，獎助技術校院依據各目的事業主管機關所建置之職能基準，與產業界共同規劃課程，並協助學生取得通過勞委會之職能導向課程品質認證標章之結業證書，以提升學生就業力。最終達成證照與能力合一，提升學生技術力和專業證照之效用；(3) 更新技術校院系所與產業需求相對應政府機關核發之專業證照一覽表；(4) 訂定學生取得產業界需求相對應專業證照之張數逐年提升 3% 的目標，每年補助技術校院參與勞動部職能導向課程校數至少 10 校等目標（教育部，2013a）。為讓「證能合一」更加順利的實施，需在以下六個面向做更多的努力，分別為：目標面向、師資面向、課程面向、教學面向、學生面向、設備面向。著重「逆向設計、順向行動」（backward design and forward action）程序，以提高學生技術力。

四、創新轉型策略

教育部於 2015 年 3 月 27 日發布《高等教育創新轉型方案》，該方案的主要目的，在於因應少子女化趨勢下，維持高等教育品質，進而重新整合規劃高等教育資源，發展大學校院多元發展的經營型態，政策目標有：(1) 高等教育未來圖像；(2) 招生名額調控目標；(3) 合理校數規模調整。其相應執行策略為：(1) 高階人才躍升；(2) 退場學校輔導；(3) 學校典範重塑；(4) 大學合作與合併。此外，教育部亦擬訂「三合一推動辦公室」、「跨部會統合協調」及「制定專法鼓勵」三大政策配套（湯家偉，2017），為提供大專校院合併、停招、停辦及改辦之誘因，並突破法令框架，給予學校更大辦學彈性。過去一、二十年，臺灣隨著大學校院之擴增，基於一縣市一國立大學之政策、招生學費考量，造成大學數量過多，技術及專科學校數量減少，為符應產業界之實際需求，大學校院亦應配合社會及業界需求進行轉型，培育務實致用符應產業界需求之專業人才。故科技大學應鼓勵聘任雙師型教師，以加強學生應用力，雙師型教師（double-position teachers）是科技大學或技術學院教師的特色與重點。所謂「雙師型教師」？一般係指教師兼具有學歷證書和專業技術證照。科技

大學培育之學生，較一般大學更重視實際技能之培養。因此遴聘教師時，若能吸納雙師型教師，不僅理論教學和實踐教學能夠兼顧，對於學生習得之技能運用於實際工作中，亦將產生極大的效益。因雙師型教師既精通專門知識，亦熟練專業技能的實際操作過程，對培養學生應用力甚有幫助。再者科技大學技術校院宜積極與產業界建立夥伴關係，延聘業界人員擔任實習指導教師，以落實雙師指導，並協調業界提供實務課程的場所及學生職場實習的機會，落實產學合作，提高學生就業的實用技能，使實習和畢業與就業緊密鏈結（張海偉、李茹，2010）。此外，科大技術校院亦應引進企業高級工程師擔任專業教師，帶動邁向雙師轉化，引進企業界具實務經驗和教學能力的高級工程師作為專職或兼任教師，以加強學生應用力。

　　此外，鼓勵採行師徒制，師徒制代表著資深（師傅）與資淺者（徒弟）之間的溝通過程，及包含資深者知能的分享與資淺者的學習，不但能提升徒弟本身的技能，還能幫助組織不斷的進展或成長創新（李昭蓉、蔡淳如、楊雅蒨、林思翰，2009）。有研究發現師徒制能為組織企業帶來的好處甚多。例如：有參與師徒制的員工比沒有師徒制者有較高的職涯動機、較願意投入工作、擁有較正向的態度；部分學者專家認為師徒制確實對於組織社會化、工作滿意以及減少離職傾向有正相關。臺灣地區研究也發現有師傅帶領的員工能夠獲得更多晉升機會、較高所得以及較高的工作滿足（吳美連，2005）。澳洲政府在 2017 年公布「澳洲 2030 年：透過創新繁榮」（Australia 2030: Prosperity through Innovation, 2017）。內容包括教育、企業、政府、研究與發展、文化與志向五大面向（Commonwealth of Australia, 2017）。其中在教育面向，主要是讓所有澳洲人具備與 2030 年相關的技能，藉以應對不斷變化的工作性質。大學校院校長和各院系所單位主管，可依實際狀況，採取正向領導、知識領導、科技領導、教師領導、文化領導、分布式領導、網絡式領導等（林新發、朱子君主編，2020），俾達成學校或組織之創新經營效能。

五、溝通協調策略

　　大學校院整併牽涉甚多機構、單位和人員且影響深遠，其是一個非常複雜的歷程，要整併成功，產生成效和競爭力，在整併前、中、後，均需不斷進行溝通協調，避免產生「穀倉效應」（silo effect），穀倉效應即是指組織中各部門之間因缺乏橫向溝通與共同目標定位所產生之一種現象（Hotaran, 2009; Varma, 2012），大學內之系所以專精分工達成教研目標，原本無可厚非，可是當大學分工愈趨精細後，則會形成一個個如穀倉般的壁壘分明的單位團體型態，穀倉存在於體制裡，存在於教職員內心與社群團體裡，其亦是一種文化現象，成因是社會團體與組織具備特定的分工慣例，穀倉帶來部落主義（tribalism），造成狹隘視野，精緻個人化分工勢必終將被機器取代，跨部門深層溝通，協同合作才能創造新的價值（林力敏譯，2016）。因為部門之間如僅存垂直之指揮系統、缺乏水平之協同機制，將導致封閉視野之各自為政。

　　Linton（2009）指出，穀倉效應存在學術界已久，教師在教學、研究與服務滿檔之際，確實少有時間與同事專業互動。縱使 Surowiecki（2005）之研究已發現，與他人合作之成效與生產力高於單獨工作，但學者們依然按照自己認定之專業分工，且愈趨分工細微，因為大部分的人堅信必須分工才能發揮組織最大效率與效能。然而事實並非如此，過度專業分工導致穀倉林立，容易造成組織成員彼此孤立、互相競爭、封閉視野、資訊獨占、創新不易或心智盲點（林力敏譯，2016）。

　　綜合而言，雖然大學校院整併可減少教育統計上所呈現大學數量或部分適度紓解生源衝擊，但其實質整併效果應彰顯於達成規模效益與提高競爭優勢等面向，因而大學於整併規劃中應採用有效避免穀倉效應之適切策略，亦即宜採取聚焦溝通並採用知識管理或素養導向領導方式、著重分析且建構資訊共享平台、克服人性以消除獨占資源心態、關注盲點亦重塑組織文化價值、兼顧長效和提高冒險創新意願、增進互動也破除部門內外藩籬、雨露均霑及檢視薪資獎勵機制、跳脫制約與反思現行分類系統等規劃方向以資因應（戰寶華、徐慶忠，2017），期能達到促成夥伴關係與強化

合作交流、校院互補所長並強化競爭優勢、增進整體大學校院資源整合性綜效、檢視辦學品質且落實大學整併之願景和目標。

因為大部分的人堅信必須分工才能發展，有關整併後大學定位目標、校名、行政單位合併、院系所學術單位整合、制度教學、課程學分數、必選修學分、教師配置、教師升等辦法、職員調派重組、學生學籍、學位學程、經費編列、校友認同、校區運用、新建校舍、財產管理等方面，亟需有關單位人員進行溝通協調。如清華大學與新竹教育大學兩校合併最常運用的是公開說明的策略，新規劃之學校整併藍圖（初稿），為力求計畫周延及匯集眾人集體智慧，可在網路上公開，在一定期間內，徵求各方或利害關係人提供修正意見並附具體理由，再由整併小組研討會商，將有建設性之建議予以納入或修正，經數次公開徵求意見及召開公聽、說明會後，相信可以減低彼此成員之誤會或抱怨產生，亦有助於學校文化之融合。如整合校院雙方有部分系所相同亦可透過溝通協調，允諾於合併後採取以一系雙班招生方式，以增加系所師資員額能量，對教學研究及經營成本亦有助益。

六、文化融合策略

大學校院整併過程或合併後，都會有學校治理上的有關問題，由於學校定位、整體發展方向、教育主管機關、學校主管領導、教師學生權益、畢業校友與社會期待等，可能會產生理念、文化、制度規章、組織結構、人事、職位、權利義務上的差異及磨合問題，此外資源分配與運用、教師權益、院系所整併及校區整合問題，均亟待加以解決。故大學校院的整併不僅是一種組織結構的磨合，更是一種文化、社會性的融合、認同、協作過程，大學合併的過程與結果都會呈現學校組織文化性、社會性及結構性的問題，兩所或兩所以上大學校院整併，由於原有之學校定位、發展目標、體制規範不同，亦會產生不同的學校文化，如原清華大學與新竹教育大學整併後，原竹教大之教學取向已逐漸強調研究取向，原有新竹教育大學教職員工生會面臨學校文化逐漸轉變之適應或壓力，亟需加以因應。而其治理與決策則要從以學生學習權為核心的決策思維與治理為切入點，

並以學校領導者所具有遠見與魄力，依學校的定位與發展主軸，以官僚、同僚與政治模式的治理與決策模式，融合組織文化、結構與社會的決策過程，同時融合大學、政府、學校與市場的架構（張慶勳，2017），俾型塑成為一所新型的大學。

七、經費補助策略

大學校院整併轉型，訂定發展願景與目標後，需要經費的投入，並配合課程發展購置更新所需的機具或設備。依鄭燕芬、王昭雄、龔瑞維（2010）研究發現，選擇就讀科技大學校院的學生最重視師資及設備取向，與時俱進且足夠使用的教學設備能讓學生具備充分知識和技能，為將來的就業職場做好準備。當前，世界技職教育經費投入呈現「政府財政逐步增多、個人承擔日漸減少」的發展趨勢。美、德、丹麥等發達國家，政府成為最主要的投資者，在技職教育經費投入中起「槓桿作用」。例如：德國政府的財政投入，占技職教育總經費的 55%，美國占 75%，丹麥也高達 67%-75%，可見政府投入的主體地位已逐漸確立（李華玲，2014）。

由政府擔負主要經費投入的責任，代表社會對直接分配公共財政經費於技職教育的重視，抑或透過學生資助、補貼利息貸款等間接撥款方式，主導技職教育的經費投入，以促進科大技職校院的經營發展與轉型（李華玲，2014）。英格蘭高等教育撥款委員會過去對整併採取順其自然的態度。威爾斯高等教育撥款委員會對整併甚為積極，自 1997 年開始，即提供經費鼓勵整併與重整。威爾斯國民議會與教育部門亦積極介入整併。蘇格蘭高等教育撥款委員會曾出版相關指引，也對政府教育當局提供整併意見，並評估以往之整併案，在前五年，其認為整併過程就會產生資源，故沒有對整併案提供補助。惟 1997 年後改變政策，開始對整併等方案提供「策略改變基金」（戴曉霞，2002；Howley, Johnson, & Petrie, 2011）。2008 年更新有關學院與大學整併以及評估整併成效指引，重申整併的學校可申請「策略基金」，而且整併的推動，除教育、結構和財政議題需要關注外，也強調應關注校區地點更動、人事聘任或行政事務等對不同團體的可能影響。因此，臺灣之大學院校如進行整併，主管機關可針對學校所

提配套措施、空間重整、校舍教學設備補充更新等，予以經費補助，並可考慮將經費區分為「競爭型」、「發展型」、「基本需求型」三類，以均衡不同大學校院的發展並兼顧教育機會的公平，將有助於大學校院整合之成功。

 結論

綜合以上之分析、論述和探討，獲致之結論如下：

一、大學校院整併，係指高等教育體系內兩所以上之大學校院（或其中一所為大專校院）透過組織的改造、資源的整合等歷程，所組合成的存續合併或新設合併成一所新的大學校院。

二、臺灣推動大學校院整併的主要緣由為：(1) 臺灣面臨少子女化趨勢，學生來源短缺；(2) 大學校院數量過多，政府經費有限，導致經費資源稀釋；(3) 臺灣之大學規模較小，單位學生成本較高，學校財務收支難平衡，導致經營困難；(4) 主管機關之教育政策期望經由整併減少經費支出、爭取進入世界百大或提升競爭力。

三、大學校院整併的意涵主要為：(1) 擴大校院經營規模降低單位學生成本；(2) 培育學生關鍵素養，提升大學教育品質；(3) 改善學用落差問題，提升學生國際移動能力；(4) 增加學生跨域選修課程機會，培育 π 型人才，促進產業競爭實力。

四、經綜合歸納有關文獻及個人看法，影響大學校院整併能否成功的主要因素為：(1) 學校願景定位的共識；(2) 地理環境位置的相近；(3) 院系教師專長和資源的互補；(4) 學術聲譽與教學品質；(5) 整併領導力和信任度；(6) 學校文化差距不大；(7) 整併計畫是否周延和適當配套；(8) 政府經費的允諾與支持；(9) 校長及領導團隊之意志力；(10) 同一縣市區域內大學院系所之性質相近；(11) 地區少子女化之因素和趨勢。

五、經歸納臺灣之大學整併成效為：(1) 適度提升大學聲譽；(2) 提升大學未來競爭力；(3) 產生規模經濟效應；(4) 快速形成綜合大學；(5) 增加學生跨域選修和互動機會。

　　六、大學整併可能產生之問題為：(1) 願景目標問題；(2) 院系體制問題；(3) 學校名稱問題；(4) 特色整合問題；(5) 選課系統問題；(6) 教職工權益問題；(7) 文化融合問題；(8) 校區位置問題。

　　七、大學整併可採取之治理策略為：(1) 願景定位策略；(2) 專業評估策略；(3) 系統整合策略；(4) 創新轉型策略；(5) 溝通協調策略；(6) 文化融合策略；(7) 經費補助策略。

參考文獻

王麗雲（2003）。**高等教育整併與學術卓越**。「大學整併理念與策略」學術研討會。臺北市：淡江大學。

內政部人口統計資料（2019）。引自中華民國內政部戶政司全球資訊網。取自https//ris.gov.tw/app/portal/3k6

江岷欽（1995）。從組織文化觀點論教育機構之合作。**教育研究雙月刊**，**41**，19-25。

行政院主計總處（2018）。**2011至2017年臺灣地區教育程度別失業率**。取自https//www.dgbas.gov.tw/public/Attachment/81191120307RLWRM7Z.pdf.

池婉宜（2007）。**我國國立大學整併政策之成效評估：以嘉義大學為例**（未出版之碩士論文）。臺北市立教育大學，臺北市。

李昭蓉、蔡淳如、楊雅蒨、林思翰（2009）。**師徒制與師徒功能對員工創新行為之影響——以知識分享為中介變數**。2015年3月15日。取自http://hrda.tidi.tw/picture/com_data/big5/2.1.pdf

李華玲（2014）。基於「責任政府」的職業教育經費投入問題探析。**職業技術教育**，**7**，46-50。

林力敏譯（2016）。**穀倉效應**（The silo effect）（Gillian Tett原著）。臺北市：三采文化。

林新發（2017）。大學院校整併的成果、問題與因應策略。**臺灣教育評論月刊**，**6(1)**，17-24。

林新發（2018a）。提高教師專業素養促進教育實驗創新。**臺灣教育評論月刊**，**7(1)**，128-134。

林新發（2018b）。教師專業素養的意涵與實踐策略。**台灣教育雙月刊**，**711**，29-47。

林新發、張凌凌（2018）。教師專業素養指引之研訂。**台灣教育雙月刊**，**711**，65-76。

林新發、朱子君主編（2020）。**教育領導的新議題**。臺北市：元照。

吳美連（2005）。找一位良師——師徒關係對女性工作適應與職涯晉昇的影響。**T&D飛訊**，**35**，1-19。

莫家豪（2003）。**全球化與大學整併：國際的經驗**。「大學整併理念與策略」學術研討會。臺北市：淡江大學。

教育部（2013a）。第二期技職教育再造計畫（修正計畫）。臺北市。

教育部（2013b）。「國內高等教育之學用落差、大學整併與退場機制、國立大學土地閒置情況及畢業生就業情形等問題」報告。取自http://npl.ly.gov.tw/do/www/FileViewer?id=3725

教育部（2016）。**中華民國105年版教育統計**。取自https://depart.moe.edu.tw

教育部（2018）。**中華民國107年版教育統計**。取自https://depart.moe.edu.tw

教育部統計處（2014）。**主要統計表——歷年校數、教師、職員、班級、學生及畢業生數**。取自https://stats.moe.gov.tw/files/main_statistics/seriesdata.xls

教育部統計處（2016）。**主要統計表——歷年校數、教師、職員、班級、學生及畢業生數**。取自https://stats.moe.gov.tw/files/main_statistics/seriesdata.xls

教育部統計處（2019a）。**108年版教育統計指標之國際比較**。取自https://stats.moe.gov.tw

教育部統計處（2019b）。**主要統計表——歷年校數、教師、職員、班級、學生及畢業生數**。取自https://stats.moe.gov.tw/files/main_statistics/series-data.xls

教育部統計處（2020）。**108學年度大學校院一覽表**。取自https://ulist.moe.gov.tw/Browse/UniversityList

陳伯璋（2004）。大學整併的省思與前瞻。載於張明輝主編，**教育政策與教育革新**（頁65-80）。臺北市：心理。

陳怡如（2011）英國大學整併政策及其成效評估：1992年～。**教育資料集刊**，**52**，23-50。

陳維昭（2003）。**大學整併的理念與實踐**。「大學整併理念與策略」學術研

討會。臺北市：淡江大學。

湯家偉（2017）。教育部推動高教轉型策略的可能限制與建議：以「學校典範重塑」為例。**臺灣教育評論月刊，6(2)**，13-15。

張海偉、李茹（2010）。「雙師型」教師技能培養研究與實踐。**機械職業教育，8**，18-20。

張惠怡（2015）。**兩岸大學整併政策之比較研究——以臺灣東華大學與大陸廣州大學為例**（未出版之博士論文）。國立屏東教育大學，屏東市。

張國保（2017）。大學整併的調適。**臺灣教育評論月刊，6(1)**，58-63。

張國保、袁宇熙（2015）。臺灣技專校院退場機制之檢討與因應。輯於林新發（主編），**學校退場問題與因應策略**（頁217-253）。臺北市：五南。

張國保、黃嘉莉、劉曉芬、胡茹萍、徐昌慧（2012）。**因應少子女化我國高等教育整併、轉型與退場機制之研究**，行政院研究發展考核委員會專案研究報告。

張慶勳（2017）。大學合併與治理：大學、政府、學校與市場的融合。**臺灣教育評論月刊，6(1)**，1-3。

黃昆輝主編（2019）。**邁向公義與卓越——臺灣教育的問題與對策研究**。臺北市：財團法人黃昆輝教授教育基金會。

黃政傑（2015）。大學整併政策務必對焦明確。**臺灣教育評論月刊，4(3)**，19-25。

黃懿嬌、林新發（2015）。大學校院退場問題與因應策略。載於林新發主編，**學校退場問題與因應策略**（頁179-215）。臺北市：五南。

楊慧琪（2019）。**國立清華大學與新竹教育大學合併歷程及效益之個案研究**（未出版之博士論文）國立清華大學，新竹市。

維基百科（2015/4/3）。**科際整合**。取自http://zh.wikipedia.org/zh-tw/%E8%B7%A8%E5%AD%B8%E7%A7%91%E9%A0%98%E5%9F%9F

劉育光、林新發（2015）。中國大陸高等院校合併形成背景、過程與問題。載於林新發主編，**學校退場問題與因應策略**（頁291-321）。臺北市：五南。

鄭燕芬、王昭雄、龔瑞維（2010）。高中職學生對技職教育之認知與選擇技

專校院因素之研究。**正修學報**，**23**，177-195。

聯合報（2017/2/21）。

戰寶華、徐慶忠（2017）。大學整併規劃之穀倉效應反思。**臺灣教育評論月刊**，**6**(1)，67-75。

謝金枝（2017）。大學整併：觀點與案例。**臺灣教育評論月刊**，**6**(1)，38-44。

戴曉霞（2002）。**高等教育整併之國際比較**。「大學整併理念與策略」學術研討會。臺北市：淡江大學。

Commonwealth of Australia (2017). *Australia 2030: Prosperity through Innovation*. Retrieved from https://www. industry .gov. au/data-and-publications/ Australia-2030-prosperity-through-innovation

Hotaran, I.(2009). Silo effect vs. supply chain effect. *Review of International Comparative Management*, *10*, 216-221.

Howley, C., Johnson, J. & Petrie, J. (2011). *Consolidation of schools and districts - what the research says and what it means*. National Education Policy Center, Ohio University.

IMD(2018). *IMD world talent report 2018*. Retrieved from https://www.imd.org/ wcc/ world-competitiveness-center-rankings/ talent- rankings-2018/

Linton, G. (2009). The silo effect in academic and its consequences. *Higher Education Pedagogy & Policy*. Retrieved from https://glinton.wordpress. com/2009/01/14/the-silo-effect-in-academia-and-its-consequences/

Surowiecki, J. (2005). *The wisdom of crowds* (reprint edition). New York: Anchor Books.

Varma, R. T. (2012). Enhancing and empowering: Customer experience. *SCMS Journal of Indian Management*, *9*(3), 71-78.

公立高等教育機構整併
問題與因應之道

張國保

國立臺灣師範大學教育學系博士
銘傳大學教育研究所副教授

袁宇熙

國立臺灣師範大學工業教育學系博士
中國文化大學勞動暨人力資源學系副教授

壹　緣起

　　高等教育乃國家培育棟樑人才之搖籃，以及社會永續發展之基礎（吳清山，2011；張國保，2006），大學更猶如國之重器，各國政府皆審愼視之，更傾全力給予扶持。我國高等教育體制師仿歐洲中古世紀的大學院，認爲研究爲本務，同時負有教導學生、傳播眞理之責。所以，社會賦予大學的基本任務有三，即爲教學、研究、服務三項（周祝瑛，2003），故《大學法》第 1 條第 1 項明定「大學以研究學術，培育人才，提升文化，服務社會，促進國家發展爲宗旨。」除了爲國培育棟樑人才，更成爲求眞、求知及提升文化、服務社會與促進國家發展的最高學術殿堂。

　　隨著社會的高度成熟、對於知識的需求與渴望，現代大學的本質也因量變而產生質變，逐漸從菁英（elite）到大眾（mass）而普及（universal）的高等教育型態（Scott, 2019; Trow, 1973）。臺灣自 1994（民國 83）年民間發起四一〇教育改革並提出廣設高中大學的訴求，開始放寬大學數量的管制（朱麗文，2015）。因此，從 1994 年起，大學校數及學生數的變化逐漸明顯，如圖 1 所示。

　　從圖 1 得知，1995 年至 1997 年（民國 84 年至 86 年）大學校數從 24 所一口氣增加到 38 所，獨立學院也從 36 所增加到 43 所，專科學校則減少 4 所，這是第一次大幅擴增大學校院。2007 年正式突破百所大學，約十年左右增加了 62 所大學，平均每年新增 5 所大學，之後緩步成長，到 2017 年的 129 所大學達到高峰，隔年開始反轉，逐年減少一至兩所大學。學生人數則從 1995 年的 75 萬 1,347 人，相隔五年即成長到 109 萬 2,102 人，平均每年增加 6 萬 8 千餘人，之後更快速成長，到 2012 年達到頂峰，當年度在學大專生高達 135 萬 5,290 人，之後又逐步下跌，至 2019 年降爲 121 萬 3,172 人，平均每年減少約 2 萬餘人。從大學錄取率來看，1995 年的大學錄取率爲 44.31%，到 96 年已達 96.28%，至 2009 年達到頂峰，大學錄取率達 97.15%，後續每年大約維持在 92.00% 的錄取率左右。我國大學整體數量與學生數的變化，在二十五年間，大學校數增加 5.4 倍、學生人數則膨脹近兩倍，增加速度之快，令人瞠目。

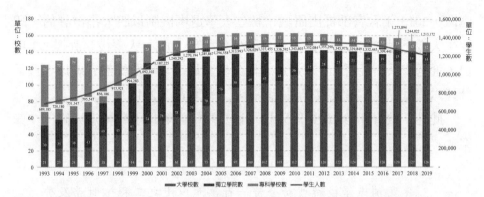

圖 1　我國 1993 年至 2019 年（民國 82 年至 108 年）大學、獨立學院、專科學校校數及學生人數

資料來源：教育部統計處（2020）。

　　除了大學數量擴張過速的問題，少子女化更是促使大學生存益加嚴峻的主因，臺灣總生育率從 2006 年已降至 1.1 人，遠低於全球總生育率的 2.7 人，或是已開發國家的 1.6 人（行政院主計處，2007），至 2019 年則再降至 1.05 人（行政院，2020）。高等教育快速擴充的影響，加上少子女化的現象，直接反應在教育發展質量失衡（王保進、周祝瑛、王輝煌，2011）、多元入學公平性（陶宏麟、吳澤玫，2019）、教育資源的排擠效應（楊怡姿，2017）等問題，而大學生與研究生的素質良莠不齊，連帶造成學用落差（王聖元，2017）、國際觀不足（楊怡姿，2017）等負面效應，更使得大學文憑價值劇貶（林新發，2017）、產業人才供需失調及人才斷層（孫又珊，2017）、結構性失業（曾敏傑，2009）等弱化國力的嚴峻情況。

　　大學數量過於擴張的結果，加上少子女化的激化，隨此態勢之加劇，形成供過於求的生存競爭情勢。此一情形不僅只發生在臺灣，歐美各國，乃至於澳洲、日本及韓國皆然（湯志民，2003）。歐美各國政府基於強化學術優勢、提升國際競爭力、優化營運效能，朝向大學整併的方向推動，亞洲如日本、臺灣及中國大陸也仿效這樣的作法，陸續研擬整併政策（陳伯璋，2004；張國保，2017）。私立大學方面以轉型、合併、退場等方向

處置，2013 年教育部提出研議，私立大學退場機制以四大指標評估，即學生人數不足 3,000 人且最近兩年註冊率低於 60%、大學校務評鑑 2/3 項目未通過或系所評鑑 2/3 未通過、積欠教職員工人事費總額五成以上且累計達六個月以上、違反教育法規等四項（教育部，2013）。

此外，教育部於 2020 年研議《私立高級中等以上學校退場條例（草案）》：

> 專案輔導學校辦理新臺幣一百萬元以上之工程、財務及勞務採購應報經學校主管機關同意，始得辦理。（草案第 7 條）

> 主管機關應加派社會公正人士充任專案輔導學校所屬學校法人公益董事與公益監察人及其相關機制。（草案第 12 條）

針對列入專案輔導的學校，將設立退場基金，採強烈的資遣教職員工、解散董事會改由公益董事介入，據以修正私校捐助章程，並指派代理校長，以有效處理私校退場問題。因而，整併可能是迫使專輔學校較佳的可能選擇之一。

公立大學方面，2015 年教育部提出高教創新轉型方案，以學校創新轉型、大學合作合併、退場輔導、高階人力躍昇等四項主軸，作為公立大學的因應策略（黃政傑，2015a）。當我國高等教育面臨生源劇減、教育資源稀釋、大學競爭力不足、教學品質亟待提升等挑戰，需積極重整高教架構、匡正教育本質，近十年順利完成了臺北市立大學、國立東華大學、國立高雄科技大學、國立臺中科技大學、國立清華大學等多所公立大學的整併。故本文從大學整併（或稱合併、合校或併校）之不同角度探討，提出相關問題及解決策略之論述，以作為公立大學整併的參考。

 ## 貳　大學整併的問題

面臨少子女化大環境的衝擊，大學整併成為社會各界、民意代表及主

管教育行政機關的共同期望，但大學整併是個高難度、高技術性的程序，需要更加謹慎與周延的規劃（黃政傑，2015b）。近年來順利完成的公立大學整併，有整併之後歸在一個校區運作者，如國立東華大學（2008 年由國立東華大學與國立花蓮教育大學合併）；有整併之後增加新校區者，如國立臺中科技大學（2011 年由國立臺中技術學院與國立臺中護理專科學校合併）；有整併之後，形成多校區運作者，如國立嘉義大學（2000 年由國立嘉義師範學院與國立嘉義技術學院合併）、臺北市立大學（2013 年由臺北市立教育大學與臺北市立體育學院合併）、國立清華大學（2016 年由國立清華大學和國立新竹教育大學合併）、國立高雄科技大學（2017 年教育部核准於 2018 年由國立高雄第一科技大學、國立高雄應用科技大學及國立高雄海洋科技大學合併），以及研議中的國立陽明交通大學等多所公立大學的整併。

　　鑒於教育是百年樹人大業，整併後的長遠發展一定有不少利基可期，惟公立大學在整併前，勢必面對不同校區的原屬校內師生之不同意見，以及畢業校友的情感因素，而有所影響；其次為併校後的新願景與校務發展計畫的共識和向心力之凝聚挑戰。整併中則可能發生不同校區校務及教學系統整合問題、人員編制及配置問題、課程統整及教學問題，以及學務交流統合問題。整併後則須面對多校區溝通協調問題、經費預算及核銷問題，乃至併校後的整體發展與競爭力問題，併校任務之繁重與複雜度，更須步步為營、審慎執行。茲就整併前、整併中、整併後可能遭遇的各項困難，依序說明如後。

一、師生及校友共識與認同問題

　　學校面臨整併前、中、後都已經有原校畢業的校友，少則數千人，多則數萬人，歷史愈悠久的校友人數更龐大，這些校友及校友組織總對整併之後的新校引發校名認同疑義，即便是原當年上課、生活之場所未變，許多教過的師長也仍繼續任教服務，但仍會產生那已經不是過去的母校（娘家）的惆悵情緒（黃政傑，2015b）。這種誤解使得公立大學進行整併時的規劃與預期進度未如理想。當然，還在校園中的師生們，有贊成者亦有

反對或觀望者，也都是整併共識必須面對的首要問題。總而言之，大學校院整併，師生及校友等關係人的情感共識成了必須優先化解的鴻溝。

二、新願景與計畫凝聚問題

新校整併之後，新的願景（mission）是否具有前瞻性、未來性與競爭性，都是必須兼顧的方向與原則（林新發，2017）。尤其專任教師更關心自己未來是否還有課程得以教授，難免對整併帶來不安全的危機意識。因此，整併後的新願景與新計畫既要兼顧傳統特色，又要開創新局，其包袱之沉重可想而知，或多或少也造成整併過程的艱困程度。是以，加強整併新校藍圖的凝聚力，呈現宏觀願景及格局，始能化阻力為助力，據以發揮整併後的綜合量能。

三、組織立場之本位問題

新校整併必須考量校區增多、人員擴大、教師及學生規模變大，原校各自擁有的行政組織已無法因應整併後的運作需求，原有的組織如何因應調整、重組或轉型，涉及到組織編制需否擴充的議題（謝金枝，2017）。尤其又有整併之後，若需處理主校區或分部（校區）的問題，又將回到是誰吃掉誰、誰嫁給誰的另一個意識性情緒思維議題，更添加整併後相關行政主管規劃及領導的無奈與困擾。其過程不免產生既有組織之本位立場，也是整併必須亟待克服的難題。

四、校務及教學系統整合問題

各大學校務運作皆有賴資訊系統輔助龐大的作業需求，每校皆有因應自己需求所發展建置的校務及教學系統，尤其是為了滿足各處室需求所開發的子系統，更是既多且繁雜。在學校整併的過程中，校務資訊系統與資料庫的整合，更是十分複雜的大工程。以下說明學校合併在資訊系統整合方面的議題。

㈠校務行政系統的整合問題

大學合併之後，由於管理幅度、教職員生數皆大幅增加，各校區的行政作業更急遽加重，除了原校區的行政運作仍須持續進行外，同時必須負擔併校後的組織變更、管理規章、作業流程、人員異動等額外增加的必要作業量，尤其面對學生的學籍資料、學業成績紀錄、學習歷程檔案等，更必須維護學生的權益，絲毫怠惰不得，這對所有行政單位都形成莫大的壓力感與急迫性，更凸顯了校務系統整合的重要性。有些學校的資訊系統採取外包方式採購、有些學校則採取自行開發的方式運作，因此，在校務資訊系統的整合上，牽涉到複雜的架構變更與功能重建，絕非一蹴可幾的簡單問題。

㈡學生選課系統相容性問題

大學整併之後，原各校區開設的課程與教職員生人數非常龐大，遠遠超乎原本各校區在併校前的規模，單就開課數的資料量就十分驚人，併校後主責資訊系統的單位，須面對學生選課系統的穩定性、便利性、正確性與效率性，以免學生選課時，因為系統的問題而影響學生權益，引發學生抨擊或抱怨某個校區不被重視或成為次等學生之議。

㈢選課條件差異性問題

由於原校區的選課條件不同，併校後的系統選課志願序、通識選課在不同校區的分類不一等，造成選課系統資料庫登錄與紀錄一致性問題。尤其若有跨校區選課、上課需求，也都是必須及早因應與妥處的問題。

五、人員編制及配置問題

大學合校之後已經不是單一校區的問題，而多校區同時運作，原有校區的人員是否足敷整併之後帶來的新變革，又原有的員工如何因應併校之後新調整的組織架構以及人員配置歸建等細節，往往都是在整併過程中遇到的難題（張國保，2017），尤其是人員憂心重組後的不安定感及危機感，更是處理許多行政人員配置與調動的棘手問題。

六、課程統整及教學問題

　　課程與教學是大學最重要的核心業務，關乎教師與學生日常教學、學習與研究運作的任務（于承平，2017）。在學校整併前就會面臨學院、系所、學程專業領域的校區配置問題，在合併後，如何提供學生跨校、跨學院、跨系所、學程及跨領域的教學、學習、實習或遠距教學問題，甚至有無驚動教師、學生必須跨校區奔波上課等，當乃相關課務人員負責規劃併校後必須思考的議題。

七、學務交流統合問題

　　學校整併之後，最大的受益者是學生。因學生不但可以拓展學習機會，接觸更多可用的學習資源、獲得多元化學習機會，更因學生規模擴大，社團活動或相互切磋琢磨的機會大增，但對於如何分享與在地的連結關係？如何與不同校區產業的聯繫與互動？如何促進不同專業領域的交流薈萃？再再都是併校後如何將寶貴的學習資源與機會加以擴展所需面對的問題。此外，針對學生自治，《大學法》第33條第1-3項明定：

　　　　大學為增進教育效果，應由經選舉產生之學生代表出席與其學業、生活及訂定獎懲有關規章之會議。

　　　　大學應輔導學生成立由全校學生選舉產生之學生會及其他相關自治組織，以增進學生在校學習效果及自治能力。

　　　　學生為前項學生會當然會員，學生會得向會員收取會費；學校應依學生會請求，代收會費。

　　由上開法條規定可知，多校區的學務運作，將產生學生代表、學生會、自治組織及會員會費應如何兼顧不同校區的均衡性與公正性，以及何校區學生組織才具對外代表學校等問題，都是併校中必須謹慎規劃與推動的重要事項，以避免損及學生學習權益。

八、多校區溝通協調問題

歐美及大陸不少大學都有多校區的情形，多校區有行政、人員、課程、財務、總務等諸多業務必須溝通（于承平，2017；張國保，2017）。在資訊科技時代，多校區透過電話、Mail、Line、Facebook、遠距視訊會議、Microsoft Teams 等聯繫協調都已經相當便捷，但溝通有平行、上行、下行及對外、對內等不同類型需求的模式，雖然工具方式多樣，但對實質溝通的運作，卻也未必能夠事事順利，也是多校區不得不共同面對的問題。

九、經費預算及核銷問題

公立大學校院合併前各校皆有自有的預算與校務基金制度，合校後預算制度及校務基金統整一套，資源擴充，規模大幅增加，同時也會增加行政困難度（何智勇，2017）。但經費核銷有其一定的會計程序，且不少會計程序規定必須用紙本文書呈核，惟機關首長只能待在一個校區，授權判決也有一定金額的程序及限制。故併校之後的經費預算及核銷如何在現有政府規章制度規範下，發揮應有的效率與效能，也是整併學校待突破的問題之一。

十、整體發展與競爭力問題

大學整併既為法規允許，更是政府鼓勵的重要政策，在少子女化時代尤更有其急切需求（張國保，2017）。然整併之後到底能發揮多少互補或加乘效益，則是整併前、整併中以及整併後各校都相當關切的議題。對整併之後的新校，究竟能帶來多少整體發展的優勢，能為原有學校以及新校帶來多少變革或競爭力的提升，都是大家引頸觀望的焦點，當然更也造成整併學校不少有形或無形的發展壓力。

參　整併的因應之道

　　學校整併打破了原有的組織、運作、資源重構、多校區溝通等等樣態，的確會有些許必須重新構思與因應的問題，當然行政乃須解決問題，以下提出建構師生及校友資訊平台、博採眾議擬定宏觀願景、合理有效重議行政組織、適宜調配人員編制、充分整合校務系統、完善師生課程教與學系統、提供多元化學生學習機會、暢通多校區溝通協調管道、建置簡便有效的經費核銷機制及提升整體競爭優勢等之因應，以供參考。

一、建構師生及校友資訊平台

　　學生是校園最重要的學習主體，而學生的學習自與教師密不可分，學生畢業之後，就是終身校友，這些關係人與校務發展息息相關，故國外重視一日校友、終身校友、世世代代皆校友的情誼（戴雲卿，2019）。整併初期對於學生學習、教師教學及校友的心理感受與認同感，不免產生異見，建議於整併初期就建構師生及校友資訊平台，提供開放、透明的整併訊息，並開放及吸納關係人及關心人等對整併的相關具體建議，減少整併的阻力。

二、博採眾議擬定宏觀願景

　　到底整併對原校能夠產生多少效益，整併之後有什麼願景以為引導學校發展的方向，攸關校務的推動、資源投入及特色的形塑，也是不少教師、學生、校友、甚至是社會所關注的焦點。以 2018 年 2 月 1 日三所學校整併之國立高雄科技大學（簡稱高科大）為例：「高科大融合『親產優質』、『創新創業』及『海洋科技』三大特色，……在『以人為本、價值共創』之辦學理念下，成為『高雄的智庫』、『產業的引擎』、『南向的基地』，締造出一所深受國際社會肯定，培育產業發展人才之國際化典範大學」（國立高雄科技大學，2018a, 2018b）。此願景能兼顧原有三校既有特色，並展望產業發展人才及邁向國際化典範大學，是以，博採眾議擬定新校的宏觀願景，以為校務推動的圭臬，有其必要性。

三、合理有效重議行政組織

　　學校合併之後，因應校區增加、學生、教師及職員人數擴增，到底要設幾個行政組織，且應該設在哪個校區，有些較清楚明確的像國立清華大學、國立東華大學、國立臺中科技大學等校，較無行政主校區的困擾。但國立高雄科技大學合校之後有五個校區且都相當龐大，如何設置行政組織就必須較費苦心，所幸該校於學校網路建置「校務程序調整」平台（國立高雄科技大學，2019a），於五個主要校區均設有綜合業務處，並公開如「三校行政系統資料整合第一階段完成：系統代碼整合完成」等相關資訊，當有助於意見的共識。

四、充分整合校務系統

　　併校後的校務系統整合，須依靠各校區資訊單位的協力，藉以克服併校後的校務資訊系統變更的挑戰，以國立高雄科技大學（2019b）之經驗說明如下：

㈠校務行政系統的整合策略

　　為了解決校務行政系統的整合困難，在策略上，原各學校資訊單位應先行橋接，做好併校前的資訊系統整合之協商部署。尤其考量到校務系統的繁雜與龐大，不可能短時間內重新開發併校後的新系統，因此，應分四步驟進行策略性整合，首先應能提供學生跨校區選課、成績紀錄、學生帳號密碼統整以共享教學資源的過渡性功能，暫時因應併校初期的需求；接著盡速盤點各校資訊系統，並列出相對應功能的系統比對清單，比較各系統的功能以及後端資料庫格式與架構，就性質相近的系統、功能和資料庫進行資料正規化、快速整合與擴充，亦即針對功能和架構相近的資訊系統進行整併；第三步驟則應就各校區差異性的功能需求進行擴充，舉如不同學制、學院、特殊處室單位等，提供附加功能或子系統的擴充性，以便納入校務主系統的框架內；第四步驟則進行系統與資料庫的優化工作，歷經併校後的磨合期，累積相當的行政運作搭配系統作業經驗，進行資訊系統架構與功能的改善和優化，以提升併校後校務資訊系統的整體效能。

㈡學生選課系統的再設計

對於選課系統架構的再設計，應考量下列問題：

1.使用者介面

考量學生在原校選課系統的操作習慣與系統頁面的熟悉性，應重新檢視原各校區選課系統的功能配置與系統頁面設計，提出差異盡量極小化的選課系統，並提供詳盡的使用者說明手冊或操作說明頁面，幫助學生順利選課。此外，亦應同時注重系統在選課尖峰時間大量使用者湧入的壓力測試，確保選課系統能夠因應併校後大量學生同時上網選課的系統穩定性，以避免影響學生權益。

2.選課科目的規範

由於各校區併校前的學期學分數、必選修科目、選課志願配額數量、修課上下限人數等的不同，加上選課人數大幅增加，對選課系統的正確性與資訊人員的作業造成巨大負荷，因此，必須先由原各校區選課系統加以整合，在確保各項選課條件皆能正常運作下，逐步調整選課系統的架構與功能，以及選課各項限制條件，待系統穩定後，再進行效能優化的工作。

3.線上與線下整合考量

由於併校後的校區幅員廣大、距離遙遠，在跨校區選課的條件上必須加以限制，選課系統必須加上判斷式，在線上選課系統內計算涵蓋在不同校區修課的通勤時間，進行合理的線下跨校區修課之篩選，以避免衍生的選課爭議與學生權益的影響。

㈢選課系統的一致性

針對併校後的系統選課志願序、通識選課在不同校區的分類不一等選課系統資料庫登錄與紀錄一致性問題，應由教務處偕同資訊主責單位共同會商協調，以統整選課系統與資料庫的正規化與條件判斷的一致性。

五、適宜調配人員編制

人員是組織的最重要資產，組織運作端賴人員負責推動及落實（張國保，2017）。整併之後的多校區，人員如何調整配置，不但影響工作士

氣，更影響到服務態度與行政效率品質。因而合校之後，到底是維持原有編制、擴充抑或精簡則是處理人員的難題。基於因事設單位置人員的原則，一方面須考量到組織運作及發展的需求性，另方面也須兼顧原有人員的意願，如此始能發揮多贏的效果。

六、完善師生課程教與學系統

學習多元要有安定的學習環境和系統，而原有單一學校建置的課程教學系統，教師及學生幾乎已能習慣使用，但新校合併之後，基於全校一體的課程教與學需求，自然會讓教師及學生感受到變革之後的不習慣與不適應感（林新發，2017）。主因在於教師教學上，對於原有的教學系統會有熟悉度與依賴感，無論是備課、師生互動設計、作業繳交、評分、測驗等皆已駕輕就熟；學生同樣對於原有的學習系統及學習歷程檔案（e-portfolio）系統存有熟悉度和信任感，尤其自己所留下的學習紀錄，可能在轉換新系統後會有所疏漏。因此，從現有系統架構中，重新設計的課程教學系統，必須衡酌以最小改變達成最大效益及最便捷的模式，讓師生及早融入使用，以杜不滿之怨言。

七、提供多元化學生學習機會

公立學校在整併之前，總會向學生宣導將可增加多元化的學習機會，且原有各校皆已具備自有特色的校園文化、專業系所、教學資源與在地連結的深厚關係；在整併之後，不同校區的學生可以獲得不同校區文化的交流與互融、體驗各具特色的專業系所知能，或是共享豐富的圖書館、期刊資料庫、優良教師、研究傑出教師、數位學習平台、資訊設備等寶貴的教學資源，也能串聯起更為廣泛的在地連結，擴增更多與地區共榮的機會，甚至包含校園空間擴大、產業鏈結的關係資產加深、校友人脈資源加廣等益處（林新發，2017）。如此一來，不僅在專業知識與技能上，獲得比一般未整併之學校更多元的學習與培養機會，更可借助併校後，不同校區學生的相互交流，引導學生展現出更多元的活力與發展潛力，甚至借助校友

的龐大社會力量，回饋學校、幫助學弟妹更具社會競爭力。

八、暢通多校區溝通協調管道

合併之後的新校園，已有原校區的學校風格與特色，多校區如何有效溝通始能更有共識、有效率，除例行性的定期會議可達溝通協調之效外，共通性的學籍、請假、成績評量或證明等，可透過系統平台解決，且公文系統亦可全面電腦化或無紙化處理，但偶發事件、緊急事項、陳訴等必須跨校溝通協調者，當有更充分的分層負責與授權機制，或更清楚的標準作業程序（SOP），始能保障學校、師生等之利益，化危機為轉機。

九、建置簡便有效的經費核銷機制

行政要有效率，經費核銷是必然的程序。但經費一定要由機關首長或符合法定程序的授權始能為之及具法定效率。國立高雄科技大學（2018c）之出納系統，就是整合跨校共同需求而建構的系統平台，當可簡化跨校區間的公文往返、表單來回運送之困擾。此外，如何建置足以透過無紙化的經費核銷系統平台，不但節省能源、提高效率、又可達成及時稽核（audit）之效，當可持續努力。

十、提升整體競爭優勢

整併顧名思義就是要將不同的學校加以合併成一所新的學校，而進行學校整併的重要考量，就是合併學校的性質互補、教學研發能量相當、師生規模相近，據以發揮綜合效益（丁志權，2017）。故於整併初期面臨各種調適與磨合之後，如何在原有基礎上發揮一加一大於二的效益，尤其在跨領域時代更強調不同學術（門）領域的資源整合、共享甚至於相互融入交流後產生開創性的新研究發展方向或契機，使教師研發能量大增，學生的競爭力提升，產學合作績效因而不斷成長，始能提高能見度與達到國際競爭的優勢條件，進而發揮併校後的整體競爭力。

肆　結語與建議

　　本文針對公立大學整併面臨之問題，提出因應之道，以作爲政策上及整併大學研議與運作之參考。依據上開分析，綜合提出結語與建議說明如後。

一、結語

　　大學是菁英的聚集場所，大學機構是具有生命的組織體，其生命得因變革而更強大、圖強與創新。整併是資源的整合與擴大，也是力量的擴充，更有助組織體的突變。當大學近年面對少子女化生源不足的嚴峻挑戰，面臨史無前例的生存危機，所謂「化危機爲轉機」，若能在併校教學與學術發展的綜合量能與規模效益前瞻之下，反而能夠突破原本各校獨立而資源分散的態勢，打造出規模宏大且堅強實力的卓越型大學，讓我國高等教育的學術量能得以再上層樓、開拓新猷。雖然整併過程中，難免遭遇大大小小的挑戰與困難，但整併之後加上政府的龐大資源挹注、學校高層及學術與行政領導發揮高效引導的決策力，諸多阻礙始能逐一克服。長久而言，組成全新風貌的優質大學，開創新組織生命氣息的國際化學府，其產學合作、國際視野與競爭優勢，銳不可擋。

二、建議

㈠政府應予整併學校寬裕的資源承諾

　　公立大學雖係因應政府政策及資源而設，然在大學自主潮流及法規保障下，公立大學仍有不少的自主決定權。諸如校內人事組織編制、校務基金自籌款之運用、課程規劃設計與實施、教師資格審查及招生名額之調整等。但公立大學校務基金仍須受政府相關會計、審計及預算審查的程序，惟若因應學校整併提供額外的發展專款，當對整併學校具有誘因，且若整併前參照整併計畫給予明確的資源承諾，對公立大學仍具有相當吸引力。

㈡提供整併學校組織及人事的自主機制

學校整併前、中、後，原有組織編制及人員的安置，常常是進行整併過程的棘手難題。主要是人員面臨整併之後的不安定感、不確定感與必須重新適應的不習慣與恐懼。尤其是多校區的運作，教師擔心整併之後歸屬之學院系所學程之校區、行政人員擔心更動組織編制及上班場所的交通等因素。因而整併學校若有較大的組織自主性及彈性配置人員空間，自可降低人員的不安定性，提高整併之後的整體和諧與效能。

㈢應以提高整併後的競爭力爲發展目標

國內近年來多所整併之大學校院，較久遠的嘉義大學，已能漸漸習慣於多校區的運作模式，而最近幾年合併且多校區又尙處於磨合階段的國立高雄科技大學、國立臺中科技大學、臺北市立大學、國立清華大學，以及研議中的國立陽明交通大學等，仍有待時間的考驗。惟無論如何思維，既已整併，就應捐棄成見，以學校長遠發展爲目標。藉整併之機，重新研議多校區、跨領域、跨產業、跨國際的資源互補，讓教師學術增能、讓學生學以致用及增長見聞、讓行政發揮效率、讓學校確實提高整併新校的競爭優勢，始能不負眾望。

參考文獻

丁志權（2017）。嘉師與嘉技合併為〔嘉大〕之案例分析。**臺灣教育評論月刊**，**6**(1)，45-52。

于承平（2017）。歐洲大學整併經驗探究與啟示。**清華教育學報**，**34**(1)，163-199。

大專校院合併處理原則（2017年05月01日）。取自https://edu.law.moe.gov.tw/LawContent.aspx?id=GL001374

大學法（2019年12月11日）。取自https://edu.law.moe.gov.tw/LawContent.aspx?id=FL008606

王保進、周祝瑛、王輝煌（2011）。**獎勵大學教學卓越計畫成效評估。行政院研究發展考核委員會委託研究報告**（報告編號：RDEC-RES-099-023）。2020年7月10日，取自https:/ shorturl.at/fvUZ7

王聖元（2017）。從大學生立場論高教改進方向。**臺灣教育評論月刊**，**6**(6)，24-27。

朱麗文（2015）。從國家、學術專業與市場互動模式探討我國高等教育現況。**臺灣教育評論月刊**，**4**(8)，72-77。

行政院（2020）。**國情簡介**。臺北市：行政院。取自https://www.ey.gov.tw/state/99B2E89521FC31E1/835a4dc2-2c2d-4ee0-9a36-a0629a5de9f0

行政院主計處（2007）。**國情統計通報，第113號**。臺北市：行政院。取自https://www.dgbas.gov.tw/public/Data/761516391971.pdf

何智勇（2017）。由國內大專校院整併現象看高教資源分配的困境。**臺灣教育評論月刊**，**6**(4)，9-14。

吳清山（2011）。我國高等教育革新的重要課題與未來發展之分析。**長庚人文社會學報**，**4**(2)，241-280。

周祝瑛（2003）。淺談大學教學評鑑─以政大為例。**研習資訊**，**20**(3)，49-57。

林新發（2017）。大學院校整併的成果、問題與因應策略。**臺灣教育評論月刊，6**(1)，17-24。

洪國財（2018）。知識共構式教學對科技大學生多元的文化認知影響。**通識學刊：理念與實務，6**(2)，39-71。

孫又珊（2017）。該多管齊下培育金融科技人才。**臺灣教育評論月刊，6**(5)，79-82。

國立大學合併推動辦法（2019年11月05日）。取自https://edu.law.moe.gov.tw/LawContent.aspx?id=GL000666

國立高雄科技大學（2018a）。**學校特色**。高雄市：國立高雄科技大學。取自https://www.nkust.edu.tw/p/412-1000-1024.php

國立高雄科技大學（2018b）。**關於我們／發展願景**。取自https://www.nkust.edu.tw/p/412-1000-1025.phphttps://www.nkust.edu.tw/p/412-1000-1025.php

國立高雄科技大學（2018c）。**出納付款查詢系統**。高雄市：國立高雄科技大學。取自https://b066.nkust.edu.tw/p/405-1069-15333,c2897.php

國立高雄科技大學（2019a）。**合併後各項校務規定建議及相關疑義回應說明**。高雄市：國立高雄科技大學。取自https://b066.nkust.edu.tw/p/406-1069-11463,r11.php

國立高雄科技大學（2019b）。**校務程序調整**。高雄市：國立高雄科技大學。取自https://www.nkust.edu.tw/p/404-1000-10299.php

張國保（2006）。獎勵大學教學卓越計畫。**技職簡訊電子報，171**。

張國保（2017）。大學整併的調適。**臺灣教育評論月刊，6**(1)，58-63。

張國保、袁宇熙（2015）。**大學教育**。輯入2014中華民國教育年報（第6章，頁211-267）。取自http://www.naer.edu.tw/ezfiles/0/1000/at tach/40/pta_10480_2117558_90257.pdf

教育部（2013）。**立法院第8屆第4會期教育及文化委員會全體委員會議：私立大專校院輔導轉型與退場機制報告**。臺北市：教育部。取自https://npl.ly.gov.tw/do/www/FileViewer?id=4249

教育部統計處（2020）。**重要教育統計指標：主要統計表-歷年**。臺北市：教育部。取自https://depart.moe.edu.tw/ed4500/cp.aspx?n=1B58E0B73663528

5&s=D04C74553DB60CAD

陳伯璋（2004）。大學整併的省思與前瞻。載於張明輝主編，**教育政策與教育革新**（頁65-80）。臺北市：心理。

陳維昭（2001）。當前我國大學的危機與轉機。**通識教育季刊，8**(1)，93-99。

陶宏麟、吳澤玫（2019）。從效率與公平評估臺灣的大學入學制度改革。人文及社會科學集刊，**31**(3)，385-426。

曾敏傑（2009）。我國結構性失業與因應政策之探討：以1996至2000年資料推估。**東吳社會工作學報，20**，95-137。

湯志民（2003）。**臺灣高等教育擴張與整併之探析**。載於政治大學教育學院教育學系主辦：卓越與效能—21世紀兩岸高等教育發展前景學術研討會論文集與研討會實錄，283-330。

黃政傑（2015a）。大學整併政策務必對焦明確。**臺灣教育評論月刊，4**(3)，19-25。

黃政傑（2015b）。評大學整併—以清大和竹教大整併案為例。**臺灣教育評論月刊，4**(12)，94-100。

楊怡姿（2017）。從學用落差現象談高等教育的價值與未來。**臺灣教育評論月刊，6**(4)，32-34。

駐法國代表處教育組（2016）。法國教育部促加速大學整合。**國家教育研究院國際教育訊息電子報，93**。取自http://fepaper.naer.edu.tw/paper_view.php?edm_no=93&content_no=5064&pre view

駐英國代表處教育組（2016）。歐洲高等教育機構整併簡介。**國家教育研究院國際教育訊息電子報，93**。取自http://fepaper.naer.edu.tw/paper_view.php?edm_no=93&content_no=5060&pre view

戴雲卿（2019）。我國高等教育退場—〔學校層級〕因應策略之探討。**臺灣教育評論月刊，8**(4)，19-26。

謝金枝（2017）。大學整併：觀點與案例。**臺灣教育評論月刊，6**(1)，38-44。

羅方妤（2020年1月18日）。不只臺灣，美日韓大學也面臨裁併潮。**聯合新**

聞網。取自https://udn.com/news/story/6809/4296035

Scott, P. (2019). Martin Trow's elite-mass-universal triptych: Conceptualising higher education development. *Higher Education Quarterly, 73*(4), 496-506.

Trow, M. (1973). *Problems in the transition from elite to mass higher education.* Berkeley: Carnegie Commission on Higher Education.

第四章

從國外大學合併案例探討臺灣推動大學合併可行策略

于承平

國立臺灣師範大學工業教育學系哲學博士

壹　前言

依據教育部（2020）預測資料顯示，105 學年前由於對應之大學 1 年級學生未受少子女化影響，大學學生數約維持於 112 至 114 萬人，105 至 108 學年受少子女化效應影響，4 學年間人數大減 11.6 萬人；惟 108 學年度臺灣大專校院總數爲 152 所，包括公立 48 所及私立 104 所，預計自 109 學年起，大學學生數將跌破 100 萬人，而 118 學年又逢虎年效應，人數將減至 72.9 萬人之低點；至 122 學年之龍年婚育潮，方帶動大學學生數轉增至 79.4 萬人；124 學年之大學學生預測數爲 77.9 萬人，26 學年間減少 34.1 萬人或 30.4%；而預計未來 16 學年間，大學學生數平均年減 1.5 萬人或 1.7%，約等於平均 1 年會有 1 至 2 所大學面臨退場。

此外，傅祖壇（2011）以 SFA 計算臺灣大學校院最適規模水準約在 1 萬名學生人數，因此約有 60% 之大學規模仍屬過大或過小，且大學經營無效率所造成成本增加，亦遠大於規模不當造成成本增加，爰大學校院首應重視成本效率之提升。朱麗文（2015）採曲線迴歸分析（U 型曲線模式）方法，計算國立大專校院最適規模經濟學生人數，其達顯著水準人數爲 11,090 人。依此原則，109 學年度合理大學校院總數應爲 100 所，至 124 學年度則應降自 78 所，始能維持大學校院穩健經營，若公立大學校院校數或是招生人數維持不變，則私立大學校院將由 104 所大幅縮減至 30 所。

因私立大學校院係由董事會治理，教育部無法引導其合併與否，乃朝向公立大學推動，但公立大學並非因爲辦學不善需要退場，亦非受到少子女化衝擊最大之學校，公公併雖可減少一些國立大學，但是合併後的規模不但不會減少，甚至更爲擴大，反而吸納更多教育資源（黃政傑，2016b）。丁志權（2017）亦指出嘉大合併前學生數合計約 8,000 人，合併後約增至 1 萬 2,000 人，公立大學合併致學校數減少，但學生卻不減反增。爲因應少子女化衝擊，除了推動大學合併，其重點應在於管制合併後之增設系所申請，及考量公私立大學比例及教育品質等問題。日本比臺灣更早面臨少子女化浪潮，但迄今僅有一所私立大學退場，就是其嚴格管制公立大學學生人數增長，限制公私立大學學生維持一定比率（Williams,

2017）。

　　但就因公立大學合併後，逐步擴增學生人數進而爭取更多教育資源，反而更加壓縮私立大學生存空間，教育部在無法政策引導私立大學合併下，僅能要求新生註冊率不佳及營運困難大學轉型或退場，爰此，其業以研擬私立大專校院轉型及退場條例草案，經行政院會議通過，送立法院審議。但私立大專校院設立不易，從籌設初期歷經學校捐資購置校地、校產、教學設備、聘任教學人力，至營運階段，透過學校持續充實教學設施及教育部各項補助經費改善教學設施等，這些既有資源為高等教育珍貴資產，若因少子女化招生不足被迫轉型或退場，則不利於現有資源有效運用，爰本文希探討國外大學校院合併策略作法，希能藉此提出參考建議，並引出對大學合併更多的思考及探討。

大學合併之定義、目的及策略分析

　　基本上，合併最早出現於企業組織間的結合，其常採用購併（Mergers and Acquisitions, M&A）、整併程序（consolidation processes）、買入（buyouts）及獲取（acquisitions）等用語。一般而言合併（mergers）、獲取或是買入適用於一般組織層級，但是整併較適用於組織及大型系統的結合，比如說高等教育。一般為人所了解之合併定義，為二個以上經濟個體經由組織間合意結果成立新組織，至於獲取則是定義為一個組織買入另一組織，這個獲取的組織併入現行組織架構或成為獨立的組織功能（Seliga, Sułkowski, & Woźniak, 2019）。但因企業購併存在著藉由買入及獲取程序，將一組織併入另一組織，這就存在著二組織間是否為合意購併或是非合意購併（敵意購併），也就是強制收購。但若是學術機構合併，則以合併（merger）或是整併（consolidation）為主，也就是合意合併，並強調非營利學術發展，而不易出現買入（buyouts）及獲取（acquisitions）等組織收購行為。

　　在論及合併目的及策略作法，Goedegebuure（2012）曾指出私立大學校院面對逐漸增加的競爭壓力所採取的標準回應即是多元化及垂直整合

（如小型大學併入大型大學），作為嘗試取得較好防護及改善市場定位。多元化主要是分散風險，以確保大學一部分系所陷入困境，其他系所有足夠能力維持大學全面生存能力和暫時擺脫該系所造成的困境。至於企業組織進行垂直整合目的，則是為掌控企業用於創造產品所需原物料，以及伴隨最終產品之銷售。

另 Williams（2017）也提到面臨財務困境的學校，合併會是維繫生存之策略，但財務體質健全之大學，合併主要是追求差異化、提升績效、或是期望學校越大型越能因規模經濟達到降低營運成本，此外大型或是系所設置越多元之大學校院，越能夠風險分攤（pool risks），並能使大學具備面對環境變遷的最佳能力。

此外，Sułkowski、Seliga 和 Woźniak（2020）亦提出大部分合併策略可以區分為二部分：水平及垂直合併。水平合併發生於合併的企業在相同的行業製造相似的產品，組織水平合併的動機常發生於：致力於降低成本、增加效率、經濟規模及增加經濟防禦力。這項合併型態效果在於增加集中化、市場占有率及公司市場議價能力。在水平合併中，也有一些合併在於擴大市場及延伸合併至供應商。在高等教育合併常常在處理水平整合，因為大學校院最常經歷該項合併程序。至於垂直整合發生於組織處理不同產品或是整合相同產品分布區域。企業垂直整合動機經常是強化企業運作之重要構成階段，垂直合併可以是由下而上或由上而下，取決於企業是要合併供應端或是銷售端。在教育領域，垂直合併發生於大學合併不同型態組織，例如研究機構、高中職或是醫院。

綜合而言，大學合併可定義為二個或以上大學，經由彼此間合意所進行組織結合行為，合併結果可能為小型學校併入大型學校、兩大型學校或多校合併；合併的短期目的為維繫學校生存、增加系所多元化以因應市場環境變遷，中期目的為降低成本，提升綜效及增加學校收入，長期目標則是成為世界級大學及提升大學排名。至於合併策略可為水平合併及垂直合併，包括合併相同性質大學進行系所整合、合併不同性質大學達到系所多元化、合併成立附屬醫院掌握實習及就業機會、及合併成立附屬高中職掌握學生來源等。

推動大學合併可能產生之機會及挑戰

　　現今世界各國可能因少子女化、籌募校務運作經費、提升經營績效降低成本、提升大學校院排名及聲譽等因素進行大學校院合併，但是合併過程亦可能因遭遇各項阻礙而失敗；即使順利合併，若未能完成合併後續之系所整合及文化融合，亦可能因未能發揮綜效，無法達到當初預期合併目標。

一、大學合併趨勢分析及所可能產生風險

　　歐洲各國大學合併隨著不同年代有其不同發展脈絡，在 1980 及 1990 年代時，合併之趨勢常伴隨著以下主題（Seliga, Sułkowski, &Woźniak, 2019）：

　　（一）高等教育及科學網絡合理化；

　　（二）重新建構高等教育體系；

　　（三）將大學辦學成本及整體系統（經濟規模）最佳化。

　　亦即經由高等教育合理化配置，不僅能培育國家不同領域及不同層級所需人才，亦能提升高等教育經營效率。惟從二十一世紀起，分別於歐洲各個不同國家所進行大學合併風潮，主要目的是希望達成（Seliga, Sułkowski, & Woźniak, 2019）：

　　（一）建立國內最佳大學以進入世界級大學聯盟；

　　（二）大學內積極創造科學卓越（scientific excellence）及傑出論文（islands of excellence）；

　　（三）占據國際大學排行領先名次。

　　究其原因，在於歐洲各國政府對於大學補助經費逐年減少，且亦面臨少子女化衝擊，透過大學合併提升大學排名及學術聲譽，有助於大學吸引國際學生就讀提高學費收入及爭取相關學術研究經費，以增加校務運作經費來源。依據 EC（2018）調查顯示，歐洲地區各國對來自位於歐盟（European Union, EU）、歐洲經濟區（European Economic Area, EEA）及歐洲自由貿易聯盟（European Free Trade Association, EFTA）國家至本國就

讀之大學生，其大學收費視同本國學生；但該區域以外則視爲國際學生，其中 12 個國家收費與本國學費政策相同，惟另外 31 個國家則是收取較高額費用。但此舉就如同 Salmi（2016）所提出欲建立世界級大學可能會面臨三項嚴重的風險與挑戰：

（一）過度強調學術研究將傳遞教學與學習品質並非大學重要任務的錯誤訊息，國際大學排名指標較爲偏好研究型大學，並排除頂尖大學之大學部就讀學生所耗費成本；

（二）聚焦於世界級大學將可能更進一步推動菁英主義及增加高等教育不公平，爲追求學術研究卓越，頂尖大學傾向精選優秀學生，並排除低所得／低社會資本家庭；

（三）某些大學成爲排名驅動型，也就是努力推動學術研究成果，它們可能被捷徑所吸引，取代運用腳踏實地建立學校整體實力。

二、大學合併成功因素及可能遭遇阻礙

歐洲各國大學多強調教育公平，在此原則下，公立大學校院以其較爲低廉的學費或是免學費，成爲支撐該項原則重要支柱，所以公立大學多以聯盟及校際合作爲主，除維持各校獨立性，並以各行政區均有公立大學設置，使學生得以就近入學，實際合併案例則多以私立大學爲主。至於成功的合併在於創造學術及經濟上的有利條件，這嚴重仰賴合併過程之規劃及實行階段品質，規劃爲合併決策制定前之預備階段，實行則是合併產生效果前的工作階段，其成功因素詳如表 1 所示（Pruvot, Estermann, & Mason, 2015）：

表 1　大學校院規劃及實施階段成功因素

規劃及實施步驟	成功因素
發展學術實例	創造對新大學渴望願景 形塑合併後產生之附加價值
建立經濟實例	定義期望收益 考量損失、機會成本及評估相關替代合作機制

規劃及實施步驟	成功因素
合併程序所需成本及資源	估計過渡期間所需成本 分配過渡期間所需資源
設置工作架構以完成合併程序	涉及合併學校間不同團體及教職員生 打破標準工作量之涉入及干擾程度間的平衡 考量整體組織及不同的涉入程度
設計管理模式	考慮設置諮詢單位以強化新領導階層及不同架構／團體鏈結性
建立領導團隊	考量合併學校代表均衡並引入外部專家
形塑溝通策略及管道	定義及聯繫內外部利害關係人 確保溝通流能透過組織結構有效傳達 確保所有層級有組構的回饋迴圈 推動合併的學術事例 確保領導階層所做的所有承諾（包含正在合併大學及合併後新大學） 使全校教職員生了解可能的改變、損失及收益 採用透明的進程
監督及評估合併過程	建立清楚的過程指標 監督合併過程中間階段即評估成本 考量中斷合併／或其他替代合作方案 衡量負面觀點 完成合併過程之事後評估

資料來源：Pruvot, Estermann, & Mason (2015).

除此之外，Sułkowski, Fijalkowska & Dzimińska（2019）另基於文獻分析及個案研究所獲得資料，提出有效管理大學合併十項原則：

（一）分析潛在綜效及進行合併大學適當盡職調查（due diligence）程序，即是調查對方大學是否有合併的價值、是否存在潛藏的風險；

（二）確認進行合併組織是否符合其定位及改變是否會帶來地位利益；

（三）彈性及資料庫分析以及合併程序策略性規劃，包含管制（「里程碑」、工作計畫）；

（四）對合併主要利害關係人溝通及承諾，使其認知到潛在利益；

（五）將文化影響及人力資本管理列入考量，使教職員生及其他利害
關係人滿意合併程序；

（六）完成改變後之領導權轉換，及強調定位改變及利益；

（七）有效管理品牌，對組織內外進行公共關係及行銷溝通程序；

（八）完成合併專案管理方法之改組程序，結構改變及對合併大學運
用管理概念、實驗及研究；

（九）考量關鍵領域轉換，包含組織體系：策略、人員管理、資訊科
技、行銷，及研究與教育相關程序等在所有實行階段之改變；

（十）發展願景及創業家精神、彈性、創新及競爭型大學之概念。

但是大學合併除須克服合併過程各層面所可能遭受的阻礙，同時不僅
僅只是合併，合併工作完成後的整合階段更為重要，這也是合併結果是否
能發揮綜效，包括提升大學排名、增加學生及經費來源、及削減重複多餘
成本等之重要因素，據此 Seliga, Sułkowski, & Woźniak（2019）基於對歐洲
大學校院合併進行比較分析，將公私立大學校院合併所可能遭受阻礙區分
為7項層面，其可能為內部組織本質或是外在環境所產生，詳如表2所示：

表2　大學校院進行合併在策略、實施及整合階段所可能面對之阻礙

合併阻礙	策略階段	實施階段	整合階段
法律層面	1. 公立與私立大學合併困難 2. 對於國際合併法律上的限制 3. 公立大學合併較少法律上的經驗	1. 對於合併協議複雜性 2. 公立大學合併協議之法律上限制	1. 因轉換所衍生之單位 2. 因轉變所造成法律上的結果，包括員工代碼、商事法及公立大學取得法案
組織層面	1. 較差之策略規劃 2. 低層次的系統及管理文化 3. 低組織彈性 4. 僵化之組織結構 5. 欠缺管理變革經驗 6. 欠缺管理及領導上之能力	1. 缺乏精實查核及轉變能力 2. 管理及組織能力 3. 欠缺協商經驗 4. 最終協議簽訂前的動員反抗	1. 策略不夠深入 2. 組織結構及系統上的不穩定 3. 對組織重整欠缺經驗 4. 增加對變革的反抗 5. 因對抗限制整合程序

合併阻礙	策略階段	實施階段	整合階段
社會層面	1. 教職員工生所關心之事情 2. 創辦人之目的 3. 將管理者融入學術環境	1. 夥伴間的不信任 2. 形成聯盟阻擋轉變 3. 協商時的緊張關係	1. 組成聯盟對抗利害關係人 2. 合併後消滅學校之社會觀感
心理層面	1. 創辦人對於大學的感情 2. 限制其中一所大學管理人員權力 3. 利害關係人警告	1. 贏家－輸家心理感受 2. 協商所伴隨的情感	1. 人們因在變革中失敗，進而投向反對方 2. 強化負面情感
政治層面	1. 公立學校需要面對政治決策	1. 協商面對政治遊戲的糾纏 2. 利害關係人間的緊張關係	1. 合併永遠受到地方及中央政策糾纏 2. 因政治結盟削弱整合成效
文化層面	1. 學術文化之保守主義 2. 身分定位及文化緩慢之整合程序 3. 價值及文化上之混淆	1. 價值及文化造成協商上的困難 2. 精實查核時隱藏資訊	1. 次文化及相對文化之出現 2. 合併後大學對於價值及文化整合之機會
財務層面	1. 規劃合併策略時之資產的限制 2. 中央限制財務模擬	1. 現金流 - 合併之融資相關問題 2. 設計聯合負責及課責之限制	1. 低估合併所需成本 2. 合併後較低及較緩慢之財務成效

資料來源：Seliga, Sułkowski, & Woźniak (2019).

三、臺灣近年推動公立大學合併所遭遇問題

　　從臺灣近年來推動公立大學合併案例觀之，包括從東華大學個案分析對未來大學整併啟示，主要仍是圍繞在人員部分，亦即人員是整併成敗的關鍵因素，如整併初期只要由少數人組成整併小組，較容易達成共識；教育部應清楚說明如何補助整併學校；尊重教師的選擇權及解決小校教師的心理障礙；整併後人員間衝突，讓時間來解決；兩校整併雙方應克制言談，才不致影響整併；少子化現象所帶來的整併問題，是必然的趨勢，應隨時有面對的心理準備（張惠怡，2015）。

　　國立清華大學與國立新竹教育大學合校計畫書所提合併過程可能面臨

問題：（一）校園文化與制度的摩擦與衝突；（二）系所及學院的設立與調整；（三）教師轉換系所歸屬及權益；（四）職技員工的權益與歸屬；（五）學校各種法規之整合；（六）各院系所大樓的整合、新建與搬遷；（七）學校的傳統可能無法延續，校友認同感降低（國立清華大學，2016）。以及國立高雄科技大學合併計畫書所提三校合併過程可能面臨問題：（一）合併初期學校整體行政效率降低；（二）人員與事務協調整合及文化融合不易；（三）師生員額及系所調整統合意見紛歧；（四）跨校區學生社團及課外活動運作困難；（五）行政設備與業務系統整合及維護造成浪費；（七）建立新校名品牌及文化特色不易（國立高雄第一科技大學，2015）。

　　即使不同類型大學合併，其過程與結果均會出現學校組織文化性、社會性及結構性問題、而其治理與決策則要從學生學習權為核心的決策思維與治理為基準（張慶勳，2017）。臺灣近年來主要係推動公立大學合併（公公併），可能遭遇組案與表2所提到的政治、組織、社會、文化及心理層面等與人有關的因素，大致相同，即是受到政府機關政策推動以及學校合併後面對之各項社會、文化、組織及人員間的融合，亦唯有成功融合才能達到合併綜效；惟歐洲各國大學係以私立大學合併（私私併）為主，必須考量到合併後維繫學校生存之財務層面。除此之外，在法律層面亦呈現出法律環境在臺灣有利於公公併而歐洲則是有利於私私併，及不論各國而言，公私併均是一項困難的課題。

國外大學校院合併型態案例分析

　　臺灣為因應少子女化衝擊，除了推動公立大學合併外，為求公私立大學校院資源妥善運用，進行包括跨校學術及教學、師資聘任、課程開設、教材編纂、圖書期刊（含電子資源）與國際學術交流等合作及整合事項，於公立大學鼓勵成立大學系統，至於私立大學校院則是推動成立大學聯盟，均為聯盟型態，也就是目前存在著公立大學合併及公私立大學聯盟二種模式，並已運作相當順暢，爰舉例分析該二種型態外，近年各國大學校院合併或合作發展趨勢及樣貌。

一、芬蘭大學校院合併案例分析

芬蘭政府進行大學校院改革主要是透過 2009 年修訂發布並於 2010 年正式施行之《大學法》，用以取代 1997 年訂定《大學法》，該法革新措施併同目前進行之大學合併，嘗試改善大學校院運作效率及效能，主要目標在於透過新法整套革新措施改善大學校院因應變動環境的反應能力，分散大學校院營運資金來源，以及進行國際研究合作募款工作，另外具體目的在於增加與國外大學及研究機構合作機會及促進資源分配。此外研究及教育仍然維持為大學主要任務，政府保證提供核心校務經費，以及學位教育持續免學費，學術自主及教學、研究及言論自由權仍將維持及保障。該法三項政策目標包括（Aarrevaara, Dobson, & Elander, 2009）：

（一）芬蘭大學校院將成為獨立法定個體，停止編列公立大學校院校務預算；

（二）改變大學校院建物所有權及管理權，政府將 100% 所有權移轉予大學校院；

（三）大學校院管理階層重新安排，新法要求大學校院理事會或董事會成員必須有一半人數任命外部成員，並由芬蘭憲法委員會檢視新法及相關子法運作是否牴觸芬蘭憲法。

芬蘭政府於 2007 年進行第三級教育系統改革工作，其中一部分就是創建創新大學（innovation university）即為阿爾托大學（Aalto University），其係整併赫爾辛基理工大學、赫爾辛基經濟學院、赫爾辛基設計及藝術大學，該校為私立大學並於 2010 年開始校務運作前，分別籌募由政府提供 5 億歐元及來自產業 2 億歐元成立基金，教育目標為在既有專業領域內成為世界研究及教學頂尖大學之一，藉由招收最佳學生及研究者到阿爾托大學就讀及進行研究以達成此一目標（Aarrevaara, Dobson, & Elander, 2009; Goedegebuure, 2012; Salmi, 2016）。芬蘭政府並承諾每年額外提供 1 億歐元經費直到 2015 年，此項額外經費增加學校系所整合階段之可運用經費基礎，此外，學校也會持續收到芬蘭政府依據新績效基礎補助公式，提供經常性經費補助（Pruvot, Estermann, & Mason, 2015）。

　　依據泰晤士高等教育世界大學排名，阿爾托大學從 2012 年 301-350 名躍昇至 2020 年 184 名，QS 世界大學排名從 2012 年 222 名躍昇至 2020 年 134 名（Times Higher Education World University Rankings, 2020; QS World University Rankings, 2020a）。該項大學合併誘因在於須減少大學及理工學院（polytechnics）數量，以避免重複系所設置以及因應少子女化增加較多大學及系所學生就讀人數（Salmi, 2016）。此外，Salmi（2009）亦提出該項合併符合成為世界級大學三項條件：

（一）高度之人才集中（包含教師及學生）；

（二）具備足夠資源以提供廣泛的學習環境及引導先進研究；

（三）有利於管理上能鼓勵建立策略性願景、創新及彈性，也就是促進大學在制定決策及資源管理不用再受制於官僚體系。

　　芬蘭並提出 2011-2016 教育研究發展計畫，其中一項目標就是建立國家高等教育校院聯盟以支持其聚焦於策略性領域，這項聯盟將促進大學校院推動諸如刪減重複功能、以適當方式運用資源、形成大型學校及透過整合使學校運作更具效能。芬蘭應用科技大學聯盟（Federation of Universities of Applied Sciences, FUAS）則為依據前述計畫所設立，為芬蘭最大型應用科技大學聯盟，該項策略性聯盟係整合 HAMK、Lahti 以及 Laurea 等三所應用科技大學，其成立是為了服務學生、產業生涯及改善公立學校能量並掌握國際環境機會。其策略構想為在 2020 年成為國際知名大學聯盟及強化其國際競爭力，提供所有高等教育、研究及區域發展等功能（OECD, 2014）。

二、日本大學校院合併案例分析

　　日本為因應少子女化衝擊，於 2003/4 學年度起規劃逐年將國立大學數量從 100 所降低至 87 所，另為配合推動大學合併，將國立大學從國家法定機關地位轉換為公立法人（public corporations），至於日本短期大學數量則從 1996 年 598 所降低至 2016 年 241 所，但由於人口數遞減以及女性偏好就讀四年制男女合校大學，日本鼓勵短期大學轉型為四年制大學。雖然部分私立及地區公立大學面臨學生註冊壓力以及財務困境，但迄今僅

有一所私立大學退場，政府政策規劃爲適度降低公立大學註冊率以維持私立學校的市場占有率（Williams, 2017）。

爲了迎接日本大學 2018 年至 2040 年的發展趨勢，日本中央教育審議會在 2017 年底向文部科學省提出建言，呼籲政府應該有更大的彈性與積極作爲來促進學校之間的合作和合併，並提出以下可行策略，包括：（一）國立大學法人同時可經營數個大學的「一法人多大學制」（傘式經營）；（二）同一地區內的數個國公私立大學進行學分交換等合作，並進而成立一般社團法人屬性之大學合作推進法人（暫稱）；（三）私立大學若受到經營不善影響，可以學院爲分割單位直接讓渡給其他大學之制度。其後，文部科學省也採納其建議，在私立大學合併方面，允許經營不善的私立大學，自 2018 年起能以學院爲分割單位直接讓渡給其他大學（劉秀曦，2020；駐大阪辦事處，2018a、2018b）。

就實例觀之，目前已有神戶山手大學及關西國際大學採取新措施。關西國際大學規劃在 2020 年 4 月以接收學部（現代社會學部）的方式吸收合併神戶山手大學，俾讓私立大學在「苦難時代」中，爲學校生存發展另闢蹊徑，而兩校以讓渡學院方式進行的統合也將會成爲日本私立大學合併史上的重要參考範例（劉秀曦，2020；駐大阪辦事處，2019）。

其實日本許多私立學校法人就是採取一法人多學校制之傘式經營形態及垂直整合模式，如同學校法人濱名學院就設置包括關西國際大學、關西保育福祉專門學校、神戶山手女子高等學校、神戶山手女子中學校及難波愛之園幼稚園等校。其於令和元年（2019 年）12 月 27 日經文部科學大臣核定「學校法人濱名學院及學校法人神戶山手學園合併認可申請」，法人合併後名稱爲「學校法人濱名山手學院」也就是在進行大學水平整合及系所多元化之防禦策略（關西國際大學，2020）。

三、西班牙拉曼魯爾大學合併案例分析

西班牙拉曼魯爾大學（RamonLlull University）爲合併一群高等教育及研究機構於 1990 年所設立，亦爲傘狀合併型態，其合併程序開始於 1987 年，由一些設立於巴塞隆納地區學院著手討論創建一所新大學，於 1989

年該籌備中新大學之法定架構，經向政府註冊爲基金會型態，1991 年經加泰隆尼亞議會同意，於 1991-1992 學年度開始招生。該校屬非營利私立大學，由 11 所涵蓋不同學術領域之小型學院所合併而成，某些學院成立超過 50 年歷史，另外某些學院在合併前爲加泰隆尼亞地區公立大學所轄學院。該校治理（governance）模式爲聯邦架構也就是設立中央治理單位監督各個學院運作，即是由各個學院代表所組成之信託委員會（boards of trustees）（Pruvot, Estermann, & Mason, 2015）。該校之 IQS 工程學院（The IQS School of Engineering）與輔仁大學、舊金山大學共辦三聯全球企業家管理在職碩士學位（Master in Global Entrepreneurial Management, MGEM），英國金融時報連續四年評比爲全球百大管理碩士，2018 年評爲 44 名。QS 世界大學排名也將 MGEM 評爲 47 名（Europa Press, 2018）。

四、紐西蘭公立技術及理工學院合併案例分析

紐西蘭職業教育改革（Reform of Vocational Education, RoVE）方案，爲近二十五年來對第三級教育（tertiary education sector）所爲最重大改變，該項改革包括七項關鍵改變，其設計用來創造一個強大、統整及永續發展之職業教育體系，並能適應未來工作及傳授學習者、雇主及社群所需技能（NZIST, 2020a）：

　　（一）創立勞動力發展委員會（Workforce Development Councils）：賦予產業對於職業教育有著更大的領導地位；

　　（二）建立區域技能領導團體（Regional Skills Leadership Groups）：提供第三級教育委員會（Tertiary Education Commission）、勞動力發展委員會及區域職業教育提供者，有關所屬區域內職業需求建議；

　　（三）建立毛利第三級教育委員會（Te Taumata Aronui）：該委員會在於協助第三級教育體系發展，包括 RoVE 計畫，使其能支持其目的，並能反映毛利人學習者、社區及雇主需求；

　　（四）創立一個統整、永續發展、容易跨區就讀之公立職業教育與訓練網絡，其名稱爲紐西蘭技術及科技大學（New Zealand Institute of Skill and Technology, NZIST）；

（五）提升從產業訓練組織至學校之支援職場學習角色：最終達到該
　　　二者無縫整合，並確保符合產業需求；

（六）建立職業卓越中心（Centres of Vocational Excellence）：促進職
　　　業教育規範能卓越成長，及分享該體系內高品質課程及學程
　　　設計；

（七）統整職業教育經費來源體系：將其運用於所有學校、工作整合
　　　（work-integrated）教育及產業訓練。

　　NZIST 係整合現有 16 所公立技術及理工學院（Institutes of Technology
and Polytechnics, ITPs），於 2020 年 4 月 1 日依據前述職業教育改革方案
成為一個單一組織，並隨著時間逐步發展支持工作為本（work-based）、
校園學習為本（campus-based）以及線上學習之整合體系，使學習者能容
易於校園、在職及線上學習間移動，或是因應學習者工作上需求整合三
項學習方式，且若課程改變，則訓練隨著無縫銜接。NZIST 在其中 15 所
ITPs 設置管理委員會，並於其中一所 ITP 設置國家管理委員會，總部並設
於紐西蘭漢米爾頓城（TEC, 2020）。紐西蘭政府並承諾提供 2110 萬紐元
作為大學成立、轉型規劃活動以及支持附屬 ITPs 所需，亦屬另一種型態
之傘狀合併（NZIST, 2020b）。

五、歐洲跨國大學聯盟案例分析

　　歐洲理事會 2017 年於瑞典哥德堡召開歐盟領導人高峰會勾勒教育及
文化願景，繼而在 2017 年 12 月會議結論，歐洲委員會召集會員國就有關
理事會及委員會提出幾項主張，在高等教育部分為：為強化歐盟高等教育
機構間之策略夥伴關係，以及鼓勵於 2024 年出現約 20 所歐洲大學（Euro-
pean Universities），其係採橫跨歐洲由下而上方式組成，促進學生能透過
在數個歐盟國家大學唸書並取得學位，並能提升歐洲大學國際競爭力，自
從 2019 年發出第 1 次召集邀請後，計收到 54 份申請案，包括來自 24 個
成員國，114 所高等教育機構，預定成立 17 所歐洲大學（EC, 2020）。

　　歐洲大學為跨國聯盟，希望能成為未來大學型態，提升歐洲價值及定

位，發展歐洲高等教育品質及競爭力，這項聯盟將促成（EC, 2020）：

（一）包含所有高等教育機構型態以及橫跨歐洲廣泛的地理位置；

（二）基於共同發展策略聚焦於永續發展、卓越及歐洲價值；

（三）提供以學生為中心（student-centred）課程，並由跨大學校園所傳授，其能具有多樣化學生主體，並能建立其所修讀歐洲資歷架構所有層級學程及行動力經驗；

（四）採用挑戰為本（challenge-based）方法並依據學生、學術及外部夥伴共同合作於跨主題團隊，使學生能處理當今歐洲之重大議題。

歐洲科技大學則是基於前述倡議並由歐洲八所科技大學組成聯盟之結果，其分享共同願景為（European University of Technology, 2020）：

（一）以思考人類優先（Think Human First）願景朝向建立人類為中心之科技方法；

（二）目標在於建立以聯盟為基礎之新型態大學。

六、各國大學合併樣態及啟示

各國進行大學合併首要目的在於提升大學排名，期能吸引境外學生就讀及增加學術研究收入等校務運作經費，但大學合併勢必會遭遇到諸多阻礙，爰新近大學合併趨勢採傘狀合併，也就是將數個大學校院合併成傘狀組織。Wittberg（2012）對其定義為：傘狀組織最共通性定義為傘狀組織成員本身就是獨立組織，該項定義跟網路治理組織（Network Administrative Organization）及聯邦組織型態有些類似，也就是各組織採獨立性合併，以及至少在某些範圍內允許各組織財務獨立。在日本則為學校法人同時可經營數個大學之一法人多大學制，類似於美國加州大學系統（The University of California System）及德州大學系統（The University of Texas System, UT System）。至於美國多校園大學系統的建立，係為有效率地管理公立大學及學院的產物，在於使各分校間排除重複或不必要的系所、合理運用各校園經費及資源，使資源的利用能獲得最大化（林官蓓，2014）。

至於紐西蘭整合現有 16 所公立技術及理工學院（ITPs）成立之紐西

蘭技術及科技大學（NZIST）則是基於職業教育改革（RoVE）方案，逐步發展支持工作為本（work-based）、校園學習為本（campus-based）以及線上學習之整合體系，也就是不論學習者工作地點、擔任職位及因該職位所需技能需求，若進入 NZIST，其為單一學籍但可以就近選擇分布全國各地 16 所附屬 ITPs 就讀，著眼於所有人都能容易接近學習資源，持續終身學習。此外歐洲大學（European Universities）的成立，則是為達到歐洲高等教育區目標，培育學生具備跨國移動力，讓學生只要具備一張學生證即能跨國修習、累積學分及取得學位。

伍　臺灣推動大學合併之現況分析與可行作法

高效能的高等教育體系必須是包含各類型大學模式，不僅僅是研究型大學，還必須包含理工學院、文理學院、短期技術專科學校、社區學院及空中大學等，各種不同型態大學校院結合，始能培育勞動市場所需技術勞工及公司員工（The World Bank, 2002），每種型態大學校院都扮演相當重要角色，據以達到高等教育體系內各種不同學校平衡發展，為各國政府須妥為預先規劃（Salmi, 2016）。

一、預先規劃高等教育發展遠景（landscape）

不論芬蘭、日本、西班牙、紐西蘭甚至是歐洲跨國大學聯盟，大學校院合併目的不僅是維持生存進而追求卓越，最重要的還是維繫教育公平，也就是不因追求卓越而忽略教學及培育人才為大學之重要任務，所以新近發展型態多為合併多所大學成立之多校區大型學校，或是跨國大學聯盟，即是強調學生就近入學或強化學生跨國移動力。如同紐西蘭將 16 所公立技術及理工學院合併成立紐西蘭技術及科技大學，則是支持教育公平最大支柱，讓弱勢學生亦能進入學校學習專業技術與能力。但反觀臺灣是公立大學透過合併追求卓越，並吸納更多學生、員額及經費，但是私立大學則是面對輔導退場困境之二極化現象。但臺灣歷經多年教育改革，大學校院學生來源亦面臨雙峰現象，如何依據學生學習能力預先規劃未來高等教育

學校設立型態，落實教育公平，似應賦予更大關注。

㈠推動大學合併應優先考量弱勢學生就學權益

依據洪碧霞（2019）就臺灣國際學生能力評量計畫（the Programme for International Student Assessment, PISA）的整體表現所進行之分析，相較於 2009 年學生閱讀表現，低分群（未達水準 2）學生從 15.6% 增加至 17.8%，高分群（等級 5 以上）學生從 5.2% 增加至 10.9%，至於中間等級（等級 2、3、4）從 79.1% 降低至 71.2%，代表臺灣歷經 10 年教育發展，臺灣學生學習表現越往 2 側集中之雙峰現象更爲明顯，如表 3 所示，臺灣不論數學、閱讀或科學素養標準差均遠高於 OECD 國家平均值。

表 3　臺灣 PISA2018 的整體表現

國家	閱讀素養		數學素養		科學素養	
	平均數	標準差	平均數	標準差	平均數	標準差
臺灣	503	102	531	100	516	99
OECD	487	99	489	91	489	94

資料來源：洪碧霞（2019）。

依據秦麗花、邱上眞（2004）研究結果顯示，具備基本語文能力才能談到學科閱讀，所以語文是進入數學閱讀的基本門檻，語文程度低落會限制數學閱讀的基本表現，但隨著語文能力的提升，並不會提高數學閱讀表現，反而需要相對的數學先備知識來補充，才足以提高數學閱讀表現，所以語文與數學先備知識對數學閱讀來說缺一不可。

也就是當學生閱讀能力低落，直接影響其他學科學習表現，所以在 PISA 閱讀能力標準差數值高，數學與科學也同樣居高不下，若無法提升學生學科基本表現，將影響學生逐步建構其基本學力，這也會導致學生學習上的挫敗感。但是當臺灣高等教育普及化，學生只要有意願均能進大學情況下，臺灣應該在高等教育這塊土地上建構怎樣地景，必須要審愼思考。尤其臺灣面臨嚴峻少子女化及學習成就上的雙峰現象，當國立大學積極透過合併，意欲提升大學排名及擠身世界級大學，那麼必須思考的是，

優秀大學必須要有優秀學生來支撐，臺灣是否具備此一條件，是否需要那麼多頂尖大學，仍應由政策規畫者妥爲研議。

㈡培育學生具備跨領域創新創業精神

另就 PISA 非認知能力的評量中之「害怕失敗」評量，評量報告摘要提及，亞洲國家學生對失敗的恐懼最大，歐洲國家學生則較少；幾乎在所有教育系統中，女孩都比男孩對失敗的恐懼更大，而且這種性別差距在表現最好的學生中更廣泛。PISA 的調查方式，是透過詢問學生以下三個問題，再根據學生回答的同意程度，計算害怕失敗指數（Index of fear of failure）：

1. 當我失敗，我擔心其他人怎麼看我。（When I am failing, I worry about what others think of me）；

2. 當我失敗，我怕其實自己沒天分。（When I am failing, I am afraid that I might not have enough talent）；

3. 當我失敗，我會質疑自己的未來規劃。（When I am failing, this makes me doubt my plans for the future）。

其中，臺灣學生在上面三題中分別拿到 89(1)、84(1)、77(2) 的分數，在所有國家／地區中都排名第一，只有第三題輸給新加坡的 78(1)。因此，在「害怕失敗」上，臺灣可以說是世界第一（The News Lens 關鍵評論，2019）。

國際最具規模的創業研究調查計畫「全球創業觀察」（Global Enprepreneurship Monitor）報告，顯示臺灣在創業初始階段相對薄弱的現象。該研究中「初始階段創業活動」（Total early-stage Entrepreneur Activity, TEA），主要在於衡量一個經濟體的創業者數量於成年人口中所占比率，被視爲創業家精神的高低程度。2019 年，臺灣的 TEA 比率爲 9.5%，雖已較歷年新高，但與其他國家相較，卻只高於日本，低於中，韓，泰等其他亞洲國家（GERA, 2020）。此亦代表臺灣欠缺創業最重要的「不怕失敗」精神，又因爲表現越好學生越害怕失敗，導致優秀學生進入穩定大型公司就業，而不敢從事創新創業領域。

　　各國大學合併的一項重要目標就是培養具備創新創業精神或稱是創業家精神特質的學生，此項特質需要學生「不怕失敗」，但臺灣不論是PISA 評量臺灣學生害怕失敗分數世界第一，全球創業觀察亦發現臺灣成人欠缺創業家精神。所以臺灣是否須依據學生基本教育成就表現來規劃大學合併，或是先進行大學合併，再回過頭要求基本教育培養大學所需學生，爲規劃一國教育藍圖時應予考量。

二、透過合併提升大學排名及強化回流教育

　　依據教育部（2020）預測統計顯示，因全球化趨勢帶動學生跨國流動以及高等教育普及，使得學校或科系選擇益受重視，致近年來自境外及非應屆入學之大學一年級學生均緩步增加，大學一年級學生與高級中等學校應屆畢業生人數爰有逐年趨近之現象，觀察 98 至 108 學年計 10 學年間，二者差距由3.1萬人減爲1.7萬人，依此趨勢預測124學年約僅爲5千餘人。

　　另大學畢業生數與其對應之大學一年級學生數變化趨勢相近。觀察二者近 5 年之差距，自 103 學年 4.6 萬人緩降至 107 學年之 4.1 萬人，主因爲近年大學四年制學生及二技畢業率均呈緩升所致；另依「專科學校法」規定，原進修專校將轉型爲進修部，且多數進修學院亦已轉型，預計自109 學年起，回流畢業生人數將隨之增加，二者差距將再縮小。依此趨勢預測，未來 17 學年間，二者差距將持續減少，124 學年僅餘 2.5 萬人（教育部，2020）。依教育部預測資料顯示，雖因少子女化導致大學校院生源逐年減少，但境外及回流教育學生來源若能增加，將會減緩少子女化所帶來的影響。

㈠爭取境外學生至臺灣大學校院就讀

　　2017/18 學年度外國畢業生前五大來源國家依序爲馬來西亞、越南、印尼、印度及日本，合計占全體外國畢業生 66.3%（吳啟義，2019），多數爲亞洲國家學生，爰以 QS 2020 年亞洲大學排名爲主，作爲臺灣吸引境外學生來臺就學之參考（詳如表 4）。依該表所示，臺灣公立大學 23/48所、私立大學 14/104 所進入排名。另臺灣自 2000 年迄今之公立大學合併

表 4　QS 2020 年亞洲大學排名

國立大學		私立大學	
排名	學校名稱	排名	學校名稱
20	國立臺灣大學	74	臺北醫學大學
32	國立清華大學	163	高雄醫學大學
35	國立成功大學	165	長庚大學
44	國立交通大學	192	逢甲大學
47	國立臺灣科技大學	197	中原大學
59	國立中央大學	251-260	輔仁大學
61	國立臺灣師範大學	251-260	淡江大學
63	國立中山大學	251-260	元智大學
77	國立政治大學	271-280	東海大學
95	國立臺北科技大學	291-300	亞州大學
98	國立陽明大學	291-300	東吳大學
101	國立中興大學	351-400	銘傳大學
166	國立中正大學	401-450	中華大學
187	國立臺灣海洋大學	501-550	大同大學
261-270	國立東華大學		
281-290	國立臺北大學		
301-350	國立彰化師範大學		
301-350	國立高雄大學		
301-350	國立雲林科技大學		
351-400	國立高雄科技大學		
351-400	臺北市立大學		
451-500	國立暨南大學		
501-550	國立高雄師範大學		

資料來源：QS World University Rankings (2020b).

案例，包括國立東華大學、臺北市立大學、國立清華大學及國立高雄科技大學等 4 校進入排名，至於國立嘉義大學、國立臺中科技大學及國立屏東大學則未進入排名，也反應出大學合併不一定能提升大學排名。在私立大

學部分，進入排名均為一般大學，至於私立科技大學均未進入排名。

　　其實芬蘭高等教育型態與臺灣類似，為一般大學與科技大學二元體系，由於芬蘭研究型大學與應用科學大學目前分由不同法源所規範，目前不允許二種不同型態大學合併，但芬蘭政府開始討論規劃移除相關限制及允許成立混合型大學（hybrid university）。混和型大學可以分享及整合研究型大學及應用科學大學不同教學導向，其可提供學生較現今更為多樣化的教學選擇，特別是在某些重複設置的系所。此外，雇用保障承諾，將大幅影響大學刪減重複及多餘的能力，至於長期效率的發揮則是仰賴整合行政、支持服務及師資，以及重複教學人員的能力，或許可作為臺灣規劃私立一般大學與科技大學合併之參考（Williams, 2017）。

㈡提升大學校院回流教育學生來源

　　新加坡政府為推動終身學習，針對在職者的持續教育與培訓，已成為新加坡大學校院重要任務。2016 年新加坡國立大學（National University of Singapore, NUS）設立「繼續教育與終身教育學院」（School of Continuing and Lifelong Education, SCALE），系統性地整合該校其他 17 個院系所資源，推出 NUS 終身學習者（NUS Lifelong Learners, NUS L^3）計畫，期在數位時代能裝備校友及一般公民最新知識及技能需求，其係依據新加坡政府產業轉型地圖（Industry Transformation Maps），以提供廣泛之繼續教育與訓練（Continuing Education and Training, CET）課程，並聚焦在新加坡技能創前程（SkillsFuture）所定義之技能領域，及工業 4.0 所需技術能力（NUS, 2020）。回流教育不止幫助社會人士，也有助於學校了解產業現況，對大學而言，最大的挑戰在於了解未來工作樣貌，透過繼續教育與訓練吸引學生回流，不但協助校友增進技能，還能善用他們對課程回饋，讓教學更貼近產業需求，創造多贏（伍芬婕，2018；NUS, 2020）。

三、規劃公立大學合併私立大學以強化政府政策主導性之芻議

　　依《私立學校法》第 9 條第 1 項規定：「自然人、法人為設立私立學校，得依本法規定，申請法人主管機關許可，捐資成立學校法人。」簡言

之，是指捐資申請設立學校後，便成為社會的公器，變成公共財，不再是私人財產，其運作當然也要符合公共財定位，才能受到社會肯定和支持，並永續發展；另依《私立學校法》第 1 條第 1 項規定：「為促進私立學校多元健全發展，提高其公共性及自主性，以鼓勵私人興學，並增加國民就學及公平選擇之機會。」其立法意旨為促進私立學校多元健全發展，提高其公共性及自主性，以鼓勵私人興學，並增加國民就學及公平選擇之機會（黃政傑，2016a）。

㈠國外公私大學合營或公辦民營型態

其實相關國外大學合併鮮少有公私立大學合併案例，就因為臺灣強調公私立大學均為公共化本質，與國外私立大學採市場化，公立大學公共化作為維繫教育公平手段二者涇渭分明，究屬不同。論及公私立大學合營較為知名案例為康乃爾大學法定學院（Cornell University's statutory colleges）或稱契約學院（Contract colleges）為康乃爾紐約州農業及生命科學學院、獸醫專業學院、人類生態學院、產業及勞工關係學院等 4 學院，其為紐約州立法機關設立，由州政府資助，但與康乃爾大學約定由其營運的校內學院（operated by Cornell under contract with New York state），每一所契約學院均享受私立常春藤大學優勢，但連結至紐約州立大學，紐約州政府同意提供契約學院部分營運經費，以允許紐約州居民得以較低且負擔得起的學費取得康乃爾大學學位，較類似於臺灣公辦民營學校作法，而非公私立大學合併（The State University of New Work, 2020）。

㈡臺灣公私立大學合併可行策略與作法

因私立大學均為學校財團法人董事會治理，教育部並無引導合併著力處，只能期待私立大學自行主導合併。日本為推動大學合併，2003/4 學年度起將國立大學從國家法定機關地位轉換為公立法人（public corporations），但臺灣雖可依《私立學校法》第 7 章規定進行學校法人間合併，但公立大學仍定位為準政府機關或機構，若公立與私立大學進行實質合併，仍有困難，或許可採公立大學主導並依《財團法人法》第 2 條規定，讓私立大學成為教育部或公立大學捐助之財團法人，並採傘狀合併之大學經營

模式，私立大學維持董事會治理模式，並整合至公立大學校務會議，可能為較簡易可行作法，而且經由公私併，私立大學學生不僅享有公立學費待遇，更能強化政府政策主導性及落實高等教育公共化理念。

至於公私立大學合併後之教師薪給及退休待遇部分，依據財團法人私校退撫儲金管理委員會至 2019 年 12 月 31 日止，各投資組合累積報酬率分別為保守型 13.73%、穩健型 44.35%、積極型 45.35%。2019 年單一年度報酬率，保守型 6.37%、穩健型 14.74%、積極型 19.41%，若以在職年資35 年之國立大學教授為例，年改後月領退職所得約 7 萬 8,000 元。但私校退職年金給付二十五年、年利率 2% 且在職年資皆為私校退撫新制進行試算（含公務人員保險年金），只要在職期間私校退撫儲金之平均年度報酬率達到 5%，便可等同公校所領之月退職所得，若在職期間亦選擇增額提撥，或於退休時選擇留存或繳回原領退休金，平均年度報酬率將不須至5%，即可達到等同或超過公校退休所領之待遇，若公校教師意欲改採私校退撫模式，反而更能減緩政府提撥公務人員退撫基金之壓力（潘維大，2020）。

陸　結語

國外在推動大學合併政策前，均會先行規畫其所想要達到的高等教育遠景（Landscape），也就是在高等教育這塊土地上，應該要規劃怎樣的地景。首要考量的是一國的高等教育理念，之後再從學生數、學生能力及適性發展、就業環境及經濟發展策略等面向去規劃。尤其應該思考的是，臺灣公立大學合併在於追求卓越及晉身世界級大學，但是好大學須要有好學生支撐，好學生則是奠基在高品質基本教育，當臺灣面臨少子女化及高中以下學生學習成就雙峰化情況下，若公立大學招生數維持不變，私立大學持續退場，公立大學就算追求卓越是否也會慢慢轉為平庸，教育體系必須是整體宏觀規劃，強調各教育階段間學生能力充分銜接，而非各自為政之「穀倉效應」（The Silo Effect）。爰此，臺灣是否應參照國外經驗先提出高等教育發展遠景或計畫，採目的論並擺脫受少子女化影響之原因論，

預先規劃十年或二十年後高等教育目標，再從政策、法制等建立完整作法後，逐步推動落實。

　　其次，臺灣對於大學校院發展之教育理念究竟為何？高等教育是要培育出怎樣的人才？是要追求社會公平，還是追求卓越？隨著執政當局更迭而有不同的政策思考，一直未能有清晰的輪廓。惟一個國家對於教育的推動，自始自終都要有一貫的教育理念或中心思想支撐，據以發展出支撐該理念之各項相關教育政策，如同愛爾蘭教育發展均秉持天主教平等、正義理念發展，該國沒有卓越大學，取而代之的是培育出素質一致中高技術人才，這些人才沒有學用落差，畢業後可立即投入就業，當社會每個人都有穩定工作，對未來發展有期待，有助於社會穩定並減少各類社會問題發生（于承平，2017）。

參考文獻

丁志權（2017）。嘉師與嘉技合併爲「嘉大」之案例分析。**臺灣教育評論月刊，6**(1)，45-52。

于承平（2017）。愛爾蘭高等教育公平就學教育政策。**教育理論與實踐學刊，36**，1-24。

伍芬婕（2018）。職場老鳥重回校園，學習新把戲。天下雜誌**2018**年教育特刊，204-207。

朱麗文（2015）。當前國內國立大專校院最適學校經濟規模之分析。**臺灣教育評論月刊，4**(9)，36-43。

吳啟義（2019）。大專校院外國畢業生就讀領域分析。**教育統計簡訊，113**。

林官蓓（2014）。美國多校園大學系統之研究。**教育資料集刊，64**，47-68。

洪碧霞（2019）。**臺灣PISA 2018結果報告**。取自http://pisa.nutn.edu.tw/download/report/PISA2018%E8%A8%98%E8%80%85%E6%9C%83%E7%B0%A1%E5%A0%B1.pdf

秦麗花、邱上眞（2004）。數學文本閱讀理解相關因素探討及其模式建立之研究——以角度單元爲例。**特殊教育與復健學報，12**，99-121。

國立高雄第一科技大學（2015）。**國立高雄科技大學合併計畫書（定稿版）**。高雄市：作者。

國立清華大學（2016）。**國立清華大學與國立新竹教育大學合校計畫書**。新竹市：作者。

張惠怡（2015）。**兩岸大學整併政策之比較研究——以臺灣東華大學與大陸廣州大學爲例**（未出版之博士論文）。屏東縣：國立屏東大學。

張慶勳（2017）。大學合併與治理：大學、政府、學校與市場的融合。**臺灣教育評論月刊，6**(1)，1-3。

教育部（2020）。**各教育階段學生數預測結果摘要分析**。臺北市：教育部統

計處。取自http://stats.moe.gov.tw/files/analysis/109_all_st.pdf

傅祖壇（2011）。臺灣高等教育院校之學校品質、經營效率與最適規模分析。**教育科學研究期刊，56**(3)，181-213。

黃政傑（2016a）。促進私立大學辦學的公共性。**臺灣教育評論月刊，5**(1)，1-7。

黃政傑（2016b）。評臺科大與政大合併的構想。**臺灣教育評論月刊，5**(5)，21-29。

劉秀曦（2020）。日本私立大學校院整併、轉型與退場策略。**國家教育研究院電子報，191**。取自https://epaper.naer.edu.tw/edm.php?grp_no=2&edm_no=191&content_no=3412

潘維大（2020）。**董事長的話**。臺北市：財團法人私校退撫儲金管理委員會。取自http://www1.t-service.org.tw/detail/about/30119

駐大阪辦事處（2018a）。少子化加速日本大學「寒冬期」，檢討推合併救濟方案。**教育部電子報，802**。取自https://bit.ly/2JHcZnL

駐大阪辦事處（2018b）。日本中央教育審議會為2040年的大學間合作、統合，提出了3種方案。**國家教育研究院電子報，163**。取自https://bit.ly/3azFsHN

駐大阪辦事處（2019）。日本的關西國際大學、神戶山手大學統合，將成為新制度的範例。**國家教育研究院電子報，167**。取自https://bit.ly/2WZK45S

關西國際大學（2020）。**學校法人濱名學院と學校法人神戶山手學園の合併が認可されました**。取自https://www.kuins.ac.jp/important/_8574.html

The News Lens關鍵評論（2019）。**OECD學生能力評量：臺灣學生「閱讀」表現17名，但「害怕失敗」卻是世界第一**。取自https://www.thenewslens.com/article/128373

Aarrevaara, T., Dobson, I. R. & Elander, C.(2009). Brave New World: Higher Education Reform in Finland. *Higher Education Management and Police, 21*(2), 1-18.

Europa Press.(2018). *IQS celebra el 10° aniversario del máster de management nº1 del mundo en experiencia internacional según Financial Times.* Retrieved from https://www.europapress.es/comunicados/sociedad-00909/noticia-iqs-celebra-10-aniversario-master-management-n1-mundo-experiencia-interna-cional-financial-times-20181212101706.html

European Commission(EC).(2018). *National Student Fee and Support Systems in European Higher Education - 2018/19.* Retrieved from https://eacea.ec.europa.eu/national-policies/eurydice/sites/eurydice/files/fee_support_2018_19_report_en.pdf

European Commission(EC).(2020). *European Universities Initiative.* Retrieved from https://ec.europa.eu/education/education-in-the-eu/european-education-area/european-universities-initiative_en

European University of Technology.(2020). *Eut+ -European university of technology.* Retrieved from https://www.univ-tech.eu/presentation-2

Global Entrepreneurship Research Association(GERA).(2020). *Global Entrepreneurship Monitor 2019/2020 Global Report.* Retrieved from https://www.gemconsortium.org/file/open?fileId=50443

Goedegebuure, Leo.(2012). *Mergers and More: The changing tertiary education landscape in the 21st century.* HEIK University of Oslo. Retrieved from https://www.researchgate.net/publication/266261400_Mergers_and_More_The_changing_tertiary_education_landscape_in_the_21st_century

National University of Singapore(NUS).(2020). *NUS L3.* Retrieved from https://scale.nus.edu.sg/programmes/lifelong-learning/alumni

New Zealand Institute of Skill and Technology(NZIST).(2020a). *About the reform.* Retrieved from https://vocationaleducation.ac.nz/about-nzist/

New Zealand Institute of Skill and Technology(NZIST).(2020b). *Funding confirmed for NZIST.* Retrieved from https://vocationaleducation.ac.nz/news/category/news/funding-confirmed-for-nzist

Pruvot, E.B., Estermann, T. & Mason, P.(2015). *DEFINE Thematic Report: University Mergers in Europe.* Brussel, Belgium: European University Association. Retrieved from https://eua.eu/downloads/publications/define%20thematic%20report%202%20university%20mergers%20in%20europe.pdf

QS World University Rankings.(2020a). *Aalto University*. Retrieved from https://www.topuniversities.com/universities/aalto-university

QS World University Rankings.(2020b). *QS Asia University Rankings 2020*. Retrieved from https://www.topuniversities.com/university-rankings/asian-university-rankings/2020

Salmi, J.(2009). *The Challenge of Establishing World-Class Universities*. Washington: The World Bank.

Salmi, J.(2016). *Excellence strategies and the creation of world-classuniversities*. Retrieved from https://www.researchgate.net/publication/44840421_The_Challenge_of_Establishing_World-Class_Universities

Seliga, R.,Sułkowski, Ł. & Woźniak, A.(2019). *Barriers to University Mergers - Comparative Analysis of Universities in Europe*. Retrieved from https://www.researchgate.net/publication/326017954_Barriers_to_University_Mergers_-_Comparative_Analysis_of_Universities_in_Europe

Sułkowski, Ł., Fijalkowska, J. & Dzimińska, M.(2019). *Mergers in higher education institutions: a proposal of a novel conceptual model*. Retrieved from https://www.researchgate.net/publication/333979428_Mergers_in_higher_education_institutions_a_proposal_of_a_novel_conceptual_model

Sułkowski, Ł., Seliga, R. & Woźniak, A.(2020). *From Coopetition by Cooperation to Consolidation. Contemporary Challenges of University Mergers and Acquisitions*. Retrieved from https://www.researchgate.net/publication/336823782_From_Coopetition_by_Cooperation_to_Consolidation_Contemporary_Challenges_of_University_Mergers_and_Acquisitions

Tertiary Education Commission.(TEC).(2020). *New Zealand Institute of Skills & Technology*. Retrieved from https://www.tec.govt.nz/rove/new-zealand-institute-of-skills-and-technology/

The Organisation for Economic Co-operation and Development(OECD).(2014).

Fostering Research Excellence in High Education. Retrieved from http://www.oecd.org/education/imhe/Fostering-Research-Excellence-in-Higher-Education.pdf

The State University of New York.(2020). *NYS Colleges at Cornell University.* Retrieved from https://www.suny.edu/campuses/cornell/

The World Bank.(2002). *Constructing Knowledge Societies: New Challenges for Tertiary Education.* Retrieved from http://documents.worldbank.org/curated/en/732991468143369052/pdf/249730PUB0REPL00Knowledge0Societies.pdf

Times Higher Education World University Rankings.(2020). *Aalto University.* Retrieved from https://www.timeshighereducation.com/world-university-rankings/aalto-university

Wittberg, P.(2012). *Faith-Based Umbrella Organizations: Implications for Religious Identity.* Retrieved from https://scholarworks.iupui.edu/bitstream/handle/1805/4012/wittberg-2012-faith-based.pdf?sequence=1&isAllowed=y

Williams, J.(2017). *Collaboration, Alliance, and Merger among Higher Education Institution.* Retrieved from https://www.oecd-ilibrary.org/docserver/cf14d4b5-en.pdf?expires=1592361353&id=id&accname=guest&checksum=3837B6A7B22229D385FD3AFC7ED49E68

國內個案篇

第五章

從原三校到高科大：
三校整併的實務挑戰、
因應策略及未來展望

楊慶煜

美國科羅拉多州立大學機械所博士
國立高雄科技大學校長、模具工程學系教授

壹 前言

　　臺灣高等教育隨著社會變遷發展，已從過去的菁英教育轉變成普及教育，但科技大學最重要之任務仍是發展學校的教學研特色，培育兼具人文與專業素養、創意與規範並重之實務應用人才。而為因應全球化、資訊化與知識經濟等社會的變遷、少子女化的衝擊，以及優質學生的招生競逐，近年教育部積極推動大學合併案，「國立高雄科技大學」（以下簡稱高科大）即在此背景下催生而出。

　　高科大前身為「國立高雄海洋科技大學」[1]、「國立高雄應用科技大學」[2]及「國立高雄第一科技大學」[3]。三所母校位處高雄，且同為技職屬性之國立大學，學術專長領域互補，具合併之適當條件，配合教育部推動大

---

[1]　國立高雄海洋科技大學（簡稱海科大）1946年創校，校名為臺灣省立基隆水產職業學校高雄分校，1967年更名為臺灣省立高雄海事專科學校，1979年更名為高雄市立海事專科學校，1982年改制為國立高雄海事專科學校，1997年升格為國立高雄海洋技術學院，2004年升格為國立高雄海洋科技大學，是為技職大學中以海洋科技教育為發展主軸的學校，擁有最完整的海洋科技教育相關系所，並建構優質完善的海洋科技產學研發基礎，包括航運產業、造船與輪機工程產業、海洋生物資源產業、海洋環境監測產業、海事產業等。

[2]　國立高雄應用科技大學（簡稱高應大）1963年創校，校名為臺灣省立高雄工業專科學校，1969年改名高雄市立工業專科學校、1981年改名國立高雄工業專科學校、1992年改名國立高雄工商專科學校，1997年升格改制為國立高雄科學技術學院，2000年改名為國立高雄應用科技大學。2012年獲選為教育部推動「發展典範科大大學計畫」學校，致力於培育具備實作力及專業力的專業人才，引進產業資源協助教學，擴展產學緊密結合，以提升臺灣在國際市場上的競爭力。其工電領域長期與區域產業連結，在精密機械、土木、化材、模具、電機及電子等特色領域已有超過50年產業基礎，11萬校友更是最大的社會資產。

[3]　國立高雄第一科技大學（簡稱一科大）1995年創校，校名為國立高雄技術學院，1998年升格為國立高雄第一科技大學，為南部第一所成立之科技大學，2010年率全國之先轉型為國內第一所創業型大學，培育學生具備創新的特質及創業知能，擁有各領域完整科系，尤其在產業災害預防與控制、全方位模具產業技術、流通服務創新與冷鏈加值、財金與商業專業人才培育及外語翻譯與專業外語應用等領域具有卓越的表現，導引教師研發成果商品化及學生創意發想產業化。

學合併政策，於 2018 年 2 月 1 日合併爲「國立高雄科技大學」。這也是教育部推動大學整併以來，第一所三校合併完成的案例。新成立的高科大是融合「海洋科技」、「親產優質」及「創新創業」三大特色爲發展主軸的科技大學，透過三校合併互補及整合各項資源，以回應和迎接少子女化、全球化競爭及培育產業升級轉型人才等挑戰。

作爲高科大的首屆校長，在併校邁入第三年的此時此刻，除了回首篳路，也要眺望前景，透過高科大所面臨的實務挑戰，思考因應策略並展望未來。

從「你我」到「我們」的挑戰

新合併的大學對外要面對許多的變化與挑戰，對內則有內部的整合與認同問題。三所母校校務運作多年且已形成既有的文化傳統與行政慣例，使得三校合併的難度增高且需要更長的時間融合，以適應彼此的校園文化，才能發揮學校整體的服務量能。換言之，我們是塑造高科大的第一代，我們正在寫高科大的歷史以及形成高科大的文化。而在從「你我」走向「我們」的過程中，衝突、疑慮、變革、差異化皆是無可規避的挑戰，下面將先綜整大學合併最常遭遇的五項挑戰，並以高科大合併爲例，提供可行的實務作法。

一、校園融合難題 ── 文化融合的挑戰

首先便是要建立高科大的團隊文化，以及建立教職員生對學校的認同感和歸屬感。在成立之初，我便提出「以人爲本」的核心理念和「價值共創」的運作模式，以落實整併過程必要的調整和校務經營上的改變。在「以人爲本」的核心治校理念下，我們將珍惜人與人之間的互動與連結，透過溝通、協調以建立互信，並凝聚共識。在「價值共創」的運行模式下，我們的老師、學生、同仁、校友與企業，都能從彼此的互動學習中，創造自己的價值，進而提升高科大的價值。

　　我們透過辦理共識營[4]以經營校內的團隊文化，一方面凝聚五校區的情感與共識，研討校務議題及校園發展策略，促進校園融合交流；另一方面也訂定學校的願景、目標及使命，讓高科大的未來發展獲得學校成員的認同和肯定。而面對併校後的學生人數規模約 2 萬 8,000 人，達全國高等教育機構的第二大，這些學生或為原三校學生，在學期間遭遇學校合併的巨變，或為高科大成立之初入學之新生，同樣面臨新學校在制度上、系統上與院系所調整的多變時期。學生是學校最重要的群體，每位學生的求學階段亦不可複製和重來，為落實溝通意見管道，學校設有「校務建言系統」，妥善處理校內外的反映事項；我們也重視各校區的學生活動、辦理學生「與校長有約」以及各類獎助學金申請事宜，營造友善的校園文化，協助學生完成學業。

　　另外，在專業重整的融合方面，則是盤點社經環境、科技趨勢、區域產業及師資專業等因素，進行專業院系的評估與規劃。尤其面對跨域學習與跨業合作人才的需求，高科大思考及嘗試打破系所藩籬，組成跨院系的教學與研究團隊，發展專業學院與特色學群。另外也結合校外機構設立跨校跨域之學習與研究中心，創造社會永續發展的價值與意義。在合併第二年，我們便已將原三校共 13 個院，整併為工學院、電機與資訊學院、海事學院、水圈學院、商業智慧學院、管理學院、海洋商務學院、財務金融學院、人文社會學院、外語學院等 10 個院，以及共同教育學院與創新創業教育中心等 2 個院級學術單位。

　　最後則是校名的改變，可能降低原三校畢業校友對於學校的認同感，

4　截至今年為止，高科大併校以來共舉辦 6 場共識營，包含：2018 年 8 月 9 日至 10 日於真福山舉辦「共同教育共識營」；2018 年 9 月 5 日於真福山社福文教中心舉辦「107 學年度行政主管共識營」；2018 年 11 月 7 日至 8 日於佛陀紀念館辦理的二天一夜「107 學年度期中行政主管共識營～心的旅程」；2019 年 1 月 7 日至 8 日於真福山社福文教中心舉辦二天一夜「107 學年度期末行政主管共識營－生命教育工作坊」；2019 年 8 月 29 日於校內舉辦「108 學年度行政主管共識營～信任共好，幸福相約」；2020 年 8 月 19 日至 20 日於尖山埤江南渡假村舉辦「109 學年度行政主管共識營～願景共創，價值領導」。

且社會上對於高科大的成立和了解，亦需要重新塑造品牌形象，三校合併之高科大，深受地方及社會各界的期許，希望能發揮大於三倍的加乘效果，成爲臺灣最具代表性之科技大學，這是我們的挑戰也是重要的使命。

二、校區管理不易──跨區治理的挑戰

高科大共計有建工校區、燕巢校區、第一校區、楠梓校區、旗津校區等五個校區，分布於高雄市三民區、燕巢區、楠梓區及旗津區等行政轄區。[5]由於校區分散，校際溝通協調難度增加；規模變大增加經營管理難度，且面臨系所與行政單位搬遷問題，影響部分教職員的工作生活習慣。高科大成立後，於校區規劃上考量各校區的現況與地理位置，以及教學研究、創業育成、產學園區、專業實習及回流教育等需求，朝核心校區發展模式規劃，以校區間交通便利爲優先原則，並考量未來發展彈性，設定四個進程如下：

（一）五校區維持現況運作（以交通車作連結）；

（二）五校區維持現況運作（大一新生集中第一校區、進推教育集中建工校區）；

（三）三核心校區運作（第一校區、楠梓校區、建工校區）；

（四）單一核心校區。

在朝核心校區發展的過程中，高科大的作法是先在五個校區設立「綜合業務處」，統合各校區教務、學務、總務及其他綜合性業務，一方面讓師生同仁能就近洽辦業務，節省往返校區時間，另一方面也能降低採購案件遺失率，提升服務便利性。五校區「綜合業務處」提供即時服務的方式

5　各校區面積統計如下：建工校區（三民區）校地面積 9.8 公頃，可使用校地面積 9.8 公頃；燕巢校區（燕巢區）校地面積 109.7 公頃，可使用校地面積 17.7 公頃；第一校區（楠梓區／燕巢區）校地面積 73.4 公頃，可使用校地面積 73.4 公頃；楠梓校區（楠梓區）校地面積 19.3 公頃，可使用校地面積 19.0 公頃；旗津校區（旗津區）校地面積 3.9 公頃，可使用校地面積 3.7 公頃。合計校地面積 216.1 公頃，可使用校地面積 123.6 公頃，五校區建築共 173 棟（統計時間 2019 年 10 月 31 日），總樓地板面積計 608,564 平方公尺。

如下：

（一）設置聯合辦公室，依教務、學務、總務類之業務分設三組，以獨立並互為支援的方式，強化行政服務效能與品質，事權統一，便於管理指揮。

（二）設置服務臺於門口為洽公來賓進行業務分流，減少來賓等待時間。

此外，高科大也以標準流程與雲端管理的方式經營各校區，並透過理解與包容重整各項人事、提升同仁專業職能、有效調整組織與制度、統籌管理資源分配及利用，進而提升校務行政服務的品質，奠定校務永續發展的基礎。而在財務規劃方面則著重於開源節流，在不同的合作基礎和夥伴關係上拓增財源，並為特定需要尋求募款來源。

三、系統整合困難——系統整合的挑戰

三校合併後，因應五個校區分散，以及原三校現有圖書、網路與行政系統架構不同，需要重新整合為新系統或訂定共同基準，相關業務的行政人員也必須重新學習。為提升各校區的行政作業程序，初期先以完成校務系統資料整併，以及為了避免教職員同仁舟車勞頓，花費大量時間在交通成本上，我們也於各校區建立視訊會議室並改善舊有設備，以因應跨校區開會及相關活動使用。

在圖書資源方面，學校每年編列充裕的圖書資料費，以符合系所特色與發展需求並維持館藏資源穩定成長。另外為了配合五校區之特性與實際需求，實施校區互借服務，以及建置建工校區與第一校區 24 小時智慧服務圖書站、圖書館自動化系統等，便利五校區師生借閱，避免資源重複購置，發揮經濟效益。同時本校也加入教育部南區圖書資源共享服務平台與高雄市圖書調借服務，擴大師生取得圖書資源的管道。

在後續的行政支援與服務運作的系統整合方面，則建置有財產管理

系統[6]、校園安全防護網路[7]、場地管理E化服務[8]、車輛管理E化[9]、電信安全備援機制[10]等，並持續優化資訊科技服務，包含：校務系統資料整併作業，配合時程進行系統調整；人事差勤系統調整優化，以符合各校區的使用習慣與需求；整合建置學校首頁，並提供各單位網站建置服務；規劃整合各教學平台，簽訂授權機制；校園網路與安全基礎建設；五校區視訊服務機制等。

　　以上系統整合的諸多事項繁難，皆是併校之後高科大校務運作無法規避的挑戰，且需要時時因應調整優化，以提升服務校內教職員生之能量。校內也積極舉辦新系統的教育訓練，協助同仁使用上手。

四、規章制度差異——異中求同的挑戰

　　原三校制度規章之條件和基準不同，在併校初期因制度上的差異，導致教職員生無所適從，且面對未來制度的改變，校內也容易產生意見歧異，或是對於變革的抗拒心態。高科大的成立需要將教職員生之權益納入考量，解決校內對於併校後三大校區之權益標準不一及同儕間比較的疑慮。

　　特別是對於校內職員的薪資統一問題，經查過去三校的校務基金進用工作人員與計畫專任（案）人員之薪資支給，十分繁雜且各不相同，直接引發校內同仁對於同工不同酬的質疑。高科大乃比較臺灣大學之標準，並

---

[6]　建立財產管理系統（網路版），提升管理成效，全面電腦化進行產籍管理作業，提升財產管理效率。

[7]　除有 24 小時全天候警衛巡邏勤務外，也建置監控及安全通報系統，於各公共區域均裝設監視防護系統，女廁裝設緊急求救系統，另幅員較大之第一、燕巢校區於偏遠角落裝設緊急求救呼叫系統，提升校園安全。

[8]　建置線上場地申請系統，提供予全校師生及校外單位全天候 E 化線上服務。

[9]　建立「公務派車申請」E 化系統、校區交通接駁可透過網頁版或手機 App 之校車預約系統辦理預約、並建置智慧化車輛管制系統，教職員生汽車可透過車牌辨識及 E-TAG 進出各校區。

[10]　包含五校區交換機建置整合作業，主交換機提供雙套通信雙核心主機，並具有熱待機備援功能。

比對公務人員俸額表之基本工資俸點，於 2019 年訂定統一的校基人員與計畫專任（案）人員的薪資支給標準，讓職員能在安心安定的環境中工作。

另外對於校內專任（案）教師授課時數、超支鐘點核計及兼任教師授課時數等之規範問題，自併校以來酌參原三校之規定，持續修法，使學校經營成本與教師權益之間，達到平衡利基，提升學校教學與研究之績效。

至於與學生最為息息相關的學則、修業規定及畢業門檻問題，高科大成立後針對學生的修業限制，綜合原三校之規定並參考友校作法，增加規範之彈性，除了鼓勵學生適性發展外，也保護了學生校園學習的權益。

以上僅舉出併校後對校內教職員生最攸關之權益制度，其他規章制度之統整則持續滾動式修正中。

五、校園文化保守──多元創新的挑戰

臺灣的校園文化，向來趨向保守且意見多元，變革速度較為緩慢。校內同仁身處穩定的工作環境，對快速變遷的社會環境之了解與各項制度資訊之更新，較為不足，故在因應變革的過程中容易產生抗拒。高科大除了每學年至少舉辦一場行政主管共識營之外，校內也針對教職員舉辦各項教育訓練、心智圖課程、未來學課程等。並且由藝文中心每學期舉辦「大師開講 X 名人講堂」8 至 10 場、各類型藝文活動、工作坊課程，以及與福爾摩沙芭蕾舞團藝術總監、同時也是高科大傑出校友的余能盛先生協辦「2019 年度創作──關於柴可夫斯基」[11] 舞劇展演，鼓勵全校教職員生參與欣賞。創校第二年舉辦「2019 高科大第一屆青年藝術家典藏」徵件活動，徵件來自全國 400 餘件作品，於二周年校慶當日舉辦頒獎典禮，此徵件活動將延續每年舉辦，累積涵養校園藝術土壤。

另外，高科大也在 2019 年 3 月至 11 月與臺灣大學生命教育研發育成中心、文藻外語大學及社團法人臺灣生命教育學會合作籌組建立「跨校生命教育聯盟」，首創我國高等教育生命教育教學發展及教師社群共好之先

---

[11] 「關於柴可夫斯基」芭蕾舞劇，由福爾摩沙芭蕾舞團藝術總監余能盛編舞，2019 年 8 月 14 日於高雄市文化中心至德堂演出之場次由國立高雄科技大學參與協辦。

例，推動生命教育教學發展與教師專業成長，舉辦多場「生命與倫理」師資培訓工作坊與講座、「跨校生命教育教案成果發表會」等。

高科大未來將持續輸給校園各種養分，鼓勵師生參與、接觸各類型的課程與活動，刺激校園文化生機勃發。

參　制訂校務發展策略，突破困境開創新局

高科大審視過去三校之校務發展計畫架構，融合發展出以「國際化技職教育典範大學」為願景，並承襲原三校「親產優質、創新創業、海洋科技」的特色發展。為了達成本校之定位與發展理念，並配合政府教育政策、產業人才需求、技職教育發展趨勢與學校發展特色，制定多項校務發展策略，期能使學校突破困境，開創新局。以下為高科大為求整合發展所制訂的重點策略。

一、推動行政效能優質服務──行政提升能量

因著少子女化的衝擊，技專校院生源日益減少，學校除需提出有效可行的招生策略，以吸引適才適性之學生外，亦需落實自我改進機制，提升行政效能，推動創新服務。為確保學校永續經營發展，建立自我改進機制，並推動行政優質服務，本校擬定五個行動方案，分別為：

（一）強化校務研究，落實辦學資訊公開。

（二）配合校務發展進行組織調整及人力配置，辦理人員教育訓練，提升服務效能。

（三）推動多校區校務系統整併，提升行政綜效。

（四）建構智慧雲端環境，推動行動化應用，整合校園軟硬體資源。

（五）有效規劃財務面之開源、節流彈性運作措施，確保校務基金之永續經營。期望透過校務研究，落實自我改進機制的基礎工程，透過組織重整，提升行政人力素質與服務效能，藉由系統整併與智慧校園環境的設置，提升行政效能與服務品質，營造優質創新之校園環境。

二、活化五大校區健全發展——校區核心發展

本校校地面積廣闊，且校區較爲分散，爲利各校區橫向聯繫，並健全各校區機能發展，本校擬定五個行動方案，分別爲：

（一）建置五校區交通路網，提升交通服務能量。

（二）尊重校園自然景觀，建構友善生態環境，豐富校園景觀內涵。

（三）透過多元化招商機制，引進各類生活機能服務業者，健全五校區生活機能。

（四）強化學生事務管理機制，營造安全、便利、舒適、友善的居住、學習與服務環境。

（五）重視校園生態環境與自然景觀，建構溫馨生活及學習空間，宣導發展綠色環保新概念校區。期望透過交通網絡建置、增設校園景觀、引進生活機能服務，建置友善校園環境等方式，營造溫馨友善之校區環境。

三、建構學校文化品牌特色——品牌凝聚共識

在少子女化與競爭激烈的教育市場中，優質的學校品牌形象可以爲學校增強教育能量。現今國內大學眾多，學生與家長有許多學校可以選擇，爲有效吸引學生就讀，學校必須建立自身的品牌特色與行銷，以凸顯出優質的教育成效與服務品質。爲建構本校文化品牌特色，本校擬定四個行動方案如下：

（一）擴大品牌市占率，建構品牌潛在價值，經營品牌贏利能力。

（二）系統性管理學校品牌形象，創造、溝通和傳遞本校價值。[12]

---

[12] 新校徽是建立併校後認同與學校品牌形象的重要基礎。高科大新校徽以具象符號結合了學校的特色，包括海洋專業、教育使命、如北極星般的願景領航。高科大之所以成爲今天的高科大，有其深厚的歷史淵源，回溯本校歷史，可發現其深刻連結了臺灣產業發展的脈絡，根本銜接並供應產業發展所需的研究、人才能量。從最早期二戰結束後，高雄港第一件重建重任就是拆船、清理航道，在此時空背景下誕生了高科大最早的前身「臺灣省立基隆水產職業學校高雄分校」，在旗津展開 70 多年

（三）運用行銷媒介宣導學校辦學特色與績效。

（四）強化媒體溝通及網路平台經營，提升品牌知名度。期望透過品
　　　牌經營、系統性管理、行銷宣導及網路平台等媒介與方法，
　　　創造高科大品牌價值，行銷學校辦學績效，提升學校形象與
　　　品牌知名度。

圖 1　國立高雄科技大學校徽（資料來源：高科大網站）

的職業教育歷史。接著在臺灣即將展開十大建設、產業結構開始轉爲出口代工的時
代，高科大加入如今校內最爲龐大的工學院陣容「高雄工業專科學校」，幾乎完全
對應著臺灣當前整體經濟產值最大的幾個核心產業。最後在國家重新開始經營東南
亞市場、企圖整合區域經濟圈內的分工、重新賦予高雄港都城市轉型角色的變化過
程中，納入最後一塊拼圖「高雄技術學院」，以偏重物流行銷、智慧整合、創意設
計等臺灣新興的未來產業方向。在符號意象之外，也運用具體的色彩連結，爲視覺
符號建立直觀的印象：海洋元素與藍色、書本形象及光芒散射、航行北極星與象徵
未來的高明度色彩。這些元素的結合，對於既有存在的品牌認同（意即過去原三校
個別的品牌認知）能夠提供具象的連結，對於新興的市場而言，則是可以連結高科
大所在地高雄的印象。高科大也在校網設立「形象識別系統（校徽）下載」專區，
提供校徽的基本設計、應用設計與使用說明，以統合規範師生及校內外對校徽的使
用。參見國立高雄科技大學網站／形象識別系統（校徽）下載專區，https://www.
nkust.edu.tw/p/412-1000-3248.php，讀取日期 2020 年 9 月 12 日。

四、建構多元文化友善校園——多元美化校園

為推動國際化業務與提升學生國際競爭力，除持續活絡國際學術交流合作。藉由各項計畫能量挹注，培育本校學生具備理解力（跨國多元文化）、行動力（國際友善關懷）、貢獻力（世界公民義務），促進本校學生與國際學生的交流學習，並透過參與國際活動的機會，拓展學生國際視野。推廣各項行政國際化與課程國際化的執行，進一步打造國際友善校園的環境，培養與國際接軌的軟實力並建構國際化環境的硬實績。本校擬定三個行動方案如下：

（一）推動國際化校園營造，透過國際大使培訓計畫、推動學伴制度與境外學生輔導以及建構國際化管理平台。

（二）落實異國文化活動，經由辦理境外學生文化體驗活動、企業參訪與國際生在地志工活動。

（三）培育國際前瞻思維，辦理外語營隊活動及工作坊。

五、加強國際學術交流合作——交流邁向國際

本校姊妹校目前已逾 400 所，未來除持續拓展新姊妹校數外，並將同時著重已簽訂姊妹校之深入合作，多加邀請姊妹校外賓來訪，使其增進對本校之了解，並規劃回訪各國姐妹校，厚植雙方友誼，如能將已簽訂之姊妹校落實至學術交流、教學合作及交換學生等合作面向，更有助於本校師生拓展國際視野，並提升其專業於國際間之地位。本校擬定四個行動方案如下：

（一）強化國際移動力，經由獎勵學生參與境外學習、鼓勵學生國際參與或辦理國際營隊，讓學生有機會到國外體驗。

（二）多方姊妹校簽訂，讓本校老師與學生有更多的機會與國外學校進行學術交流與交換學習。

（三）鼓勵國際交流，利用深化國際學術交流、辦理多邊交流活動、補助各院辦理國際研討會等，深化國際交流。

（四）鼓勵交換學生，利用學海飛颺、學海築夢、學海惜珠等申請，

讓學生有更多到國外學習的機會，另外亦可以藉由交換推動專業精進學習計畫（交換延伸產業實習）。

六、打造特色創新發展環境——特色轉動創新

本策略將鏈結發展潛力產業，結合院系教師跨域專長領域，攜手產業界，共同積極爭取外部計畫資源挹注，透過計畫創新，從教師增能、人才培育及環境建構面向，打造院系產業實務特色；並配合政府產業政策發展，發崛特色產業教師團隊，培育特色產業研發及實務人才，打造校園親產學環境，促進產學合作，打造高科大校園成為創新研發環境，培育產業所需之創新研發人才，協助產業轉型升級。本校擬定三個行動方案如下：

（一）爭取政府部門計畫申請資源，透過計畫創新，從教師增能、人才培育及環境建構面向打造院系產業實務特色，並建立校內計畫執行控管機制。

（二）配合政府產業政策發展，發崛特色產業教師團隊，培育特色產業研發及實務人才，打造校園親產學環境。

（三）建置海洋科技產研聚落，整合海洋研究團隊及研發成果，啟動產學媒合機制，促進海洋產業升級與發展，整合以對應國際發展趨勢，加值海洋特色產業發展的競爭力。

 肆　邁向卓越，成就未來

一、讓特色更出色——打造BEST University

做為全國最大的科技大學，高科大的目標是「邁向卓越」，也就是"For the BEST"，B 是 Brain —高雄的智庫、E 是 Engine —產業的引擎、S 是 South —南向的基地、T 是 Together —融合的校園。

首先，高科大要成為高雄的智庫。大學是擁有最多優質人才及研究能量的地方，它可以引領產業的方向；也可以協助地方及國家，進行政策的擬定。未來，高科大將扮演高雄與臺灣「智庫」的角色，為國家科技與產

業的發展，擘畫未來，指引方向。目前我們正積極結合政府、產業界、學術界及公部門等各方資源，成立平台，希望扮演產官學界的橋梁、以提供未來城市及地方發展的藍圖。

其次，高科大也要成為產業的引擎。面對當今產業轉型的迫切需要，一個卓越的大學，必須扮演引擎的角色。它不但要能支援產業的發展，更要引領產業的創新，探勘產業未來所需要的技術；並培育創新創業的人才。併校以來已啟動了多種創新模式，也建構「教學支持系統」，提升老師的教學能量，培育優質的創新人才。另外，在產業技術的提升上，我們也有豐碩的成果。

當然，科技大學更需要鼓勵優秀的研發人才來啟動引擎，高科大設有彈性薪資，將以 5 倍薪資的獎勵制度，來鼓勵老師從事各類先進的研究。同時每年將引進 80 位博士後研究人力，以及 150 位國際博士生，提升高科大研發計畫的質與量。

高科大地處高雄，擁有海港與空港，是人才與貨運流動的重要樞紐。擁有優質的人力結構、產業技術及研發能量，若能結合物產、運輸與工業等，各項產業的在地優勢，將是推動工、商業和教育產業南向的最好基地。作為南向的基地，高科大必須積極協助臺商在海外的發展、並為在地企業培養外籍人才。同時，學校還要引進國際師資、輸出教育經驗擴大與國際企業的合作，以發揮國際影響力。

而在執行上述三項目標方面，高科大目前已擁有「鐵道中心」、「教育訓練實習船」、「離岸風電培訓中心」、「實習金控中心」等重要的學習場域，能夠在專業上提供學生最扎實的訓練，真正實踐「學中做、做中學」的成長模式，幫助學生建立堅強的專業職能，提高職場競爭力。

最後，對於合併而成立的高科大而言，最重要的仍是融合。三所學校要真正成為一個整體，雖然還有待時間的進程，但是唯有將校園的融合視作重要的目標，在各類執行面上時時關心高科大眾人的權益與便利，並時常交流、合作，高科大才會真正成為一體。

二、成就充滿希望的未來人才

在邁向卓越的目標下，高科大更肩負著為國家培育「未來人才」的使命。然而，未來產業需要什麼樣的人才？在面對 AI 人工智慧、全球化的競爭、多變的產業和地球環境艱鉅的挑戰下，高科大需要打造的學生是一個具有 WISH 能力的人。WISH 即「成就未來」，W，Whole Person —全方位跨域、I，International Mobility —國際移動力、S，Sustainable Learning —永續學習力，以及 H，Humanity —具人本關懷。

胡適曾說：「為學當如金字塔，要能廣大、要能高。」尤其在 AI 的時代，教育更要培養人工智慧所不能替代的能力，如創意、想像、情感和意念。這些就是未來人才的基本素質，他不但要會邏輯運算的思維，還要兼具藝術人文的素養。他應是一個具有跨領域思維的全方位人才。因此，我們特別重視學生通識博雅教育的開展，每學期均在三大校區，辦理數十場藝文活動，就是希望能培養一群兼具理性與感性、文武全才的科技人。

此外，在全球化的趨勢下，我們也要培養學生成為一個具有國際移動力的人。此類人才，需要具有外語、跨國思維、並能和不同文化的人合作的能力。因此，在高科大的校園內，我們努力建構多面向的國際化環境與外語學習環境。同時，學校還要補助一年級同學出國學習英文，並選送學生到國外體驗學習，以及招募國外學生到高科大學習。

而在資訊爆炸的時代，當下的知識與技能，已無法滿足未來工作上的需求，必須具備終生學習的能力，才能夠學習新的知識與技能。目前，高科大已經為同學建立了一套「學習支援系統」，希望能提供多面向的學習型態，啟動學習的意義感，培養「學習如何學」的能力。未來成為一個「不怕學習」、「不厭倦學習」；且是「有能力學習」、「永續學習」的人。

最後，我認為是每一所高等教育機構都必須念茲在茲的使命，因為科技發展的最終目標就是解決全人類面臨的問題，而我們對於老師的期許，是能培養具備高度關懷、敏於思考、並善於體會他人的學生。他不僅是一個傑出的人，也是一個對生活有熱情、對生命有期許、對未來有盼望、且

能爲人類創造福祉的人。也衷心期盼高科大的每一位同學都能成爲具有WISH 涵養的人才。

做爲高科大第一任校長，我希望建立一個「以人爲本、價值共創」的校園，唯有校內全體師生都能夠彼此尊重、互相包容，才能一起創造高科大的價值、完成高科大的使命，讓「國立高雄科技大學」成爲一所 BEST 的大學，並且能夠讓合併的三所學校齊心努力，共同精進教研，爲國家社會培育出充滿 WISH 的未來人才。

伍 結論與建議

高科大併校是教育部推動大學合併政策以來，第一個由同質與異質兼備的三所大學在同一時間進行合併的案例，備受各界關注。在前文提出的併校挑戰中，包含文化、地理、資訊、制度、創新等方面的問題與實務作法，雖是高科大合併的案例分享，亦可提供過去已實施大學校院合併的學校、現階段正在進行合併者，以及未來有併校考量的高等教育機構作爲檢視與參考。以下分列各項，綜整說明與建議：

一、文化面

合併而成立的新學校，無法避免原先行之有年的各校文化與行政慣例。但要融合便需要建立新學校的文化，新學校的團隊必須提出治校理念並努力取得校內的認同與共識。

二、地理面

合併不同的學校會有彼此的地理位置、交通距離及其所衍生的治理挑戰。在資源有限度的硬體條件下，必須提出彈性且因應的組織調整方案，並跟隨新學校發展而逐步改進。

三、資訊面

大學的經營與管理和科技發展息息相關，更要發揮領導與研發的角色。因此大學合併後在系統整合、資訊服務上，不僅無法規避，更應該以最優化及資源整合應用爲考量目標，展現大學的科技研究效能。

四、制度面

大學教育機構離不開對人的治理，合併後的新學校更直面規章制度的訂定與標準化的需求，尤其對於校內職員、教師、學生等組織成員的權益規定，必須盡快統整並持續滾動式修正。

五、創新面

臺灣校園文化與大學教育機構易於趨向保守與追求穩定，然大學本身之經營及其培育人才的使命，必須要能因應快速變遷的社會與全球環境，大學合併亦是巨大變革的過程，新學校需要持續供給校內創新的刺激與養分，維持校園的活化。

附件：高科大併校歷程大事紀

2018年

日期	類別	內容
2017/07-08	校務行政	召開原三校合併推動審議會。
2017/08-10	校務行政	8月召開原三校合併推動小組第一次會議。10月召開推動小組第二次會議。
2017/12/08	組織整合	奉行政院106年12月8日院臺教字第1060040739號函核定，國立高雄第一科技大學、國立高雄海洋科技大學及國立高雄應用科技大學自107年2月1日合併為「國立高雄科技大學」。
2018/01/02	校級慶典	經國立高雄科技大學合併研商會議後，教育部決定揭牌儀式由建工校區為主，其他校區則採視訊方式同步辦理揭牌。
2018/01/11	績效榮譽	獲教育部補助「國立高雄科技大學三校合併前置作業經費需求規劃計畫」1億4,300萬元。
2018/01/24	組織整合	教育部臺教人（二）字第1070011964號函核定，聘任楊慶煜博士擔任國立高雄科技大學首任新校長。
2018/02/01	校級慶典	三校正式合併成立「國立高雄科技大學」，首任校長為楊慶煜博士。當日於建工校區舉行校名揭牌暨第一任校長就職典禮，其他校區採視訊同步揭牌。
2018/02/01	校務行政	新印信尚未頒發前，先留用原「國立高雄第一科技大學」、「國立高雄應用科技大學附設進修學院」印信至新印信頒發啟用日止，以利校務進行。
2018/02/07	校務行政	召開併校後第一次行政會議，針對校內重大會議與活動，均安排各校區交通車接駁與會人員出席與會。
2018/03/01	併校法規	召集各項校級會議審議合校後重要法規章則，並依教育部指示於合校1年內完成學校重要章則之審議並施行。
2018/03/01	併校法規	106學年度第1次校務會議審議通過《國立高雄科技大學暫行組織規程》，並奉教育部107年4月17日核定後施行。
2018/03/01	組織整合	原國立高雄應用科技大學教學發展中心、原國立高雄第一科技大學教學及學習中心、原國立高雄海洋科技大學教學資源中心及教務處深耕計畫辦公室，統一併為教務處教學服務組。
2018/03/01	績效榮譽	《Cheers》雜誌調查2018「大學辦學績效成長 Top 20」獲第7名，為前10名中進步幅度最大之頂尖科大。

日期	類別	內容
2018/03/01	績效榮譽	教育部臺教技（三）字第 1070031006 號函核定本校獲「107 年高等教育深耕計畫」補助經費 3 億 9,934 萬元，居全國科大第一，為全國技專校院最高補助學校。
2018/03/14	併校法規	106 學年度第 3 次行政會議審議通過《國立高雄科技大學招生委員會組織章程》，同年 3 月 23 日奉教育部臺教技（一）第 1070044690 號函備查並公告施行。
2018/03/15	系統整合	完成建置與整合「法規彙編查詢系統」正式上線。
2018/03/19	系統整合	完成建置與整合「公文線上簽核系統」正式上線。
2018/03/22	校務行政	五校區聯合辦理國際教育，透過交換學生、雙聯學制、海外研習及海外志工服務等計畫，提供多元的境外研修機會。
2018/03/23	校務行政	教育部臺教秘（三）字第 1070044157A 號函復同意高應科大及高海科大印信繳銷並由本校典藏。
2018/03/28	組織整合	教育部臺教技（一）字第 1070046212A 號函復，本校申請 108 學年度停招二技進修部金融資訊系，准予同意。
2018/04/01	校務行政	整合五校區新生健康檢查規格，統一辦理新生健檢評選作業。
2018/04/15	校務行政	校徽設計啟動與校內外規格意見統整。
2018/04/27	併校法規	訂定本校訂定（修正）法規格式說明書，以供各單位同仁訂定法規之用字（語）參考，統整學校整體法規體例格式。
2018/05/01	組織整合	啟動系所院整併作業。
2018/05/01	系統整合	完成建置與整合「衛生保健服務登記系統」，可線上統計五校區衛保組相關健康服務資料。
2018/05/03	併校法規	106 學年度第 2 次校務會議審議通過《國立高雄科技大學學則》，教育部 107 年 9 月 7 日臺教技（四）字第 1070149087 號函核定並施行。
2018/05/03	併校法規	106 學年度第 2 次校務會議審議通過《國立高雄科技大學附設專科部學則》，教育部 107 年 9 月 10 日臺教技（四）字第 1070149121 號函核定並施行。
2018/05/28	系統整合	「差勤簽到退系統」正式上線，整合五校區職員差勤作業，採用線上 E 化網路作業流程，改善紙本遞送冗長流程。
2018/06/13	組織整合	106 學年度第 6 次行政會議通過訂定《學術單位調整校務規劃委員會設置要點》。
2018/06/14	校務行政	教育部臺教秘（三）字第 1070091192 號核定，本校正式啟用「國立高雄科技大學」新關防印信及職章。

日期	類別	內容
2018/06/16	校級慶典	首屆畢業典禮於建工校區、楠梓校區、第一校區連續舉辦 7 場次 10 小時「馬拉松接力式」歡送日間部及進修部 13 個學院及進修學院共 8,185 位大學部、碩士及博士畢業生。
2018/06/25	校務行政	教育部臺教秘（三）字第 1070094529 號函復同意第一科大印信繳銷並由本校典藏。
2018/06/30	校務行政	高科大新校徽 6 月徵集全校性意見、10 月經校徽選薦小組會議決定公開全校票選、11 月完成全校師生和校友票選選拔出爐，並於 12 月 8 日校慶當天揭曉公布新校徽。
2018/07/14	校務行政	正式啟用「國立高雄科技大學附設進修學院」印信。
2018/07/24	系統整合	購置完成全校通用版線上學習測驗平台 Easy test，並開放使用。
2018/07/30	校務行政	完成系所院意見整合，結果經系、院會議決議送交臺評會外部專業諮詢
2018/08/09	校務行政	辦理學術單位發展諮詢會議，邀請臺評會蒞臨指導。
2018/08/09	校務行政	8 月 9 日至 10 日於真福山舉辦「共同教育共識營」，凝聚三校區情感、觀摩教學，激發思考並發展出新的教學理念。
2018/08/13	績效榮譽	榮獲教育部青年署 107 年度「U-start 創新創業計畫」補助 8 案，全國第 1。
2018/08/25	校務行政	五校區學生會共同辦理第一次學生自治會議。
2018/09/04	組織整合	教育部臺教技（四）字第 1070144945 號函復，本校新設「漁業生產與管理科五專」及「航運技術系碩士在職專班」授予學位中、英文名稱案，准予同意。
2018/09/05	校務行政	於真福山社福文教中心辦理「107 學年度行政主管共識營」，邀請到楊家彥博士主講「社會創新與生態系統建構」，藉由世界咖啡館方式來進行校務問題探討並凝聚共識，活動圓滿順利。
2018/09/06	績效榮譽	海洋科技發展處整合原三校特色，鼓勵校園融合，啟動五校區老師共同合作「海洋特色跨校區研究計畫」，執行至 108 年共獲得 3000 萬經費補助，由 109 位教師帶領 127 位學生，組成 35 個跨領域研究團隊，共同開擊研究發展新契機。
2018/09/07	組織整合	教育部臺教技（四）字第 1070150518 號函復，本校新設五專部「土木工程科」及「模具工程科」授予學位中、英文名稱案，准予同意。
2018/09/10	其他	向高雄市政府交通局爭取新設 7C 公車路線正式上路，可接駁楠梓校區、第一校區、燕巢校區之間的教職員工生。

日期	類別	內容
2018/09/12	組織整合	提報第 1 次臨時校務會議及第 2 次臨時校務會議「學術單位發展規劃案－系所院發展規劃書」修正通過，並以 107 年 9 月 28 日高科大楠字第 1078800005 號函報請教育部核定。
2018/09/25	系統整合	「財產管理網路服務系統」正式上線。
2018/09/28	系統整合	完成建置與整合「招生資訊網系統」正式上線。
2018/11/02	系統整合	完成建置與整合「新版郵件登錄查詢系統」正式上線。
2018/11/07	校務行政	11 月 7 日至 11 月 8 日於佛陀紀念館辦理二天一夜「107 學年度期中行政主管共識營～心的旅程」，邀請到南華大學生死學系蔡昌雄老師及臺北世大運開幕執行團隊陳錦誠總顧問蒞臨專題演講，也安排學校願景研討座談及專書導讀，活動圓滿順利。
2018/11/12	併校法規	辦理法規彙編網站上傳與維護作業說明會，宣導法規彙編專區上傳、維護作業及相關應注意事項，以有效提升專區各單位法規更新效率及使用普及率。
2018/11/12	系統整合	完成建置與整合「兼任助理之聘任僱用申請系統」上線。
2018/11/30	校務行政	完成五校區視訊會議系統建置案，解決跨校區遠距召開會議，提供各校區召開會議時使用，減少舟車往返，提升行政效率。
2018/12/01	系統整合	整併全校「學雜費減免（含軍公教遺族子女優待）」、「大專校院弱勢助學計畫－助學金」校務系統，俾利各校區學生申請及審核管理，並強化彙整統計數據之正確性。
2018/12/01	系統整合	整併全校「各類獎助學金公告平台」系統。
2018/12/08	校級慶典	首屆校慶活動以「元年賀彩」為主題跨校區舉行。第一屆校友會成立。
2018/12/24	組織整合	召開通識整併共識會議，由原三校區通識及語文中心等單位之全體主管、專任（案）教師及職員投票通過整併後名稱為「共同教育學院」。
2018/12/24	系統整合	完成建置與整合「新版授課大綱系統」正式上線。
2018/12/26	併校法規	107 學年度第 2 次校務會議審議通過《國立高雄科技大學教師升等審查辦法》，並奉校長核定自 108 年 2 月 1 日施行。
2018/12/26	併校法規	107 學年度第 2 次校務會議審議通過《國立高雄科技大學教師評鑑辦法》，並公告施行。
2018/12/26	併校法規	107 學年度第 2 次校務會議審議通過《國立高雄科技大學組織規程》，教育部 108 年 3 月 27 日臺教技（二）字第 1080042632 號函核定（自 108 年 2 月 1 日生效）。

2019年

日期	類別	內容
2019/01/02	系統整合	完成建置與整合「五校區選課系統」，學生可使用單一選課系統跨校區選課。
2019/01/03	系統整合	完成建置與整合「文件流程管控系統」上線。
2019/01/07	校務行政	1月7日至1月8日於真福山社福文教中心舉辦二天一夜「107學年度期末行政主管共識營—生命教育工作坊」，邀請到臺大哲學系孫效智教授及前立法委員楊玉欣委員蒞臨專題演講，透過生命教育體驗課程，促進校園發展策略共融交流，活動圓滿順利。
2019/01/09	系統整合	完成建置與整合「影音知識庫平台」上線
2019/01/14	系統整合	完成建置與整合「請購系統」正式上線。
2019/01/22	系統整合	完成建置與整合「就學貸款管理系統」正式上線，辦理就學貸款等相關資訊，便利各校區學生繳件及審核管理、資料彙整。
2019/01/24	系統整合	因應三校合併經費整合，107年8月辦理校務基金合作銀行評選，共有臺灣企銀及中國信託遞件，臺灣銀行並未參與投標，經評選評定臺灣企銀為優勝廠商。
2019/01/28	組織整合	本校配合國家綠色能源政策及產業對離岸風電海事工程人才的需求，依教育部臺教技（一）字第1080005879號函同意，申請增設「海事風電工程碩士學位學程」於108學年度開始招生。
2019/01/28	績效榮譽	《時報周刊》與1111人力銀行「2019企業最愛大學排行調查」，高科大榮獲全國公立科技校院排名第3、南區科技校院排名第1。
2019/02/01	組織整合	依本校組織規程，調整部分行政單位編制及運作。 (1) 將「校務發展及研究處」併入「研究發展處」，分設學術推展組、校務研究組、校務發展組。 (2) 新設「產學營運處」，分設產學計畫組、智財運用組、產學運籌中心、創新育成中心。 (3) 將「推廣教育中心」改設為「教育事業暨產品推廣處」，分設會展及出版組、教育推廣中心、產品推廣中心。 (4) 將「船員訓練中心」改設為「海事人員訓練處」，分設行政組、商船組、漁船組及風電組。
2019/02/01	組織整合	原三校的通識教育中心、通識教育委員會、語言教學中心整合為學術單位「共同教育學院」，第1任院長由李嘉紘教務長兼任之。下設基礎教育中心、博雅教育中心、外語教育中心及藝術文化中心。 (1) 建工／燕巢校區人文社會學院語文中心、楠梓／旗津校區通識教育委員會基礎教育中心整併為基礎教育中心。 (2) 建工／燕巢校區通識教育中心、第一校區通識教育中心及楠梓／旗津校區通識教育委員會整併為博雅教育中心。

日期	類別	內容
		(3) 建工／燕巢校區人文社會學院語文中心、第一校區語言教學中心及楠梓／旗津校區通識教育委員會外語教育中心整併為外語教育中心。 (4) 新設「藝術文化中心」。
2019/02/01	組織整合	海洋科技發展處依本校組織規程調整縮編，下設二級單位由二組三中心合併為二組一中心，分別為海洋產學服務組、海洋科技發展組及海洋產業創新研究中心。
2019/02/01	組織整合	國際事務處配合各校區業務屬性組織調整，下設國際學生事務組、兩岸暨僑生事務組、學生交換事務組、學生交換事務組、國際合作組。
2019/02/01	系統整合	完成建置與整合「維修申請系統」、「進用暨保費管理系統」、「學籍及成績系統」。
2019/02/01	系統整合	整併全校「操行管理系統」，依據新制調整系統功能，以因應學生操行、請假及獎懲紀錄及統計報表輸出。
2019/02/01	系統整合	整併全校「導師輔導費系統」，彙整各班導師輔導之學生資料至 AP 端，俾利統計導師輔導費。
2019/02/01	系統整合	開發「學生請假系統」校務系統並整併融入全校校務系統 AP 及 WEB 端。
2019/02/14	系統整合	「議前討論平台系統」正式上線，有效蒐集教職員工生意見，使行政單位於重要法規研議或政策規劃時，能納入多方意見更為周延，進而順利通過各級會議審議，付諸施行。
2019/02/14	績效榮譽	《Cheers》雜誌調查 2019「臺灣 2000 大企業最愛大學生」榮獲全國技專校院排名第 3、全國總排名第 16。
2019/02/23	系統整合	完成建置與整合「學生請假系統」正式上線。
2019/02/24	校務行政	五校區學生會共同辦理第二次學生自治會議。
2019/02/25	校務行政	整合原三校高等教育深耕計畫項目之一，提升高教公共性，完善弱勢協助機制，統一申請資格及獎勵基準，維護各校區學生申請權益。
2019/02/27	系統整合	完成建置與整合「教職員工個人網頁平台」正式上線
2019/03/06	系統整合	辦理校徽使用說明會暨開放正式上線供下載使用。
2019/03/18	併校法規 行政	為利校內師長迅速了解學校相關法令規定，函請校內一級行政單位針對已公告之法規，以摘要列表方式彙整寄送各院系所辦及教師知悉，未來公告法規時，須將法規重點敘明於公告函中或摘要為附件一併公告。

日期	類別	內容
2019/03/18	組織整合	教育部臺教技（一）字第 1080019485 號函復，本校申請建工／燕巢校區「應用外語系」與第一校區「應用英語系」整併為「應用英語系」，准予同意。
2019/03/23	績效榮譽	榮獲教育部青年發展署 107 年度「U-start 創新創業計畫」第二階段績優團隊 4 件，全國第 1。
2019/03/27	組織整合	教育部臺教技（二）字第 1080042632 號函核定，本校自 108 學年度起學術組織調整，依校內行政程序於組織規程中修正，並於 108 年 7 月 31 日前報部，預計於 108 學年度起以新系所招生。
2019/03/28	系統整合	完成建置與整合「學生就學貸款申請系統」正式上線。
2019/03/30	校級慶典	首屆運動會於楠梓校區舉辦，主題「We are One Team」象徵三校結合成一大團隊，融合科技潛水展示與體驗活動。
2019/04/01	系統整合	建置完成「新生網路報到系統」，所有招生管道錄取新生全面採用網路報到。
2019/04/01	系統整合	完成建置與整合「獎助學金平台系統」正式上線，整合併校後校內外獎助學金、急難救助金及辦理學雜費減免等相關資訊，便利各校區學生繳件。
2019/04/02	組織整合	財務處配合主計室及人事室於同校區作業需要，搬遷至燕巢校區合署辦公。
2019/04/09	系統整合	完成建置與整合「校務建言系統」正式上線。
2019/04/15	校務行政	成立五校區（旗津、燕巢、楠梓、建工、第一）之綜合業務處，將業務量最為龐大之教務、學務、總務三大類業務，授權由各校區綜合業務處承辦；社團輔導業務併至綜合業務處，後端行政業務則由學務處課外組籌劃。
2019/04/24	組織整合	電訊工程系業經 107 學年度第 3 次校務會議決議歸屬為海事學院。
2019/04/24	校務行政	107 學年度第 3 次校務會議通過新訂法規有《學術主管遴選續聘及解聘辦法》、《教師兼職處理要點》。
2019/05/01	組織整合	教務處成立選才專案辦公室。
2019/05/09	績效榮譽	榮獲海洋委員會補助 2019「大專校院學生專題研究計畫」，核定件數 8 件，核准補助總經費 28 萬元，通過件數及總補助金額居全國第 1。
2019/05/16	校務行政	國際事務處舉辦五校區同步視訊 -2019 學海展翅英語研習營說明會，共計 270 名學生報名，新生占 7 成，五專學制學生一半以上參與，最高補助 2 萬 5 千元。

日期	類別	內容
2019/05/21	組織整合	教育部臺教技（一）字第 1080073737D 號函核定本校新設「金融系進修部四技」。
2019/06/01	系統整合	併校後自 107 學年度第 2 學期起，統一使用「新版教學意見調查施作系統」。
2019/06/02	校務行政	學生議會及學生會、研發處與教務處共同籌劃辦理新校徽「學生證聲出來」設計比賽，由四文創一甲周映璇同學設計「水的延伸」獲得冠軍，作為本校 108 學年度學生證的主視覺設計。
2019/06/02	校務行政	五校區學生會共同辦理第三次學生自治會議。
2019/06/11	系統整合	五校區「校友服務系統」正式上線
2019/06/12	併校法規政織整合	107 學年度第 4 次校務會議修正通過《國立高雄科技大學組織規程》，教育部 108 年 7 月 11 日臺教技（二）字第 1080096051 號函核定（自 108 年 8 月 1 日生效）
2019/06/12	校務行政	107 學年度第 4 次校務會議通過新訂法規有《附設進修學院組織規程》。
2019/06/17	系統整合	教育事業暨產品推廣處成立「產品推廣中心實習商店」正式線上開幕營運。
2019/06/18	系統整合	攜手一卡通公司將行動支付全面導入校園，打造全臺首創的智慧生活大學城。
2019/06/22	校級慶典	首度移師於高雄巨蛋舉行 107 學年度畢業典禮，齊聚 5 個校區近 7,500 名畢業生，同時邀請到臺積電創辦人張忠謀博士出席勉勵畢業生終身學習。
2019/06/28	組織整合	教育部臺教技（一）字第 1080070424 號函復，本校申請「國立科技大學設立選才專案辦公室試辦計畫（第 1 期）」，准予同意辦理並補助 200 萬元。
2019/07/01	績效榮譽	《遠見》雜誌「2019 臺灣最佳大學排行榜」，綜合大學排名全國第 12 名，其中，「社會影響」面向，高科大僅次於臺大、清大與成大，全國第4名；技職類排名全國科大第3名，南部頂尖科大第1名。
2019/07/01	績效榮譽	榮獲科技部 107 年度大專學生研究計畫，通過 74 件，全國國立大學排名第五，僅次於臺灣大學、成功大學、清華大學、中山大學，全國頂尖科大第 1。
2019/07/01	其他	本校校徽商標註冊登記（註冊號：01996860）。
2019/07/02	校務行政	7 月 2 日至 8 月 6 日國際事務處辦理 2019 學海展翅計畫，共計五校區 217 位學生前往菲律賓學習英文體驗異國文化，新生占成行人數 77%，總成行人數占總報名人數八成（成行率 80%）。

日期	類別	內容
2019/07/05	系統整合	國立高雄科技大學實習管理系統正式啟用，提供最新實習資訊與職缺，可依不同身分登入系統進行資料傳輸與管理並進行各項實習統計。
2019/07/11	組織整合	教育部臺教技（二）字第 1080096051 號函復本校修正組織規程准予核定，並自 108 年 8 月 1 日起生效。 (1) 燕巢校區「管理學院會計系」與第一校區「財金學院會計資訊系」整併為「會計資訊系」，並改隸屬商業智慧學院。 (2) 建工校區「光電與通訊工程研究所」與第一校區「電機工程研究所光電組」整併，並改名為「光電工程研究所」。 (3) 第一校區「電機工程研究所系統資訊與控制組」與建工校區「電機工程系整併」，並改名為「電機工程系智慧自動化系統碩士班（含碩士在職專班）」。
2019/07/16	其他	產業創新園區設置全國首座「前瞻鐵道機電技術人才培訓基地」正式啟用，為全國唯一涵蓋軌道號誌、軌道電力、車輛實習、轉轍器聯鎖通訊四大主軸教學及鐵道實習的學校。
2019/07/16	績效榮譽	教育部 108 年度衍生新創研發服務公司計畫（RSC），全國科大僅 9 件通過審查，高科大通過 4 件，補助 1,800 萬，全國頂尖科大第 1。
2019/07/22	組織整合	教育部 108 年 7 月 22 日臺教技（一）字第 1080107506 號函復本校新設「商業智慧學院博士班」，准予核定。
2019/07/24	系統整合	「五校區公務派車線上申請系統」正式上線。
2019/07/29	系統整合	108 學年度起開放五校區教職員生透過校務系統線上申辦車輛通行證，並利用四大超商、網路 ATM 轉帳等多元通路繳款。
2019/07/30	績效榮譽	管理學院及財務金融學院通過「AACSB 國際商學院促進協會認證，成為全球前 5% 取得認證之頂尖商管學院，也是全臺灣國立科技大學第 3 所通過此項世界級認證的學校。
2019/08/01	組織整合	108 學年度起學術組織調整正式運作，共計 10 個學院 47 個系所。
2019/08/01	系統整合	108 學年度起各校區學生會統一使用校務系統收取學生會費。
2019/08/01	系統整合	完成建置與整合「生活助學金管理系統」正式上線，辦理生活助學金等相關資訊，便利各校區學生線上申請及承辦人審核管理、資料彙整。
2019/08/01	系統整合	整併全校「研究生管理系統」，統計指導教授輔導之學生數及資料至 AP 端，俾利彙整指導教授輔導學生之輔導費。
2019/08/01	系統整合	完成「兵役管理系統整合」，以利內政部役政署在學緩徵作業系統需求及各校區後續追蹤管制、業務交接時查接稽核。

日期	類別	內容
2019/08/14	績效榮譽	榮獲教育部青年發展署 108 年度「U-start 創新創業計畫」第一階段績優團隊 8 件，全國第 2。
2019/08/14	其他	與福爾摩沙芭蕾舞團藝術總監、同時也是高科大傑出校友的余能盛先生協辦「2019 年度創作－關於柴可夫斯基」舞劇，於高雄文化中心至德堂演出，鼓勵全校教職員生參與欣賞。
2019/08/15	系統整合	完成新版「課業輔導系統」。
2019/08/20	其他	建工校區北中南棟因使用年限已到且未取得使用執照，中南棟自 108 年 4 月 18 日拆除工程完成發包，7 月 22 日現場開工，8 月 20 日完成拆除作業，拆除後之空地規劃為綠地植皮，美化校園。北棟因表現主義建築師修澤蘭作品且經高雄市文資局登錄為歷史建築予以保留。
2019/08/26	系統整合	完成建置「五校區汽車智慧化車輛管制設備及系統」正式上線。
2019/08/29	校務行政	於行政大樓 6 樓 A607 會議室舉辦「108 學年度行政主管共識營～信任共好‧幸福相約」，邀請到歐若摹精品咖啡葉美珍老師及臺灣科大胡家紋助理教授蒞臨專題演講，同時探討三大面向「教學、學校競爭力、校園規劃」校務重要議題，以尋求師長同仁共識，活動圓滿順利。
2019/08/30	系統整合	新版場地租借系統正式上線啟用，提供全校教職員生便於查詢可借用場地，達到提升場地使用率。
2019/09/01	系統整合	「外國學生招生電子化」正式上線，設置國際化管理平台，從簡章編輯、學生報名、系所審查到錄取通知均採用線上作業。
2019/10/01	其他	本校中英文校名商標註冊登記（註冊號：02014927）。
2019/10/23	其他	「海洋產業合作聯盟」啟動成立，透過聯盟平台促進產學融合及知識與經驗的共創。
2019/10/25	組織整合	教育部臺教技（一）字第 1080154388E 號函復核定，本校申請 109 年度（秋季班）「化工材料研發產業碩士專班」，准予同意設立。
2019/10/30	校務行政	108 學年度第 1 次校務會議通過新訂法規有「榮譽教授遴聘辦法」、「教師借調辦法」。
2019/11/01	系統整合	電信交換機得標廠商中華電信已完成「五校區交換機」建置整合作業，可互通五校區電話功能，並提供 MVPN 節費電話及 APP 免付費電話等加值服務供本校教職員使用。
2019/11/05	績效榮譽	獲教育部補助「國立高雄科技大學合併作業經費需求計畫第 3 期」8,600 萬元。

日期	類別	內容
2019/11/17	組織整合	各校區學生會共同辦理第四次學生自治會議，並於會中決議成立國立高雄科技大學學生總會。
2019/11/21	系統整合	「專兼任助理薪資電子簽核結報系統」正式上線，將現行紙本結報遞送作業流程全面升級為 E 化網路遞送作業流程，改善薪資結報因跨五校區間文件遞送所造成之耗時及延遲發放因擾。
2019/11/22	校級慶典	辦理 108 年海洋特色跨校區研究計畫暨教研成果展，展現本校豐沛的海洋教研能量，完成錄製當日活動與計畫執行成果紀錄影片。
2019/12/07	其他	藝文中心首度舉辦「2019 青年藝術家典藏展」頒獎典禮，從全國 475 位青年徵件中選出金獎 1 位、典藏獎 20 位及入選 19 位作品，讓師生走進年輕世代創造出來的藝術對話空間，並增添觀賞與鑑賞藝術的能力。
2019/12/17	其他	教育部補助建置「離岸風電產業海事工程菁英訓練基地」正式啟用，為國內首座或國際風能組織（GWO）認證，更是臺灣第一所發證之大學。
2019/12/24	其他	「臺灣郵輪研究發展中心」正式啟用暨揭牌儀式，宣告郵輪產官學三方聯盟正式啟航。

2020年

日期	類別	內容
2020/01/02	系統整合	完成建置與整合「畢業審查系統」正式上線。
2020/01/07	績效榮譽	連續榮獲教育部第 10 年補助辦理「全國海勤系科學生上船實習前座談會」計畫，鏈結產官學協助 3 所海事院校及 7 所海事職校，讓師生無縫接軌未來就業市場，厚植我國海洋人才。
2020/01/08	組織整合	財金學院財務管理系隸屬管理學院，於 108 學年度第 1 次臨時校務會議通過。
2020/01/15	組織整合	教育部臺教人（二）字第 1090005054 號函核定，本校 107 年 2 月 1 日生效之暫行組織規程，業經考試院修正核備。
2020/01/20	系統整合	完成建置「新選課系統」於 108-2 學期正式上線。
2020/01/22	系統整合	「會議簽到系統」正式啟用人臉辨識簽到。
2020/01/24	績效榮譽	獲教育部核定「第二期大學社會責任實踐計畫」，額定計畫 5 案、總補助金額三年 9,960 萬元，為全國之冠。
2020/01/30	組織整合	配合國家推動漁業公費生政策，109 學年度漁業生產與管理系設立「漁業公費專班」，首次辦理漁管系公費專班招生。
2020/02/03	校務行政	研擬防範「嚴重特殊傳染性肺炎（COVID-19）」相關措施，滾動式修正防疫計畫及相關作業流程。並建置傳染病防治調查單。
2020/02/04	校務行政	因應嚴重特殊傳染性肺炎（2019-nCoV，2019 新型冠狀病毒）疫情，本校宣布開學日由原定 2 月 17 日調整至 3 月 2 日。
2020/02/04	校務行政	成立校級防疫小組，研擬防範新型冠狀病毒相關措施，由校長擔任總指揮，副校長為副總指揮，主任秘書擔任召集人，學務長擔任執行秘書。
2020/02/10	系統整合	併校後「捐贈興學網站」正式上線使用。
2020/02/17	績效榮譽	《遠見》雜誌「2020 年臺灣企業最愛大學生調查」，榮獲全國技專校院排名第 3、躍升全國總排名第 9。
2020/03/01	系統整合	規劃整合本校「校外租屋系統」，預定 109 年底上線使用，以期友善使用者介面、更新系統以符時需，提升學校賃居服務品質。
2020/03/02	系統整合	建置「諮商輔導預約系統」，便利各校區學生可即時、行動化的線上申請輔導服務，簡化流程，提升服務效能。
2020/03/18	校務行政	公告「修正本校校務基金進用工作人員薪資支給標準表」及「訂定本校現職校務基金進用工作人員薪資支給表」。
2020/03/25	系統整合	「活動訊息平臺系統」正式上線啟用，提供全校教職員生便於查詢，主辦單位也無須逐一發送活動宣傳郵件通知，有效減少師生反映郵件過多問題。

日期	類別	內容
2020/03/26	組織整合	教育部臺教技（一）字第 1090045588D 號函復本校申請 110 學年度停招機電工程系先進製造科技日間碩士班及資訊財務日間碩士學位學程班，准予同意。
2020/03/31	校務行政	本校因應嚴重特殊傳染性肺炎疫情全校性應變計畫，依教育部函示建議改善事項修正後，依限於 3 月 31 日陳報教育部。
2020/04/08	併校法規	合校後各行政單位已訂定並公告於本校網站首頁 -「法規彙編」查詢系統之法規共計 340 項。
2020/04/10	校務行政	本校配合教育部「因應嚴重特殊傳染性肺炎疫情辦理大專校院全校性應變計畫」蒞校訪視作業，當日除了校務簡報及人員唔談、檢視防疫資料外，也參觀校園環境防疫情境規劃及防疫物資整備情形並舉行綜合座談會，訪視順利圓滿。
2020/04/15	績效榮譽	榮獲教育部青年署 109 年度「U-start 創新創業計畫」第一階段績優團隊 4 件，補助創業獎金達 200 萬元，南部國立科大第 1。
2020/04/21	績效榮譽	獲選天下雜誌「2020 天下 USR 大學公民－公立技專校院組」前五強，並在「社會參與」面向以 3.91 分（滿分 5 分）拿下最高分。
2020/04/22	校務行政	108 學年度第 3 次校務會議通過新訂法規有「教師年資晉薪要點」、「職工申訴評議委員會組織及評議要點」
2020/05/07	績效榮譽	榮獲海洋委員會補助 2020「大專校院學生專題研究計畫」，核定件數 5 件，核准補助總經費 33 萬元，通過件數及總補助金額居全國第 2。
2020/05/12	組織整合	教育部臺教技（一）字第 1090067153G 號函復核定，本校申請增設 110 學年度「高瞻科技不分系學士學位學程」，准予同意設立。
2020/05/14	組織整合	教育部臺教技（一）字第 1090069934B 號函復核定，本校申請 110 學年度調整「營建工程系碩士在職專班」改名為「營建工程系營建工程與管理碩士在職專班」、「應用英語系英語專業溝通與教學科技碩士班」與「應用語言學與英語教學碩士班」整併為「應用英語系應用語言學與英語教學碩士班」，准予同意。
2020/05/28	組織整合	教育部臺教師（二）字第 1090076029 號函復核定，本校申請設立師資培育中心及辦理中等學校師資類科教育學程，准予同意。
2020/06/07	校務行政	各校區學生會共同辦理第五次學生自治會議。
2020/06/10	校務行政	108 學年度第 4 次校務會議通過修正法規有「組織規程」
2020/06/10	績效榮譽	獲教育部補助「109 年高等教育深耕計畫」3 億 9,359 萬元，居全國科大第一，為全國技專校院最高補助學校。

日期	類別	內容
2020/06/18	績效榮譽	科技部 109 年度大專學生研究計畫核定通過 64 件，排名全國科技大學第 1 名，國立大專校院第 8 名。
2020/06/30	校務行政	108 學年度第 4 次校務會議（續開）通過新訂法規有「本校校長遴選辦法」。

備註：表格內容依據學年度、相關公文函示及計畫名稱，採民國紀年爲主，西元紀年請
　　　參考左列日期欄。

第六章

國立新竹教育大學
合併案的過程與省思

彭煥勝

國立臺灣師範大學教育學系博士
國立清華大學教育與學習科技學系教授

壹　前言

　　國立新竹教育大學（簡稱竹教大）原是一所主要培育小學、學前教育師資的學校，創校於 1940 年日治時期臺灣總督府新竹師範學校，二戰後 1946 年從臺中師範學校新竹分校分出而獨立設置臺灣省立新竹師範學校；1965 年該校改制為五年制臺灣省立新竹師範專科學校；1987 年升格為臺灣省立新竹師範學院，1991 年改隸為國立新竹師範學院；2005 年改制為國立新竹教育大學，2016 年該校被併入國立清華大學（簡稱清華）。這所歷經 76 年主要培育小學與學前教育師資的學府，正式走入歷史。

　　臺灣九所小學師資培育機構中，嘉義師範學院最早於 2000 年與嘉義技術學院合併成為嘉義大學，這兩所學校原為師專與農專，兩者規模相當且互補性強。其次，2008 年花蓮教育大學併入東華大學，原花蓮教育大學的教育與藝術學院得以保存，人文社會及理學院則整併進入東華大學相關院系組織，此合併案屬於綜合性大學整併小學師資培育機構的首例。2013 年臺北市立教育大學與臺北市立體育學院合併成為臺北市立大學，臺北市立教育大學的規模大於臺北市立體育學院，原臺北市立教育大學的院系架構變動甚小。2016 年竹教大與清華合併案，為綜合性大學整併小學師資培育機構的第二例，但卻屬於國內所謂頂尖大學整併師培機構的首例。上述各個大學的整併案皆有其為何整併的背景源由和磨合衝突問題，都值得關注高等教育發展的學者予以深入探究。

　　這所以培育小學優良師資及桃竹苗四縣市教師在職進修著稱的學府，公費時代吸引優秀清寒學子就讀師範校院，扮演社會階級流動的重要管道（彭煥勝，2018，2019），為何會走入被併校的命運呢？這與臺灣小學師資培育政策從計畫式走向市場化有密切關連嗎？小學師資培育機構被檢討需要轉型發展或與鄰近大學合併校，是否又與國內少子女化下的高等教育過度膨脹有關連呢？小學師資培育機構與綜合性大學合併是否能解決高等教育過度膨脹的問題？是否有利於師資培育的精進發展？大學整併過程是否兼顧資訊透明、相互尊重、民主溝通與互利互補而減少彼此的衝突與摩擦呢？這些大學整併校的問題，可以在竹教大合併案中予以檢視。

　　因篇幅限制，本文探討焦點先談此合併案的背景源由，其次討論合併案的過程，再檢討併校過程在目的與手段是否符合正當性的問題。本文從歷史的角度切入，蒐集合併校一手及相關的史料，輔以少量的遷校案相關人員的訪談（如附件一），再以研究者自身參與和親歷此合併案的觀察剖析，期盼對於此合併案提出初步的觀察與省思。

 ## 合併案的背景

一、教育部鼓勵大學整併

　　臺灣教育改革變遷劇烈，從教改人士主張廣設高中大學企圖解決教育機會不均與升學競爭壓力問題，但未考量臺灣人口結構已逐漸浮現少子女化和高齡化社會的來臨，致使產生高等教育過度膨脹與素質下降的副作用現象（陳維昭，2007），以致於開始有了回過頭來處理高等教育膨脹氾濫後的緊縮與整併的主張。

　　教育部在 2009 年 11 月 18 日修訂的《大學法》第 7 條訂定國立大學得擬定合併計畫經校務會議同意後報部核定（教育部，2009）。但在 2011 年 1 月 26 日修訂的《大學法》第 7 條裡，給予教育部得以主動權力擬定國立大學合併計畫報行政院核定後，再由該國立大學執行合併案（教育部，2011）。2002 年 6 月 22 日訂定《國立大學合併推動辦法》乃依據《大學法》第 7 條第 3 項規定，再具體規劃國立大學合併推定審議會、合併的相關計畫與評估效益、合併經費的補助、合併後學校師生的權益保障等細節（教育部，2002）。從上述法規的訂定，顯現教育部鼓勵鄰近國立大學進行合併，從正面來看是為了有效整合教育資源而發揮效益，從消極面來看是為了解決少子女化後的大學生源短缺問題。

　　國立大學裡首先被點名整併或轉型者為師範學院，師院在《師資培育法》公布後逐漸喪失公費生一元化培育的優勢地位，2002 年小學面臨少子女化生源短缺以及小學合格教師人力過剩的雙重打擊，教育部積極規劃師院轉型或與鄰近大學合併的方案（彭煥勝，2011）。2005 年 3 月 10 日

行政院通過「師範校院定位與轉型方展方案」、「六所師院轉型教育大學」，編列 2 億零 3 百萬補助轉型，同時也希望師院能尋求與鄰近大學整併。另外，教育部列管師院轉型或與鄰近大學整併執行進度，改制教育大學後三年內各校師資生名額須降至現行二分之一以下，各校內的師培系所總數須調降至全校總系所數的三分之一以下（自由時報，2005.3.11）。教育部雖然先讓師院轉型為教育大學，但仍要求師院提出與鄰近大學合併的規劃構想（教育部，2005），花蓮教育大學與東華大學在 2008 年 8 月 1 日率先響應這項政策，接著點名臺北教育大學與臺灣大學、臺中教育大學與中興大學、臺灣師範大學與臺灣科技大學的合併案，但教育部表示僅扮演媒人、不做公婆的角色（中國時報，2011.1.11）。這三個合併案因臺灣大學無意願，臺中教育大學校友反對合併案，臺灣師範大學與臺灣科技大學亦未積極推動合併進程，以致於這三案都無進展。

2012 年有立委再度在立法院質詢教育部長有關國立大學整併案的進度，當時教育部長蔣偉寧表示將於明年二月提出「位於同一縣市，學生人數在一萬人以下」作為國立大學優先整併的對象，暗示目前有六個合併案名單，包含臺北教育大學與臺灣大學、新竹教育大學與清華大學、屏東教育大學與屏東商業技術學院（中國時報，2012.11.20）。屏東教育大學與屏東商業技術學院、新竹教育大學與清華大學之後通過兩校校務會議程序而合併，臺北教育大學有意與臺灣大學合併，但臺灣大學卻始終無積極的推動意願。目前小學師資培育機構，僅剩臺中教育大學和臺北教育大學繼續保存師資培育的主流地位以及尋求非師培學系轉型發展的學校特色。雖然，教育部對於國立大學的合併案具有強制權，但目前為止尚未有此案例成立，教育部僅提出合併經費的誘因但仍尊重國立大學由下而上的會議程序提出合併案。

二、國立新竹教育大學為何需要合併案？

㈠香山遷校案挫敗

竹教大原本有個獨立升格發展的契機，要比其他師院更早規劃獨立升格為綜合性大學或轉型為教育大學的前瞻性遷校規劃案。早在 1991 年

陳漢強擔任國立新竹師範學院第二屆院長時即感受到教改運動主張「師資培育管道多元化」的訴求將會威脅師範學院的生存發展，且師院校地面積狹小亦難擴張轉型為綜合性大學的有利條件。陳漢強院長就任後即積極在新竹縣市規劃遷校計畫的校地，最終選擇新竹市的香山校地，於 1992 年行政院核准此遷校案，但必須依據遷校土地由地方政府無償提供的要件（AM6201 專，2019.5.27 訪；TM07 院，2019.10.28 訪）。陳漢強院長卸任後經幾任校長的努力，香山遷校案關鍵卡在新竹市議會決議新竹師院香山校地中央必須補償該市國民教育經費 8 億元，但中央僅先後補助二億元，雙方對此經費的補助認知不同因而延宕數年。因新竹市政府與議會堅持八億元的教育補助款，新竹師院遲遲無法進行校地的相關使用執照而未能順利讓校地工程進行，最終因少子女化問題與政黨輪替後對師院轉型政策見解不同下，於 2004 年行政院廢止新竹師院香山遷校案（自由時報，2004.3.30），最終功虧一簣而遷校無望。香山遷校案除了新竹市政府與議會表面上以中央經費補助未到位為由，但熟悉內情的受訪者表示其中有複雜的政治利益與恩怨牽扯（AM6201 專，2019.5.27 訪；TM05 專一大，2019.6.3 訪），讓新竹師院錯過獨立轉型為「新竹大學」的綜合性大學機遇。

㈡大、小環境不利國立新竹教育大學走獨立發展的路線

　　新竹師院香山遷校無望後，新竹師院當時的曾憲政校長有著教改會的背景與主張師院與鄰近大學合併，在新竹師院先轉型為教育大學的過渡期，曾校長主導下在回覆教育部有關新竹教育大學轉型後擬定五年內與清華、交通或上述兩校合併後的新大學作為合併對象，但希望教育部能從中介入協助（國立新竹師範學院函，2005.5.30）。轉型教育大學後教育部同時要讓師培生員額在三年內調降至五成以下，但竹教大的師培生員額卻在第三年的 96 學年度降至 28.2%（國立清華大學師資培育中心，2020），遠低於教育部的要求標準。在師培系所方面，竹教大在 96 學年度師培學系僅剩教育、特教、幼教三系所（教育部，2012）；且此三系所因同時受到刪減師培生員額而被迫成為非完全師培系所（國立清華大學師資培育中

心，2020），需要規劃師培與非師培雙軌課程。原負責師資培育的一級單位實習輔導處，與進修部合併成為人力資源處，師培行政單位降為二級（國立新竹師範學院，2005a），有弱化師培運作的意圖。

師院在 2000 年代適逢小學面臨臺灣少子女化與大量所謂小學「流浪教師」找不到正式教師職缺之際，竹教大亦在這種不利師培為主流地位的大環境下，又在主張與鄰近大學整併的行政主導下，秘書室宣稱在 93 學年度第一學期末向教師所進行的問卷調查中有 60.78% 贊成與鄰近大學合併，合併對象以清華大學為第一順位或第二順位者有 75.49%，交通大學為第一或第二順位者有 70.58%（國立新竹師範學院，2005b）。上述所屬意的對象看似清華大學略多，但並未有顯著的差異。學校並未對於兩者作為合併對象孰為有利互補？學校也沒有再召開較為正式的公聽會廣邀學校教師、學生、校友進行討論。學校也沒有採取所謂「雙龍搶珠」的方式，看看清華和交通何者能提出對於竹教大合併更為有利的合併條件再做定奪。曾憲政校長在 2005 年 6 月 6 日的臨時校務會議獲得校長連任投票通過（國立新竹師範學院，2005c），對於合併案更加主動積極與清華大學行政團隊協商計畫，在 2006-2009 年間兩校在合併案雖獲得初步的共識，但卻因合併所需經費與訴求未獲教育部支持而讓清華大學宣告終止繼續推動合併案的後續程序。

曾憲政校長連任卸任後，新竹教育大學陷入校長繼任人選難產的階段，代理校長長達一年半，基本上屬於看守性質，竹教大要走上合併或獨立發展路線未有明確意圖與行動。竹教大經過三次的校長遴選作業，最終陳惠邦校長於 2011 年 8 月 1 日上任，他在第一任期傾向維持學校轉型朝精緻性文理大學的獨立發展路線，但不排除與鄰近大學合作的可能。他上任後較為重視師資培育、數位學習、海外研修與另類實驗教育，也積極將師培行政單位從二級回復到之前師院強調師資實習、地方教育輔導的一級行政單位（國立新竹教育大學秘書室，2012）。但因他個人較為特殊的領導作風，致使學校多數系所教師感受不到他要帶領竹教大獨立生存發展的方向與生機，再加上清華大學賀陳弘校長再度啟動兩校合併案所提出的條件，讓竹教大多數教師感受加入頂尖大學光環的好處誘因而心動。在進入

重起兩校合併的談判協商過程之際，陳惠邦校長因故讓他在合併案上有所跛腳與顧忌而放任積極主張與清華合併的副手加速合併案的進程，最終在 2016 年 4 月 25 日竹教大校務會議決議通過與清華合併案（自由時報，2016.4.25），同年 11 月 1 日行政院核定兩校正式合併生效。

三、國立清華大學為何需要合併案？

　　新竹市兩所著名的理工科為主的清華與交通大學，都是中央政府遷臺後陸續復校的知名高等學府，且兩校比鄰雖發展出類似英國牛津與劍橋學生運動競技的「梅竹賽」，但因兩校在科系設置相似度高，為爭取國內頂尖大學的排名而有所謂的「瑜亮情節」。2003 年 10 月 8 日，清華、交通、陽明、中央四所大學成立國內第一所「臺灣聯合大學系統」（簡稱臺聯大）的大學聯合系統，目的在整合四校的各項資源，期盼能成為國際一流高等學府。但這四校僅流於校際間的合作交流，並未實質整併成為一所系統大學。

㈠清華想藉由與交大合併躋身國際百大以內一流大學

　　2000 年第一次政黨輪替後民進黨政府在高等教育政策方面落實先前行政院教改會主張國立大學行政法人化的組織改造，給予「法人化」的國立大學在財源與人事權方面有更大的彈性自主空間，目的在讓國立大學能邁向國際百大以內的頂尖大學。徐遐生校長認為推動清華與交通兩校合併，讓兩校發揮一加一大於二的學校規模力量，獲得教育部更多補助經費而能成為國際百大以內的一流大學（徐遐生，2004）。基於教育部承諾清交兩校合併後給予更多的經費補助誘因，清華大學在徐校長的領導下積極與交通大學行政團隊協商兩校併校的具體事項。清華與交通大學在 2005 年 6 月 22 日同時舉行合併校的校務會議，清華大學決議通過兩校合併案，但交通大學校務會議這項提案卻遭到否決。交通大學張俊彥校長對此項否決案提出覆議，該校臨時校務會議於同年的 6 月 28 日再次召開討論，最終仍遭到校務會議多數的否決，兩校合併案終告破局（自由時報，2005.6.29）。事實上，兩強合併在校名、系所組織調整、校友感受等層面

有高難度的關卡難以跨越，此案破局不難理解。

㈡清華想藉新竹教育大學合併案成立醫學院

　　清華與交通合併案破局後，清華仍不放棄藉由與其他大學合併而將學校師資研究能量、經費等規模擴大而提升自身的大學國際排名。相較於臺大、成大都已有醫學院優秀生源與師生研究論文投稿於國際一流期刊的優勢，清華在 2006 年第一次以被動角色與竹教大討論合併案時即要求教育部給予清華成立醫學院學系招生名額以及 60 億元的合併補助經費。教育部此時認爲目前國內醫學系培育醫師市場已飽和且醫學院耗費高額的經費，教育部最多只能給予 28 億元的合併補助經費（教育部部長室，2009）。清華大學所提出的合併條件無法獲得滿足，此次合併案清華大學行政團隊認爲難獲得校務會議多數代表的支持旋告暫停續推兩校的合併案。

　　第一次兩校合併案破局後，清華新任校長陳力俊仍繼續推動兩校合作交流的默契，竹教大新任校長陳惠邦亦維繫兩校交流合作的禮貌性互動。2011 年兩校再度重啟合併校的計畫（國立清華大學函，2011.10.17），但並未有較爲實質的進展。2014 年待清華新任校長賀陳弘上任後，以主動積極的態勢訂定更爲緊密的兩校合併協商進程，並於 2015 年提出所謂「清華 3.0」概念，承襲清華過去在中國大陸時期人文與理工並濟的清華 1.0 學府，遷臺後聚焦於理工科技的清華 2.0 學府，藉由與竹教大合併後將使清華具有教育學院、藝術學院，邁向更完整、綜合性與跨域創新的清華 3.0 一流學府（大紀元，2016.4.15；國立清華大學高教深耕團隊，2020）。賀陳校長對內以「清華 3.0」作爲說服清華師生與校友的理念說帖，合併後可從竹教大拿走許多教師員額作爲擴大清華新設或強化系所師資來源，竹教大有九億元的校務基金和土地資產價值高的南大校區等實質上的嫁妝；對外則以姿態柔軟親自與竹教大教師和學生溝通表達十足的誠意與強調兩校是「合校」而非「併校」。賀陳校長一方面加緊腳步與竹教大合校的進程，一方面向清華校內各單位代表表達此時併校不做將無法藉

由「彎道」爭取醫學院系的設置[1]，以及藉由竹教大教職員的職缺與校務基金和土地豐厚的嫁妝達到擴充與壯大清華師資規模與彌補教育部頂大經費補助不足的資金缺口。

 ## 參　合併案的過程

一、併校投票前的爭議

清華在賀陳校長積極推動與竹教大合併案後，在清華的師生引起比較大的反對聲浪；反而竹教大這邊的老師未有檯面上反對的聲音，只是部分系所對於併校後的教師安置有所疑慮，竹教大學生反而是因為部分清華學生的情緒化嘲諷所做的反擊。

㈠國立清華大學反對兩校合併的聲音

清華行政領導團隊有意主導兩校的合併案，清華學生成立的「靠北清華」臉書社團開始引發熱烈的正反意見討論，甚至有用侮辱性的情緒字眼貶抑竹教大的學生，因該文在「靠北清華」已被刪文，筆者引用報紙新聞對此事件的報導（自由時報，2015.11.12）：

　　清華大學與新竹教育大學的合併案還未果，昨日「靠北清大」出現一則「清大男生去上全部竹教女生兩輪還有剩」的貼文，引發雙方學校學生的不滿，匿名發文者被圍剿，要他「踹共」，今這名匿名發言者出面道歉表示，自己非清大人，竟只

---

[1] 清華在 2006 年第一次與竹教大協商併校案時即想藉此成立醫學院，但教育部未同意而終止合併案。之後，清華大學與馬偕醫院進行合作，發展醫學工程和生物科學方面的科系。清華也想透過金門外島設立分校方式以繞道的方式試圖成立境外醫學科系，但也未能成功。之後，清華一直爭取與陽明大學的合併案，但於 2019 年讓交通大學捷足先登而挫敗。2020 年清華與桃園市政府合作規劃清華大學附設的醫院，並同時向教育部申請醫學系學生員額，目前尚在教育部審核中。如此「彎道」方式所需要的教師員額、經費都需從現實的併校案來挹注。

因和朋友酒後打賭輸了，才會出此言論，沒想到招來這麼大的風坡，他深感抱歉。清大與竹教大是否合併，此案鬧得沸沸揚揚，甚至有清大教授發起反對兩校合併的連署活動，呼籲兩校校方別硬要「送做推」。此事未定案，昨「靠北清大」中一則貼文寫：「考上清大的分數拿去考竹教兩次還有剩，就像清大男生去上全部竹教女生兩輪還有剩，這兩件事好像沒關係，可是好像滿有道理的」惹毛了雙方學生論戰，除了讓竹教大學生備感侮辱，許多清大學生也無奈地表示，貼在靠北清大的貼文，不代表就是清大人所言。

清華學生反對與竹教大合併的主要原因是瞧不起目前竹教大學生的大學學測或指考成績分數低，他們認為竹教大學生會因合併校平白拿到清華的畢業文憑而獲利。清華學生會在合併前自行向清華學生所做的調查，有半數以上學生反對兩校合併，清華學校行政當局漠視學生的意見（大學報，2016）。學生代表對於兩校併校產生的疑慮有以下幾點（國立清華大學秘書室，2016）：

1. 學校併校的理由為何，學生數量之增加與學校之發展是否一定為正向之關係？特色學校或小校是否亦有其發展之可能性？併校的對象為什麼是竹教大而非其他學校？清華長期規劃為綜合大學嗎？發展藝術與設計之理由為何？如僅為透過合校獲得資源，是否過於短視近利？
2. 併校是否真的可解決學校的問題？合校或許可獲得教育部之補助經費，但是這些經費對於學校永續經營有什麼幫助？校園環境而言，合校後南校區是否可承受這麼多的人口量？合校後將行政人員員額流用為教師名額，行政人力之成本是否可負擔，是否有配套措施？過渡時期校舍、宿舍問題應如何解決？
3. 校方表示與學生進行充分溝通，但意見調查結果而言學生多數為反對，於諸多疑問尚未完全討論之前決定併校是否適宜？

清華教師反對或對兩校合併仍有疑慮的意見，筆者歸納主要有下列幾點（國立清華大學秘書室，2016）：

1. 合校意見調查已整理為一頁資料，經彙整各單位意見，受併校影響最大之理學院、人社院、生科院幾乎超過 2/3 為反對，原科院、電資院反對與贊成各為一半，僅工學院、科管院、清華學院贊成人數較多。學生部分填卷 1343 人，其中 924 位非常沒有意願／沒有意願，有意願和非常有意願為 256 人。理學院、人社院、生科院同意人數比例低，顯示校方未充分溝通。

2. 以併校爭取經費是否合宜需再思考，未來能否再以併校爭取經費？實務方面之數據尚難認定具有經費與實質之正面效益，20 億經費需使用於合校推動之建築物建造與土地經費，如政府承諾之經費未如期補助，亦將擠壓本校其他費用之支出。

3. 兩校的屬性截然不同，合校後是否造成清華大學在國際上大學排名的落後？

清華屬於研究型大學，竹教大則偏向教學型大學，兩者在校風、學校文化有明顯的差異。兩校之前並未有良好的互動交流合作，套句俗話說：「還沒交往，就想結婚」，對於清華反對兩校合併的師生自然無法接受。

㈡國立新竹教育大學對於兩校合併案的疑慮

竹教大對於合併案在檯面上似乎沒有引起太大的反對聲浪，對於學生而言，畢竟對他們的影響不大，甚至如同清華的學生認為反而是學位獲利者。事實上，清華學生對此不滿，有點多慮。原是竹教大招生進來的學生，在畢業後的證書是會加註原學校為國立新竹教育大學的院系名稱，並非真正的清華學歷文憑。在兩校合併前的學生臉書或電子媒體社團，竹教大的學生對於清華或其他學校署名學生嘲諷竹教大學生素質差，甚至連歧視污辱竹教大女學生的不堪字眼感到憤怒不滿（風傳媒，2016.4.21）。併校所引發兩校師生在網路媒體的情緒攻擊性言詞，竹教大學生指出，兩校

師生被校方漠視，積累的情緒具體化爲大量的人身、性別攻擊導致兩方的學生在網路上彼此傷害，要求校方應先溝通再談併校議題，減輕學生的焦慮與不滿情緒，否則反對併校（自由時報，2016.4.21）。竹教大的師培學生曾向筆者反映，竹教大以小學師培見長，在教師甄試上若說是清華畢業的學生，會被誤認爲是一般大學學生修習教育學程身分，反而不利作爲教育大學科班出身的專業地位。對於合併後被消滅的大學部學系，如：中國語文、應用數學、應用科學，他們即將是末代竹教大學系的學生，他們的心情感受或許較其他學系學生複雜。難怪在獲悉兩校合併後學生在校園噴漆「末代竹大」表示抗議與辱罵竹大高層賣校的不齒作爲（自由時報，2016.10.25）。

早在 2006 年 11 月 27 日，兩校在第一次併校協議裡已達成整併的原則：資源整合、概括承受、互相包容、彼此尊重（國立新竹教育大學秘書室，2006）。清華必須承諾併校後保留竹教大原有的教育學院和藝術學院，其他被整併的系所教師需以概括承受的原則接納之。在此原則下，除了少數受到整併系所影響和擔心併校後升等標準較爲嚴格的教師外，竹教大的多數教師支持併校案。雖然第一次的併校討論最後因清華方宣告暫停而破局，但 2015 年清華第二次重啟併校協商仍依據上述原則進行對教師工作權保障的承諾（國立新竹教育大學秘書室，2015）。由於清華賀陳校長積極主動、姿態柔軟與竹教大教師溝通討論併校後的發展，依筆者在現場的觀察頗能削減教師許多對於併校後的疑慮。受到整併的中國語文、應用科學、應用數學系所影響教師權益較大，這三個系所教師面臨清華相關系所不願意照單全收的僵局。其次受到影響的環境人文、臺灣語言與語文教育、英語教學系所也與清華人文社會學院的相關系所難以整合而最後進入教育學院，這等於把系所整併的難題丟給合併後的教育學院。竹教大中國語文、應用數學、應用科學這三個學系的教師受到衝擊最大，因他們是少數而無法扭轉合併大勢，他們對併校的反對或疑慮聲音，在當時「先併了，之後再說」的主流氛圍下被忽略。

二、兩校校務會議投票的過程

清華行政高層主導下的合併案，清華掌握住了清華校友會表態支持併校案（國立清華大學校友服務中心，2016），竹教大校友會因向來鬆散結構未能形成一股凝聚力與影響力，再經過兩校緊鑼密鼓表面上走完教師與學生的協調會程序。經由賀陳校長善於溝通協調的功夫，操算各學院單位與學生校務會議投票代表的多數票數，掌握竹教大副校長積極配合併校的布局，接下來則是擬定兩校併校的校務會議最終的程序。

㈠國立清華大學校務會議討論與表決過程

清華於 2016 年 4 月 12 日下午 2 點召開校務會議，焦點放在討論併校案。這次討論併校案長達 5 個多小時，經過一番激烈討論與程序問題的攻防，直到晚上 7：40 分，以不記名方式投票：贊成 51 票、反對 26 票、廢票 1 票，依該校組織規程第 57 條經校務會議成員總額 2/3 以上出席，出席人數 1/2 以上之贊成通過此合併案（國立清華大學秘書處，2016）。

就清華在校務會議中的主要反對意見而言。首先，學生會代表直接用手機全程錄影直播方式公開討論過程，招到與會教師代表以權宜問題質疑此項錄影方式是否合法？經表決後多數決議要求學生不得錄影直播。其次，反對併校案的教師代表以併校案乃在新政府上臺前的計畫，且立法院教育委員會於 2016 年 3 月 7 日臨時提案即日起暫緩全部併校案，因此合併案應在新政府上臺後評估確認再行討論，目前仍有幾個學院過半數反對併校案，在未有明確教育部承諾 26 億合併經費的承諾前不宜此時貿然逕行表決，反對併校案教師代表所提的延期討論提議招到多數票否決。最後，他們再以表決通過門檻為 2/3 的提議也再度遭到否決（國立清華大學秘書處，2016）。上述整個過程，筆者以為可能是清華校務會議有史以來言詞針鋒相對、討論時間最長的校務會議，也因此寫下了清華歷史是光明還是黑暗的一頁？有待未來史家繼續探討。

㈡國立新竹教育大學校務會議討論與表決過程

兩校擬定併校案進入校務會議決議程序，先由清華在 2016 年 4 月 12

日召開校務會議通過併校案後，竹教大在同年 4 月 25 日下午 2：10 舉行校務會議討論此案。併校案在說明事項中表明：此案經法定程序逐一完成提請校務會議討論決議的正當性，學校對於教職員工所作的併校調查中有 75% 支持併校。當天筆者亦是校務會議代表出席，會場討論氣氛平和，會議進行有效率。中國語文學系代表表示，該系被裁併的歸屬問題仍無著落，如此倉促合併是否恰當？學生代表提議延期討論，但遭到多數票否決。當天會議進行過程，由秘書室全程錄影作爲存檔，獲得多數票支持。再就決議門檻是 2/3 或是 1/2，進行表決，結果是以出席人數 1/2 過半數多數決爲決議的門檻。最後停止討論，進行無記名投票，贊成併校者 45 票、反對 32 票、廢票 2 票，超過出席人數的 79 人之過半數通過併校決議（國立新竹教育大學秘書室，2016）。投票結果的票數頗令在場支持併校案的代表感到吃驚，若以報告中有 75% 教職員工支持併校案，應有通過 2/3 多數決的可能；雖然這項估算或許有點高估，但至少也應有 50 票的支持度，最後開出來的票數還有些驚險地過半。贊成票數爲何會出乎意料的偏低？其中有何緣故？或許未來經過時間的沈澱，秘辛才會獲得解密。

三、併校核定後的爭議

㈠國立清華大學反對合併案師生代表的抗議行動

清華校務會議經過一場耗時 5 個多小時的意見衝突，以過半數決議通過合併案後，清華反對合併案的教師與學生會代表表達強烈的抗議行動。首先，清華反對合併案的教師與學生代表在 2016 年 4 月 19 日北上立法院召開記者會，認爲當天校務會議的合併案未達 2/3 多數決門檻，此案決議未合法通過。教育部表示將進一步釐清當天的會議決議是否合法，立委黃國書表示合併案在新政府上臺前教育部不會核定此項合併案（大紀元，2016.4.19）。

清華反對合併案的師生以爲此合併案教育部不會在近期予以核定通過。未料，新政府上臺後，行政院卻原則同意此合併案，但經費補助、員額、新建大樓等規劃要求教育部再行審定。清華反對合併案的教師代表再向總統府和行政院陳情，結果卻將皮球踢給教育部處理此項陳情案。教育

部則要求清華大學行政當局回覆此案的處理情形，並要求修訂合併計畫書裡有關員額不可轉換和撙節經費部分。清華反對派教師指控校方未將修訂的計畫書再提交校務會議討論確認，逕行將修訂後的合併計畫書送交教育部。2016 年 10 月 14 日，教育部通過併校案的核定文給予清華，此核定文並未敘明具體承諾的經費及員額，無疑是張空白支票。清華與竹教大卻於隔日，迅速共同舉行記者會宣布併校。上述一連串作法，清華反對派教師代表認爲是黑箱作業與反民主的行徑（清華人 30043，2016）。清華反對合併案 23 位教師聯名向新竹地方法院提出民事訴訟，認爲校務會議當天投票混亂、程序違法，期盼地方法院能撤銷併校案的決議（自由時報，2016.6.6）。

　　相較於清華反對派教師代表站出來召開記者會與向相關單位陳情抗議的行動，2016 年 10 月 31 日兩校核定併校前夕，清華前學生會會長徐光成採取在校園絕食更爲激烈的抗議行動表達強烈的不滿。他的絕食抗議有三大訴求：1. 要求清大校長賀陳弘就擅自修改計畫書、未經校務會議審議一事道歉，並辭去清大校長職務。2. 教育部不該認同這樣未經應有程序通過的計畫書。3. 清大的校務會議代表，應該於下次會議上拒絕修正清大的組織規程，明確要求校方以正當程序處理合併一事。校方應該回報教育部關於程序上的疏失，經會議討論後請求再次進行核定程序。他表示，他的絕食抗議將會持續到校方具體回應爲止（聯合報，2016.11.1）。清華反對合併案師生代表的抗議，最終仍未獲得回應，合併案仍照學校官方的計畫儘速推動。

㈡併校核定日期爲何在學期中的11月1日？

　　教育部在 2016 年 10 月 14 日火速核定清華與竹教大的合併案，自 2016 年 11 月 1 日生效。此合併日期讓兩校許多師生和校友驚訝，爲何會如此迅速的在學期中合併？而不是在 2017 年的 2 月 1 日生效呢？竹教大的師生和校友擔心學校大門牌樓的校名即將卸下更名，清華行政當局允諾給予一段緩衝時間，而在 2017 年的 1 月 1 日的凌晨時分將國立新竹教育大學的校名從大門的牌樓卸下，2017 年 1 月 11 日由兩校近幾任校長

見證更名掛牌為國立清華大學南大校區（國立清華大學校友服務中心，2017），竹教大正式走入歷史。清華與竹教大行政當局在2016年的11月1日，由清華校長率領幾個行政主管搭乘接駁校車到竹教大（合併後改為南大校區）迎娶，先讓沒有爭議的竹教大附小在合併日當天更名掛牌為清華大學附小，在記者見證下為兩校的歷史拍下重要的一刻（人間福報，2016.11.2）。

在兩校眾多師生和校友狐疑為何會在教育部核定兩校合併後的十五天即刻生效？為何會在學期中正式合併呢？這麼短的時間能將相關文書與行政作業更換嗎？為何不到2017年的2月1日合併，給予緩衝的適當作業時間呢？有需要這麼急迫的時間內合併生效？這一連串問題，依筆者目前的揣測，是否與教育部和清華行政高層擔心因兩校合併過程有爭議，怕夜長夢多讓合併案破局，因此採「生米煮成熟飯」造成既成事實？另方面，是否也與清華賀陳校長在2017年3月即將連任投票有關，擔心若未在一定期限內合併將原竹教大教師納入校長續任案投票人數，恐讓賀陳校長無法連任，連帶影響合併案翻盤的變數？這些疑問，有待關心校史的史家未來繼續探詢真相。

 ## 肆　併校後的省思

一、併校的目的是否符合正當性？

教育部在公立大學併校的政策上採取經費誘因與由下而上的會議程序支持公立大學合併，主要原因在因應國內少子女化人口結構變遷影響高等教育招生與學生素質問題。筆者認為當初廣設大學與擴張高等教育教改運動的後遺症，不該完全從公立大學合併角度去承擔當初錯誤的決策後果。從竹教大的角度而言，過去以小學及學前師資培育為目的的培育制度雖受到市場化機制的影響，但不代表必須整併進入一般綜合性大學，而仍有轉型精緻化培育師資職前與在職進修的特色發展。竹教大若要走精緻師培的路線，則必須在大學部非師培學系學士班精簡人數，強化師資培育在教育

理論、課程與教學研究所或研究中心以及區域性在職教師專業發展的支援
體系。但這個轉型需要選出支持這項理念路線的學校領導人，凝聚全校師
生的共識，否則難以應對 2000 年代小學師資教師甄選錄取低迷的嚴峻局
面。竹教大在師資培育市場大環境不利的情況下，又受到時任學校領導人
主張與清華合併的鼓動與牽引下，多數教師以為找個「名門大戶」嫁入
「豪門」得以找到避風港，但可曾想過嫁入「豪門」是否真能壯大與發展
起來？還是「豪門飯碗」難捧？反倒成為「小媳婦」而任人宰割欺凌？從
合併後不到半年，清華高層即違背當初併校的承諾：併校後 2-3 年再滾動
調整組織（國立清華大學與國立新竹教育大學，2016）。教育學院在 106
年 3 月強推大學部僅留院學士班，其他教科、幼教、特教、心諮、體育學
系的學士班全部撤除，只留各個研究所的發展。此舉欲藉以院為核心以弱
化系所達到組織整併而釋放出教師員額為清華發展醫學系或其他學系師資
之用的目的。此舉後遭教育學院各學系的強力反對，不敢冒進而暫停，但
教育學院原有兩個學士班的教科、幼教學系未經正當程序自 107 學年起即
被裁減一個班，顯示竹教大教育學院多數教師當初以為「嫁入豪門」可以
壯大發展的美夢其實是個天真的想法。

　　若以清華推動併校的目的而言，從討論合併案時的校務會議支持併校
的教師代表發言來看，主要是因應教育部對於公立大學經費、教師員額的
管控下，清華若要擴張發展醫學相關科系研究，則迫於現實條件僅能尋找
大環境不利於竹教大作為合併對象（國立清華大學秘書處，2016）。以兩
校的研究水平而言，如同反對合併案的清華教師與學生眼中瞧不起竹教大
的師生學術表現。但兩校的合併，並非全然以研究表現作為決定的唯一標
準，而是找尋研究與教學實踐互補的互利條件。但從合併案迄今的發展，
對於清華採取併校案的目的，如同清華校友總會會長從公司併購的角度來
看，與竹教大的併校案可看做是大公司透過整併小公司的手段，達到公司
經營目標方向的擴張目的（國立清華大學校友服務中心，2016）。若從此
觀點而言，併校後清華所採取的併校目的與大公司併購小公司的手法如出
一轍，但是大學教育的整併豈能以企業僅追求商業利益至上為目的呢？大
學併校案誠如黃政傑（2016）所言，併校案需要規劃得具體明確，一定要

變得更好而不是變得更差。併校案雙方仍要好好思考合併的利弊得失，深入評估，以提升學生學習爲要務。

二、併校的手段是否符合正當性？

清華行政高層在 2014 年開始積極推動併校案，大約兩年時間快速進入兩校的校務會議議程及決議，雖然在表面上似乎完成對兩校教師、學生的會談溝通。但是若以前述清華反對併校案的師生代表提出的質疑點：清華行政高層爲何罔顧多數師生的反對？教育部對於併校的合併經費承諾並未明確，如何能成爲校務會議表決的依據呢？學校重大的組織變動，爲何不採取 2/3 的絕對多數決呢？上述質疑點，似乎都顯現清華行政高層對於併校案採取非過不可的強勢態度，掌握校務會議代表的過半投票數，不必太在意學校多數師生的看法。

相對於竹教大行政高層方面，完全配合清華大學的安排與布局。原本會是合併案中被整併系所單位較難處理的教師歸屬問題，清華採取「邊打邊談」的策略，所謂「概括承受，相互尊重」的原則在這些被整併系所教師的安置部分便戳破了併校合併書的承諾。原本竹教大理學院的應數、應科系所教師應安置進如清華的理學院相關單位，但僅有極少數的教師被接納安置，其餘部分教師在理學院另新創「計算與建模科學」研究所，尚有一些老師仍只能往師培中心或通識中心安置，被安置至師培中心的原竹教大老師在此授課與研究專長多有不適之處。竹教大原人文學院的中文、環文、臺灣語文、英語教學也是與清華人社院專長相重疊的單位，經多次的院系間的協商後，清華人社院仍不接受竹教大這四個單位全體教師進入該系所，而導致在兩校校務會議投票前仍無法解決這個難題。兩校行政高層爲了讓合併順利，採取「先合併，之後再處理」的手段，這些少數系所的聲音在強勢合併氛圍下被忽略與犧牲。竹教大中文系堅持不轉進教育學院，只好讓他們在人社院新設「華文文學研究所」，但砍掉大學部；環文、臺灣語文、數理教育與英語教學四個系所只好「躲進」教育學院，讓教育學院的規模變得龐大。環文系原本以爲「躲進」教育學院的保護傘即可安穩度過，但併校後行政高層不斷施壓要求環文系大學部關閉，而於

108 學年度轉爲院學士班下轄的一組，暫時保留碩士班。

　　教育學院的規模變得龐大，卻被清華行政高層以此理由反過來要求教育學院單位的再整併精簡。在併校前，無法處理被整併系所教師的出路與安置問題，教育學院基於原竹教大同仁情誼而無奈接納，這原本是併校前清華大學必須要處理的難題，怎麼反過來由原竹教大教育學院來概括承受呢？併校前後，清華行政高層在併校前稱兩校爲「合校」的笑臉態度，併校後的手段卻轉爲嚴厲的「併校」強硬態勢，這其中的「變臉」實在令人訝異國內所謂的頂尖大學會用政治手段來進行併校後的「整肅」？合併前原竹教大教育學院院長已通過連任的投票機制，但清華只給予代理院長一年的任期。之後，未經學院教師投票遴選新任的教育學院院長，而由清華校長直接任命原竹教大積極配合併校案的教師擔任院長兼師培中心主任，其三年後連任亦未經學院教師的認可又直接令其續任。這種直接控制教育學院院長與師培中心主任的目的何在？是否其主要任務在於繼續進行教育學院系所的整併和師培中心從一級單位降階爲二級單位？清華其他學院的院長可以用同樣的方式產生這種院長嗎？併校後，教育學院的系所有受到平等對待的地位嗎？

　　竹教大原來校區，在 2006-2009 年首次的併校協商時，仍保有教育學院在南大校區的建置單位，建議藝術學院遷移至清華校本部（國立新竹教育大學秘書室，2006）。但這次的併校案，一開始即要求教育學院與藝術學院全部遷往清華校本部新設建築大樓，南大校區另做他用。此次清華要求竹教大所有單位遷出的理由：大學部學生需要與校本部學生融合發展，對大學部學生學習有利。此「話術」看似講得冠冕堂皇爲了大學部學生學習著想，但合併後卻急於將教育學院的各系大學部裁撤，這豈不前後矛盾自打嘴巴嗎？教育部當初對於併校的新建大樓需花費十幾億而有意見，南大校區教育學院和藝術學院繼續留存在南大校區豈不節省這些不必要的大樓興建費用。此點又凸顯清華行政高層「覬覦」竹教大原有在市區極富土地價值的校地，吸引他們想要併校的重要誘因。此外，爲了加速被裁併系所如：中文、環文系所的整併作業，這些單位的教學教室與教師研究室很快地被鑑定爲「危樓」，而予以封閉。他們的教師研究室也沒有空間可以

安置在校本部，只好又往教育學院或原竹教大的空間來擠用。未來在校本部新建的教育大樓，在空間設計上以「院核心」遂行強化院主導權力而弱化系所的行政運作空間，從空間上限縮系所的發展而逐步達到教育學院組織再精簡的目的。如此絕妙手段，不得不佩服清華行政高層的「城府之深」與玩弄併校的政治伎倆！

　　比較嘉義師院、花蓮師院、臺北市立教育大學與其他大學的合併案，這些師範校院或許失去併校後的主導權，但也沒有遭受大規模要求系所整併的無理要求。反倒是竹教大併校案例，凸顯所謂頂尖大學整併師範院校的手段近乎「絕情」與未受到合併前承諾的「概括承受、相互尊重」的公平對待。試想，清華行政高層欲假借「院核心」弱化教育學院的系所達到整併壓榨出教師員額的目的，則同樣標準能否要求清華其他學院比照辦理？清華行政高層欲整併教育學院系所，能否僅憑高層施壓，不需經過系務會議、院務會議至校務會議的相關程序討論？則清華的其他學院是否也比照這種程序辦理呢？合併後，這一連串的整併動作，讓筆者認為併校案讓竹教大成為弱勢被宰割的一方，特別是教育學院的師培系所只希望獲得併校後的公平對待地位，而不敢奢望能獲得比竹教大過去更多的經費挹注。

 伍　結論

　　竹教大被併入清華是國內所謂頂尖大學整併師範院校的首例，此併校案的背景源由與教育部鼓勵公立大學整併以解決少子女化人口結構對高等教育品質的衝擊與高教經費整合有效運用、市場化開放師資培育資格和少子女化下小學教師錄取率低迷不利於竹教大的主客觀條件、清華大學迫於現實採取大公司併購小公司的商業手法以獲取教師員額經費與校地利益圖謀醫學相關科系的擴張發展這幾個因素密切關連。

　　竹教大與清華的合併案，在清華行政高層強力的政治運作下，掌握過半數的校務會議代表支持併校案，在與清華師生溝通與校務會議投票過程中頗多爭議，引發清華反對此併校案師生代表的強烈抗議與不滿。兩校在

併校前部分清華學生挪揄與嘲諷竹教大學生的「素質」低落，甚至以侮辱性的字眼在社群媒體引發巨大的爭論與撻伐，爲合併案產生不小的新聞報導風波，也爲併校案增添一些變數。但最終仍在第二次政黨輪替後由教育部背書支持，於 2016 年 11 月 1 日強行核定此併校案。

　　從竹教大併入清華大學的併校案省思，筆者質疑此併校案的目的與手段是否符合正當性。清華併校的眞實目的是「覬覦」竹教大的教職員額、九億校務基金與市區精華土地高市値等經濟利益，作爲擴張發展醫學相關科系所需的教師員額與經費來源。以清華行政高層在併校後對於教育學院所採取的「絕情」手段，不僅違背兩校併校計畫書所謂的「概括承受、相互尊重」的承諾，也揭穿了清華行政高層當初對於兩校合校目的在創造「清華 3.0」與高唱兩校共容發展的美麗「謊言」。不正當的目的，就會用不正當的手段；不正當的手段，當然凸顯其不正當的目的。竹教大併校案的殷鑑，可以提供臺中、臺北教育大學若要與鄰近綜合性大學合併前應當三思的借鏡！

附件一　受訪名單

項次	受訪代號	服務／退休職級	訪談地點	受訪時間／長度	竹師身分
1	AM6201 專	新竹教育大學退休教授	國立清華大學南大校區	2019 年 5 月 27 日／2 小時 20 分	校友／教授
2	TM05 專一大	新竹教育大學退休教授	國立清華大學南大校區	2019 年 6 月 3 日／2 小時	教授
3	TM07 院	新竹師院退休教授	受訪者辦公室	2019 年 10 月 28 日／1 小時 45 分	教授

參考文獻

人間福報（2016.11.2）。清大、竹教大合併，附小更名掛牌。取自https://www.merit-times.com.tw/NewsPage.aspx?unid=450896

大紀元（2016.4.15）。科技人文加創新邁向「清華3.0」。取自https://www.epochtimes.com.tw/n163849/%E7%A7%91%E6%8A%80%E4%BA%BA%E6%96%87%E5%8A%A0%E5%89%B5%E6%96%B0-%E9%82%81%E5%90%91%E6%B8%85%E8%8F%AF3%E3%80%820.html

大紀元（2016.4.19）。臺清大併竹教大，老師學生有意見。取自https://www.epochtimes.com/b5/16/4/19/n7569964.htm

大學報（2016）。清大竹教大合併，生怨程序草率。1633期，取自https://unews.nccu.edu.tw/unews/%E6%B8%85%E8%8F%AF%E7%AB%B9%E6%95%9911%E6%9C%881%E6%97%A5%E8%B5%B7%E4%BD%B5%E6%A0%A1-%EF%BC%88%E7%A8%8B%E5%BA%8F%EF%BC%89f/

中國時報（2011.1.11）。整併國立大學教育部有法強制。A3焦點新聞。

中國時報（2012.11.20）。國立大學整併回溫，六校入列。A6生活新聞。

自由時報（2004.3.30）。師院香山校地還地於民：遷校案破滅，將撤銷徵收，通知原徵收戶繳回價款購入的公有地重新規劃。B1版新竹焦點。

自由時報（2005.3.11）。告別「師」塾：6師院確定轉型教育大學。

自由時報（2005.6.29）。交大再否決，清交合併破局。取自https://news.ltn.com.tw/news/life/paper/23409

自由時報（2015.11.12）。清大男上竹教女兩輪有剩，惹毛兩校學生要他「踹共」爭議。取自https://news.ltn.com.tw/news/society/breakingnews/1505993

自由時報（2016.10.25）。反清大併校，竹教大學生校園噴漆。取自https://news.ltn.com.tw/news/life/breakingnews/1866371

自由時報（2016.4.21）。清大合併竹教大，學生反歧視言論。取自https://

news.ltn.com.tw/news/life/breakingnews/1672122

自由時報（2016.4.25）。與清大合併案，竹教大校務會議通過。取自https://news.ltn.com.tw/news/life/breakingnews/1675637

自由時報（2016.6.6）。反對與竹教大合併決議，23清大教授提告。取自https://news.ltn.com.tw/news/society/breakingnews/1720907

風傳媒（2016.4.21）。清大生發文「比起合併、想根竹教大妹子合體，竹教大學生抗議」。取自https://www.storm.mg/article/106979

徐遐生（2004）。給清華人的一封公開信──關於國立清華大學與國立交通大學合併事宜。取自https://zh.m.wikisource.org/zh-hant/%E7%B5%A6%E6%B8%85%E8%8F%AF%E4%BA%BA%E7%9A%84%E4%B8%80%E5%B0%81%E5%85%AC%E9%96%8B%E4%BF%A1_-_%E9%97%9C%E6%96%BC%E5%9C%8B%E7%AB%8B%E6%B8%85%E8%8F%AF%E5%A4%A7%E5%AD%B8%E8%88%87%E5%9C%8B%E7%AB%8B%E4%BA%A4%E9%80%9A%E5%A4%A7%E5%AD%B8%E5%90%88%E4%BD%B5%E4%BA%8B%E5%AE%9C

國立清華大學函（2011.10.17）。**國立清華大學函教育部：本校與國立新竹教育大學合校案恢復討論與推動**。發文字號：清綜教5290。

國立清華大學師資培育中心（2020）。**國立新竹教育大學93-105學年度師培生數量表**（未出版）。新竹市：國立清華大學師資培育中心。

國立清華大學校友服務中心（2016）。2016年教授校友與校長座談會記錄。取自http://alumni.site.nthu.edu.tw/p/404-1346-101174.php?Lang=zh-tw

國立清華大學校友服務中心（2017）。6校長齊聚見證，清華南大校區揭牌。取自http://alumni.site.nthu.edu.tw/p/405-1346-113002,c11847.php?Lang=zh-tw

國立清華大學秘書處（2016）。**國立清華大學104學年度第3次校務會議紀錄**，未出版。

國立清華大學高教深耕團隊（2020）。「清華3.0」跨域創新領導人才培育。**評鑑雙月刊，84**。取自http://epaper.heeact.edu.tw/archive/2020/03/01/7272.aspx

國立清華大學與國立新竹教育大學（2016）。**國立清華大學與國立新竹教育大學合校計畫書（修正版）**，未出版。

國立新竹師範學院（2005a）。**國立新竹師範學院轉型改名國立新竹教育大學計畫書（一）（修訂版）**。新竹市：國立新竹師範學院。

國立新竹師範學院（2005b）。**國立新竹師範學院九十三學年度第一次臨時校務會議紀錄**，未出版。

國立新竹師範學院（2005c）。**國立新竹師範學院九十三學年度第三次臨時校務會議紀錄**，未出版。

國立新竹師範學院函（2005.5.30）。**檢陳本校轉型改名國立新竹教育大學發展計畫書第一冊、第二冊，暨本校轉型改名大學後與鄰近大學整合發展計畫書各二十冊**。國立新竹師範學院函（秘）字0940002711。

國立新竹教育大學秘書室（2006）。**二校與教育部整併推動小組第一次會議紀錄**，未出版。

國立新竹教育大學秘書室（2012）。**國立新竹教育大學100學年度第二次校務會議紀錄**，未出版。

國立新竹教育大學秘書室（2015）。**國立清華大學賀陳弘校長與本校同仁座談會記錄**，未出版。

國立新竹教育大學秘書室（2016）。**國立新竹教育大學104學年度第1次臨時校務會議紀錄**，未出版。

教育部（2005）。**教育部函國立新竹師範學院：檢送行政院核復「師範校院定位與轉型發展方案」及國立臺北師範學院等6校擬成立轉型改名教育大學籌備處二案**。發文字號：臺中（二）字第0940044279號。

教育部第七次中華民國教育年鑑編纂委員會編（2012）。**第七次中華民國教育年鑑**，第三冊。臺北市：教育部。

教育部部長室（2009）。**國立清華大學與國立新竹教育大學合併案會議紀錄**，未出版。

清華人30043（2016）。**「倉促黑箱反民主併校過程」令人驚恐，「處處未爆彈合校計畫書」行得通嗎**？電子郵件。

陳維昭（2007）。**臺灣高等教育的困境與因應**。臺北市：臺大出版中心。

彭煥勝（2011）。我國小學師資培育政策的百年回顧與前瞻。**市北教育學刊，39**，79-102。

彭煥勝（2018）。臺灣省立新竹師範學校（頁139-184）。載於周愚文、彭煥勝主編，**臺灣小學師範教育發展（師範學校篇）：師道典範的建立—首部曲**。臺北市：學富。

彭煥勝（2019）。臺灣省立新竹師範專科學校（頁137-190）。載於周愚文、彭煥勝主編，**臺灣小學師範教育發展（師範專科學校篇）：師範精神的延續—二部曲**。臺北市：學富。

彭煥勝訪談（2019.5.27）。AM6201專訪談稿，未出版。

彭煥勝訪談（2019.6.3）。TM05專一大訪談稿，未出版。

彭煥勝訪談（2019.10.28）。TM07院訪談稿，未出版。

黃政傑（2016）。清大與竹教大併校評析。**臺灣教育評論月刊，5**(6)，150-157。

聯合報（2016年11月1日）。不滿併校過程瑕疵，清大前學生會長絕食抗議。取自https://video.udn.com/news/586953

第七章

從屏教大與屏商合校到屏東大學：兼具高教、技職與師培體系的教學與科研融合型大學

張慶勳

國立高雄師範大學教育學博士
屏東大學教育行政研究所教授

壹　前言

　　從中古世紀以來，大學的發展已從單一專業到多元合流的綜集大學（multiuniversity）[1]，不僅兼重教學與研究，也是創造知識、傳授知識，更是具有超國界性格的複雜性組織（金耀基，2003，頁 11-12，18）。以現代大學的類型與規模而言，大學可以是一所小而美、精而實的專業型大學或學院，也可以是一所多元教育類型體系的綜合型大學，以及集結世界各國學生與教師的教學、學習與學術研究殿堂，同時也可以是連結在地與善盡社會責任的社區型大學。且從中古世紀至今，大學的基本功能雖然保持不變，但大學所具有的多元性、複雜性、變動性、國際性、在地性的特性仍不斷地持續發展中（張慶勳，2020a）。

　　自 2015 年，聯合國提出的永續發展目標（sustainable development goal, SDGs）（United Nations, 2015），以及英國《泰晤士報高等教育》（Times Higher Education, THE）於 2020 年公布的「高等教育影響力排名」（Impact Rankings 2020）結果（Times Higher Education, 2020），更可見到教學、研究、服務與推廣是大學的基本與不變的功能，同時也可見到世界各國大學依其學校特色與教師教學及研究的專長，正朝向永續發展與發揮社會影響力，兼具善盡社會責任的全球視野與在地連結，以及其所延伸的大學轉型發展與治理策略上發展（張慶勳，2020b）。

　　為能邁向國際化與在地連結，發揮大學的社會責任與影響力，不同大學類型之間與大學組織規模的轉型與治理策略是各國教育政策與大學發展的重要方向。其中，大學整併是國內外大學轉型發展的策略之一。例如，歐洲自 2000 年至 2019 年期間，以 2013 年至 2015 年是歐洲大學整併（含垂直整併和不同類型大學之間的合併）的高峰期。這些整併係考量各個國家與不同地區的經濟（如希臘的財政危機需要減少大學數量）、教育政策、教育體系的重構、大學規模（如增加大學學生人數）、大學本身的

---

[1] 金耀基翻譯為「綜集大學」；參見金耀基（2003）。大學之理念（第二版）。臺北：時報出版。頁 18。

特色與專業發展（如科學、技術、學術研究）等的特定因素，而經由大學的整併以達成不同國家與地區的不同目的（European University Association, 2019）。誠如 Rocha、Teixeira 與 Biscaia（2019）分析歐洲 25 個國家大學整併的趨勢與問題指出，歐洲近年來，大學整併係受到教育政策在創造世界級頂尖大學，邁向國際化與高等教育排名評比，大學機構本身的因素與需要財政資金的援助，以及合併過程的激勵和遭遇的困境與解決策略等因素對政策決策者的影響所致。因而歐洲大學的整併有其脈絡背景因素和政策決定上的需求，且在整併過程中也遭遇到的財政資金，以及整併後有關國際化與世界排名的問題。

　　在國內，自 1980 年代後，隨著經濟發展、社會變遷、人口結構的改變，以及邁向民主、開放、多元化社會的發展，教育改革受到關心教育的民間團體與教育界重視。教育部基於少子女化與學校規模經營，以及衡酌高等教育整體發展、教育資源的分布與整合、學校地緣位置與區域教育發展與資源整合等條件，積極推動大學合併的政策（張慶勳，2017）。例如，教育部（1995，2011）的《中華民國教育報告書》與行政院教育改革審議委員會（1996）的《教育改革總諮議報告書》皆提到以促進高等教育轉型與發展爲高等教育發展策略，並從大學合併方向尋求擴大學校規模與強化經濟效率，有效資源整合，提升國際競爭力。其後，教育部於 2005 年執行《師範校院定位與轉型發展方案》，並訂定《教育部推動師範校院轉型發展補助要點》，推動師範學院轉型爲教育大學過程中，要求各教育大學與鄰近大學校院整併。基於此一政策方向，原屏東師範學院轉型爲屏東教育大學（2005）與原屏東商業技術專科學校改制爲商業技術學院（2002）時，教育部均要求兩校須與鄰近大學校院整併爲條件（屏東教育大學與屏東商業技術學院，2013，頁 6）。

　　基於教育部的政策性規劃與大學校院整併的趨勢與需求，不論是大學校院本身的自願性或是社會的期待，歷經多年後已完成整併的大學校院（不包含軍警校院）有嘉義大學（2000 年 2 月 1 日，由原國立嘉義師範學院及原國立嘉義技術學院兩校整合而成）（嘉義大學，2020）；2006 年 3 月 22 日國立僑生大學先修班與國立臺灣師範大學兩校合併，原「國

立僑生大學先修班」改名爲「國立臺灣師範大學僑生先修部」（2020）；
東華大學（2008 年，花蓮師範學院併入）、臺中科技大學於 2011 年 12
月 1 日起，由臺中技術學院改名，並與臺中護理專科學校完成合併（臺
中科技大學，2020）；臺北市立大學（2013 年 8 月 1 日，由臺北市立教
育大學與臺北市立體育學院合併）（臺北市立大學，2020）；屏東大學
（2014 年 8 月 1 日，由屏東教育大學和屏東商業技術學院合併）；清華
大學（2016 年 11 月 1 日，由新竹教育大學併入清華大學）；高雄科技大
學（2018 年 2 月 1 日，由高雄應用科技大學、高雄第一科技大學及高雄
海洋科技大學合併成立之新大學。目前爲規模最大的科技大學）（高雄
科技大學，2020）。陽明交通大學（自 2021 年 2 月 1 日起，由陽明大學
和交通大學兩校合併而成的新大學）（國立陽明大學與國立交通大學，
2020）。在私立大學方面有，「法鼓人文社會學院」與「法鼓佛教學院」
於 2014 年 7 月 28 日經教育部審議通過兩校合併，校名爲「法鼓文理學院」
（釋惠敏，2014）；康寧大學於 2015 年 8 月 1 日和原康寧醫護暨管理專
科學校合併，成爲臺灣第一個私立大學和私立專科學校合併成功的案例，
也是第一個因合併後擁有五專、二專、大學部和研究所的大學（康寧大
學，2020）。

　　雖然國內外有上述的大學整併案例，但大學整併有其脈絡背景與過
程，且整併過程與結果皆同樣會產生問題。例如：Cyna（2019）的研究指
出，大學整併受到學校所處不同市區、學校董事會、種族與政治等問題的
影響，且是在不斷地掙扎中進行整併的工作。而大學整併後的文化治理與
領導也同樣重要。例如：Leslie、Abu-Rahma 與 Jaleel（2018）的研究發現，
大學整併的結果通常不順利，尤其是新大學的組織文化與認同的問題，需
要領導階層盡快予以解決與整合。

　　本研究聚焦於原屏東教育大學與原屏東商業技術學院兩校合校爲屏東
大學的發展脈絡背景、合校的緣由、信念、過程與重要關鍵事件、合校過
程中所遭遇到的困境與解決途徑。以及合校後，首任校長的治校理念和領
導的具體策略和作爲，合校後所遭遇到的困境與解決策略，學校新文化的
重塑，以及未來的展望。

本研究作者雖曾擔任並參與兩校合校的實際運作過程，但為能掌握兩校合校的論述與合校前後的實際運作，在研究方法方面，除了本研究「前言」的國內外大學整併趨勢之脈絡背景與相關文獻論述之外，另以訪談的方法，訪談合校前的校長，以及合校後首任校長、行政副校長、新校歌作詞者，針對前述本研究所聚焦的焦點進行訪談，進而導引出以下本研究的架構。

 ## 合校前兩校的校史發展定位與延伸

　　合校後的屏東大學是由原屏東教育大學與屏東商業技術學院合校而成的新設大學。其中，屏東教育大學創立於 1940 年，當時是臺灣總督府屏東師範學校（由原臺南師範學校分校獨立），1946 年 1 月，更名為「省立臺南師範學校屏東分校」，同年 10 月，獨立為「臺灣省立屏東師範學校」。1965 年改制為「臺灣省立屏東師範專科學校」，1987 年 7 月 1 日，政府為提升國小師資素質，並結合師範教育發展趨勢，將師範專科學校改制為省立師範學院，而稱為「臺灣省立屏東師範學院」，並以大學校院型式，招收高中畢業生，修業四年。其後，1991 年改隸於教育部，校名變更為「國立屏東師範學院」，2005 年，更名為「國立屏東教育大學」。

　　據此，屏東教育大學係自 1940 年至 2014 年，歷經師範學校（1940-1965）、師範專科學校（1965-1987）、師範學院（1987-2005）至教育大學（2005-2014）的發展階段，一直皆以培養國民基礎教育師資的師資培育為主（目前則包含培育小學教育、幼兒教育及特殊教育類科師資）。又因為從《師資培育法》於 1994 年公布後，屏東教育大學設有教育學系及師資培育中心，因此也成為師資培育大學（屏東師範學院，1994）[2]。故合校前的屏東教育大學是以師資培育機構為定位。

　　原屏東商業技術學院係教育部為達成「培育國家建設所需之技術人

<hr>

2　另請參見「屏東教育大學校史」。2020/8/15 取自 https://www.nptu.edu.tw/files/11-1000-3700-1.php

力」、「提升技職教育水準」暨「均衡地區教育發展」之目標，於 1990
年 12 月 29 日教育部轉奉行政院核定「國立屏東商業專科學校籌備處」，
並於 1991 年 1 月 1 日成立籌備處。1991 年 8 月 1 日，「國立屏東商業專
科學校」奉准正式成立，並於 80 學年度開始招收新生。1998 年 7 月 1 日，
改制為「國立屏東商業技術學院」，設有國際貿易系等十三個系，其後，
先後成立國際企業研究所等十個研究所，構成一兼具商管、資訊與技職體
系的技術學院[3]。

　　合校後的屏東大學是一所融合原屏東教育大學與屏東商業技術學院
的組織結構、特色發展、教育目標與定位而成的新大學。誠如合校計畫書
所強調，合校後的新大學是以技職教育、一般教育與師資培育三個體系共
構人才培育為三大體系，並以融合教學與專業、善盡在地與國際社會責任
為發展方向，同時也以教學與專業融合型的大學為定位（屏東教育大學與
屏東商業技術學院，2013，頁 75）。因此，合校後屏東大學的發展是一
所擁有高教、技職與師培三大體系的「教學與科研融合型大學」（屏東大
學，2017）。

 參 合校前兩校合併的緣由、信念與籌劃過程

一、兩校合併的緣由與信念

　　原屏東教育大學與屏東商業技術學院為增強大學競爭力與永續發展，
配合教育部合校政策解決我國高等教育面臨的大學招生供需不均、高等教
育資源分散與國際化市場之開發等問題，兩校人員基於合校之需要與信念
遂依循整合發展「先交流，接聯盟，續整合，後發展」之定位與步驟，自
2005 年起即進行互惠交流，進而發展合校共識。例如，自 2005 年 3 月 16
日兩校人員互訪會談，至 2013 年 1 月 16 日，兩校之合校計畫書提案送兩

3　參見「屏東商業技術學院校史」。2020/8/15 取自 https://www.nptu.edu.tw/
　　files/11-1000-3701-1.php

校校務會議，分別通過審議，共歷經八年時間完成合校的規劃與合校計畫書（屏東教育大學與屏東商業技術學院，2013，頁7-18）。

　　對於兩校合校的脈絡背景、意願與信念，原屏東教育大學劉慶中校長在2011年4月11日，帶領校內一級主管、各學院院長與校務會議委員至屏東商業技術學院的合校座談中，即指出屏教大分別於2005年5月9日與2011年3月24日的校務會議已表達與屏商合校的誠意與意願，並期望經由兩校的合校而能有利於兩校的未來發展與能量的提升。同時，劉校長以校長的角色特別強調兩校合校建立新大學的誠意與意願係建立在以下的信念基礎上：

（一）基於本校未來有更宏遠的發展，學生有更豐富多元的學習環境而合校。

（二）基於人力共用，資源共享的原則，創造高效能的組織運作而合校。

（三）基於促進教學與研究的質量，提升學生就業競爭力，帶動社會進步，進而擴展國際合作而合校。

（四）基於互補互利，發展符合社會價值之特色需求而合校。

（五）合校過程應秉持互尊互榮，友善對等的態度下進行，為校園文化的融合奠下根基。

（六）合校過程以新大學之最大利益為優先考量，但不傷及原各自內部人員之情感。

（七）合校後應包容共享各自原有歷史、文化、校友等之差異性，並兼容並蓄發展新校園文化。

（八）合校後所有內部人員應不分彼此，為新大學之發展通力合作，以落實新大學之願景。（屏東商業技術學院，2011.04.11）

　　此外，原屏東商業技術學院林俊昇校長指出，「面對少子化，又兩校位處南部地區，生源不如中北部多，若不合併對學校經營將產生很大挑戰」（原屏商林俊昇校長，20200724）。

　　其次，「屏東商業技術學院主要以商業科系為主，全國各大專院校大多有商管系所，因此競爭激烈，招生相對困難，期望以合併方式，讓系所

更多元化，朝綜合大學整併，將更吸引學生就讀意願」（原屏商林俊昇校長，20200724）。

另外，「屏東商業技術學院招收之學生素質相當高，但畢業後僅領取學院證書，比較其過去高職同儕從私立科大畢業，卻領取大學文憑，造成學生心理不平衡，影響選讀意願」（原屏商林俊昇校長，20200724）。

二、兩校合併過程的重要事件、困境與解決策略

㈠兩校合併過程的重要事件

在籌劃兩校合併過程中，兩校分別成立合併籌備小組各五人，負責幕僚工作，以及統籌規劃合校相關事宜，並由兩校秘書室扮演校內外協調溝通與彙整資料及召開會議的角色。如合校後組織章程的重定、組織重構與人員配置、學院系所設立與系所調整，兩校合併過程中如何與教育部、監察院、立法院、地方政府與民意代表、記者、校友、校外利害關係人的聯繫溝通與協調，以及辦理兩校師生公聽會、研討會、記者會等都是亟待解決與機動性處理的問題。且合校籌劃過程中，兩校所有行政與學術單位皆分別依職責項目做好事先準備工作，提兩校合併籌備小組會議，做成決議後再分別提行政會議與校務會議，以完備法定程序。而屏東教育大學於2007年10月25日成立未來發展研究小組（包含校外人士5位、校友代表3位、企業界代表1位、校內各學院代表2位）；屏東商業技術學院則成立合併方案研究小組，包含教師、職員與學生共5人，以及兩校分別成立合校計畫書撰寫小組等，都是合校過程中形成共識與完備法定程序的重要事件。

最後，兩校合校計畫書後於2013年12月25日定稿，經報教育部轉請行政院核定，行政院於2014年3月31日核復原則同意自2014年8月1日起合併為屏東大學（參見「屏東大學合併紀要一覽表」如附錄一）[4]。

4　有關原兩校交流之時間、大事紀、討論內容另參見屏東教育大學與屏東商業技術學院（2013）。「合校計畫書」，頁10-16。

㈡合校計畫書：確定合校後的新校名

　　兩校合併過程最後所建構而成的計畫書，共 140 頁。該計畫書記錄兩校合併的脈絡發展軌跡、學校現況與問題分析、學校合併期程及其應辦理事項、規劃內容、教職員工及學生之權益處理、合併後校園規劃重點、預期效益與其他相關措施。同時也確定「國立屏東大學」為新校名（參見「屏東大學合校計畫書」如附錄二）。

㈢兩校合併過程所遭遇的困境與解決策略

　　在合校過程中，仍有遇到困境，例如，在前述 2011 年 4 月 11 日的兩校合校交流座談會中，除了兩校校長提出合校背景脈絡、信念與未來的組織、社會與文化層面的具體做法外，在兩校與會代表的互動交流的提問問題上，可聚焦為兩校校務基金的運用、行政組織與人員的重新編制、學院與學群的規劃、合校後兩校不同體系之間的融合（如師資培育與技職教育）、合校後是否朝向綜合大學方向規劃與發展、合校後的新文化如何重塑、合校後同仁的權益、學生的學習與就業等關注的議題，在會場中皆由兩校校長（劉慶中校長與王隆仁校長）分別予以正面積極性的回應（屏東商業技術學院，2011.04.11）。

　　其次，原屏東商業技術學院林俊昇校長指出有以下的困境與解決策略：

　　1. 合校過程主要需以學校教職員工生意見為主，如何將兩校意見納入合校計畫書內，同時亦不違背教育部期望。為符合合併程序，合併計畫書之任何修改或更新，均需在校內說明及取得教職員工生之同意；當遇到有異議時，則需透過溝通取得諒解，因此耐心溝通是合校過程相當重要事項之一。

　　2. 合併過程公務人員產生職位縮減，如何向教育部爭取，讓同仁權益上不致受損，亦是相當棘手問題，這些需要透過向教育部的爭取，以及體恤員工正常的反應。

　　3. 屏東地區當時有三個大專院校，先應從哪兩校合併起，因此各校需提出合併理念，以及讓學校教職員工能獲得最大受益者，取得各校之最大

公約數，例如交通問題、合校後之發展性、系所互補性等考量。（原屏商
林俊昇校長，20200724）

有此可知，兩校合校過程中，雖然有歷經交流、聯盟、整合、發展的
不同階段，但仍顯現如 Robbins 與 Judge（2019）所指出，這些都是以解決
問題爲導向與組織行爲的個人、組織與團體的組織行爲與微觀政治決策過
程。同時也可彰顯李校合校是融合組織重構的結構性、組織個人與團體的
社會性互動與溝通，以及組織文化性的融合與重構工程。

 ## 肆 合校後的屏東大學治理

一、首任校長的治校理念

古源光校長爲屏東大學首任校長，基於屏東大學合校前的屏東教育
大學與屏東商業技術學院歷史發展脈絡與特色發展，以及屏東大學合校計
畫書爲藍本，結合教育政策走向、連結在地社會文化脈動及邁向國際化的
理念，以及其對屏東大學未來發展的期許，而提出治校理念。其主要重點
如下：

㈠合校的初期發展及原則
「變動最少、綜效最大、保留彈性、永續發展」

㈡合校的初期發展定位
「深植產研合作、以多元體系培育優秀專業人才」

㈢合校的初期發展願景及五大願景主軸
以「多元合流、培育社會菁英、追求卓越」爲發展願景；以「培育
專業實務人才、發展多元文化特色、追求卓越激發創新、開拓學術重點領
域、邁進國際知名大學」爲五大願景主軸。

㈣合校初期的學術組織

成立五個學院（商管學院[5]、資訊學院、教育學院、人文社會學院、理學院）及二個中心（師資培育中心及通識教育中心[6]）。

㈤合校計畫書以三個階段（奠基期、發展期、精進期）共九年期間，逐步落實規劃。

㈥針對「教學與科研融合型大學」的定位，古校長提出屏東大學扮演以下的重要角色

1. 建構屏東大學成為高屏澎東地區之十二年國教中心主導學校，提供中央及地方政府國教政策推動之策略及建議，以協助十二年國教在都會及偏鄉地區之均衡順利推行；

2. 利用原兩校教師、教學資源特色，及校友遍布各級學校之優勢，以垂直資源整合方式協助輔導各國小、國中及高中職教師、教學課程及設備之優質化；

3. 以師培教育專長結合自然科學及商管、資訊技職教育的優勢，成為高中職及國中技藝班師資培訓之重鎮，建構屏東大學成為師培與商管技職結合之特色大學；

4. 鼓勵教師跨領域組合研發團隊，積極參與臺南、高屏地區之科學園區、加工出口區、及傳統工業區等產業進行產學合作；

5. 促進與國際及兩岸大學之學術交流，協協助東南亞地區之華語學校及獨立中學改進教學課程，及提供師資進修培訓育管道；

6. 利用屏東大學教師及教學資源，建構屏東大學成為地區進修推廣教育及終身學習中心。

㈦五大主軸並進的策略與目標

1. 創造優質教研平台，精進教學品質（教學）；

5　商管學院後來改為「管理學院」。

6　通識教育中心於 2020 年併入「大武山學院」。

2. 提升教師研發能量，促進產學合作（研發）；

3. 建構完善 e 化系統，加強訊息流通（行政）；

4. 營造綠色樂活校園，友善學習環境（學習）；

5. 融合高教技職特色，型塑大學品牌（定位）。（古源光校長，2014，20200713）

二、首任校長的治校具體作為

㈠合校後發展階段的校務治理的具體作為

在合校計畫書中，曾以「奠基期、發展期、精進期」三個階段共九年期間，規劃與發展合校後的屏東大學。古校長也提出他對合校後發展階段的校務治理的具體作為，並提供相關資料供參考。古校長指出，「2014年 8 月 1 日合校以來，即以『從地方出發邁向國際』的『區域教學及科研融合型大學』為定位，並以 UGSI 作為實踐這個定位的指導策略」（古源光校長，2014，20200713）。其具體的作為如下：

1. **奠基期：103-106年**

(1) UGSI

代表四個推動校務發展的主軸：落實與國內外的大學進行學術交流合作（U: university）；積極成為地方政府的智庫和夥伴，並爭取中央各部會特色競爭型計畫和資源（G: government）；以大學充沛的學術能量和行政資源，協助社會和社區推動永續發展（S: society）；並以學術研發的成果推動與產業的產學合作（I: industry）。

(2) 結合教育部特色大學試辦計畫

2. **發展期：106-109年**

(1) USR—從 UGSR 推進至 USR，並結合 CSR 企業社會責任

(2) 結合第一期高教深耕計畫推動校務

(3) 推動邁向大學 4.0

3. 精進期：109-111

(1) USSR―從UGSI、USR到USSR

從落實「大學社會責任 USR」轉化成「大學生的社會責任 USSR」
（University Students' Social Responsibility）。

(2) 進入第二期高教深耕計畫

(3) 持續邁向大學4.0

合校六年以來，不僅大幅提升全校師生同仁們的教學研發能量，更
以大學的資源關懷社會的需要，進一步實踐大學社會責任，以邁向符合教
學、研究、產學合作、實踐社會責任全方位的「屏東大學4.0」努力。（古
源光校長，20200713）

㈡ 學校組織文化的著墨

在學校組織文化的著墨方面，古校長指出，「主要是從行政與學術
的宏觀規劃與推展，型塑開放、創新與永續性組織文化的方向予以發展」
（古源光校長，2014，20200713）。例如：

1. 組織型塑方面

(1) 組織架構的調整

(2) 法規的整合、制訂與修正

(3) 人力資源精進、權益保障與行政效能促進

①鼓勵教師升等、新聘教師促進人力資源代謝。

②博士學歷比例逐年提升，學校鼓勵教師進修取得博士學歷、新
進教師進用以博士學歷為原則。

③以綜合性評估進行行政人力調整。

④定期辦理行政人員座談，開放校務發展興革倡議。

(4) 學生、校友等利害關係人認同感建立

①整修校友之家、成立校史館，辦理校友會各項活動，強化校友
認同。

②於各種會議納入學生代表，即時進行學生意見雙向溝通。

③設有意見溝通平台，及時回復有關校內外各利害關係人之意見

與陳情。

2.組織文化再造方面

以持續創新爲方向，永續經營爲目標，跨域整合爲策略，積極塑造既開放又融合之學校組織文化。

(1) 創新思考：積極思考、突破框架、彈性機動
(2) 能量整合：整合資源、國際交流、開放視野
(3) 永續經營：社會實踐、地方創生、持續邁進（古源光校長，20200713）

三、重構新的校訓、教育目標與核心能力

除了組織架構與人事的重構外，重新建構校訓與校歌也是合校後的重點項目。在校訓方面，原屏東教育大學的校訓爲「誠、愛、嚴、明」，其中，誠係指誠實、誠懇、誠敬；愛爲自愛、愛人、愛國、愛世界；嚴是嚴肅、嚴謹、莊嚴；明爲明白、明辨、明理、光明。原屏東商業技術學院的校訓爲「誠、敬、禮、群」，誠是誠信之義，敬指敬業，禮是尙禮，而群是善群。意指唯有誠信，方能「敬業合禮」、「敬業樂群」，進而能重視「團體和諧」。

爲引領辦學方針，型塑學校文化，2015 年 3 月 16 日由劉英偉副校長主持合校後如何重構校訓、教育目標與核心能力相關議題。該次會議達成共識後，由通識教育中心再提 2015 年 4 月 20 日的 103 學年度第一次臨時校務會議討論通過。

兩校校訓經由重構後的屏東大學校訓則是「誠、愛、禮、群」。其中，誠是誠信盡職、實事求是；愛爲關懷弱勢，貢獻社會；禮是正直守法、謙恭有禮；群則爲團協合作、敬業樂群之義。也就是，屏東大學秉持屏東教育大學「誠、愛、嚴、明」與屏東商業技術學院「誠、敬、禮、群」的治校理念，以全人教育爲宗旨，並藉由強化理論教育與實務訓練，培植術德兼修的專業人才。明示「誠」信盡職、關「愛」社會、謙恭有「禮」、敬業樂「群」的校訓（屏東大學，2015a）。

在 103 學年度第一次臨時校務會議中也討論通過屏東大學的教育目標

為「品德力、創新力、自學力、宏觀力、就業力」，以及包含「個人、專業、社會」等三個層面的核心能力。其後列入於 2020 年 8 月 1 日起新成立的「大武山學院」的共同教育中心之承辦業務。

　　茲將合校後的屏東大學學生核心能力與通識教育核心能力對照如下表：

表 1　合校後的屏東大學學生核心能力與通識教育核心能力對照表

校訓：誠、愛、禮、群　　教育目標：品德力、創新力、自學力、宏觀力、就業力		
校核心能力		通識教育核心能力
個人	身心健康與自主管理	E. 思考、創造與自學能力 G. 健康體魄與情緒管理
	人文藝術與美感品味	H. 人文藝術與美感品味
專業	語言素養與資訊知能	A. 溝通表達能力（含數位表達）
	專業知識與實務職能	
	科學素養與創新思維	E. 思考、創造與自學能力
	永續經營與終身學習	E. 思考、創造與自學能力 G. 健康體魄與情緒管理
社會	民主法治與良好品德	B. 具備良好公民資質與品德
	團隊合作與職場倫理	B. 具備良好公民資質與品德 C. 人際互動與團隊合作能力
	多元文化與國際視野	D. 迎接全球化的恢弘視野 F. 關懷生命與自然的能力
	社會責任與人文關懷	B. 具備良好公民資質與品德 H. 人文藝術與美感品味

資料來源：屏東大學（2020a）。屏東大學學生核心能力與通識教育核心能力對照表。
http://www.gec.nptu.edu.tw/files/15-1025-57817,c6352-1.php?Lang=zh-tw 及
http://www.gec.nptu.edu.tw/files/11-1025-5960.php?Lang=zh-tw

四、重構新的校歌

㈠校歌創作歷程

在校歌方面，「以『大武驕陽』為歌名，係由屏東大學教務長施百俊教授（時任文化創意產業學系主任）作詞，施老師指出屏東大學的校歌係其夫人李欣蓉老師（專長應用音樂和編曲等）改編自其父親李茂松老師〈教授音樂四十餘年的國寶級演奏家、曾任五燈獎的評審〉的一首聖歌作品〈母親的容顏〉」（施百俊教授，20200726）。

校歌經填詞後，於行政會議中，由施老師公開播放並說明創作理念，徵求各位師長的修正意見。在該次會議上，對原歌詞作了修正後送校務會議，決議訂為校歌，校歌定名為《大武驕陽》（2015.06.18，103 學年度第二次校務會議）。並於 2015 年 9 月 23 日舉辦捐贈儀式，由施百俊教授、李欣蓉老師及其岳母翁麗惠女士（李茂松老師遺孀），將詞曲的著作權利等捐贈給屏東大學（施百俊教授，20200726）。

㈡校歌歌詞的理念

茲將屏東大學校歌的歌詞描述如下，以便說明歌詞的理念。

屏東大學校歌
大武驕陽
詞：施百俊　曲：李茂松／李欣蓉

屏東大學我親愛的學校
山高水長青春如花綻放
南國艷陽熱情光芒閃耀
飲水思源念念不忘
教育窮理人文化成
奉獻社會精技營商
立足臺灣迎向時代之風
卓越創新追求夢想
誠信愛人實事求是
尚禮樂群志在四方
懷抱大海追尋文明之光
迎風揚帆西太平洋

> 屏東大學我親愛的學校
> 山高水長青春如花綻放
> 抬頭仰望大武山的驕陽
> 飛～翔騰空直上

資料來源：屏東大學（2015）。**屏東大學校歌**，取自 https://www.nptu.edu.tw/files/11-1000-3313.php

校歌的作詞者施百俊老師指出，屏東大學校歌作詞的理念係基於以下的基礎：

1. 合校之初，在校歌創作前，已經先決定了校訓為「誠愛禮群」以及校徽（四座山、大武山上有太陽，下有淡水河）。校務會議也通過了組織章程，確定了學校的架構，以及教育目標等等，這都是歌詞創作的基礎。

2. 第一句「屏東大學，我親愛的學校」（原為母校），來自康乃爾大學 Cornell 校歌最末句「my alma mater」，因為古源光校長和我都是康乃爾校友，治校理念引用了康大校訓：I would found an institution where any person could find instruction in any study.

3. 「山高水長」是原屏師數十年來的精神口號。山指「大武山」，水是「下淡水」的象徵意義。

4. 「青春如花綻放」指出：大學生正值青春，應如花綻放。

5. 「南國豔陽，熱情光芒閃耀」描繪屏東地處南國，地理與人情特色。

6. 「飲水思源，念念不忘」勉勵師生緬懷兩校合計百年歷史中，先人的努力與成就。

7. 「教育窮理人文化成奉獻社會精技營商」等四句，隱藏合校之初的學院架構：即是「教育」學院、格物「窮理」的理學院、「人文」暨「社會」學院以及屏東「商」業「技」術學院。

8. 身為臺灣人，理應「立足臺灣迎向時代之風」，「卓越創新追求夢想」則是本校對師生的期許。

9. 校訓「誠愛禮群」融入於以下四句：「誠信愛人　實事求是尚禮樂群　志在四方」

10. 「懷抱大海　追尋文明之光迎風揚帆　西太平洋」則是個人一

貫的創作理念，臺灣人是大海的兒女，理應轉身向後，面向大海，接軌世界。

11. 末四句是全曲的亮點：「抬頭仰望大武山的驕陽飛～翔　騰空直上」與校徽呼應。屏東大學全體師生校友，應仰望大武山，上進飛揚。

12. 將校歌定名為「大武驕陽」，是因為大武山位於屏東的東邊，只有日出時分，才會看到類似校徽上「太陽掛在大武山上」的意象。而「大武驕陽」也帶動校徽有同一的命名，這校歌的歌名「大武驕陽」四字，可說是貨真價實的原創（施百俊教授，20200726）。

據此，屏東大學校歌的每一句歌詞與曲調都蘊含兩校合校前後的歷史脈絡背景與合校後的行政及學術組織結構、內涵與特徵、校友與師生生活的點點滴滴、新校園文化的融合、屏東在地文化與人文地理的特徵等各層面的象徵性意義。

五、組織重構

㈠行政組織架構與員額配置

合校後的組織重構係依合校計畫書的規劃，包含：1. 行政組織架構與員額配置；2. 學術組織與系所配置二大方向。其中，合校後之新大學規劃的行政組織架構係以整合和納編兩校原有之單位，以及朝向發展精簡且有效率之大學行政系統為原則。共成立 17 個一級行政單位，45 個二級行政單位（屏東教育大學與屏東商業技術學院，2013，頁 3）。

㈡學術組織與系所配置

在學術組織與系所配置方面，考量新大學涵蓋技職、高教、師資培育三個主要體系，因此，其中有關師資培育之學系資源條件，係依「專科以上學校總量發展規模與資源條件標準」規定進行發展。

新大學師資培育發展，係就其教師職前培育、教育研究、地方教育輔導及教師進修之傳承、維繫及發展，予以加強。結合師資培育中心與教育相關院系所，針對師資培育進行全面性、特色性、永續性、發展性擬定通盤而整體之短中長程計劃，並於規劃完竣後依相關規定於合併前提送

師資培育審議委員進行審議（屏東教育大學與屏東商業技術學院，2013，頁 86）。

在學院系所及其他中心方面，新大學保留原屏東教育大學的教育學院、人文社會學院與理學院。另將原屏東商業技術學院的商業學群與管理學群的系所合併而成爲管理學院，同時也結合原屏東教育大學與原屏東商業技術學院兩校資訊相關學系（含碩士班）及學位學程而新設立資訊學院。此外，保留進修及研究學院與原兩校的通識教育中心，並將特殊教育中心提升爲一級單位歸併於教育學院內。

合校六年後（2020），屏東大學因隨著校務發展與邁向國際化、連結在地的永續經營需求，除了有保留教育學院、人文社會學院、理學院、管理學院與資訊學院五個學院，以及師資培育中心外，另經教育部核定成立國際暨創新學院，以及新成立大武山學院。

其中，大武山學院係考量合校前，因原屏東教育大學通識教育中心設有共同教育組與博雅教育組，原屏東商業技術學院通識教育中心未設二級單位。合校後中心業務與職責加大，乃依合校計畫書建議，中心下設共同教育組與博雅教育組。又因兩校性質不同，通識架構差異大，合校後需要更多時間溝通協調。因此，自 103 至 108 學年度期間的課程架構與學分數的整合後，109 學年度擴展原「通識教育中心」之共同教育組、博雅教育組改制爲共同教育中心、博雅教育中心之外，爲推展跨領域教學，另置「跨領域學程中心」。此外，爲結合高教深耕計畫及善盡大學社會責任，進行在地連結，培育創新與學用合一之人才，將 2019 年 11 月 8 日成立之「大武山社會實踐暨永續發展中心」納入而成立「大武山學院」（屏東大學，2020b）。

六、學校組織文化的重塑與詮釋

㈠合校後屏東大學組織文化的內涵

前述古校長對學校組織文化的著墨提出，主要是從行政與學術的宏觀規劃與推展，型塑開放、創新與永續性組織文化的方向予以發展。而如何對合校後的屏東大學組織文化予以著墨的過程中，劉英偉副校長從文

化、組織文化、學校組織文化、屏東大學組織文化的內涵，以及屏東大學組織文化的設計與塑造努力的方針有脈絡性地依序提出他的實務性觀點。劉副校長認為，「文化是一個組織所共有的，它為每位組織成員認識並支配著他們的行為。當我們發現，學校成員對待同一問題的態度和行為是極其相似時，這種態度和行為及其表現出來的學校成員相同的價值觀念、認識問題的過程和方式，就是這所學校的一種組織文化」（劉英偉副校長，20200727）。而「組織文化包含的共同的思想、行為模式，是組織成員在長期的相處過程中共同建立和習得的。這種模式的保持需要組織成員不斷進行共同學習」（劉英偉副校長，20200727）。

進一步而言，「學校組織文化指的是學校在長期的教育實踐和與各種環境要素的互動過程中創造和累積下來的紀律、氣氛、教與學的行為方式及行為規範體系等，包含學校布局、校園環境、校舍建設、設施設備、符號、標誌物等物質風貌體系」（劉英偉副校長，20200727）。

以合校後的屏東大學組織文化而言，「屏東大學組織文化主要體現在兩方面：一是合校後組織文化引起學校成員行為的改變，同仁們都能具有一定的自發性。也就是物質文化、制度文化和精神文化構成了屏東大學的組織文化。在這三個層面中，制度文化對同仁們的行為產生制約作用，物質文化和精神文化也同樣約束著同仁們的思想和行動。因為，當一種力量已經觸動大家內心的價值判斷時，必然會決定著我們的行為選擇，而且是由內向外自發地改變」（劉英偉副校長，20200727）。「第二，屏東大學教師群體擁有較高的文化素養，較強的理解力、責任心和成功願景，學生們像海綿吸水一樣渴望被感染和激勵，所以他們自然而然成為屏東大學組織文化創造、傳播最自然的組成」（劉英偉副校長，20200727）。

對於「屏東大學組織文化的設計與塑造，我可以用下列幾點努力的方針呈現：

1. 採取民主領導方式，以培養良好校風。
2. 善用教師專業權威，以贏得學生的信服。
3. 增進學校行政人員的教育觀念。
4. 改進課程內容、編班方式與教學方法。

5. 改善學校物質環境與教學設備。

6. 重視學校潛在課程的影響力。」（劉英偉副校長，20200727）

㈡校歌創作歷程彰顯合校後學校組織文化的融合

誠如合校後屏東大學校歌作詞者施百俊老師指出，「合校工作，組織架構、法規制度、課程結構等等變革，都可以在相對短的時間內獲得一定的成效。最難的是，組織文化的融合。尤其合併前，一校屬於師範體系、一校屬於技職體系，都擁有相對封閉的組織文化，要融合起來，一起面對高等教育急遽變化的環境挑戰，實屬不易」（施百俊教授，20200726）。

雖然如此，「這方面的困難，具體而微的影響校歌創作的過程。比如，指涉到兩校的象徵意義，要『公平』，要嘛都有，要嘛都沒有。屏師立校較久，一定要『山高水長』；屏商是商業導向、國際化的教育目標，也不希望太『深耕家鄉』等等。所幸，兩校師長都有屬於屏東人熱情、和氣、重人情味的特質，最後能在幾個月就凝聚共識，完成校歌的制定，可以說是值得驕傲的成就。大武驕陽，名副其實」（施百俊教授，20200726）。因此，校歌創作歷程能彰顯合校後學校組織文化的融合的過程與樣貌。

㈢合校後的學校組織文化是原屏師與屏商文化的延續與融合

誠如劉副校長與施百俊教授所提到合校後屏東大學的組織文化是合校前兩校不同高教體系文化的融合，以及其所型塑而成的制度性、物質性與精神性文化的過程與樣貌。這種融合不僅呈現在制度性的行為表現，也是對某些事件（如校歌）價值判斷與形成共識的融合過程。

以師資培與體系為主的原屏東教育大學而言，由於自 1940 創校後歷經師範學校、師範專科學校、師範學院與教育大學的階段，因此具有以師資培育為導向的校園文化之根源與脈絡發展。例如：張效良校長從師範學校與師專時期（1940-1972），所提倡的「三動教育」（即為勞動、活動、運動）（張效良，1994，頁 1-1-1-7），以及何福田校長於師範學院任職期間（1990-1999），所推動的「屏師新文化：三動四教」（亦即將勞動、活動與運動融入言教、身教、境教與制教中）以培養優質的師範生（張慶

勳，1999，頁 11-23）。其後也在原屏東師範學院時期興建的學生宿舍命名爲「四教樓」，以及將行政教學大樓命名爲「五育樓」，以彰顯師資培育的核心理念與屏師新文化。

事實上，合校後的學校組織文化是原屏師與屏商文化的延續與融合，而此一學校組織文化不僅是組織成員對學校教育目標、願景的基本假定，也是對新制度、物質環境設備與精神層面與所發生事件的價值觀，並彰顯在學校的建築、制度、校訓、校歌、校徽與組織行爲等各方面的人工製品上。此亦即爲 Schein 與 Schein（2017）對組織文化所界定的基本假定、價值觀與人工製品的三個層次，值得予以再深入探究。

伍 合校後屏東大學治理的困境

對合校後屏東大學所遇到的困境及其解決策略，古校長、劉副校長與原屏東商業技術學院林俊昇校長提出以下的觀點：

一、古校長的觀點與提出的解決策略

古校長認爲，「屏東大學位於國境之南，因地理劣勢而產生了外部困境：人口外移、文化不利、經濟弱勢資源寡缺。同時，因爲大環境的激烈變遷，屏大也面臨了少子化與國際化等艱峻的挑戰」（古源光校長，20200713）。而「面對時代傾軋與天然劣勢，屏東大學未有退卻，始終保持正面而積極的態度主動出擊。例如，我們朝著以下的方向努力：

㈠集中化

集中能量，在高教深耕計畫中獲得教育部之認可支援，同時在 USR 計畫中獲得四項計畫之執行入選。

㈡特色化

1. 成立學習輔助犬中心，進行高屏地區國中小種子教師培訓，並推廣鄰近社區圖書館，與原鄉及偏遠地區學校或課後輔導合作，推廣閱讀

活動。

2. 通過國際認證：華文商管學院認證（ACCSB）、工程及科技教育認證（IEET）；目前國際商管認證（AACSB）已進入正式申請認證期程。

㈢科技化

成立 VAR 體感技術中心（Virtual and Augmented Reality Technology Center），並組成跨域團隊，以「屏大 VR 智造未來」為使命，培育數位產業所需要的人才。培養學生全方位將資訊技術結合 AR 和 VR 並落實應用。

㈣個別化

1. 弱勢學生照顧與保障機制：生活紓困補助、校內紀念或特殊獎（助）學金、低收入戶學生減免住宿費、學生學習助學金、教育部審查核定之經濟及文化不利學生培力計畫等。

2. 僑外生照顧與保障機制：設置外國學生獎助學金實施要點，保障僑外生來校住宿優先權；提供醫療、急難救助及喪葬慰問金。

㈤在地化

投入「屏東學」研究十多年，首創「屏東學」列入通識必修學分；以「走讀屏東，在地文史與屏東學的社區實踐」作為特色大學試辦計畫之一，發展成「屏東學」與「屏東文學」兩大在地主題研究。

㈥國際化

1. 成立東南亞發展研究中心、與東南亞國家超過百所高教機構簽訂有合作意向書或備忘錄。

2. 深耕國際，積極與國際姊妹校學術雙邊交流；並連續辦理亞洲校長高峰論壇、國際學術研討會、物理年會等國際學術活動。

「屏東大學地處臺灣國境之南，肩負地方關懷與弱勢扶助之社會責任。期以在各界的支持下，發揮學校最大能量，提升教育資源、促進文經發展，關懷在地弱勢，創造共榮。」（古源光校長，20200713）

二、劉副校長的觀點與提出的解決策略

劉英偉副校長指出，在學校治理的過程中，「困境不外乎為校長除要進行教育改革提出的各項改進措施外，也需要處理學校文化問題，以恢復學校的文化根源，才可以有效讓教育改革發揮效果」（劉英偉副校長，20200727）。而「在學校治理的過程中，很多複雜的問題可能需要校長以平衡及雙焦點的角度方能成功解決，即是，既要有科技又要有文化，既要有管理又要有領導，既要有轉變又要有穩定性」（劉英偉副校長，20200727）。也就是「同時要兼顧學校組織架構的清晰度和技術能力是否能配合有關教育改革的轉變過程」（劉英偉副校長，20200727）。而「這些都在既定的規劃與執行中逐步完成」（劉英偉副校長，20200727）。

據此，合校後屏東大學治理所遭遇的困境，除了受到在地人文地理環境與社會文化脈動、人口外移、經濟資源短缺等的外在影響因素之外，學校組織文化、組織結構與學校的改革發展，以及整體高等教育改革、邁向國際化與連結在地的各種因素，都是形成學校治理的困境。因此，如何從校長領導、學校組織文化的融合、學校組織結構的重構，並兼顧人文面、技術面的平衡與穩定，是解決合校後屏東大學治理困境的策略。

陸　屏東大學未來的展望

對合校後屏東大學未來的展望，古校長、劉副校長與原屏東商業技術學院林校長提出以下的觀點：

一、古校長的期許

古校長指出，屏東大學正朝著以下的方向發展中。例如：「國家發展委員會訂定 2019 年是臺灣『地方創生元年』，屏東大學戮力擴大實踐大學社會責任及推動聯合國 2015 年所宣告的 17 項永續發展目標（SDGs: sustainable development goals）」（古源光校長，20200713）。以下是幾個重點發展：

㈠From UGSI to USR, from USR to USSR

透過大學生積極參與學校執行的 USR 計畫，培育具有實踐社會責任能力的大學生，並積極推促屏東大學師生團隊努力成為南臺灣執行「地方創生型計畫」（Regional Revitalization）的主力。

㈡地方創生穩步向前

屏東大學共籌組十個跨專業領域的地方創生計畫團隊，並與屏東及高雄 13 個鄉鎮區簽屬合作協議；本校所協助計畫研提的鄉鎮區已有六個獲得國發會補助超過 2.5 億元之經費，成果相當亮麗，堪稱全國第一。

㈢社會實踐與永續發展

為使大學社會責任與地方創生計畫的負責教授團隊能有高度資源整合及行政支援，本校於 2019 年 11 月成立以「大武山」為名的「大武山社會實踐暨永續發展中心」（Mt. Dawu Social Engagement and Sustainable Development Center），代表屏東大學將扮演著如大武山守護著大屏東平原角色的承諾與決心。中心的設置也鄭重向國人及社會大眾宣布屏東大學正式邁入「大學 4.0」元年，並將成為大學實踐社會責任的典範（古源光校長，20200713）。（本資料亦參考：古源光，2020.04.27，「培育未來實踐 USR 的社會力」之論述。）

二、劉副校長的期許

劉副校長認為，「若學校無法提供好的課程與教學，那麼辦學成效將展現不出來」（劉英偉副校長，20200727）。因此，「學校應以學習動機、參與投入、學習成效作為學生學習的分段切點，辦學成效為整體脈絡的終點」（劉英偉副校長，20200727）。「但學校除了應該重視學生參與投入的過程，個人認為校務研究是可以加強學習與辦學成效的永續發展最好的作法。透過資訊整合輔助提升行政效率、推動以證據為本的決策模式，並對外進行校際交流等功能，在個資保護的前提下，適度釋放資料給學生和教師使用，校務研究得以永續發展」（劉英偉副校長，

20200727）。

劉副校長提出以下的未來展望：

（一）成為高等教育、技職教育及師資培育教育的典範大學

（二）成為創新人才養成的新創大學

（三）成為具國際化的卓越大學（劉英偉副校長，20200727）

三、原屏東商業技術學院林校長的期許

原屏東商業技術學院林俊昇校長認為，「屏東大學目前已經具有相當經營規模，面臨少子化衝擊，生源減少是不可避免之浪潮。從校內已有相當特色之系所，在招收東南亞生源是具有吸引力，尤其東南亞國家經濟成長後，家長更重視小孩教育問題，唯這些國家正面臨博士師資不足，博士生是學校可爭取生源之一；另大學部或碩士生亦是可發展之方向，未來應有更明確發展特色，重點發展可作為未來東南亞招生之利器」（原屏商林俊昇校長，20200724）。「此外，應主動邀請具宏觀之教授群，籌組各專業特色團隊提出中長期計畫，由校務基金支助，努力找出卓越之亮點，才能爭取全國慕名就讀之學生」（原屏商林俊昇校長，20200724）。

目前，「第一階段屏東教育大學及屏東商業技術學院已完成合併，下一階段應再結合校內意見再與鄰近大學進一步討論合併可能性；以高雄科技大學為例，三個學校合併已成為南部，甚至是全國最大師生學校之一。目前已經有很多合併例子，從中更能學習到成功或警惕的經驗，面對少子化衝擊，似乎是必須努力的方向，朝向綜合性、多元化的大學邁進」（原屏商林俊昇校長，20200724）。

據此，合校後的屏東大學正邁入「大學4.0」元年，並為實踐社會責任與永續發展而努力。同時以提升課程與教學的品質、教師專業成長、擴展生源，邁向國際化的過程中，成為高等教育、技職教育及師資培育教育的典範大學，並以成為創新人才養成的新創大學，以及綜合性、多元化大學的方向，為未來的展望。

結論

一、大學整併因地因校因時與特定目的而制宜

綜觀各國與地區大學整併乃因不同國家與地區的政治、經濟發展、財政緊縮、社會變遷脈動、教育體系與大學校院規模、特色發展及整合需求等的特定因素，而有不同的整併方式（垂直式、聚集式；存續合併、合併新設；大學與學院的合併）。或依不同階段逐步依大學的特色與專業發展（如師資培育、科學、技術、學術研究）、擴大學校規模等的特定因素，而予以整併以達成不同國家與地區的不同目的。

二、大學整併是以解決問題為導向的組織行為微觀政治決策過程

不論各國與地區大學整併前的籌劃準備與整併後的新大學，都以解決問題為導向，並經由與組織內外縱向與橫向的關係人進行協調、溝通、妥協、討價還價，及強調以組織行為所強調的個人、組織與團體層面的微觀政治決策過程。

三、大學整併是融合結構性、社會性與文化性的重構工程

大學整併涉及整併前後學校有關行政與學術組織重構、人員配置等的組織結構問題，典章制度、法規與空間調配等的社會性重構工程，以及學校組織文化基本假定、價值觀與人工製品等的文化融合過程。因此，大學整併是融合結構性、社會性與文化性的重構工程。

四、大學整併以優先目標、特色辦學、創新經營與永續發展為未來展望

為能連結在地與接軌國際，以及創新經營與特色辦學，大學整併後強調策略領導與略規劃，提出未來發展的優先目標、願景與行動方案，以達成大學整併後之永續發展為大學整併後的未來展望。

建議

一、大學整併宜先從交流互動尋找共同交集，形成共識開始

屏東大學的合校前係原兩校經由「先交流，接聯盟，續整合，後發展」的定位與步驟，自 2005 年起至 2013 年始完成合校的規劃與合校計畫書。因此，不論大學採取何種整併方式，宜先從交流互動尋找共同交集，形成共識，是較為基本的可行步驟。

二、大學整併宜以變動最少，互補性強為策略

屏東大學合校的籌劃準備過程與合校後的初期發展，皆以「變動最少、綜效最大、保留彈性、永續發展」為最高原則。此乃為減少組織內外的個人、團體與組織結構所產生的衝突，也是塑造組織文化融合的先決重要條件與氛圍。

三、大學整併應關注組織成員權益，尋求共識，
解決問題為優先

在大學整併過程中，所有組織成員（含公務人員、教師、助理等多類別人事系統的人員）皆關心大學整併後將會何去何從，大學組織成員個人的未來發展與權益應受到極大的關注。因此，如何在整併的籌劃準備階段，需要告知所有組織成員如何在行政組織與學術單位的重構、人員配置與職級調整、空間設備的調配等結構性、社會性與文化性的相關議題，以尋求共識，解決問題。

四、大學整併應積極爭取校內外利害關係人與團體的支持

爭取校內外利害關係人與團體的支持，是大學整併過程中的一種機動性且不斷發生的重要關鍵事件。舉凡教育部決策單位、立法院、監察院、地方教育行政機構、地方民意代表、校友、記者、民間團體、社會民眾等利害關係人，都必須隨時掌握訊息與管道進行溝通、協調，以爭取對整併最有利的條件。

參考文獻

古源光（2014）。治校理念。2020/7/6取自http://www.president.nptu.edu.tw/files/11-1007-3159.php?Lang=zh-tw

古源光（2020.04.27）。培育未來實踐USR的社會力。屏東大學大武山社會實踐暨永續發展中心電子報，第一期。屏東市：屏東大學。2020/7/6取自https://sites.google.com/view/nptu-usr/%E6%B4%BB%E5%8B%95%E6%88%90%E6%9E%9C/20200429-%E5%9F%B9%E8%82%B2%E6%9C%AA%E4%BE%86%E5%AF%A6%E8%B8%90usr%E7%9A%84%E7%A4%BE%E6%9C%83%E5%8A%9B

行政院教育改革審議委員會（1996）。《教育改革總諮議報告書》。臺北市：作者。

金耀基（2003）。大學之理念（第二版）。臺北；時報。

屏東大學（2014）。屏東大學合校大事紀。2020/8/10取自https://www.nptu.edu.tw/files/11-1000-3310.ph

屏東大學（2015）。校訓的理念與實踐。屏東市：作者。2020/8/15取自http://140.127.82.21/archives/2-4.aspx

屏東大學（2015a）。103學年度第一次臨時校務會議紀錄（2015.04.20）。屏東市：作者。

屏東大學（2015b）。103學年度第二次校務會議紀錄（2015.06.18）。屏東市：作者。

屏東大學（2017）。學校簡介。屏東市：作者。2020/8/15取自https://www.nptu.edu.tw/files/13-1000-60341.php?Lang=zh-tw

屏東大學（2020a）。屏東大學學生核心能力與通識教育核心能力對照表。屏東市：作者。2020/8/12取自http://www.gec.nptu.edu.tw/files/15-1025-57817,c6352-1.php?Lang=zh-tw

屏東大學（2020b）。屏東大學大武山學院簡介。屏東市：作者。2020/8/12

取自http://www.gec.nptu.edu.tw/files/11-1025-4291.php?Lang=zh-tw

屏東師範學院（1994）。**屏師校史初輯——民國二十九年至民國八十三年**。屏東市：作者。

屏東商業技術學院（2011.04.11）。**國立屏東教育大學率團來訪紀錄**。屏東市：作者。

屏東教育大學與屏東商業技術學院（2013）。**合校計畫書**。（行政院於2014年3月31日核定）。

高雄科技大學（2020）。**高科大簡介**。2020/8/28取自https://www.nkust.edu.tw/p/412-1000-617.php

康寧大學（2020）。**學校沿革**。2020/8/28取自http://secretary.ukn.edu.tw/files/11-1002-2968-1.php

陽明大學與交通大學（2020）。**合校作業**。2020/8/28取自https://combine.nctu.edu.tw/

張效良（1994）。如煙往事憶屏師。收入國立屏東師範學院編印。**屏師校史初輯：民國二十九年至民國八十三年**（頁1-1-1-7）。屏東市：國立屏東師範學院。（註：作者於1983年10月30日去逝，本研究轉載自1982年6月、10月、12月之「屏東師專校友通訊」）

張慶勳（1999）。屏師校園的新文化：談何校長的辦學理念。收入何福田主編，**屏師精神：三動四教**（頁11-23）。屏東市：國立屏東師範學院教育基金會。

張慶勳（2017）。大學合併與治理：大學、政府、學校與市場的融合。**臺灣教育評論月刊，6**(1)，1-3。

張慶勳（2020a）。**大學性質與經營的變與不變**。學校行政，**129**，1-10。doi: 10.6423/HHHC.202009_(129).0001

張慶勳（2020b）。**永續發展與發揮影響力的高教治理：以大學社會責任為切入點**。（投稿於《臺灣教育研究》，審查中）

教育部（1995）。**中華民國教育報告書：邁向二十一世紀的遠景**。臺北市：作者。

教育部（2005）。**教育部推動師範校院轉型發展補助要點**。2020/8/1

　　　　取自http://www.rootlaw.com.tw/LawArticle.aspx?LawID
　　　　=A040080061001900-0940531

教育部（2011）。《「中華民國教育報告書——黃金十年、百年樹人」，穩
　　　　健邁向精緻、創新、公義、永續的教育新境界》。臺北市：作者。

嘉義大學（2020）。學校簡史。2020/8/28取自https://university.1111.com.tw/
　　　　univ_depinfo.aspx?sno=101401

臺中科技大學（2020）。臺中科大歷史。2020/8/28取自https://www.nutc.edu.
　　　　tw/files/11-1000-95.php

臺北市立大學（2020）。學校簡介。2020/8/28取自https://www.utaipei.edu.tw/
　　　　files/11-1000-2692.php

臺灣師範大學僑生先修部（2020）。僑生先修部校務發展計畫。2020/8/29取
　　　　自https://www.nups.ntnu.edu.tw/%E5%83%91%E7%94%9F%E5%85%88%
　　　　E4%BF%AE%E9%83%A8%E6%A0%A1%E5%8B%99%E7%99%BC%E5
　　　　%B1%95%E8%A8%88%E7%95%AB

釋惠敏（2014）。「法鼓文理學院」啟航。2020/8/28取自https://www.dila.
　　　　edu.tw/about

Cyna, E. (2019). Equalizing resources vs. retaining black political power: Para-
　　　　doxes of an urban-suburban school district merger in Durham, North Caro-
　　　　lina, 1958-1996.*History of Education Quarterly, 59*(1), 35-64. doi: 10.1017/
　　　　heq.2018.50

European University Association (2019). *EUR BRIEFING: University mergers in
　　　　Europe*. Brussels, Belgium: Author.

Leslie, H., Abu-Rahma, A., & Jaleel, B. (2018). In retrospect: A case of merger
　　　　in higher education.*The International Journal of Educational Management,
　　　　32*(3), 382-395. doi: 10.1108/IJEM-03-2017-0077

Robbins, S. P., & Judge, T. A. (2019). *Organizational behavior* (18th ed.). New
　　　　York: Pearson Education.

Rocha, V., Teixeira, P. N., & Biscaia, R. (2019). Mergers in European higher educa-
　　　　tion: Financial issues and multiple rationales. *Higher Education Policy,32*(2),

185-202. doi:10.1057/s41307-017-0076-2

Schein, E., & Schein, P. (2017). *Organization culture and leadership* (5th ed.). Hoboken, New Jersey: John Wiley & Sons, Inc.

Times Higher Education (2020). *Impact ranking 2020*. Retrieved August 26, 2020 from https://www.timeshighereducation.com/rankings/impact/2020/overall#!/page/0/length/25/sort_by/rank/sort_order/asc/cols/undefined

United Nations (2015). *Transforming our world: the 2030 Agenda for Sustainable Development*. Retrieved August 26, 2020 from https://sustainabledevelopment.un.org/sdgs

附錄

附錄一：屏東大學合併紀要一覽表

時間	紀要
94.05.19	國立屏東教育大學 94 年 5 月 19 日校務會議決議整合對象為屏東商業技術學院。
97.10.23	教育部召開「研商國立屏東商業技術學院、國立屏東教育大學或國立屏東科技大學合併事宜」會議。
98.02.03	教育部召開「國立屏東商技術學院、國立屏東教育大學或國立屏東科技大學」合併事宜第 2 次會議。
100.01.18	國立屏東商業技術學院校務會議同意成立專案小組研擬與鄰近學校合併之方案及可能性。
100.03.24	國立屏東教育大學校務會議代表無異議通過，確認 94 年 5 月 19 日校務會議之決議，繼續推動與國立屏東商業技術學院之整合案。
100.04.20	國立屏東商業技術學院完成「與鄰近學校整併議題研究報告」。
100.06.14	國立屏東商業技術學院舉辦「與鄰近學校合併意向」全校普投，投票率逾九成，普投結果教師（含軍護人員）76.43%、職員工 70.00%、約聘人員 91.67%、學生 71.27% 同意與國立屏東教育大學合校。
100.07.13	國立屏東商業技術學院校務會議通過在合校政策需要前提下，朝合校方向發展，並優先與國立屏東教育大學共擬合校計畫。
101.01.10	兩校舉行「策略聯盟締結暨合校意向書締約儀式典禮」，並邀請教育部長官、屏東縣市首長、立法委員及地方產業代表等貴賓蒞臨指導。
101.12.06	兩校聯合舉辦合校公聽會。
102.01.16	兩校各自召開校務會議分別通過合校計畫書，並決議共同陳報合校計畫書至教育部。
102.01.18	兩校舉辦合校計畫書陳送教育部簽約儀式。
102.01.28	兩校共同陳報合校計畫書及合校推動相關會議紀錄彙集予教育部。合校後新大學校名經兩校校務會議達成共識，建議為「屏東大學」。
102.04.24	教育部召開專科以上學校設立變更及停辦審議會，審議兩校合校案。
102.05.22	教育部陳報行政院兩校合併為「屏東大學」一事，並由教育部與兩校共同組成籌備小組。
102.06.18	教育部召開兩校合併籌備小組第 1 次會議，針對學校願景及發展定位（含中長程規劃）、校區規劃及組織規程草案等議題進行討論。

時間	紀要
102.08.30	教育部召開兩校合併籌備小組第 2 次會議，針對確認學校願景及發展定位，院系所、招生及行政單位整合事項之規劃等議題進行討論。
102.09.03	兩校聯合舉辦合校經驗分享系列專題演講，並邀請國立臺中科技大學李淙柏校長擔任主講人。
102.09.23	兩校聯合舉辦合校經驗分享專題演講，邀請前任教育部次長、前任國立嘉義大學校長、現任亞洲大學講座教授楊國賜擔任主講人。
102.09.24	教育部於兩校進行實地現勘並召開合併籌備小組第 3 次會議，會中針對校區空間調整、資源設備配置、師資與其他人力資源調整（包括員額編製錄）、經費預算與財務規劃等議題進行討論。
102.10.30	教育部召開兩校合併籌備小組第 4 次會議，針對組織規程草案、校長遴選辦法及重要章則（含教評會組成、教師升等）規劃等議題進行討論。
102.11.20	教育部召開兩校合併籌備小組第 5 次會議，學校修正後之合併計畫書經籌備小組最後確認後，再提報學校設立變更及停辦審議會審議。
102.12.13	教育部召開 102 學年度大學校院設立變更及停辦審議會第 2 次會議，決議同意兩校自 103 年 8 月 1 日起合併為屏東大學。
102.12.25	兩校共同陳報教育部「定稿本合校計畫書及其附錄」。
103.01.02	教育部陳報行政院兩校於 103 年 8 月 1 日合併為「屏東大學」一案。
103.04.08	教育部所報「國立屏東教育大學與國立屏東商業技術學院合併計畫一案」，業奉行政院於 103 年 3 月 31 日核復原則同意自 103 年 8 月 1 日起合併為屏東大學。
103.08.01	國立屏東教育大學與國立屏東商業技術學院正式合併為屏東大學。

資料來源：屏東大學（2014）。屏東大學合校大事紀。2020/8/10 取自 https://www.nptu. edu.tw/files/11-1000-3310.ph

附錄二：合校計畫書目錄

國立屏東教育大學與國立屏東商業技術學院
合校計畫書

新校名：國立屏東大學

定稿：2013 年 12 月 25 日
核定：2014 年 3 月 31 日

目錄

摘要
前言
壹、合校計畫之緣起
　　一、增強大學競爭力與永續發展
　　二、兩校人員基於合校之需要與信念進而發展合校共識
　　三、配合教育部合校政策解決我國高等教育面臨的問題
貳、學校現況與問題分析
　　一、兩校發展現況
　　二、合校問題分析
　　三、合校利益分析
　　四、合校信念
　　五、合校發展方向
參、學校合併規劃過程
　　一、教育部召開合校相關會議討論之沿革
　　二、兩校凝聚校內共識過程
　　三、合校計畫書撰擬小組協商過程
肆、合併期程及其應辦理事項
　　一、合併期程
　　二、辦理事項
伍、規劃內容包括發展願景、校區規劃、校舍空間之配置與調整、行政組織架構與員額配
　　置、學術組織與科系所之配置及財務規劃
　　一、新大學發展願景
　　二、校區規劃與校舍空間配置調整
　　三、行政組織架構與員額配置
　　四、學術組織與系所配置及財務規劃
陸、合併學校教職員工及學生之權益處理
　　一、教職員工權益保障與規劃
　　二、學生權益保障與規劃
　　三、合校之問題與解決策略

柒、合併後校園規劃重點
　　一、非具自償性教學大樓新建計畫
　　二、民生校區總圖資館新建計畫
　　三、屏商校區多功能宿舍新建工程需求
　　四、林森校區綜合體育館興建計畫
　　五、林森校區教師專業大樓新建計畫
　　六、屏商校區多功能綜合館（非圖書館）
　　七、林森校區數位媒體中心新建計畫
　　八、校區交通接駁規劃
捌、預期效益
　　一、「最適經營規模」之經濟性
　　二、場館規模擴增之整合性綜效
　　三、學術內涵之多元化與豐富化
　　四、輔助教師專業職能強化
　　五、新大學有利高等教育之發展
　　六、擴增學術廣度與強化學生就業競爭力
　　七、擴增與整合校友資源促進學校發展
　　八、大學城之建構有利社區發展
玖、其他相關措施
拾、結語
附件一：　次合併籌備小組會議紀錄

資料來源：屏東教育大學與屏東商業技術學院（2013）。**合校計畫書**。（行政院於 2014
　　　　　年 3 月 31 日核定）。

第八章

花師東華共創新東華大學

梁金盛

國立政治大學教育學博士
國立東華大學教育行政與管理學系教授兼系主任

　　2008 年起由國立東華大學（以下簡稱東華）與國立花蓮教育大學（以下簡稱花師）合校的新東華大學，迄今已過了十二年，碰巧的是，兩校正式洽談合校至正式合校也長達十二年才完成。這廿四年間，兩校由分立、合作、交流、衝突、合校、磨合，成爲現在的新東華大學。合校後經三任校長及全校教職員工生的合力打拼，使在地理位置上處於極爲不利的東部地區，能夠在 2020 年泰晤士世界大學排名中，被評爲世界 801-1000，亞洲第 195 名，國立排名第 8，更名列世界年輕潛力大學全國排名第 5 大（維基百科，2020a），實難能可貴。

 # 壹　因緣所由生

　　臺灣地區在 1990 年代之前，大學教育是多數青年學子的努力目標。就以東部的宜蘭縣、花蓮縣、臺東縣三個縣分而言，1987 年之前尚無一所大學存在。花蓮教育大學自始乃以培育國民小學師資爲任務的花蓮師範學校改制而成，其發展主要過程爲：1947 年創立臺灣省立花蓮師範學校，屬高中階段的教育；1964 年改制爲臺灣省立花蓮師範專科學校，屬專科階段的教育；1987 年改制爲臺灣省立花蓮師範學院，屬大學階段的教育；1991 年改隸國立，爲國立花蓮師範學院；2005 年改名國立花蓮教育大學；2008 年與國立東華大學合校，校名仍爲國立東華大學，原有校地稱爲國立東華大學美崙校區，2011 年全部正規學制的學生集中在原東華大學的志學校區上課，完成在單一校區上課的現況。

　　1994 年之前，我國的師資培育制度乃屬計畫性的培育制度，名額有限，且其任務單一。因之，爭取要在花蓮縣設立一所國立的綜合大學，向爲花蓮地區的政治人物在那些年於選舉時的重要政見之一（梁金盛，2018）。是以 1989 年時任的行政院長李煥先生在 8 月 4 日巡視教育部時，指示規劃創辦東部大學，並於 1989 年 8 月 19 日在立法院施政報告中肯定指出規劃在「花蓮設立大學」（梁金盛，2004a：123），1991 年 11 月國立東華大學籌備處成立，經過近三年的校舍建築，1994 年 7 月國立東華大學正式成立（中央社，2020；國立東華大學，2020a），成爲宜花東三

縣第一所國立綜合大學。

　　花蓮師專是宜花東地區最早的公立專科學校之一（臺東師範於 1967 年方行改制臺東師專），曾是宜花東地區最高學府——專科學校，再於 1987 年與臺東師專同時升格爲師範學院，均以培育國民小學師資爲主要任務。及至改名國立花蓮教育大學（以下簡稱花師）起，配合教育部政策，將師資培育員額減半，其餘的一半員額則招收非師培生，使學校的性質轉爲一般大學化。

　　東華大學自成立起，即屬一般大學，創校初期即以爲國家培育高級人才、結合東部地緣與資源、與國際學術潮流接軌作爲三大發展方向，提出「雙城計畫」的構想，希望成爲「大學城」與「科學城」並存的校園（國立東華大學，2020b）。1995 年即成立理工學院、人文社會科學學院、管理學院等，2001 年成立原住民族學院，2005 年成立海洋學院，是以在 2008 年與花蓮教育大學合校前即已有五個院的規模，雖有師資培育中心，但係以培育中等學校師資爲其任務，與花蓮教育大學的培育國民小學師資的任務仍有所區隔。

　　地處東部的花蓮，早期被稱爲後山，亦即開發較爲遲緩，各項建設也較西部落後，花蓮能夠同時有兩所國立大學，可說是件教育的美事，只是時空的轉變與大學教育的發展，兩所國立大學同時存在花蓮的事實，卻不見得能夠長久持續。

 ## 貳　兩校面臨合校的壓力

　　就我國的教育發展而言，民間教育改革聯盟於 1994 年的訴求，可說是最爲重要的事件，其所提出的教育改革四大訴求之二「廣設高中大學」，促成國內公立大學校院數從 1991 年度的 28 所，擴增至 2000 年度的 50 所，私立大學院校數亦由 22 所增至 77 所，大學部的學生人數則由 25 萬 3,462 人增爲 56 萬 4,059 人（梁金盛，2002），提供爲數不少學子入學大學院校就讀機會。

　　在此同時，花師配合國內國民教育及高等教育與相關教育政策的發

展，也持續的增加師資培育的員額，在國民教育階段，由於小班小校政策及教師員額編制提升，國小教師編制員額不斷增加，再加上教師退休制度，於 1996 年 2 月 1 日由恩給制改為儲金制、五五優惠退休專案、教育改革浪潮風起雲湧等因素，使得國民教育階段符合退休規定者紛紛提出自願退休，政府也順應這種訴求，凡願提早退休者，均同意其所請，造成直至 1990 至 2000 年間大幅的公教退休潮，衍生多數的國小教師缺額，除了各師院大幅擴充正規學制的招生人數之外，尚因師資培育法的公布，多數的公私立大學申請辦理教育學程，還有因應現場教師缺額眾多，各校也積極辦理學士後師資班，使得依常態一年約需 3 千缺額的國小師資，於 2000 年間，一年培育的國小師資達 1 萬之多（梁金盛，2004b：99-102），但各界並未察覺到學士後師資班的階段性任務早已完成，及至 2003 年才驚覺剛取得國民小學教師證書的年輕學子求職無門，直接衝擊年輕學子選擇以師培為主要任務的師院之意願，初期所顯現的不是招生是否足夠，而是學生素質的差別，引起多數花師教師的警覺。

至於高等教育發展方面，因應民間教育改革團體的訴求，於 1994 年成立的行政院教育改革審議委員會，在 1996 年公布的教育改革諮議報告書即建議：現有公立高等教育學府，部分規模太小，以致教育資源重複，難獲應有之效益，可考慮予以合併或擴充至適當規模，以有效運用資源，提升品質（行政院教育改革審議委員會，1996；梁金盛，2002）。根據 Hwang（2000）對於我國師範學院轉型問題指出歷任教育部長的態度如下：郭為藩認為保留師範制度（stay normal system），吳京暗示轉型為綜合大學（convert to comprehensive university），林清江於 1998 年 1 月前主張轉型為教育大學（convert to education university）、1998 年 2 月則建議與其他大學校院合併（merge with another college），楊朝祥採取自我決定（self-determination）等。教育部林前部長清江於 87 學年度大學校長會議中提示略以，對部分不符合經濟規模的學校，適度加以合併或整合，將是必然的趨勢（林清江，1999；梁金盛，2002）。教育部也於 1999 年頒布「地區性國立大學院校整併試辦計畫」並編列 10 億元的專案預算，鼓勵國立大學校院進行整併工程，以期達到 1 萬人至 1 萬 5 千人的最適經營

規模。又行政院經濟建設委員會於 2000 年 5 月 10 日簡報顯示，建議公立大學量的擴增宜減緩，籌設分校與分部以全部自籌經費爲原則，師範校院轉型方式則協調與鄰近學校合併（行政院經濟建設委員會，2000）。再者，教育部 2001 年起陸續頒布國立大學校院區域資源整合發展計畫（教育部，2001a），主張大學最適經營規模爲學生人數達 1 萬人以上；推動研究型大學整合計畫（教育部，2001b）；大學教育政策白皮書（教育部，2002）；及於 2001 年的大學法修正案中納入大學合併（池婉宜，2019）等。還有花師東華兩校於 2003 年底合校前的會議都有教育部官員參與兩校合校會議，及合校案因東華校務會議投票結果不同意而致破局之後，教育部的後續動作，都可感受我國高等教育主管機關於 1996 年起即不斷地推動公立大學校院的整併業務。

在大環境方面，公立大學校院的主要經費來源，於 2000 年前係由教育主管機關核給年度經費，但自 1999 年起實施校務基金，教育部保證給予學校的年度補助維持不變，至於學校的學雜費、研究進修推廣、學校資產營運、捐贈等收入，由學校納入學校預算運用，並由學校自負盈虧責任，不過學校的各項財產均應採折舊方式，將其經費的一定比例保留做爲爾後新購之基礎，學校新建築如要教育部補助，最多只補助 50%（教育部，2004），其餘由學校自籌。但過去學校的院系所的新設，只要獲得教育部的核定，其設備、人事、學生事務等經費亦將獲得挹注，實施校務基金後，因設新系所，即可擴增學校規模，提高學校整體競爭力，增加學雜費收入。是以各校紛紛積極擴充，位處東部的二所公立大學，爲了維持生存，當然也積極增設系所，教育部後來改爲總量管制，只要是不增員額，尊重各校自行調整或增設，但事實並非一定如此，因爲學雜費的收入實不足支付新設研究所的所有支出，花師與東華二校當時的學生人數距最適經營規模均有相當大的差距，而且地處偏鄉的東部，進修推廣及資產營運的收入本極爲困難，原花師的校友大都從事公教行業，東華又是新設的年輕大學，捐贈收入也是相當有限。

2002 年起，少子女化的效應開始對國民小學師資培育的機構產生衝擊，就花師而言，2002 年暑假之應屆畢業生考取國小師資的比率約

60%，2003 年已降至 38%（梁金盛 2004b），間接造成招生的不利因素，又因少子女化及大學的擴增結果，使得地處東部的大學招生也受到一定程度的衝擊，教育部亦開始限制大學增設系所的申請，為了要達到最適經營規模 1 萬人以上，短期內花師很難辦到，東華大學同樣也有其難度，何況東華大學是新設大學，遇到發展成為最適經營規模的瓶頸，又面臨主管教育行政機關的不斷引導，認知為了強化學校的競爭力，學校的整併是值得思考的方案。

 ## 兩校合校的漫漫長路

　　1996 年間花蓮地區選出之立法委員陳永興先生在立法院提出「花蓮師院與東華大學併校發展」的建議，教育部即約見當時的花蓮師範學院校長陳伯璋教授，及東華大學校長牟宗燦教授研商兩校合校的可能性（國立東華大學秘書室，2008a）。猶記得研究者於 1998 年 9 月間，有機會和時任花蓮師範學院校長陳伯璋博士見面，他歡迎我回母校花師服務，便於當年 10 月底回花師服務。因係行政人員，是以被分派至秘書室，當時的主任秘書黃柏昌老師和我面談時，特別提到屆時我的一項額外的主要任務，即與東華大學之合校事項，是以有機會參與部分相關事務，從合校的資料觀之，從兩校開始有合校的聲音到真正的合成一校，長達約十二年的時間，但開始積極推動係自 1998 年末開始，之所以在 1998 年採用合校而非合併或整併，乃因當時花師與東華兩校校長認為基於兩校規模相當，應居於對等地位，朝兩校共創新學校，開展新契機，非存續合併，所以連校名都可以討論。以下即就兩校合校之過程，簡要敘述如下：

一、合校的前奏曲（1996年～1998年10月）

　　1995 年教育改革總諮議報告書已明示小型規模之公立大學的發展方向之一，即是考慮合併以達最適經營規模——學生人數約 1 萬至 1 萬 5 千人。花師雖創校於 1947 年，然於 1995 年之前的師資培育因係計畫制，是以學校規模（學生人數）有限；至於東華大學係於 1991 年成立籌備處

1994 年正式招生，創校之初規模亦有所不足。就大環境而言，兩校同屬一個縣份，而花蓮縣的土地雖占全臺灣省的 8 分之 1，但在地人口卻不及全國的 2%，距人口稠密的北北基地區有三個小時以上的車程，從地域上而言，確有不利之處，就算招生沒有問題，校地也廣達 251 公頃，然而大學系所的擴充尚需教育部支持方可達成。因之，1996 年起花師東華兩校即進行教師研究、學生學習等相關交流活動，並觸及兩校合校相關問題的討論。

二、合校的第一樂章（1998年11月~2001年7月）

　　由於東華大學設校初期，不但在校園規劃有其規制，學校建築亦有其特色，重要的是在系所的增設方面亦快速成長，所以到 1998 年時，學校的教職員工數與學生人數已經與設校 50 餘年歷史的花師相當，所以兩校校長在教育部的關懷下，開啟新一波的合校討論。就花師而言，係於 1998 年 11 月 4 日的校務會議中正式提案，選出合校代表七人，其中校長、教務長、學務長、及總務長等四人為當然代表，另三人為教師代表，並於 1998 年 12 月 29 日召開花師校內的第一次合校代表會議，過程和諧並形成贊同與東華合校的意願。以下即就這一時期的重要大事紀分敘如下（此時期研究者係花師的議事組代表，是以花師部分的資料較為詳細，梁金盛，2004a：124-132）：

（一）兩校合校代表初次見面會：1999 年 1 月 7 日晚兩校合校代表在花蓮市青葉餐廳之吉祥廳召開第一次會議，確定兩校之議事組代表分別為東華吳明達專門委員及花師梁金盛秘書，負責會議聯絡及安排等事項，並決議先將現有組織架構、師資、教職員工等詳細資料相互交換，俾利進一步規劃合校之計畫書內容。兩校亦很快將學校之教職員名冊、學校組織規程、中長程發展計畫等資料交給對方。

（二）教育部對合校的關注：1999 年 1 月 18 日教育部林部長清江率同呂主任秘書木琳、高教司陳副司長德華、中教司張司長玉成、國教司陳副司長昆仁等到花蓮，邀集兩校代表於花蓮市

統帥大飯店 323 室了解二校進展情形，肯定合校方向，期望能夠成功。

（三）兩校合校代表第二輪討論會：1999 年 3 月 11 日時，東華牟校長即向花師陳校長談及東華大學對合校較為棘手的問題有三：一是校名的問題，東華老師希望合校後仍維持東華大學的校名；二是組織架構部分校內尚無共識；三是系所的整併困難重重。但在 3 月 16 日的兩校合校代表會議仍達成三項共識：一是兩校均有合校意願，也願再繼續溝通；二是合校相關議題宜兩校代表一起討論；三是議題整合宜依據兩校之五年發展計畫主要內容，循漸進及遠程做法，以謀求最大利基。

（四）兩校開始進行分組討論：1999 年 4 月 1 日花師東華二位校長在電話中確認，合校後校名可以暫緩討論，先行以分組討論方式進行系所及行政單位整合等事項。兩校合校代表之分組討論計召開了三次概略為：

1. 第一次分組討論會議：1999 年 4 月 26 日兩校合校會議開始看似氣氛不錯，但在願景部分開始有不同的看法，花師主張互補（教學與研究共榮），東華則主張應以學術研究為重，當然也讓雙方有更多的了解。

2. 第二次分組討論會議：1999 年 5 月 17 日兩校合校分組會議開始進入深水區，主要的是討論學術架構，最後的共識有三：一是花師相關系所併入東華相關系所，採分組方式呈現；二是教育學院採取學程的方案，即師資培育歸教育學程中心；三是花師以教育學院方式與東華大學合校。

3. 第三次分組討論會議：1999 年 5 月 29 日在壽豐鄉怡園渡假村召開，經過長達六小時的討論折衝，獲得之共識對花師算是衝突甚大，主要為除初等教育學系改為課程與教學學系外，並將師資培育學程化，某系教師轉任如達到某一定比例時，該系採取減班方式處理。及如果此共識能在兩校校務會議中順利通過，將繼續對於兩校之合校原則、合校

時間表、行政組織架構、合校後之未來圖像（picture）等議
題進行討論，期能對合校後之新學校產生長遠有利的發展
功能等。

分組討論至此，在花師內部的教師們已產生一些情緒上的
反映，花師陳校長雖從同年 6 月 2 日起開始至系所聽取教師
意見，另於 6 月 9 日、6 月 11 日、6 月 14 日等三日向教師、
職員、和學生面對面談兩校合校的問題。但已開始有合校
代表在內部討論中表達反對合校的意見，主張送花師轉型
為大學的計畫給教育部，但未獲校長同意。並於 1999 年 6
月 22 日的花師校務會議中，代表出席特別踴躍，會議時間
從上午 8 時 30 分起至 14 時 40 分止，其中只有休息 10 分鐘，
大家所關注的焦點均是與東華的合校提案，最後校長引導
大家採取延長戰線方式，即兩校繼續談合校，並增加合校
代表六位。事後東華亦同時增加同額數之合校代表。

（五）新血代表加入後的首次見面會：經過一個暑假的醞釀，兩校
合校的可能性幾近觸礁，1999 年 11 月 16 日兩校合校代表在
東華大學文學院 A207 會議室召開，會議開始由兩校校長表達
合校的期望後，部分兩校合校代表已開始針鋒相對，而且越
形激烈，使得會議主持之一的牟校長特別請大家先暫停幾分
鐘，把眼睛閉上，再想想五十年後，東華花師都還要繼續存
在下去，但大家可能已不在這世間，我們要將眼光看遠，為
後輩爭取更為美好的學術發展環境。但花師的代表似乎更關
心東華文學院長及中文系主任的發言內容，對於由兩校各推
五人擔任合校計畫擬定之決議反而認為已不重要。

此次會議之後，在花師內部的反對合校聲音即愈來愈大，1999
年 11 月 22 日，時花師人事室呂主任到校長室問及合校進度，
並提到 11 月 16 日後，學校已有四位合校代表私下開會決定進
行連署反對合校，並已有 12 個系所主管及 96 名教師聯名反對
合校（是時花師全校教師約 180 名），預計於 11 月 23 日的校

內合校代表會議中和陳校長攤牌。洽巧陳校長於 11 月 23 日因急性盲腸炎住院而延期召開，陳校長盲腸開刀於 12 月 13 日出院，東華吳專門委員來電詢問合校是否持續進行之事，陳校長回應清華大學和陽明大學都在談合校，東華花師應該也可以談，故決定 12 月 21 日先和校內代表談談，是日晚上在石庭日本料理用餐並溝通意見，用餐沒多久，即有一位合校代表表示有一份重要文件請校長拆閱，陳校長表示先用完餐再看，但有其他二位代表認為要馬上談，並應即停止合校協商，並要校長簽名。陳校長表示合校有其源頭及歷史需要說明清楚，但現場氣氛已極為緊繃，最後陳校長表示，要停止合校不宜由我方片面叫停。2000 年 1 月 7 日陳校長表示，已於 1 月 6 日面見教育部長，確定 1 月 12 日將由教育部吳次長清基參加兩校合校會議，另東華大學吳專門委員亦於同日電話表示，1 月 12 日的會議地點訂在美崙大飯店。

（六）新血代表第二輪討論會：2000 年 1 月 12 日晚在美崙大飯店召開兩校合校會議，教育部吳次長亦出席此次會議，但會中的氣氛並不融洽，表達贊同合校的聲音微弱，且有合校代表認為教育部為何要兩校合校？這是教育部的政策嗎？吳次長展現優良的風度，表明此次前來是奉部長的指示，兩校合校確是教育部的政策，並允諾兩校合校成功，則花師所提之 7 億 5 千萬元之教學研究大樓經費即可繼續，另將提供 6 億元大學整併經費，如果兩校在學期結束前簽約完成，即可辦理申請撥補，其他後續發展經費，將比照嘉義大學的標準處理，建議兩校各推三位同意合校代表共同研擬合校計畫送兩校校務會議決定，東華大學校長馬上同意，花師因有部分代表不同意，故未當場表態。

隔日上午吳次長離花前，二位校長至機場送機，在花蓮機場貴賓室中，吳次長勉勵兩校繼續進行合校事宜，東華校長說他們已決定好三位代表即校長、教務長、及學務長。陳校長

也表示將配合提出人選。最後決定為校長、教務長、及總務長三人，並與東華敲定於 1 月 17 日召開會議。

（七）新血代表第三輪討論會（休止符）：2000 年 1 月 17 日在中信大飯店三樓七星廳召開，會中花師提供了合校計畫草案，但東華則無提供任何資料，故採先行分開討論，約一小時後，再見面討論，大家行禮如儀，但對合校草案的內容似乎不感興趣。

前述會議後，兩校即不再進行有關合校方面的互動或會議。由於 2000 年 3 月間適逢 2000 年總統大選，各師院藉各種機會表達改名大學的期望，因之，教育部於 3 月下旬發文給各師院有關改名大學申核時程為每年 3 月底及 9 月底前送申請書至教育部審核。既然合校無望，花師即在 2000 年 3 月底前擬具改名教育大學計畫書送教育部，教育部亦快速通過此計畫轉陳行政院審議。教育部於 2000 年 10 月 18 日以臺（89）師（二）字第 89122070 號書函轉行政院 9 月 26 日臺 89 教字第 28194 函略以：本案應併入師範校院轉型工作小組研提具體方案後，再提行政院教育改革推動小組研議，並附有行政院經濟建設委員會於 2000 年 5 月間所提「高等教育擴增問題」簡報資料，該資料中指出：師範校院轉型方式應協調與鄰近學校合併，避免師範學院直接改制綜合大學，加速大學學生人數擴增。雖花師針對此函再提申復，但與其他八所師院相同，未能如願改名為大學。

三、合校的第二樂章（2001年8月～2003年12月）

由於花師陳校長的任期本來是於 2001 年 2 月 1 日屆滿，其表示為能使學校的運作更為順暢，所以於 2000 年 2 月間即向教育部報備將於 2000 年 7 月底卸任，並陳請辦理新校長遴選事項，暫時不與東華談合校之事，2000 年 8 月起即由劉錫麒校長接任。另東華牟校長亦於 2001 年 8 月卸任，由黃文樞接任（先行代理，2002 年 1 月正式上任）。因研究者於 2001 年

7月考上教職離開秘書室，是以兩校合校議題再度浮上檯面的原因為何，並不清楚，然於 2001 學年度第一學期之第一次校務會議即有選舉合校代表的提案，並順利選出 11 位合校代表，其中校長、教務長、學務長、及總務長等四位為當然委員，其餘則為票選委員，東華方面亦也選出合校代表。此一時期的概略情形如下（梁金盛，2004a：133-141）：

（一）整裝再出航：2001 年 12 月 19 日兩校合校代表於東華文學院 A207 會議室召開新一輪合校會議，共識有三：一是合校為共籌新大學架構思考，並以平等互惠原則思考合校議題；二為成立合校專案小組，依合校議題需要分組進行前置作業；三則訂定未來討論議題為學校願景、校名、系所整合、課程調整、學術研究整合與教師融合、校地規劃、與現有設施管理使用等，並決定下次會議時間為 2002 年 1 月 9 日。

（二）為新校再聚會：2002 年 1 月 9 日在花師五守樓第三會議室召開，決議為將兩校所提之學校願景及院系所建議案各自帶回研究。

（三）為新校的三會：2002 年 3 月 27 日兩校合校代表會議在東華大學文學院 A207 會議室召開，主要決議有三：一是通過新大學願景；二為新大學校名沒有共識，各自帶回冷靜思考；三則系所整合方面原則上分兩部分進行，首先沒有重疊性質的系所繼續存在，惟規模太大的系所應予分組，次為具有重疊性質系所應經雙方系所教授討論整合後調整轉型為新系所。

（四）為新校的四會：2002 年 9 月 2 日兩校合校代表在花師校長室召開，決定合校時程為三階段，預計於 2004 年 8 月 1 日新學校正式運作。

（五）為新校的五會：2002 年 10 月 16 日在花師五守樓第三會議室召開，決議是：請兩校分別提出未來 3 年兩校的發展架構，並請兩校教務長密切接觸、協商後，帶到下次會中討論。

（六）為新校第六會：2002 年 11 月 20 日在東華大學行政大樓 303 會議室召開，結語是針對本次會議中各代表之意見，請兩校

教務長統整出合校後新大學之學術基本架構，作爲下次會議討論之參考。

（七）爲新校第七會：2002 年 12 月 11 日在花師五守樓第三會議室召開，主要結論爲教育學院、人文及社會學院、原住民學院、及環境學院等系所整合的原則性決定，其餘院系所整合留下次會議再討論。

（八）爲新校第八會：2003 年 4 月 16 日在東華大學行政大樓 303 室召開，本次會議除兩校合校代表外，尚有教育部高教司副司長、中教司科長及專員等與會，教育部代表特別表達對兩校合校之關心，也表示在經費上已有預算可以支援，希藉由校際間的整併，促成學校的整體競爭力。本次會議確立兩校合校後的學術架構，並請兩校各自展開教師意見的徵詢。

（九）爲新校第九會：2003 年 10 月 8 日兩校合校代表在五守樓五樓會議室召開，開場時花師劉校長表示，在會前兩校校長已與教育部呂次長及高教司長和中教司長等討論，初步決定加快兩校合校的進程。是日高教司和中教司亦均派代表參加，在會中教育部代表均表示如果兩校順利合校，將在資源上多予協助，希望加快合校的進度。本次會議確立將合校分爲校名與行政組織架構、系所整合與課程調整、進修推廣與附屬機構整合、校地規劃與管理使用等四組進行，並訂於 11 月 29、30 二日召開下次會議。

（十）爲新校第十會：2003 年 11 月 29 日兩校合校代表在壽豐鄉怡園渡村召開，除兩校合校代表外，尚有教育部呂次長、高教司副司長、中教司司長等多位教育部官員與會表達教育部立場及答覆合校代表提及有關教育部方面的問題，因是日之氣氛相當和諧，進行極爲順利，所以原訂兩天的會議縮短爲一個下午及當天晚上即告完成。在會中教育部針對東華大學提出補助三棟教學大樓的建議亦爽快的答應，並承諾如能於 2003 年 12 月 31 日的兩校校務會議通過合校，教育部已保留

1 億元的補助款，做為合校後設施的先期規劃費用，不過會後有東華大學的代表提出花師有五位代表未出席而頗不以為然。因教育部高教司副司長有他事於下午會議結束即先行離開，由研究者充當司機，他認為東華代表表現積極，而對東華大學通過校務會議持較大信心，對花師是否能夠在校務會議中通過表示憂心。研究者則表示，依第一輪的兩校合校會議中身為花師代表經驗，及這一輪花師校內的情形觀之，應該擔心是東華大學，而不是花師。

這一輪合校歷時兩年的期間，兩校合校代表也有十次正式的面對面會議，其中有三次的合校代表會議尚有教育部官員參與，接下來即要面對兩校的校務會議做最後的決定，在校務會議前兩校分別舉行合校公聽會，在花師方面雖贊同者多，但反對聲音也開始積極展開，甚或於 2003 年 12 月 17 日還安排前教育部長郭為藩先生到校說明「臺灣師範聯合大學系統」的說明會，然因贊同合校的聲音仍較多，因而不被看好。

2003 年 12 月 25 日在聯合報及地方的更生日報刊出東華大學某所長對花師的詆譭言論，且有學生不斷為合校議題到花蓮市區演出行動劇，及在校內發起反合校運動。花師方面則於 2003 年 12 月 29 日計有 61 名教職員共同聯署一封以「合校：一個不得已，但卻是必要的選擇」公開信，以校內電子郵件系統寄給花師的校內教職員工生，希望藉此管道表達，以期校務會議代表在 12 月 31 日的校務會議中做出明智的決定。

至於東華方面，東華學生理事會極力反對，除在花蓮市區及校內遊行外，甚至連畢業校友都趕回聲援，並於 12 月 29 日開會決定於 2003 年 12 月 31 日下午集體罷課，擇於 12 月 30 日舉行學生公投，結果近 95% 反對併校，近 70% 贊成罷課（Ayo 短評，2005），且於校務會議代表進入會場之入口前，各送校務會議代表一束花，表示學生會對校務會議代表的期許。

從兩校合校代表十次會議之後約一個月，即是兩校校務會議的最終決定，在此一輪的討論中，大家也認為兩校不宜一再的受到合校議題而影響學校的發展，所以東華大學黃校長曾公開表示，2003 年的併校案一旦否

決將永不再議（維基百科，2020b），是以這一次的校務會議對兩校而言均屬重大，但在這一個月的兩校師生的發酵結果，2003 年 12 月 31 日的校務會議，兩校代表出席都非常踴躍，花師部分校務會議代表 112 名，共發出選票 109 張，結果贊成 84 票，反對 24 票，1 張廢票，通過合校案，會議於晚間六時結束。東華部分之代表亦非常踴躍，校務會議代表 94 名，共發出 86 張選票，結果 58 票反對，28 票贊成，1 張廢票，未通過合校，會議於晚間八時結束（國立東華大學秘書室，2004）。兩校合校案破局收場。

四、峰迴路轉的合校最終章（2004年1月~2008年5月）

雖然這一時期確實有一段時間就如當初花師新任的林煥祥校長（2004年 8 月到任）公開表示，合校既然不成，那就應該「兄弟登山，各自努力」，所以積極朝向改制大學之路前進，也確實順利於 2005 年 8 月 1 日改名爲國立花蓮教育大學，並持續擴增研究所，東華黃校長亦曾公開表示，2003 年的合校若未成功，則永不再討論合校的議題。使兩校學生人數各約 1 千 8 百人規模，2008 年時，花師已增至 3,741 人及東華的 6,541人（國立高雄應用科技大學，2011）。但合校破局後似乎教育部對花師東華的合併案仍未放棄，因此在 2008 年令兩校好多師生都存有難以置信的合校結果。概要情形如下：

㈠教育部持續推動花師東華合校（2004年1月~2005年4月）

花師與東華於 2003 年的合校案在校務會議表決結果，花師同意東華未通過。東華於 2004 年 1 月 6 日以東秘字第 0930000150 號函報教育部，教育部於 2004 年 1 月 28 日臺高（二）字第 0930002662 號函略以：基於國家教育資源整合及有效運用，本部鼓勵大學院校進行整併……。是以二校在學術及其他方面仍應維持密切合作關係，以持續漸進之整合方式朝整併方向規劃進行。花師則因合校不成，即於校內擬具申請改名「國立花蓮師範大學報告書及計畫書」，於 2004 年 4 月 28 日以花師院秘字第0930001716 號函報教育部審議，教育部則於 2004 年 5 月 24 日以臺中（二）

字第 0930059803 號函示略以：本部黃部長（榮村）於 2004 年 2 月 11 日訪視時指示教育部將於適當時機至花蓮地區安排公聽會，復談花師與東華大學合併事宜，故本案視兩校整合案後續成效後再議。可見教育部對兩校的合校仍未放棄。

(二)兩校前緣再續（2005年5月~2008年2月）

東華大學於 2006 年 11 月 1 日舉行 95 學年度第 1 學期第 1 次校務會議，其會議的工作報告中，列有一項重要的資料，即為合校後再議的內容，重點如下（國立東華大學秘書室，2006）：1.2005 年 5 月 3 日在教育部由呂次長召集二校代表進行兩校整併事宜座談會，說明由教育部成立由上而下推動分區整併的大學整併推動委員會，該委員會將提出東華與花師整併後的發展願景，優先解決校名、未來師資員額、學校發展系所補助金額等問題，俾使校內及各界確實了解整併後學校發展之優勢與利基，同時釐清疑慮，使整併活動得以順利進行；2.2005 年 8 月 25 日依教育部指示，由兩校派三位代表成立兩校整併推動小組，召開第一次會議，參加人員為兩校代表、翁政義委員、及陳伯璋委員，研議整併規劃基本原則；2005 年 9 月 14 日在教育部召開整併推動委員會，由教育部杜部長主持，報告兩校整併進度，預計於 2006 年 8 月 1 日將兩校整併計畫書送教育部審議，2007 年 8 月 1 日新大學正式成立掛牌；3.2006 年 1 月 13 日會議主要決議有三：1.關於校名問題，依據 2005 年 12 月 23 日教育部召開合校會議決議，以兩校共同協商可被雙方接受的校名為處理原則。若該目標無法達成，由教育部邀集學者專家及社會公正人士組成委員會召開決定，該委員會決定之校名，兩校應接受不得再有異議，兩校並可各提三個校名（每校所提校名至少需各含一個非地區性嶄新校名）俾該委員會討論，以上整併後之新校名擬定原則亦應通過兩校校務會議。2.美崙校區使用規劃：校地歸還教育部，建議可否出售，售出所得扣掉必須費用後，期能挹注新大學發展費用。3.硬體建築修訂：原建築規劃所需經費總額 55.8 億，修訂後建築規劃所需總額為 35 億。

㈢峰迴路轉促合校（2008年2月~2008年5月）

就花師而言，前面階段的合校相關訊息其實是相當保密的，研究者身為學校教師，且是校務會議的當然代表，但從未得到相關資料或說明，而是在蒐尋東華的校務資料中方得知有前述過程，以研究者感知的最大轉折乃是花教大林校長於2008年1月底突然發給全校教職員工的一封公開信，表達因身體因素，決定於1月31日提前辭卸校長職務，回任高雄師範大學教職。林校長離校後的2月間，剛好每年一度的校內同仁新春團拜，期中秘書室人員跑步到會場，找到代理的林清達校長，私語後林校長即速離席，後來聽聞是行政院東部聯合服務中心吳執行長請其到辦公室，與東華大學代表談有關兩校合校問題，他回校後很快擇日召開臨時校務會議，選出合校代表並將與東華再談合校事宜。同時花蓮教育大學開始辦理新校長遴選作業，並依程序在校務會議中選出12位校長遴選委員，另三位教育部代表，則以公文報請教育部核派。

2008年3月27日教育部與行政院東部聯合服務中心為加速合併案推動，假該中心與二校進行座談，決議請兩校於一週內提報合併後新校名及經費需求規劃等資料。為配合推動合校，建議國立花蓮教育大學暫緩辦理校長遴選。

2008年4月2日花蓮教育大學召開臨時校務會議（國立花蓮教育大學，2008），會議開始主持人林代理校長即表示，4月3日將再與東華大學合校代表展開合校討論，很重要的議題之一即是校名為何？經過多次討論的結果，以及兩校多年來的討論，主要的關鍵在於校名問題，故特別列為提案之一，經在場代表討論結果，認為花師沒有反對合校的本錢，是以決定合校後的校名為國立花蓮大學或國立東華大學，並由主持人確認事實即不反對合校後仍以國立東華大學為校名，方不致如合校不成而被認定是造成不合校的口實，乃因1999年1月18日，時任的教育林清江部長率同主任秘書、高教司、中教司、國教司等官員到花蓮了解兩校合校的意見，並肯定兩校合校的方向，東華大學牟校長所提校名、組織架構、及系所的整併問題進行討論尋求解決之道。花師部分認為2003年東華反對合校

最為關鍵因素乃是校名，必須面對解決，是以花師的多數校務會議代表則認為系所的存續發展才是最重要的基礎，這部分已在合校計畫書的第18頁明示教職員工生權益保障原則（國立東華大學秘書室，2008a）。因而2008年4月3日的兩校合校代表會議確定合校後校名為國立東華大學決議的基礎，並約定於2008年5月28日兩校同時召開校務會議，再次討論是否決定合校的議題。兩校是否合校的關鍵時刻再次到來，兩校均如期於2008年5月28日召開，結果兩校都通過合校案，確認於2008年8月1日正式合校，校名定為國立東華大學。

位處東部地區的兩所國立大學校院因為高教擴增、高教政策轉折、師資培育變革、及少子女化發酵等因素，經過十二年時間的深度交流、討論、磨合，以及主管機關的關注，經由大學最高決策層級─校務會議的決議，從原規劃的新設併轉折為存續合併，不管如何，算是終結了兩校同時存在的一些困擾，劃下了休止符，可以一起齊心共謀新校務的發展。

肆 整合為單一校區的艱困歲月（2008年6月～2011年12月）

兩校於2008年5月28日順利合校，因係存續回併，且原花師係為代理校長，是以東華校長繼續其任期亦順理成章，在合校議案確定後至新學期開始雖僅二個月的時間，6月期間應是二校校長積極磋商成立校務規劃委員會事宜。該委員會以黃校長為當然主席外，由原兩校各派八位教師代表及一位學生代表成立校務規劃委員會，自2008年7月9日至11月26日止展開14次會議，為新東華的發展擬定未來方向，就如第一次會議即決定設置6個工作小組分別為：行政組織暨法規整合小組、教務整合小組、學務整合小組、總務整合小組、校園建設規劃小組、及圖資整合小組，進行規劃合校前後相關事宜，確定規劃小組名單於學校合併日（8月1日）前完成，該次會議高教司亦派副司長參加，解決教育部所屬相關問題，如教育部得就校園整體規劃、建築規劃及無障礙規劃等三方面各敦請1名委員加入審議小組，協助兩校合併後建築物之興建規劃，免再報部辦

理工程審議（國立東華大學秘書室，2008b）。這個決定，的確對後續東華的建築之興建規劃縮短了很多的行政流程。

此外，學術架構部分，在第1次會議的決議有：為促使兩校合併後教學單位及資源之有效整合與運用，應儘量給予學術架構調整之彈性，兩校因合併後系所減併減少之招生名額，教育部原則同意保留其招生名額，以利次一年度系所之調整。又於8月13日召開之第6次校務規劃委員會第6案決議之3、4、5項內容略以：學院內不設獨立研究所（含碩、博士班）、學士班一學年以一班為原則，各學院中性質相近性質相似的學系，98、99學年度得維持二學系2班，100學年度前完成整合為一學系1班，另於註中言明，教師因系所整合可於一年內選擇進入與其專業領域接近之相關系所，唯應遵循該系所之既有規定（國立東華大學秘書室，2008b）。因為有些教師的自主性較高，雖然絕大多數的系所都順利整合，但確實有少部分系所的整合便沒有那麼順利，例如兩校都有中國語文學系，合校後一直無法整合為一系1班，結果是在人文社會科學學院中出現華文文學系和中國語文學系二個學系；原規劃人文社會科學院的社會學系和公共行政研究所與財經法律研究所整合為一個學系，雖在第十四次校務規劃委員會中決議系名為「公共政策學系（學士班）」並與社會發展研究所、公共行政研究所、財經法律研究所整併為一系三所，但內部一直有許多的討論，至今該系已成為社會學系、公共行政學系、和法律學系等三個學系；原規劃管理學院的觀光遊憩研究所和運動與休閒學系整合為觀光遊憩學系，但運動與休閒學系部分老師強烈表達反對，結果為仍成立觀光遊憩學系，部分老師轉至花師教育學院體育學系，體育學系更名為體育與運動科學學系，及教育學院於2008年11月12日的第13次會議中方確定為「花師教育學院」等。

至於行政組織架構及法規部分雖在14次的校務規劃委員會中，除第1次會議外，其餘13次均有對於組織架構或法規整合方面的討論，可說討論時間及頻次最多者，但這些決議的落實執行卻是甚為順利的部分，包含在行政會議或校務會議中決定的校歌維持原東華的、校徽整合兩校原有意象、校慶取原兩校的校慶日中點左右的11月11日等。

　　系所整合、行政組織架構、法規整合等固然重要，學生的上課、教師的教學、研究與服務也是不容忽視的課題，在合校計畫書中即提及：合校後在東華大學校地將依原來建校的規畫，建設教育學院和藝術學院等教學大樓，以達成未來「單一校區」的目標，讓人力和教學研究等資源可以充分的整合，發揮合校的效益，至於經費方面，教育部亦同意二校合校後所需硬體建設經費補助，以 25 億元爲原則，預定興建教學大樓及擴建污水處理等公共設施，學生宿舍若因政府政策之因素須由學校貸款興建，教育部將補助貸款之利息（國立東華大學秘書室，2008b）。因爲合校後的黃校長認爲教育部的承諾必須學校積極處理才能實質落實，否則會像系所部分原已明文承諾如果合校完成，擬設立之光電學系的將給予教師員額，但最後還是落空。

　　研究者亦爲校園建設規劃小組之一員，又於 2008 年 10 月 1 日接任總務長職務，本小組的重要工作之一即是要完成教學事務單一校區的任務，且在相關會議中，得知黃校長規劃於 2011 年完成單一校區的目標，一則有利於學校的發展，又可確保教育部經費方面的承諾。經過校園建設規劃小組的討論決定教育部同意補助的 25 億元將興建管理學院大樓、教育學院大樓、環境學院大樓、理工學院三館、人文社會科學院二館（現改爲人文社會科學院三館）、藝術學院、及二期公共設施等各項工程，還有自籌 16 億元（貸款 7 億 5 千萬）興建 3,500 床學生宿舍，基地面積爲 137,157 平方公尺，建築面積 117,311 平方公尺（梁金盛，2013），含規劃、設計、發包、興建、完工、驗收、啟用等必須在三年內完成，以期能於 2011 年 9 月前完成單一校區的目標，這部分因興建規劃免再報部工程審議著實減少了許多行政審核的時間。除平常例行業務外，2008 年 10 月前尚有工程款達 4 億餘元施工進度落後的體育館新建工程、及發包中的學生活動中心工程，還有原研究生宿舍及理工一館大樓整修、田徑場翻修、原污水處理場整修、戶外游泳池工程延宕問題解決與重新發包、環境解說中心補照、新建 10 座網球場、校地整編、圖書館空間調整建置、校區搬遷等等多項業務都需同時進行，任務艱鉅。攸關單一校區的工程最關鍵之一的學生宿舍卻因水電承包廠商財務困難，衍生許多問題待解決，經勉力執行，終能

於2011年11月30日取得使用執照，完成單一校區的目標，讓師生終能全部在新東華主校區生活與學習。

 伍　面對逆境共創新東華（代結語）

　　兩校合校完成前幾年，大學的考驗即陸續排山倒海而來，由於大學的擴充和少子女化等因素，加上經濟發展趨緩及大學擴充已現飽和等因素，大學部及研究所之招生報名人數都呈現逐年下滑現象，這種情形又以地處東部的大學為甚，新東華亦無倖免。另因校務基金實施，教育部對公立大學補助僅足支付教職員工的基本薪酬，所以拓展生源、爭取競爭型計畫及研究計畫即相當重要。

　　由於合校後教學研究集中於單一校區，行政組織架構也較為單純。另實施系所合一政策，教學研究陣容相形有利，可以減併一些行政與人事支出，在經費的運用上也可增加利基。最重要的是因為單一校區，使得師師、師生、生生接觸溝通合作的機會增加，共識的建立也更為容易，雖然美崙校區（原花師校園）的充分使用尚待努力，學校校史的定位亦有待思考，但仍有值得肯定之處。

　　因為合校過程中，教育部承諾兩校因合併後系所減併減少之招生名額，教育部原則同意保留其招生名額，以利次一年度系所之調整與增設，這是合校後這十二年來陸續成立華文文學系、公共行政學系、法律學系、光電工程學系、觀光暨休閒遊憩學系、族群關係與文化學系、民族社會工作學士學位學程（學士班）、原住民族樂舞與藝術學士學位學程（學士班）等招生名額的來源所在，對於學校規模及校務基金自籌部分有相當的幫助。同時因應大學國際化潮流，增置國際事務處專責國際學生招生及國際文化交流等事務，使新東華的國際學生自2011年的330人增至2019年的1,087人（國立東華大學國際事務處，2020），得以抵銷部分因少子女化的衝擊，且在學校聲望方面也在近年逐年提升，繼續為新東華的發展開創嶄新的境界。

參考文獻

Ayo短評（2005）。併校，花師樂見，東華罷課反對。MyWeb/ AyoHome/2Info/2003Dec.htm (2 of 107)2005/11/21下午04:33:49. 2. /2020/8/11

中央社（2019）。國立東華大學口述校史發表暨25週年校慶慶祝酒會。 2019,12,15。https://www.ndhu.edu.tw/p/16-1000-147519.php?Lang=zh- tw/2020/07/14。原文網址：https://www.cna.com.tw/postwrite/detail/26415

池婉宜（2019）我國公立大學整併關鍵成功因素及其成效之研究：以臺北市 立大學為例。臺北市立大學教育學系博士論文。臺北市。未出版。

行政院教育改革審議委員會（1996）。行政院教育改革諮議報告書。

行政院經濟建設委員會（2000）。高等教育擴增問題。行政院經濟建設委員 會簡報資料。

林清江（1999）。邁向廿一世紀大學教育發展的願景。載於**教育改革的理想 與實踐**。教育部編印。384-391。

國立東華大學（2020a）。關於東華—東華簡介—東華大事記。https://www. ndhu.edu.tw/p/405-1000-45038,c8810.php?Lang=zh-tw/2020/07/06

國立東華大學（2020b）。關於東華—東華簡介—校史與理念。https://www. ndhu.edu.tw/p/405-1000-45037,c8810.php?Lang=zh-tw/2020/07/06

國立東華大學利書室（2004）。會議資訊—校務會議—國立東華大學九十二 學年度第一學期第二次校務會議紀錄。https://secret.ndhu.edu.tw/p/406- 1011-10193,r1579.php?Lang=zh-tw/2020/8/11

國立東華大學秘書室（2006）。會議資訊—校務會議—國立東華大學95學年 度第1學期第1次校務會議紀錄-合校歷程簡報。https://secret.ndhu.edu.tw/ p/406-1011-10199,r1579.php?Lang=zh-tw/2020/8/12

國立東華大學秘書室（2008a）。會議資訊—校務規劃委員會—國立東華大 學與國立花蓮教育大學合併計畫書（中華民國97年6月25日修訂版）。

http://faculty.ndhu.edu.tw/~committee9/970625.pdf/2020/08/13

國立東華大學秘書室（2008b）。會議資訊－校園規劃委員會－會議紀錄。
　　http://faculty.ndhu.edu.tw/~committee9/record.html/2020/8/13

國立東華大學國際事務處（2020）。國立東華大學國際事務處－統計資料－
　　境外學生數量。https://oia.ndhu.edu.tw/administrative-service/data-and-
　　statistics/2020/08/19

國立花蓮教育大學（2008）。花蓮教育大學開會通知（召開96學年度第2學
　　期臨時校務會議，開會日期：2008年4月2日）。lgs@mail_nhltc_edu_
　　tw%20-%20151_9MB%20(30_3%25)%20-%2005-01-2008%20040340%20
　　pm+0800%20-%20Open%20WebMail.htm

國立高雄應用科技大學（2011）。教育部推動大學整合（併）政策之研究。
　　http://www.kuas.edu.tw/ezfiles/0/1000/attach/80/pta_9758_9493885_36041.
　　pdf/2020/8/11

教育部（2001a）。國立大學校院區域資源整合發展計畫。

教育部（2001b）。推動研究型大學整合計畫。

教育部（2002）。大學教育政策白皮書。

教育部（2004）。教育部所屬國立大學校院實施校務基金學校營建工程經
　　費審查及及補助要點。https://edu.law.moe.gov.tw/LawContentHistory.
　　aspx?hid=43267/2020/09/14

梁金盛（2002）。大學校院整合問題研究。載於**花蓮師院學報**。**15**。1-24。

梁金盛（2004a）。**市場化VS.教育計畫──以大學整併政策為例**。五南圖
　　書。臺北。

梁金盛（2004b）。花蓮師院的危機與生機。載於2004年1月17日國立花蓮師
　　範學院主辦之「東部教育論壇」論文集。378-414。

梁金盛（2013）。學校合併外一章──東華的校區搬遷。載於吳清基主編**教
　　育政策與學校行政**。209-220。五南圖書。臺北。

梁金盛（2018）。教育政策決定與執行的省思。載於吳清基主編**教育政策與
　　學校經營**。25-45。五南圖書。臺北。

維基百科（2020a）。國立東華大學校史。https://zh.wikipedia.org/wiki/%E5%

9C%8B%E7%AB%8B%E6%9D%B1%E8%8F%AF%E5%A4%A7%E5%A
D%B8/2020/07/15

維基百科（2020b）。東華花師併校案。https://zh.wikipedia.org/wiki/%E6%9D
%B1%E8%8F%AF%E8%8A%B1%E5%B8%AB%E4%BD%B5%E6%A0%
A1%E6%A1%88#%E6%95%99%E8%82%B2%E9%83%A8%E4%BB%8B
%E5%85%A5/2020/08/06

Hwang, Y. R. (2000). Normal Colleges At Risks: Structural Problems Affecting
Higher Education in Taiwan. Boston, Massachusetts, USA. Unpublished.

國際經驗篇

第九章

美國大學整併經驗
探究與啟示

劉名峯

國立臺灣師範大學教育學系博士
國立臺灣師範大學教育學系博士後研究

王麗雲

美國哈佛大學教育博士
國立臺灣師範大學教育學系教授

壹 緣起與背景

美國作為全球高等教育研究重要的研究對象，主要原因在於其高等教育能量之豐沛，就經濟合作暨發展組織（Organization for Economic Cooperation and Development, OECD）於 2019 年出版的《教育概覽》（*Education at a Glance*）中顯示，全球將近 370 萬左右的國際學生，約有超過 40% 以上的國際學生流動（international student mobility）目標以英語系國家為主，其中又有約近 98 萬 5 千名學生（約為整體人數之 22%）以美國為最終留學國家[1]（OECD, 2019）；另從學生入學的選擇及組成比例觀之，約有 26% 尋求博士學位的國際學生會以美國作為最終留學選擇；此外，從世界各大學排名系統的前百大學校數量觀之，美國大學的前百大校數總量[2]係為全世界單一國家之最。從上述國際學生總量、留學國家趨向、就學階段選擇、頂尖大學數量等各項數據，皆顯示了美國高等教育能量之充足。

但從諸多數據資訊中可以發現，美國的高等教育機構確實在近年來面臨了經營、發展、創新、整合或轉型上的重要時刻。例如大環境的經濟困境常為高等教育經營帶來嚴峻的考驗，1929 年美國經濟大蕭條（the Great Depression）或是 2007 年的經濟大衰退（the Great Recession）等均為實例。依照 Moody's 信用評等 2015 年的報告顯示，當各項年度稅基呈現短絀現象時，政府因應各項支出的調整或排序，就會連帶造成各類教育資源的削減，復以高中畢業生數量的減少[3]等長期性因素，都可能對既有的高等教

---

[1] 以 2019 年 OECD 的數據為例，排名在美國之後的英國約有 43 萬 6 千名（9%-10%）國際學生；澳洲約有 38 萬 1 千名（9%-10%）；加拿大約有 21 萬名（5%）。其餘主要留學國家包含法國、德國及俄羅斯聯邦。

[2] QS（2021）世界大學前百大排名中，美國占有 27 所大學；THE（2020）世界大學前百大排名中，美國占有 39 所大學；U.S. NEWS（2020）世界大學前百大排名中，美國占有 44 所大學；ARWU（2019）世界大學前百大排名中，美國占有 45 所大學（詳見附錄一）。

[3] 2026 年至 2031 年間的美國高中畢業生可能較 2026 年的高峰下滑 9%（從 356 萬下滑至 325 萬）（Bransberger & Michelau, 2017; Brandsberger, 2017）。就各州或區域的高中畢業生人數預測而言，亦呈現不同的消長趨勢，以 2013 年及 2020 年的數據進行

育機構經營模式、招生策略與競爭版圖造成影響。舉例來說，以美國高中畢業生所在的地理位置及種族比較分析來看，美國東部及中西部地區的高中畢業生，以及白人學生的整體數量下滑幅度[4]，都較其他區域或族裔更為明顯（NCES, 2018），換言之，對於位處這些區域或是原先以白人學生為主要生源的大學來說，經營或發展上就會愈趨困難。

　　近 10 年間，美國高等教育機構的變化相當明顯，就美國國家教育統計中心（National Center for Education Statistics, NCES, 2013, 2019）的數據資料顯示，2012 年至 2013 年間是美國高等教育機構數量最多的一年，計有 4,726 所大專校院（公立學校 1,623 所、私立學校 3,103 所），如果以接受聯邦政府學生獎助學金補助（Title IV Programs）的整體大學校院[5]而言，則達到了 7,253 所。然從 2013 年以降，美國大學數量已逐年降低（詳見附錄二），截至 2018 止，整體數量（授予學位之高等教育機構）已從 4,726 所下滑到 4,042 所，共計減少了 682 所大專校院。

　　具體而言，美國高等教育機構面臨的衝擊來自於學生、資源、內部經營及外部競爭等幾個面向。以學生面向為例，包含高中畢業生數量下降、學生轉向大型的綜合型大學以尋求更好的學術資源、學生就學年紀變動、學生選擇入學領域之變化趨勢、學生就學負擔逐年增加等內容；以資源面向為例，包含公立大學的政府補助逐年下降、大學募款及捐贈量額下滑、學雜費收入大幅降低等內容；以內部經營為例，包含債務水平（debt level）的提高、大學缺乏具體變革計畫及相關計畫之執行時程等內容；以外部競爭面向為例，包含市場占有率（market shares）的流失、大學經營趨勢的改變、缺乏具有競爭力的線上課程、區域性及全球性的高教機構競爭和汰除等內容。當大學未具備多元的資源管道及充沛的金流儲備時，學

比較，全美高中生畢業人數預估下降 0.1%，而加州的預估數據則為下降 3%；就區域而言，美國中西部及東北部的高中畢業生預估呈現下降狀態，南部和西部的預估則呈現上升的趨勢（Bransberger & Michelau, 2017）。上面的數據顯示不同州別或區域的高等教育機構面臨的生源壓力隨時間而有所不同。

[4]　白人高中生的下滑幅度可能較現行人數下降將近 10%（NCES, 2018）。

[5]　包含授予學位及非授予學位的大專校院，亦包含非營利及營利性質之私立大學。

校的經營與存續就會面臨重大挑戰。據此，大學整併似乎成為各國政府與高等教育機構回應全球大學競爭下，對應研究、教學、創新、品牌、聲譽、服務擴充、組織轉型及財務重整等變革需求的靈丹妙藥（Harman & Harman, 2003; Harman & Harman, 2008; Hidalgo-Hidalgo & Valera, 2016; Martin & Samels, 2017; Williams et al., 2017; Williams et al., 2019）。

　　諸多研究中亦顯示，大學整併被視為一種變革的驅動力量，並風行於北美（包含美國、加拿大等）、亞洲（包含中國[6]、越南等）、澳洲及紐西蘭、歐洲（包含法國、德國、挪威、瑞典、芬蘭、丹麥、荷蘭、英國、匈牙利、俄羅斯聯邦等）及非洲（南非）等地區及國家（Harman, 2002; Harman & Meek, 2002; Hidalgo-Hidalgo & Valera, 2016; Kyvik, 2002; Kyvik & Stensaker, 2013; Mok, 2005）。而美國就其大學整併的數量及經驗而言，應有值得我國參照之處。

 ## 貳　整併的類型

　　美國大學整併的類型可從參與者類型及機構類型進行分類，以參與者類型為例，可依部門、機構數量、機構背景、互補程度及整併架構來區分；以機構類型為例，則可依照經營結構、治理主體、機構特質、地理位置及機構規模來歸類。驅動於大就是好（bigger is better）的價值信念下，全球諸多國家近年來多以政府力量介入以引導系統性的大學整併，例如芬蘭、法國及加拿大等國的整併大致是這種形式，其特色包含提升新機構的經營效率及效能、擴大政府掌控之程度、敦促大學更直接的回應國家性及區域性的經濟與社會需求等（Harman & Meek, 2002）。相較於政府介入及主導，芬蘭除了政府挹注資源外，亦相當重視整併過程中所含括的公平及社會正義議題（Välimaa et al., 2014; Robertson & Dale, 2013），與這些國家相互比較，美國的大學整併則較偏向於機構上的機會主義（institutionally opportunistic）（Hentschke et al., 2017），換言之，美國高等教育機構整併

---

[6]　中國於1990年至2015年間，約計有涉及將近1,000所大專校院的400多個整併案例。

力量多數來自於機構本身與發展需求，當然公立、私立、營利及非營利大學間的整併樣貌又會有所不同。

　　就大學整併類型而言，可基於參與者的形式來進行歸類，例如單部門（single-sector）及跨部門（cross-sector）、雙機構及多機構、相似背景（水平整併）及不同背景（垂直整併）、互補性（complementary）及重複性（duplicative）整併、聯邦式整併及統一式整併（Hentschke et al., 2017）。從機構類型中的經營結構面向來看，大部分的整併發生在相同或相似經營結構的學校當中，例如公立學校間（例如 Georgia 的 Albany State University 和 Darton State College）或私立非營利學校（例如 Michigan 的 Keiser University 和 Northwood University）間。至於 Indiana 的 Purdue University 和 Kaplan University 整併案，則是少數發生的公立與私立營利型大學整併案例；另以整併形式中的垂直或水平整併爲例，可由預計整併的大學所提供的學位授予類別或課程服務（curricular offerings）等來進行分類，例如某所大學爲文理學院，另一所大學爲研究型學院，兩者整併後可以成爲包含學士至研究所等學位授予的綜合型大學，這種形式便可視爲垂直整併及互補性整併。當然，還是可能出現較爲特別的整併案例，例如 Utah 州內的 4 年制 Utah State University 與 2 年制的 the College of Eastern Utah 進行整併時，就是混合水平與垂直整併概念的例子，差別在於何者間的程度較高[7]而已。下表 1 呈現大學整併類型及內容說明。

表 1　大學整併類型

分類類型	內容說明
參與者類型	1. 依「部門」區分：單部門或跨部門。 2. 依「機構數量」區分：雙機構或多機構。 3. 依「機構背景」區分：相似背景（同水平整併）或不同背景（同垂直整併）。 4. 依「互補程度」區分：互補性或重複性。 5. 依「整併架構」區分：聯邦式整併或統一式整併。

---

[7]　該案例的垂直整併程度較水平整併程度來的高。

分類類型	內容說明
機構類型	1. 依「經營結構」區分：公立大學、私立非營利大學或私立營利大學。 2. 依「治理主體」區分：共同委員會、各類型個別委員會。 3. 依「機構特質」區分：單一領域、特殊領域（例如醫學機構或醫學院）、文理學院、宗教學院或綜合大學、獨立機構或某一大學系統內部機構。 4. 依「地理位置」區分：校區距離遙遠或位處鄰近區域。 5. 依「機構規模」區分：大型學校、中型學校或小型學校。

資料來源：整理自 Azziz, Hentschke, Jacobs & Jacobs (2019); Harman & Harman (2003).

 參　美國大學整併影響因素

　　美國大學的整併因素可從影響來源面向進行探究，其內容包含外部壓力及內部壓力兩部分，以外部壓力為例，可能來自於大學的地理分布與競爭、商業經營模式與成本結構、法規或立法倡議、政策推動及要求、資本資產收購等；內部作用力則來自領導者或領導團隊之決策、財政健康程度、系統性成長規劃、資產統整需求、資本資產收購等。若更進一步從機構類型來比較分析，財務壓力為兩類型學校的共同整併因素，亦呼應前述全球大環境下的財政緊縮現況。此外，私立學校的整併因素亦可能來自於董事會決策，而公立學校的整併因素則可能來自於機構發展需求。

　　從 Moody's（2015）的研究分析中可以發現影響美國大學整併的因素包含：（一）地理分布與競爭；（二）商業經營模式與成本結構；（三）多元面向的累積財政壓力；（四）法規或立法的倡議。以財政壓力為例，即便大學嘗試多方開源，都可能無法補足不同支出上漲的幅度，而這樣的情形也促使包含 Connecticut、Georgia、Kentucky、Louisiana、Minnesota、Pennsylvania 等美國州政府開始思考大學整併議題，特別是社區學院或技術學院整併的可能性（Ellis, 2011; Smith, 2017）。換言之，大學整併的因素可能包含大學的財政健康程度、系統性成長規劃（例如擴張規模或機構任務改變等）、資產統整需求、資本資產收購（capital assets acquisition）、政府政策推動及要求等不同項目。若從公立及私立兩種類別的大專

校院整併原因觀之，公立大學整併的原因大多在於提升效率、提高品牌發展潛力（branding potential）、增進對於學生與社群的價值效應、建構一個全州（state-wide）的多校區機構、創建一個更為健全的機構或是多校區的學院（multi-site college）等；相對的，對於私立大學來說，特別是少於千人規模的小型學院或文理學院來說，學校的存續與避免關門是思考整併的主要因素（Harman & Harman, 2003; Martin, 1994）。

　　部分高等教育的改革者將大學整併視為解決諸多問題的「魔彈」（magic bullet）（Harman & Harman, 2003）。然而，大學內部可能也面臨重要的挑戰，最基本的問題可能包含為什麼要整併？以及為什麼是現在？易言之，領導者的選擇及決策都可能是大學啟動整併行動的關鍵。據此，領導者或領導團隊對於大學整併成功的重要性可能比對整併失敗的影響性還要高出許多，而其影響的層面更包含了整併的前、中、後等各個時期（Azziz et al., 2017; Harman & Harman, 2003; Locke, 2007; Martin & Samels, 2017; Rowley, 1997）。下表 2 呈現影響美國大學的整併因素。

表 2　美國大學整併影響因素

影響來源	外部壓力	1. 地理分布與競爭。 2. 商業經營模式與成本結構。 3. 法規或立法的倡議。 4. 政府政策推動及要求。 5. 資本資產收購（例如：被其他機構收購）。
	內部壓力	1. 領導者或領導團隊之決策（例如：私立大學之董事會決策）。 2. 財政健康程度。 3. 系統性成長規劃。 4. 資產統整需求。 5. 資本資產收購（例如：收購其他機構）。

資料來源：研究者自行整理。

肆 美國大學整併目的

美國大學的整併目的可以區分為發展性目的（詳見下表 3）及脈絡性目的（詳見下表 4）兩種類型。發展性目的主要來自於大學整體校務經營策略中的發展目的之一，而這些目的亦可化約為政治性、財務性與組織性等三種範疇（Azziz et al., 2019）。舉例來說，政治性目的在於擴展新機構於區域層面之影響力、財務性目的在於解決財政資源不足及支出擴大等問題、組織性目的在於規劃不同發展策略並確實執行。從表 3 中亦可

表 3　美國大學整併之發展性目的

	目的	內容說明	整併案例
發展性目的	政治性	擴展地區性的影響力	North Georgia College 及 State University and Gainesville State College 的整併係為 USG 系統整併中的一部分。
	財務性	擴大地區性的經營規模效率	Kennesaw State University 及 Southern Polytechnic State University 的整併係為 USG 系統整併中的一部分。
		解決學校規模太小及生源不足的財政壓力	Eisenhower College 於 1979 年時，由於當年度僅招收了 460 名學生及遭遇了財務困境，因此被整併進入 Rochester Institute of Technology（RIT）。
	組織性	建立男女合校的綜合型大學以提升招生吸引力	Harvard College（男子大學）與 Radcliffe College（女子文理大學）於 1999 年進行整併。
		提升綜合型大學的整體經營能量	1. University of Toledo（UT）及 Medical College of Ohio 的整併案，使 UT 成為 Ohio 第三大的公立大學機構。 2. Georgia Health Sciences University 及 Augusta State University 整併係為 USG 系統整併中的一部分。
		提供特殊的功能性服務	Peabody College 於 1979 年整併進入 Vanderbilt University，主要領域為教育及人類發展，並具備學士、碩士及博士學位。曾經多年獲得 U.S. News & World Report 中教育研究所中排名第一的位置。

資料來源：修改自 Azziz, Hentschke, Jacobs, Jacobs & Ladd (2017).

發現 USG（University System of Georgia，以下簡稱 USG）的系統整併案例目的相當多元，橫跨了政治、財務及組織等三面向。此外，美國的大學整併目的雖然不一定以成為世界一流大學為主要目標，但機構整併後的整體學術、研究聲譽及經營能量等面向，都有助於學校達成世界一流大學之綜效。以 Vanderbilt University 及 Peabody College 的整併案為例，對於 Vanderbilt University 在教育領域的經營、聲譽及排名具有相當大的助益[8]。

　　而脈絡性目的則可由美國大學整併的歷史角度切入，1940 年代至 1960 年代間的美國大學整併目的大多在於創造一個遍及全州（state-wide）的公立大學系統[9]、延緩及避免財政窘迫的大學關閉（closure），或是增強現有高等教育機構的體質（Millett, 1976）；1970 年代的財政緊縮（financial stringency）情勢是大學整併的主要原因（Millett, 1976; Murphy, 1990）；1980 年代的大學整併因素，除了財政壓力之外，高等教育機構亦期待能藉由整併來擴充學術服務（academic offerings）上的多樣性與多元化（Murphy, 1990）；而 1990 年代及之後的大學整併亦大致維持前一時期的類似因素[10]。2000 年以降，約有超過 100 所美國大專校院進行整併或合併，超過 40% 的整併發生於兩所公立高等教育機構，其中大多數的整併發生在同一州內部，至於跨州或跨機構（例如大學及醫院）的整併則是晚近興起的模式（Azziz et al., 2017）。

8　以 U.S. News & World Report 的教育領域為例，可以細分為課程與教學、教育行政與視導、教育政策、教育心理、高等教育行政、國小教師培育、中等教師培育、特殊教育、學生諮商及個人服務等 9 項。就 2020 年的教育領域為例，Vanderbilt University 在教育行政與視導及特殊教育排名第一。

9　將技術學院或社區學院合併入大學系統則發生於稍晚的時期。此外，這時期的大學系統著眼於提升不同高等教育機構的行政及經營效能，而非整併歷程中的品質或方案可行性。

10　經濟大衰退時期（2007 年至 2009 年間），大學整併因素及數量大多還是圍繞在財政及財務壓力等因素。

表4　美國大學整併之脈絡性目的

	年代	內容說明
脈絡性目的	40-60	一、創造一個遍及全州的公立大學系統。 二、延緩及避免財政窘迫的大學關閉。 三、增強現有高等教育機構的體質。
	70	財政緊縮。
	80-90	一、財政壓力。 二、藉由整併來擴充學術服務上的多樣性與多元化。
	2000 以後	一、財政壓力。 二、公立大學之發展性需求。 三、機構互補性需求（例如大學及醫院之整併）。

資料來源：研究者自行整理。

伍　美國大學整併策略

　　以機構層次（institutional-level）的整併面向進行討論時，美國大學的整併策略大致可以分為 5 類，包含功能共享型整併、功能轉移型整併、機構形式型整併、機構從屬型整併、機構完整性整併（Azziz et al., 2019）。相關說明及相關案例可見下表 5。

表5　美國大學整併策略及案例說明

	名稱	說明及案例
1	功能共享型整併	符碼： Aa+B>>Aa+Ba
		概述： 機構 A 分享內部單位 a 的功能給機構 B，使 A、B 兩機構皆有 a 單位及其功能。
		說明： 機構維持既有的治理主體及機構認可（institutional accreditation），屬於部分學程、系所或服務功能的整併。

名稱	說明及案例
	案例： 1. California 的 Claremont University Consortium：從 1925 年至 1997 年間，陸續加入了 Pomona College、Claremont Graduate University、Scripps College、Claremont McKenna College、Harvey Mudd College、Pitzer College、Keck Graduate Institute of Applied Life Science 等 7 所學校，並共享了包含商務、技術相關、學生服務及設施管理等功能性服務。 2. Pennsylvania 的 Tri-College Consortium（Tri-Co）：Haverford College、Swarthmore College、Bryn Mawr College 等 3 所學校，並共享了課程與學生服務等功能性服務。其中 Haverford College 及 Bryn Mawr College 共同享用同一份學生報紙及電臺。此外，Tri-Co 並與 University of Pennsylvania 合作成為 Quaker Consortium，4 所學校的學生可以相互選課。 3. Massachusetts 的 Boston Consortium：成立於 1995 年，並包含了 Babson College、Bentley University、Berklee College of Music、Boston College、Boston University、Brandeis University、College of the Holy Cross、Emerson College、Harvard University、Massachusetts Institute of Technology、Northeastern University、Olin College、Rhode Island School of Design、Suffolk University、Tufts University、Wellesley College、Wheaton College 等 11 所學校。 4. Appalachian College Association（ACA 聯盟）：包含了遍布於 Kentucky、North Carolina、Tennessee、Virginia、West Virginia 等州，共計 35 所私立 4 年制文理學院。
2 功能轉移型整併	符碼： Aa+B>>A+Ba
	概述： 機構 A 中的 a 單位或功能被併入機構 B，並從機構 A 中完全消失。
	說明： 某機構內的部分單位被併入其他機構內，並於原組織中消失。可能程序包含著整併、收購、部分收購或轉移。
	案例： 多發生於姊妹校或前期已存在機構內單位轉移的大學校院。
3 機構形式型整併	符碼： A+B>>Ab
	概述： 機構 B 併入機構 A 中，雖然機構 B 的機構認可完全消失，但仍可從原先的運作功能及符號中進行識別。

名稱	說明及案例
	說明： 某機構被整併入其他機構內，雖然原機構認可消失，但仍維持既有的運作功能及可辨識性。
	案例： 1. North Carolina 的 Lenoir-Rhyne University 與 Lutheran Theological Southern Seminary（LTSS）的整併。LTSS 成為 LRU 的校區之一，並維持原有的名稱與識別。 2. Ohio 的 Medical University of Ohio（MUO）與 University of Toledo（UT）於 2006 年進行整併，MUO 成為 UT 的醫學院校區，並使 UT 成為 Ohio 第三大的公立大學機構。 3. Washington, D.C. 的 Corcoran College of Art and Design 及 George Washington University（GWU）整併，並 GWU 的美術與設計學院。 4. Georgia 的 Kennesaw State University（KSU）及 Southern Polytechnic State University 整併，並成為 KSU 的電機與電機技術學院。
4 機構從屬型整併	符碼： A+B>>A
	概述： 機構 B 併入機構 A，機構 B 的功能性及識別完全消失。
	說明： 某機構被整併入其他機構內，原先的機構認可消失，且因為內部單位及功能被重新調整及合併，故無法從原先的運作功能及符號中進行機構識別。
	案例： 1. New Hampshire 的 Daniel Webster College（DWC）原本為創立於 1965 年的私立非營利大學，ITT Educational Services 於 2009 年買下 DWC 後，將其轉為營利機構。 2. Washington, D.C. 的 Mount Vernon Seminary 被 GWU 收購後，成為 GWU 的校區之一。
5 機構完整型整併	符碼： A+B>>C
	概述： 機構 A 與機構 B 進行整併後，原先兩機構的機構認可及識別符號完全消失，並組成一個全新的機構 C。
	說明： 進行整併的兩機構其機構認可完全消失，並形成一所具有嶄新機構認可及名稱的新機構。

名稱	說明及案例
	案例： 1. West Virginia 的 Bridgemont Community and Technical College 及 Kanawha Valley Community and Technical College 合併為 BridgeValley Community and Technical College（BVCTC）。 2. USG 的多所大學整併（見附錄三）。

資料來源：修改自 Azziz, Hentschke, Jacobs & Jacobs (2019).

　　除了機構層次的整併策略外，大學整併的歷程也可能包含諸多名詞，並在相異的歷程及脈絡下呈現不同的意涵[11]，以 Harman 及 Harman（2003）提出的大學合作模式（詳見下表 6）觀之，大約可將合作形式化約為合作、協作及整併等三類型。除了上述的分類外，這些名詞亦可能包含共享校園（share campus）、夥伴關係（partnerships）、策略聯盟（strategic alliance or consortium）、聯合經營（joint venture）[12]、學系轉移（program transfer）、合作品牌（co-branding）、購併（acquisition）等內容，而諸多行政決策中又以合併（consolidation or amalgamation）及整併（merger）為大學經營及發展的最終考量（湯志民，2003; Hentschke et al., 2017）。

---

[11] amalgamation 及 unification 係為較為模糊（vague）的術語，其特色在於不確定的最終樣貌和參與對象；federation 係為某些多元參與者協同控制（shared control）下，由不同系統運作而形成的運作樣態；merger 係指 2 個或以上具有獨特識別、機構識別及文化認同的機構進行融合，而形成受單一治理主體掌控且具備新機構認可的組織；take-over 及 acquisitions 係指一個機構歸入或納入另外一個機構，原本的機構名稱可能存在或消失；consolidation 則係指同等的整併（merger of equals）（Azziz et al., 2017; Harman, 2002）。

[12] 以聯合經營為例，位於 New Jersey 的 University of Medicine and Dentistry of New Jersey 及 Rutgers University 於 2013 開始進行合作及後續的整併工作，讓公立的 Rutgers University 成為了一所具有 65,000 學生與 30 億美金預算的高等教育機構，除了位列於全國前 25 所研究型大學之外，該校的研究經費支出亦高於 Harvard、Yale 及 Northwestern University 等美國一流大學。

表 6　大學合作形式一覽表

合作（cooperation）		協作（coordination）		整併（merger）	
非正式合作 Informal collaboration	附屬 Affiliation	聯盟 consortium	聯合部門 joint department	聯邦式整併 Merger with federal structure	統一式整併 Merger with unitary structure

資料來源：修改自 Harman & Harman (2003).

 ## 陸　美國大學整併經驗

　　就美國高等教育機構的整併歷史觀之，最早的機構整併紀錄在 1830年；1990 年代約計有 75 個整併或併購紀錄，而 2000 年後則將近有 40個整併案例，大多數爲兩所公立大學進行整併（Azziz et al., 2017; Steiner, 1894）；以整併範圍觀之，美國大學整併的案例遍布全美各州，其中唯一的大規模整併（包含公立社區學院、科技學院、非科技學院等機構）發生在 USG（亦被稱爲 Georgia Experiment），共計有 18 所高等教育機構整併爲 9 所大學（USG, 2013, 2017）；若以公、私立學校的整併形式來看，私立大學從動機及行動來看，大多數係爲自願性與自主性推動，而公立學校則較偏向官方要求整併（mandated mergers），並以社區學院及科技學院爲主，具體合併的例子遍及 Arkansas、Connecticut、Georgia、Kentucky、Louisiana 等州。

一、影響整併成果的因素

　　大學整併係爲一個包含眾多因素與細節的長期歷程，因此無法由短期的觀察來評估是否成功（Ahmadvand et al., 2012; Muller, 2006），而某些嶄新的組織文化，甚至需要十年以上的時間才能夠重新建構而成（Pritchard & Williamson, 2008）。Kyvik 及 Stensaker（2013）的研究中，建立了對於大學整併是否成功的分類架構──結構、文化、利益團體。其中，文化因素確實不易評估與形成，亦同時容易受到各方利害關係人的忽略。此外，

文化兼容性、管理技術及相關利害關係人[13]對於整併是否成功的感受，對於整併的眞正成功與否也占有舉足輕重的影響地位（Azziz et al., 2017; Pritchard & Williamson, 2008）。

　　要想歸納大學整併成功的重要因子，供其他有整併打算的學校參考，可能不是一件容易的事，橘逾淮爲枳，A 案例的成功因子，不見得適合 B 案例用，是以在解釋應用上必須小心。一般而言，成功的大學整併可能需要包含以下要素，例如建立統一的信念與共同價值、提出承諾及了解治理主體、正確的領導方式、適當的危機意識、強而有力的計畫管理系統、豐富且留有餘裕的溝通計畫、充足的專用資源等（Hentschke et al., 2017）。若從政府的協助角度切入，政府須肩負的任務則包含傳遞明確的整併目標及緣由、針對參與機構提供協助與指引、針對財政激勵措施提出說明及規範、明確說明成員聘任及薪資調整等重要議題、提供必要性的法規制定協助、指定過度階段的治理主體及執行首長等（Harman & Harman, 2003）。Azziz et al.（2019）彙整了諸多學者的研究，說明預測大學整併的成功與否應包含下列這些因素（詳見下表 7）：（一）具有高品質及富含權力的治理、領導及核心行政團隊；（二）具備策略性的行政決策能力；（三）具備內部及外部的組織關係與溝通能力；（四）具有互補性（complementarity）的方案及機會；（五）允許並規劃權宜措施；（六）針對組織成員的需求與顧慮建構具有敏覺性、全面性及細緻化的管理措施。上述因素可以整合爲下列三個面向，分別爲領導、溝通及歷程。

---

[13] 關於相關利害關係人對於整併是否成功的認知，挑選合適的評估矩陣（matrix）對於評估結果相當重要，以 Doran（1981）建構的 SMART 矩陣爲例，特點在於這些標準必須具有特殊性（specific）、可測量性（Measurable）、可實現性（achievable）、相關性（relevant）及具有時限性（time-based）。

表7 大學整併結果預測因子一覽表

領導
1. 重承諾且富含同理的治理主體。
2. 正確的領導。

溝通
3. 具有引人入勝的共同願景。
4. 對於危機意識的正確認知。
5. 具備充足且留有餘裕的溝通計畫。

歷程
6. 具有強而有力的方案管理系統。
7. 具有充足的專用資源。

資料來源：Azziz, Hentschke, Jacobs & Jacobs (2019).

二、成功案例：公立大學的系統性整併典範──University System of Georgia（USG）

(一)整併歷程及內容

　　從大學整併因素及目的來看 USG 的整併結果，可以發現外部作用中的政府政策推動及要求係為主要推力；而就整併目的來說，則橫跨了政治性、財務性及組織性等不同面向，亦顯示了 USG 確實就地域需求或機構發展等目標進行了針對性與細緻化的整併行動。具體來說，USG 的整體大學整併成為成功典範之一，除了具有明確的整併目的之外，Georgia 州政府採用的整併式治理董事會[14]，亦讓政策目標及具體實踐策略能夠有效

---

[14] 美國高等教育系統中的治理機構大致上可分為整併式治理董事會、協調委員會和計畫性機構等三種主要模式及各類混合模式，雖然同類型模式在性質上是具有一些共通性，但是各州的類型、設計、賦權及功能組成等面向仍有所差異（蕭芳華等人，2010）。Georgia 係屬上述的整併式治理董事會形式，由授權後的單一機構負責管理及控制州內的大專校院，其治理模式較趨近於臺灣治理現況。上述的治理董事會分成 USG 治理董事會及 TCSG 治理董事會，前者管理研究型、綜合型及社區型州立大學，後者則管理州立技術學院。而 USG 治理董事會（Board of Regents）於 1931 年創立，係為 Georgia 州政府組織再造的一部分，並於 1943 年進一步入法。因此，該

整合。以 USG 大學整併目標為例，其內容開宗明義寫到「大學合併最主要的目的在於提升整體系統的效能，進而創造 Georgia 更好的教育質量」（USG, 2013），而 USG 確實也依循著此一目標逐步完成各項目標。2011年，時任治理董事會執行長的 Hank Huckaby 建議 8 所學校進行合併，並於 2013 年 1 月完成了合併工作，進而產生了 4 所新學校。同年，該治理委員會為了檢視及促進可能的大學合併，提出了 6 項大學合併原則，分別為：1. 提升入學機會以增進學生受教育程度；2. 提升教育可近性、區域認同及兼容性；3. 避免重複的教育資源浪費以優化指令傳達；4. 創造深具潛力的規模經濟及範疇經濟（economies of scale and scope）；5. 提升並促進區域的經濟發展；6. 藉由簡化行政流程與服務以提升服務水準及品質。

　　USG 最終合併的案例在 2018 年 1 月生效，並讓 USG 內的大學校數從原本的 35 所下降到 26 所[15]；此外，Georgia 大學系統中的 State Board of Technical College System of Georgia（TCSG）整併時程其實比 USG 還要早，從 2009 年至 2015 年間共進行了 10 所學校的整併，並使整體學校的數量由 33 所下降到 22 所。由上可知，Georgia 州政府係為計畫性及綜合性的思考，並據以執行一般及技職體系大學之整併計畫。下表 8 可以顯示 USG 在進行學校整併時所進行的分析內容（其他相關案例及說明請見附錄四），除了就學校基本狀態進行描述外，亦扣合治理董事會提出之整併原則，並針對大學整併後的機會及挑戰進行探究。

　　此外，USG 亦根據學校合併擬定了執行原則，包含了領導、簡明

機構具有負責大學系統的規劃及協調、大學預算審議、大學系統發展統整等實質權力。具體權力內容包含：(1) 任命所管轄區內的大專校院校長；(2) 分配該州教育預算及資源予各機構；(3) 決定包含機構發展策略及願景在內的內部事務；(4) 評估審定各機構的入學標準；(5) 決定各機構的學雜費收費標準；(6) 評估審查學校內的治理模式（Sabloff, 1995）。

[15] 現今的 USG 提供服務的範圍涵蓋整個 Georgia 及其內部的 159 個郡縣。整個大學系統內部共計有 26 所高等教育機構（4 所研究型大學、4 所綜合型大學、9 所州立大學及 9 所州立學院）。此外，USG 亦承擔了全州的公共圖書館服務（約計有 61 個圖書館系統與 389 項設施）及檔案蒐集、儲存管理等重要任務。

表 8　USG 大學整併分析表（範例：University of North Georgia 整併案）

Gainesville State College（GSC）	North Georgia College & State University
1. 創立於 1966 年。 2. 2011 年秋季學生入學人數：8,526 人。 3. 69.1% 的學生來自 Hall、Gwinnett 及 For-syth。 4. 第一年就學穩定率（retention）為 61.4%。 5. 3 年畢業率為 11.7%。 6. 2011 年度學位授予人數：882 人。 7. 2012 年度預算：5,650 萬美元。	1. 創立於 1873 年。 2. 2011 年秋季學生入學人數：6,067 人。 3. 35.9% 的學生來自 Forsyth、Hall 及 Gwin-nett。 4. 第一年就學穩定率（retention）為 79.9%。 5. 6 年畢業率為 49.2%。 6. 2011 年度學位授予人數：1,203 人。 7. 2012 年度預算：6,500 萬美元。

※ 機會：
1. 合併後的機構具有將近 1 萬 5 千名學生，並能提供策略性的規劃以滿足 Georgia 東北部地區學生對於高等教育服務的需求。
2. 提供包含副學士至研究所等更為全面與便捷的學術服務類別。原先兩校的生源來自相似區域，學生亦可自由於兩機構中轉學。
3. 於人口成長快速地區提升學生教育程度及入學機會。
4. 藉由入學率的提升以有效的擴大 GSC 的學士與研究所學程，例如教師教育與外國語文等。
5. 合併後 GSC 可提供更多的校園空間需求。
6. 從現有合作基礎上建立更為堅實的夥伴關係。
7. 藉由經濟規模的提升，據以提升聘用關鍵需求人力的機會。
8. 藉由資源整合以提升促進區域經濟與社區發展需求的能量。
※ 挑戰：
1. 兩所學校的學生大學準備度（college readiness）差異相當大，平衡學生入學及畢業等相關問題相當具有挑戰性。
2. Watkinsville 的校區將會持續運作，但如何定位與優化該校區的功能需要進一步研究。

資料來源：USG (2013).

（simplicity）、監督（oversight）、透明及最大程度的使用遠距教育。治理董事會之執行長亦就各個合併計畫組建執行小組及指定小組領導者，而歷程性的報告格式與關鍵指標也應同時完成。最後，合併計畫共包含了學術、學生、外部及運作等面向。以運作面向為例，便需包含整併工資項目的財務系統、更新建築與租賃協定、分析債券影響、確保有效的執行控制、與州政府的稽核員進行協同合作、確保充分的內部稽核範疇、合併風險管理、建立整併的道德界線、建立過渡時期的合法協定、建立過渡時期的資訊安全管理方式、確認所有報告的條件及規則，同時促使其合乎各項

法規等。

　　除了上面的分析表外，USG 在分析區域間學校的整併可能時，亦會提供下列的分析圖（詳見下圖 1），據以提供更為直觀的建議及說明。以圖一內的標示 1 為例，係為 Gainesville State College 及 North Georgia College and State University 的整併說明之一，兩校於 2013 年 1 月 8 日正式整併成為 University of North Georgia。該整併案例亦明確對應整併分析中「策略性的規劃以滿足 Georgia 東北部地區學生對於高等教育服務的需求」之說明。

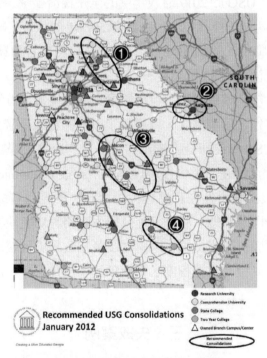

圖 1　USG 系統建議整併校區分布圖

資料來源：修改自 USG (2013).

㈡整併成效

從 USG 的整併歷程觀之，其成功不僅來自於領導或管理等面向的有

效運作，實際數據上的學生人數、學術服務、研究聲譽等面向也有顯著提升，規模經濟及範疇經濟上亦呈現相當卓越的表現。以研究聲譽爲例，USG 於 2018 年度的 U.S. News 大學排名內共有 2 所公立大學進入前 20 名（Georgia Tech 排名第 7、University of Georgia 排名第 16；全美各州中僅有 3 州同時具有 2 所或 2 所以上的公立高等教育機構進入前 20 名）；以學生人數爲例，2018 年秋季共計有 328,712 學生進入 USG；以授予學位數量爲例，USG 於 2016 年度共計授予了 62,545 個學位，包含 38,514 個學士學位、11,044 個碩士學位及 1,645 個博士學位；以經濟影響（economic impact）程度來看，USG 於 2017 財政年度的全州經濟衝擊達到 168 億美金，且影響到 163,754 個工作職位（校內計有 50,541 個職位，約爲 31%；校外計有 113,213 個職位，約爲 69%）；就 USG 整體經營預算觀之，2018 財政年度的預算規模達到 88 億美金。

綜觀美國大學的整併經驗，可以觀察到幾個現象。首先，大學的整併因素萬變不離其宗，簡單來說，就是爲了增強體質或是避免關門。Russell（2019）針對 USG 做的研究亦顯示，整併後的公立大學其學生畢業率大幅提升，其原因可能在於整併後規模經濟（scale economies）擴大，而學校收入、學生服務等內外在資源也大幅提升，顯見這些成功案例中的大學，無論在本身財政狀態、設施管理及學生服務等功能性項目都有明顯改善。據此，大學整併確實提供美國聯邦及各州政府更爲靈活的公共政策應用空間，並擴及到提升掌控程度、平衡預算、提升公平、擴大高教能量等目標。

三、失敗案例

大學整併的失敗因素相當複雜，不同因素間也可能包含著錯綜的複合關係。以 Jackson-Fobbs 於 1997 年進行的研究爲例，兩所原先白人爲多數的學校，其整併成功的比例與情形，較兩所原先主要學生分別爲白人與黑人的學校爲高，顯示學生族群的組成亦有可能成爲阻礙大學整併的主要因素之一。而 Williams et al.（2019）的研究亦指出，衝突的領導形式、缺乏

焦點、漠視文化、缺乏透明、無效溝通、忽視投入、過於重視長期目標等因素，都可能是造成大學整併失敗的因素之一。此外，對於大學整併結果的「得失」相當難以估算，舉例來說，整併後的組織成員對於失去工作的恐慌或是對於薪資福利的不確定感，都可能是整併的隱形花費中相當重要的組成要項之一（Cartwriht et al., 2017）。據此，當大學整併後損益平衡無法達到預期目標時，就可能造成整併失敗的結果。

正因為每所大專校院都是獨一無二的，無論是歷史軌跡、文化脈絡、特殊認同或群體記憶等，都有其獨特且無可取代的識別符碼，因此每一次的大學整併樣貌也會截然不同。以大學整併歷程為例，Greenwood et al.（1994）及 Cai et al.（2016）將其大致劃分為 3 個部分，也就是整併前、中、後期。而 Azziz et al.（2019）則將其細緻劃分為 5 個時期，包含探索與考慮、整併前、整併中、整併後之前期與整併後之後期等。分段時期中，大學對於整併的想法與採取的策略也就有所不同，而也因為想法或作法的改變，導致整併的不同階段都可能導致成功或失敗的結果。舉例來說，探索與考慮階段，藉由實質審查（due diligence）而突顯整併計畫的不切實際或是雙方缺乏整併意願，都會直接造成整併破局的結果。以下分就大學整併的前、中、後期，各別提出美國大學整併的失敗案例，並就其原因進行說明。

㈠整併前期

South Carolina 的 College of Charleston 以及 the Medical University of South Carolina（MUSC）兩所大學的合併案係由州政府進行推動，並預計形成 South Carolina 的第三所研究型大學。然而，由於兩所公立機構相關利害關係人及利益團體的抗爭，歷經聽證會、說明會、抗議遊行及官方宣導等手段及行動後，州政府於 2014 年簽署了維護施政目的及兩造雙方意願的折衷法案（compromise bill），也就是同樣建立一所研究型大學，卻又同時維持兩所大學的的機構認可及獨立組織架構（Cope, 2014; Merrill & Stavrinakis, 2014）。然而，因為這樣複雜的組織架構，對於政府預算、大學課程提供及任務分流等議題，都需要花費更多的資源及時間以進行複雜

並缺乏效率的行政程序，因而失去了原先整併預期達成的目標。

㈡整併中

大學整併執行期間最可能產生問題的地方在於整併前的疏失及錯估，或是整併階段的執行力不足，然而，真正發現問題及影響時卻往往落在整併程序結束之後（Azziz et al., 2017）。舉例來說，Massachusetts 的 Salem State University（公立）及 Montserrat College of Art（私立）於 2015 年初預計進行整併。Salem State University 希望擴張整體校園的規模，而 Montserrat College of Art 則是一座內含 19 棟大小建築的校園，就發展目的和整併條件來說，相當具有整併潛力。此外，兩所學校距離相當近，約為 4 英哩（15 分鐘車程），亦相當具有加乘效應。更重要的是，兩所學校的重要學術領域—藝術，都呈現了蓬勃發展的潛力及前景，因而整併議題對於兩所學校來說，確實相當有運作及合作之空間（Kellie, 2015）。但該整併案經過 6 個月的研擬及磋商後，於 2016 年夏天宣告失敗，整體整併案僅維持了不到 2 年的時間。此案例整併失敗的主要原因在於錯估的機會成本、整體的財政壓力（來自政府補助、捐獻、其他收入及增加的未預期支出）、限縮機構發展的可能性等面向（Kellie, 2015; Krantz, 2015）。

㈢整併後期

大學整併的具體期待係為達成一加一大而二的目標，但事實卻不一定盡如人意。諸如成本壓力、規則變更、潛在規模效率（potential scale efficiencies）等影響因素，都可能對於整併後的績效表現或結果造成影響，並形成機構再度分離的壓力（Azziz et al., 2017）。以 New York 的西奈山醫院（Mount Saini）及 New York University（NYU）的健康中心整併案為例，係受啟發於當代機構整併及學術健康領域的發展趨勢，例如管理式照護服務（managed care）、論人計酬給付制度（capitation）、1997 年的平衡預算法案（Balanced Budget Act of 1997）、機構整合後功能性服務的擴增與支出降低等因素。然而，相較於 Mount Saini 的樂觀與積極，NYU 的董事會、教職員及行政人員則對於整併案抱持著抗拒及懷疑的態度。

　　經歷了數月無效地努力及協商後，雙方修正原本的整併計畫，改採以僅只整併醫院的形式進行，而對於這樣的改變，原本雙方亦抱持著樂觀的態度，並評估 Mount Sinai-NYU Medical Center 這樣的夥伴關係每年預期達到的經濟利益（financial benefits）可以達到 1 億美金（NYU, 1999）。然而，從時序發展歷程觀之，兩機構的醫院整併始於 1998 年，但是從 2001 年開始，原先分屬不同機構的行政業務與人員開始紛紛轉移回到各自的原本校區，而整體整併案也在匯集著市場、法規、社會及內外部不同社群、組織或利益團體的壓力下，於 2008 年宣告正式終止（Kastor, 2012a, 2012b）。

　　分析這個失敗案例時，Kastor（2012a, 2012b）除了提出這起案例中涉及的學術健康領域（academic health field）相當複雜以外，更包含了整體高等教育機構整併時可能會面臨的問題，也就是不同機構既存的政治及文化差異、教職員及內部成員的抗拒、無法對於雙方達成重要且深具意義的初步成果等面向。

 ## 我國大學整併現況

一、我國大學整併的發展與重要法令

㈠大學整併的重要事件

　　我國大學因早期廣設高中大學政策方向之引導，整併並未成為政策議題（policy agenda），一直到大學擴張，少子化危機浮現，大學整併才受到重視，1995 年中華民國教育報告書、1996 年的教育改革總諮議報告書都基於經營效率，資源有效應用，鼓勵學校整併發展。2001 年教育部端出實質誘因，推出「地區性國立大學校院整併試辦計畫」，2000 年嘉義大學整併國立嘉義師院與國立嘉義技術學院，成為國內創新案例，試辦計畫也成為正式計畫。2002 年教育部進一步推動研究型大學整併計畫，不過各大學多選擇以聯合系統運作。公立大學整併成效最佳者應屬傳統師範系統，如臺北市立師範學院、新竹師範學院、花蓮師範學院、屏東師範學

院都分別整併，在高等教育整併上交出不錯的數字成果。

表 9　我國大學整併的重要政策沿革

年份	來源	工作
1995	中華民國教育報告書	鼓勵部分規模過小，缺乏經營效率及競爭力之學校，配合整併發展需求，尋求與其他學校合併之可行性，建立多校區之大學，使資源做有效之運用。
1996	教育改革總諮議報告書	現有公立高等教育學府，部分規模太小，以致教育資源重疊，難獲應有之效益，宜考慮予以合併或擴充至適當規模，以有效運用資源，提升品質。
1999	教育部	1999 年教育部推動「地區性國立大學校院整併試辦計畫」，並編列 10 億元的專案預算，補助整併學校發展之用（教育部，1999），成為國內第一所國立大學成功合併案例。
2001	教育部	「國立大學校院區域資源整合發展計畫」
2002	教育部	教育部宣布以 3 年 100 億的預算規模，執行「推動研究型大學整合計畫」，推動國內研究型大學的發展，整合的模式包括校內整合、校際整合、大學系統及整併。而此計畫促成臺灣聯合大學系統的設立。
2005	教育部	教育部公布「師範校院定位與轉型發展方案」與「國立臺北師範學院等六校成立轉型改名教育大學籌備處」，並評估與鄰近大學整併之可行性（教育部，2005）。
2011	大學法修正	第 7 條載明教育部得衡酌高等教育整體發展、教育資源分布、學校地緣位置等條件，並輔以經費補助及行政協助方式，擬訂國立大學合併計畫報行政院核定後，由各該國立大學執行（大學法，2011）。
2012	教育部	《國立大學合併推動辦法》，組成合併推動審議
2013	教育部	教育部針對單一縣市超過 2 所國立大學且學生數低於一萬人」之學校推動合併，以提升國立大學教育資源效益、提供優質教學環境、強化國立大學競爭力及社會責任。
2014	教育部	教育部公告《大專校院合併處理原則》
2017	教育部	教育部修正《大專校院合併處理原則》
2019	教育部	通過《國立大學整併辦法》

資料來源：研究者自行整理。

　　2012 年教育部進一步推動《國立大學合併推動辦法》，針對單一縣市超過 2 所國立大學且學生數低於一萬人」之學校推動合併，共有十九所

大學被列入考慮，不過真正完成整併的，共有國立臺中科技大學、臺北市立大學、法鼓文理學院、國立屏東大學、康寧大學、清華大學、國立高雄科技大學、國立陽明交通大學（詳見下表 10）。整體來說，我國大學整併情形還是以新設的案例較多（即原單位名稱消失），存續的案例相對較少，整體整併成效還算不錯，但未能成功的例子也不少，例如曾經浮上檯面的國立臺灣師範大學與臺灣科技大學、國立高雄大學與國立高雄第一科技大學，國立中興大學與國立臺中教育大學等。和美國一樣，整併的努力不見得都會成功。在可見的未來，學生人數愈來愈少，當國立大學透過整併愈來愈大，私立學校的生存空間也就越來越困難，學校之間的階層化現象可能也會愈來愈明顯。

表 10 臺灣國立大學合併案例一覽表

年度	被合併學校	合併新校名	類型
1947	國立臺灣大學、臺灣省立法商學院	國立臺灣大學	存續
1955	臺灣省立行政專科學校、臺灣省行政專修班	臺灣省立法商學院（現臺北大學前身）	新設
1961	臺灣省立農學院、臺灣省立法商學院（後脫離成為臺北大學）	臺灣省立中興大學	新設
1992	國立高雄工業專科學校、國際商業專科學校	國立高雄工商專科學校	新設
1999	國光劇藝實驗學校、復興劇藝實驗學校	國立臺灣戲曲專科學校	新設
2000	三軍大學、中正理工學院、國防管理學院、國防醫學院	國防大學	新設
2000	國立嘉義師範學院、國立嘉義技術學院	國立嘉義大學	新設
2006	國立臺灣師範大學、僑大先修班	國立臺灣師範大學	存續
2006	國防大學、政治作戰學校	國防大學	存續
2008	國立東華大學、國立花蓮教育大學	國立東華大學	存續
2011	國立臺中技術學院、國立臺中護理專科學校	國立臺中科技大學	新設
2014	臺北市立教育大學、臺北市立體育學院	臺北市立大學	新設
2014	法鼓佛教學院、法鼓人文社會學院	法鼓文理學院	存續
2014	國立屏東教育大學、國立屏東商業技術學院	國立屏東大學	新設

年度	被合併學校	合併新校名	類型
2015	康寧大學、康寧醫護暨管理專科學校	康寧大學	存續
2016	國立清華大學、國立新竹教育大學	國立清華大學	存續
2018	國立高雄第一科技大學、國立高雄海洋科技大學、國立高雄應用科技大學	國立高雄科技大學	新設
2020	國立交通大學、國立陽明大學	國立陽明交通大學	新設
未定	國立中山大學、國立高雄大學	未定	未定

資料來源：研究者自行整理。

二、大學整併之政策工具

　　如果就政策工具來說，我國大學整併常採用的策略包括了法令規範與經濟誘因，在法令規範部分，為了方便大學整併工作推動，2012 年教育部通過《國立大學合併推動辦法》以作為大學整併指引，另根據該法，教育部得以就兩所以上國立大學進行整併，其形式共包括存續整合併及新設整併。而整併的目標由該法第 6 條之審議基準可見一斑，該審議會之審議基準如下：

　　（一）合併後得以提升學校經營績效及競爭力。

　　（二）合併後得以有效整合教育資源效益。

　　（三）合併後得以提供學生多元學習環境。

　　（四）合併後得以滿足國家社經發展。

　　也就是說合併的結果必須要讓大學能更具競爭力、更能整合資源效益、更能豐富學習環境、更能滿足國家的發展。另外一項重要的法令變革是設立「合併推動審議委員會」審議，對於高等教育機構的整併有了更強勢的推力。《國立大學合併推動辦法》第 2 條之規定，教育部（以下簡稱本部）推動國立大學合併，應以有效協助學校整合教育資源及提升整體競爭力為目標。第 5 條則明確列出符合整併條件的學校，依據該法第 5 條之規範，大概考量下列因素：

　　（一）學校之學術領域分布廣度。

（二）學校之招生規模及教職員數量。

（三）學校之每位學生所獲教育資源，包括校舍空間、土地面積、圖
　　　書及經費等。

（四）學校自籌經費能力。

（五）學校接受評鑑結果。

（六）學校坐落地理位置。

（七）與鄰近學校教學及研究之互補程度及跨校交流情形。

（八）學生實際註冊率。

（九）其他有助於整合教育資源及提升學校競爭力之條件。

　　上述的考量因素包括了學校條件（如人力、經費規模）、學校表現
（如坐落地理位置、學校接受評鑑結果）、整併效益（包括整合教育資
源、提升學校競爭力），不過這些整併考量因素的方向性不明。

　　大學整併另一個政府常用政策工具是經濟誘因，凡整併的學校，政府
提供經費補助，投入項目如下：

（一）非具自償性之教學大樓新建工程計畫。

（二）學生宿舍貸款利息。

（三）合併初期往返不同校區之交通接駁費。

（四）其他有助於合併之相關計畫。

　　由以上的資料可知，我國的大學整併推動與美國相當不同，在國立大
學部分，政府的角色很重，不論是立法推動或經費補助，在在都說明的政
府的積極性角色。在此框架之下，各大學恐怕還是被動因應多，也會期待
政府能給予更多誘因支持大學整併。

 ## 捌　美國大學整併經驗對我國之啟示

　　美國大學整併的現況及趨勢有值得我國參考之處，但如同 Azziz et
al.（2017）的研究指出，大學整併可視爲系列性歷程所凝鍊而成的產物，
只是，無論再怎麼詳細規劃，都有成功或失敗的可能性，要想歸納大學整
併成功的重要因子，供其他有整併打算的學校參考，亦可能相當困難。換

言之，大學整併宜成為大學經營及發展策略的選項之一，將其視為獨立方案或唯一選項，都不是大學最適切的發展選擇。此外，大專校院整併後可能產生的後續效應，例如科技整合應用的程度與範圍、品牌價值提升及顧客期待、市場操縱力（market power）帶來的正、負面效應、組織效能及綜效（synergies）、效率及經濟規模等面向，都可能對新機構帶來全新的挑戰（Martin & Samels, 2017）。

以大學整併影響評估為例，USG 的數據分析除了在基本校務經營面向上（例如學生數目的增加、課程領域的擴張、經營預算的漲幅、實際及隱形花費的平衡等）進行說明外，亦就可能的經濟成長規模幅度、校內外關聯職缺的消長、區域及國家發展的需求等實用面向進行具體評估，而這些內容都是我國現行的整併案例中甚少探究的項目。以下就美國大學整併經驗中可供我國未來參考的項目進行說明。

一、策略夥伴關係的發展

高等教育機構策略伙伴聯盟及夥伴關係可能是未來我國高等教育機構較具潛力的策略發展項目之一，其優勢包含了整體資產增加、潛在淨獲利力（net profitability）、更好的整體競爭力、和諧的校區文化關係、豐富學生生活、提升學術聲譽及品牌形象、增強預先存在的機構夥伴關係、提升未來募款（fundraising）能力、提高各項任務的綜合發展能力、對主要利害關係人產生影響、新的市場滲透（market penetration）、提升經營效率的規模、摒除重複的各項服務項目、升級各項教育科技內容、提升各校區的設施及運作等（Martin & Samels, 2017）。

以整體資產增加為例，學術品質的提升可能比有形的資產增加來的更為重要；以新的市場滲透為例，機構的伙伴關係絕不僅只於呈現招生成果的加乘效應，而是著眼於新市場的積極拓展；以提升經營效率的規模為例，The Boston Consortium for Higher Education（TBC）的聯盟合作策略，不僅含括了人力資源及金流等基本校務經營項目，亦擴展到了職涯輔導或危機管理等特殊服務項目，除了能夠有效低整體資源的支出外，更能有效的提升聯盟學校間的營運效率。

二、公立大學的系統性（systemness）整合

　　有別於私立非營利或營利大學的合作及整併形式，美國大學的多元性也反應在公立大學的整併及策略合作之上，舉例來說，California、Louisiana、Oklahoma、Texas 等州具有多個公立大學系統；Iowa、Michigan、New Mexico 則由旗艦型（flagship）大學帶領分校及其他衛星校區；某些州則有擁有公立大學及社區學院兩種不同體系同時運行。紐約大學系統[16]（the State University of New York, SYNY）則採取了有別於其他州的綜合性系統體系，而這樣體系或許能夠成為有別於整併，卻適合我國採用的發展模式。其系統運作特色包含策略性的入學管理機制、合理的學費政策、銜接完整的轉學機制等措施（Martin & Samels, 2017）。

　　此外，以大學創新聯盟（University Innovation Alliance, UIA）為例，聯盟內的11所學校皆為公立高等教育機構[17]，其主要目的在於從整體學生入學下降的趨勢中，以高成本效益的方式來提高學生畢業率及擴張學生入學率。另，整體聯盟的學校亦會積極運用 Arizona State University（ASU）發展的數據分析及預測方法，據以協助整體機構的運作。舉例來說，ASU 的學生續讀率在實施此預測方法後提升了 5%，如果整體 UIA 的學校都採用 ASU 的預測方法，預計將有 19,000 名學生持續就學（Martin & Samels, 2017）。

---

[16] SUNY 系統內具有研究性綜合大學（doctorate granting universities）、文理學院、社區學院、特殊及技術學校、健康科學中心、贈地學院（land-grant colleges）等合計 64 所高等教育機構。就入學可近性而言，幾乎 100% 的紐約居民居住在系統機構的 30 哩內，約有 93% 的紐約居民離系統機構在 15 哩內。

[17] 11 所公立高等教育機構包含了 Oregon State University（OSU）、University of California, Riverside（UC Riverside）、Arizona State University（ASU）、University of Texas at Austin（UT Austin）、University of Kansas（KU）、Iowa State University（ISU）、Purdue University、Michigan State University（MSU）、Ohio State University（OSU）、Georgia State University（GSU）、University of Central Florida（UCF）。

三、區域及社群關係的提升

1950 至 1960 年代間，West Philadelphia 的都市再生（urban revitalization）計畫期間，由於 The University of Pennsylvania（UPenn）採用公用徵收權（eminent domain）徵收校園鄰近區域的因素，而導致學校與鄰近社區的關係處於低谷，為了解決此一問題並建立更為緊密的夥伴連結，1992年的 UPenn 校長 Sheldon Hackney 設置了社區夥伴中心（Center of Community Partnerships, CCP），主要在於結合整體學校間的資源及促進 West Philadelphia 區域的發展。以 CCP 中主要的核心任務—學術性社區任務（Academically Based Community Services, ABCS）—為例，其內容在於包含提升 K-20 各階段的社區及學術生活品質、促進策略性的社區發展、重視學生及教職員對於學校服務的反應、協助學生成為積極及具有創意的民主社會公民等。（Martin & Samels, 2017）。以 2014-2015 年度為例，CCP共計發展了 63 門 ABCS 課程，這些課程橫跨了 8 個學校、26 個學系及超過 1,600 位大學與研究生。據此，思考大學整併後與社區及社群的共生關係，亦是我國大學整併需積極面對的未來課題之一。

 玖　代結語

臺灣高等教育的整體規劃，大學的校數與大學的規模議題的確是重中之重，某種程度上來說，少子化的威脅，高等教育的高度擴張，使得高等教育數量拖累了品質，讓臺灣高等教育無法大步前進。大學整併是處理大學供過於求、品質下降的方法之一，但卻必需慎用。本文檢視美國高等教育的發展，發現在處理整併的問題，也有成功或失敗的經驗。

臺灣參考美國整併經驗，有幾點可以供臺灣參考，第一個是整併的發動者，美國的大學整併，州政府扮演重要的角色，主導公立大學整併；相較臺灣，教育部比較尊重各校的自主性，基於大學自治，多採用敲邊鼓、宣導或給誘因的方式，政府的主導性較低，整併的速度多只能依賴學校的意願，頗尊重各大學。如果高等教育是公共服務之一，政府的主導性的確

應該要高些，同時也要提出能說服公民與師生的大學整併擘畫願景與具體執行策略，包括理想的大學數量、不同大學的發展重點、科系分布與社會使命、擬服務的公民對象、經費資源的投入情況與預期效益等。面對少子化危機，最不妥的策略恐怕就是「拖」，教育部對於公立大學、甚至是私立大學，應該有這樣的宏觀規劃與行動策略，引導高等教育良性發展，而非讓大學惡性競爭或艱苦求存。

其次，私立大學間的整併在臺灣少見，我國公立大學原本的發展，就較私立大學利基強，透過整併，公立大學會更強大，必然會壓縮了私立大學的生存空間，為了整體高等教育的發展，政府或可提供誘因或規劃，鼓勵私立學校之間的整併，改善私立大學的品質，健全國家整體高等教育。

第三是美國經驗提供了整併成功的預測因素，未來在推動整併時，可以把這些因素列入考量，如果整併成功的機會不大，可以緩辦，優先從成功機會較大的學校著手，同時也不能為併而併（王麗雲，2003），迷信「數大就是美」，對於所要達成的效果要有清楚的目標。每一次的併校討論，對於雙方都是人心浮動、元氣大傷的過程，不論成不成功，組織都已付出高度成本，是以關於整併的討論，應經過先期評估後再啟動，就其可行性、成本與效益進行評估，過程中也需縝密的蒐集資訊，持續溝通，特別是就創新目標與策略部分妥為說明溝通，以免讓原先的遠大目標淹沒於組織內耗中。

參考文獻

王麗雲（2003）。高等教育整併：經驗與反思。**教育研究資訊雙月刊，11**(4)，103-136

教育部（2017）。**歷史資訊105學年度以前：畢業生數**。取自：https://udb.moe.edu.tw/Historical

湯志民（2003, 10月）。**臺灣高等教育擴張與整併之探析**。論文發表於國立政治大學教育學院教育學系主辦之「卓越與效能——21世紀兩岸高等教育發展前景」學術研討會，臺北市。

蕭芳華、何卓飛、連寶靜（2010）。美國高等教育系統治理組織設計對臺灣的啟示。**教育研究集刊，48**，111-137。

Ahmadvand, A., Heidari, K., & Hosseini, S. H. (2012). Challenges and success factors in university mergers and academic integrations. *Archives of Iranian medicine,15*(12), 736-740.

Azziz, R., Hentschke, G. C., Jacobs, L. A., & Jacobs, B. C. (2019). *Strategic Mergers in Higher Education*. Johns Hopkins University Press: Baltimore, MD.

Azziz, R., Hentschke, G.C., Jacobs, B.C., Jacobs, L.A., Ladd, H. (2017). *Mergers in higher education: A proactive strategy to a better future?* TIAA Institute, NY. Retrieved from: https://www.tiaainstitute.org/sites/default/files/presentations/2017-09/TIAA%20Institute_Higher%20Ed%20Mergers%20Report_Azziz_September%202017.pdf

Bransberger, P. & Michelau, D. (2017). *Knocking at the College Door: Projections of High School Graduates, 9th Edition. Revised.* Western Interstate Commission for Higher Education. Boulder, CO.

Bransberger, P. (2017). Knocking Update: New Data about Private High School Graduates. WICHE Insights. Western Interstate Commission for Higher Education. Boulder, CO.

Cai, Y., Pinheiro, R., Geschwind, L., & Aarrevaara, T. (2016). Towards a novel conceptual framework for understanding mergers in higher education.*European Journal of Higher Education, 6*(1), 7-24.

Cope, C. (2014, Apr.), SC legislators propose CofC research university instead of merger with MUSC. *The State*. Retrieved from: http://www.thestate.com/news/politics-government/article13845674.html

Doran, G. T. (1981). There's a S.M.A.R.T. way to write management's goals and objectives.*Management review, 70*(11), 35-36.

Ellis, R. (2011). *A case study of the merger of the technical and community colleges in Kentucky and Minnesota and implications for Georgia.*(Unpublished doctoral dissertation). University of Georgia, GA.

Greenwood, R., Hinings, C. R., & Brown, J. (1994). Merging professional service firms.*Organization Science, 5*(2), 239-257.

Harman, G., & Harman, K. (2003). Institutional mergers in higher education: Lessons from international experience.*Tertiary Education and management, 9*(1), 29-44.

Harman, G., & Harman, K. (2008). Strategic mergers of strong institutions to enhance competitive advantage.*Higher Education Policy, 21*(1), 99-121.

Harman, K. (2002). Merging Divergent Campus Cultures into Coherent Educational Communities: Challenges for Higher Education Leaders. *Higher Education, 44(1)*, 91-114.

Harman, K., & Meek, V. L. (2002). Merger Revisited: International Perspectives on Mergers in Higher Education. Introduction to special issue. *Higher Education, 44*(1), 1-4.

Hentschke, G. C., Parthenon-EY, E., Young, L., Jacobs, B. C., Jacobs, L. A., & Ladd, H. (2017). *Mergers in Higher Education: A proactive strategy to a better future?* TIAA Institute, NY.

Hidalgo-Hidalgo, M., & Valera, G. (2016). University merging process: a guideline proposal for excellence-enhancing.*The BE Journal of Economic Analysis &*

Policy,16(3), 1359-1386.

Kastor J. A. (2010a). Failure of the merger of the Mount Sinai and New York University hospitals and medical schools: part 1.*Academic medicine: journal of the Association of American Medical Colleges, 85*(12), 1823-1827.

Kastor J. A. (2010b). Failure of the merger of the Mount Sinai and New York University hospitals and medical schools: part 2.*Academic medicine: journal of the Association of American Medical Colleges, 85*(12), 1828-1832.

Kellie W. (2015, Aug). Anatomy of Failed Merger. *Inside Higher Ed*. Retrieved from: https://www.insidehighered.com/news/2015/08/05/college-merger-negotiations-are-long-and-complicated

Krantz, L. (2015, July). Montserrat College of Art, Salem State rule out merger. *Boston Globe*. Retrieved from: https://www.bostonglobe.com/metro/2015/07/14/montserrat-college-art-salem-state-rule-out-merger/BopJbktd-Bw1z1R1psRm2SI/story.html

Kyvik, S. (2002). The merger of non-university colleges in Norway.*Higher education, 44*(1), 53-72.

Kyvik, S., & Stensaker, B. (2013). Factors affecting the decision to merge: The case of strategic mergers in Norwegian higher education. *Tertiary Education and Management, 19*(4), 323-337.

Locke, W. (2007). Higher education mergers: Integrating organisational cultures and developing appropriate management styles. *Higher Education Quarterly, 61*(1), 83-102.

Martin, J. (1994). *Merging Colleges for Mutual Growth. A New Strategy for Academic Managers*. Baltimore, MD: Johns Hopkins University Press.

Martin, J., & Samels, J. E. (2017).*Consolidating Colleges and Merging Universities:New Strategies for Higher Education Leaders*. Baltimore, MD: Johns Hopkins University Press.

Merrill, J.H., & Stavrinakis, L.E., (2014, Apr.). Compromise Proposal Creates a Research University in Charleston: University of Charleston, South Carolina to expand its current mission. *South Carolina House of Representatives*. Retrieved from: http://today.cofc.edu/wp-content/uploads/2014/04/Press_Release.pdf

Millet, J. (1976). *Mergers in higher education. an analysis of ten case studies*. The Academy of Educational Development. Inc, Washington, DC.

Mok, K. H. (2005). Globalization and educational restructuring: University merging and changing governance in China. *Higher education, 50*(1), 57-88.

Moody's Investors Service. (2015). Moody's: Small but notable rise expected in closures, mergers for smaller US colleges. June 22. 2020. Retrieved from: https://www.moodys.com/research/moodys-small-but-notable-rise-expected-in-closures-mergers-for-pr_335314

Mount Sinai-New York University Medical Center and Health System President John W. Rowe Reflects On Recent Merger at NYU S Robert F. Wagner Graduate School of Public Service Luncheon. (1999, Apr.). NYU NEWS RELEASE. Retrieved from: https://www.nyu.edu/about/news-publications/news/1999/april/mount_sinainew_york.html

Muller, N. J. (2006). Mergers and managers: what's needed for both to work? Reflections on a merger of two higher education libraries in KwaZulu-Natal. *South African journal of libraries and information science, 72*(3), 198-207.

Murphy, M. P. (1990). MERGERS IN HIGHER EDUCATION. In Kopp, T. J. (Eds.), *Perspectives on corporate takeovers*. (pp. 143-157). Lanham, MD: University Press of America.

NCES. (2018). Digest of Education Statistics: Table 302.10. June 22. 2020. Retrieved from: https://nces.ed.gov/programs/digest/current_tables.asp

NCES. (2019). Digest of Education Statistics: Table 317.10. June 22. 2020. Retrieved from: https://nces.ed.gov/programs/digest/current_tables.asp

OECD (2019). Education at a Glance 2019. OECD, Paris.

Pritchard, R. M., & Williamson, A. (2008). Long-term human outcomes of a "shotgun" marriage in higher education: Anatomy of a merger, two decades later.

Higher Education Management and Policy,20(1), 1-23.

Robertson, S. L., & Dale, R. (2013). The social justice implications of privatisation in education governance frameworks: A relational account. *Oxford Review of Education, 39*(4), 426-445.

Rowley, G. (1997). Mergers in higher education: A strategic analysis. *Higher Education Quarterly, 51*(3), 251-263.

Sabloff, P. A. (1995). Toward better theories of the policy process. *Political Science and Politics, 24*, 14-56.

Smith, A. (2017, Nov). To Merge or Not. *Inside Higher Ed*. Retrieved from: https://www.insidehighered.com/news/2017/11/07/state-mergers-community-colleges-are-spreading-can-present-challenges

Steiner, B. C. (1894).History of education in Maryland. In Adams, H. B. (Eds.), *Contributions to American Educational History*. (vol. 19). Washington, D.C.: US Bureau of Education.

USG. (2013). Previous Campus Consolidations. Atlanta: GA. Retrieved from: https://www.usg.edu/assets/usg/docs/consolidations.pdf

USG. (2017, Jan.). Board of Regents Approves Proposals to Consolidate Institutions. June 22. 2020. Retrieved from: https://www.usg.edu/news/release/board_of_regents_approves_proposals_to_consolidate_institutions

Välimaa, J., Aittola, H., & Ursin, J. (2014). University mergers in Finland: Mediating global competition.*New directions for higher education,2014*(168), 41-53.

Williams, H. & Feldman, L. & Conners, S. (2017). Impact of an institutional merger on four internal stakeholder groups of a college of business. *Journal of Academic Administration in Higher Education, 13*(2), 21-30.

Williams, H. E., Roberts, C., & Shires, J. (2019). Merger, Acquisition, Hostile Takeover: Unification of Two Colleges.*Organization Development Journal, 37*(3), 31-44.

附件

附錄一　前百大世界大學排名（美國部分）

QS (2021)		THE (2020)		US NEWS (2020)		ARWU (2019)	
1	Massachusetts Institute of Technology (MIT)	2	California Institute of Technology (Caltech)	1	Harvard University	1	Harvard University
2	Stanford University	4	Stanford University	2	Massachusetts Institute of Technology (MIT)	2	Stanford University
3	Harvard University	5	Massachusetts Institute of Technology (MIT)	3	Stanford University	4	Massachusetts Institute of Technology (MIT)
4	California Institute of Technology (Caltech)	6	Princeton University	4	University of California-Berkeley (UCB)	5	University of California-Berkeley (UCB)
9	University of Chicago	7	Harvard University	6	California Institute of Technology (Caltech)	6	Princeton University
12	Princeton University	8	Yale University	7	Columbia University	8	Columbia University
16	University of Pennsylvania	9	University of Chicago	8	Princeton University	9	California Institute of Technology (Caltech)
17	Yale University	11	University of Pennsylvania	10	University of Washington	10	University of Chicago
18	Cornell University	12	Johns Hopkins University	11	Johns Hopkins University	11	University of California-Los Angeles (UCLA)
19	Columbia University	=13	University of California, Berkeley (UCB)	12	Yale University	11	Yale University

	QS (2021)		THE (2020)		US NEWS (2020)		ARWU (2019)
21	University of Michigan-Ann Arbor	16	Columbia University	13	University of Chicago	13	Cornell University
=25	Johns Hopkins University	17	University of California, Los Angeles (UCLA)	14	University of California-Los Angeles (UCLA)	14	University of Washington
29	Northwestern University	19	Cornell University	15	University of California-San Francisco (UCFS)	16	Johns Hopkins University
30	University of California, Berkeley (UCB)	20	Duke University	16	University of Pennsylvania	17	University of Pennsylvania
35	New York University (NYU)	21	University of Michigan-Ann Arbor	17	University of Michigan-Ann Arbor	18	University of California-San Diego (UCSD)
36	University of California, Los Angeles (UCLA)	22	Northwestern University	19	University of California-San Diego (UCSD)	20	University of California-San Francisco (UCFS)
42	Duke University	=27	Carnegie Mellon University	22	Duke University	20	University of Michigan-Ann Arbor
51	Carnegie Mellon University	29	New York University (NYU)	23	Cornell University	22	Washington University in St. Louis
54	University of California, San Diego (UCSD)	31	University of California, San Diego (UCSD)	24	Northwestern University	27	University of Wisconsin - Madison
60	Brown University	=38	Georgia Institute of Technology	28	New York University (NYU)	28	Duke University
65	University of Wisconsin-Madison	=38	University of Texas at Austin	31	Washington University in St. Louis	29	Northwestern University

QS (2021)		THE (2020)		US NEWS (2020)		ARWU (2019)
71	University of Texas at Austin	=48	University of Illinois at Urbana-Champaign	33	University of North Carolina-Chapel Hill	30	New York University (NYU)
=72	University of Washington	51	University of Wisconsin-Madison	34	University of Texas-Austin	33	University of North Carolina at Chapel Hill
80	Georgia Institute of Technology	52	Washington University in St Louis	37	University of Wisconsin-Madison	35	Rockefeller University
82	University of Illinois at Urbana-Champaign	53	Brown University	41	University of California-Santa Barbara	38	University of Colorado at Boulder
89	Rice University	54	University of North Carolina at Chapel Hill	45	Ohio State University-Columbus	38	University of Illinois at Urbana-Champaign
95	University of North Carolina, Chapel Hill	=55	University of California, Davis	47	University of Minnesota-Twin Cities	41	University of Minnesota, Twin Cities
		=57	University of California, Santa Barbara	=47	University of Pittsburgh	45	The University of Texas at Austin
		61	Boston University	50	University of Colorado-Boulder	46	University of Maryland, College Park
		=62	University of Southern California	=51	Boston University	48	University of California, Santa Barbara
		70	Ohio State University (Main campus)	=51	University of Maryland-College Park	49	The University of Texas Southwestern Medical Center at Dallas
		78	Penn State (Main campus)	=59	University of Illinois-Urbana-Champaign	55	University of Southern California (USC)
		79	University of Minnesota	=62	Georgia Institute of Technology	55	Vanderbilt University

QS (2021)	THE (2020)		US NEWS (2020)		ARWU (2019)	
	=80	Emory University	=62	Rockefeller University	68	The University of Texas M. D. Anderson Cancer Center
	84	Michigan State University	=64	University of California-Davis	72	Purdue University - West Lafayette
	88	Purdue University West Lafayette	=67	Icahn School of Medicine at Mount Sinai	76	Boston University
	=91	University of Maryland, College Park	=69	University of Southern California	80	University of California, Irvine
	=94	Dartmouth College	71	Emory University	84	Brown University
	=96	University of California, Irvine	72	Pennsylvania State University-University Park	89	University of Pittsburgh, Pittsburgh Campus
			=72	Vanderbilt University	90	University of California, Davis
			76	University of California--Santa Cruz	95	Carnegie Mellon University
			78	University of California-Irvine	95	Rice University
			=82	Carnegie Mellon University	95	University of Florida
			85	University of Arizona	98	Pennsylvania State University - University Park
					100	The Ohio State University - Columbus

QS (2021)	THE (2020)	US NEWS (2020)	ARWU (2019)
共計 27 所	共計 39 所	共計 44 所	共計 45 所

備註：

1. QS-Global University Rankings（QS）：QS 世界大學排行。資料取自：https://www.topuniversities.com/university-rankings/world-university-rankings/2021

2. Times Higher Education - World University Rankings（THE）：泰晤士高等教育世界大學排名。資料取自：https://www.timeshighereducation.com/world-university-rankings

3. US News & World Report - Global University Ranking（U.S. News）：U.S. News 世界大學排行。資料取自：https://www.usnews.com/education/best-global-universities/rankings

4. Academic Ranking of World Universities（ARWU）：世界大學學術排行。資料取自：http://www.shanghairanking.com/ARWU2019.html

附錄二　美國大學數量增減狀況

年份	總數	公立	增減狀態	私立	增減狀態	狀態改變總和
1974-75	3,004	1,433	9	1,571	13	22
1975-76	3,026	1,442	13	1,584	7	20
1976-77	3,046	1,455	18	1,591	31	49
1977-78	3,095	1,473	1	1,622	38	39
1978-79	3,134	1,474	1	1,660	17	18
1979-80	3,152	1,475	22	1,677	57	79
1980-81	3,231	1,497	1	1,734	21	22
1981-82	3,253	1,498	-5	1,755	32	37
1982-83	3,280	1,493	-12	1,787	16	28
1983-84	3,284	1,481	20	1,803	27	47
1984-85	3,331	1,501	-3	1,830	12	15
1985-86	3,340	1,498	35	1,842	31	66
1986-87	3,406	1,533	58	1,873	123	181
1987-88	3,587	1,591	-9	1,996	-13	22
1988-89	3,565	1,582	-19	1,983	-11	30
1989-90	3,535	1,563	4	1,972	20	24
1990-91	3,559	1,567	31	1,992	11	42
1991-92	3,601	1,598	26	2,003	11	37
1992-93	3,638	1,624	1	2,014	-7	8
1993-94	3,632	1,625	16	2,007	40	56
1994-95	3,688	1,641	14	2,047	4	18
1995-96	3,706	1,655	47	2,051	256	303
1996-97	4,009	1,702	5	2,307	50	55
1997-98	4,064	1,707	-26	2,357	10	36
1998-99	4,048	1,681	1	2,367	35	36
1999-2000	4,084	1,682	16	2,402	82	98
2000-01	4,182	1,698	15	2,484	0	15
2001-02	4,197	1,713	-1	2,484	-28	29
2002-03	4,168	1,712	8	2,456	60	68

年份	總數	公立	增減狀態	私立	增減狀態	狀態改變總和
2003-04	4,236	1,720	-20	2,516	0	20
2004-05	4,216	1,700	-7	2,516	67	74
2005-06	4,276	1,693	-5	2,583	43	48
2006-07	4,314	1,688	-3	2,626	41	44
2007-08	4,352	1,685	-9	2,667	66	75
2008-09	4,409	1,676	-4	2,733	90	94
2009-10	4,495	1,672	-16	2,823	120	136
2010-11	4,599	1,656	-7	2,943	114	121
2011-12	4,706	1,649	-26	3,057	46	72
2012-13	4,726	1,623	2	3,103	-4	6
2013-14	4,724	1,625	-4	3,099	-93	97
2014-15	4,627	1,621	-1	3,006	-43	44
2015-16	4,583	1,620	3	2,963	-226	229
2016-17	4,360	1,623	3	2,737	-50	53
2017-18	4,313	1,626	10	2,687	-281	291
2018-19	4,042	1,636	-	2,406	-	-

資料來源：修改自 NCES (2019)。

附錄三 USG大學整併情形一覽表

整併前學校及校名	整併後新校名	整併生效日期
Gainesville State College	University of North Georgia	January 8, 2013
North Georgia College and State University		
Augusta State University	原合併後名稱為 Georgia Regents University，後更名為 Augusta University	January 8, 2013
Georgia Health Sciences University		
Waycross College	South Georgia State College	January 8, 2013
South Georgia College		
Macon State College	原合併後名稱為 Middle Georgia State College，後更名為 Middle Georgia State University	January 8, 2013
Middle Georgia College		
Kennesaw State University	Kennesaw State University	January 1, 2015
Southern Polytechnic State University		
Georgia State University	Georgia State University	January 6, 2016
Georgia Perimeter College		
Albany State University	Albany State University	January 1, 2017
Darton State College		
Armstrong State University	Georgia Southern University	January 1, 2018
Georgia Southern University		
Abraham Baldwin Agricultural College	Abraham Baldwin Agricultural College	January 1, 2018
Bainbridge State College		

資料來源：Azziz, Hentschke, Jacobs, Jacobs, & Ladd (2017).

附錄四　USG大學整併分析內容一覽表

Waycross College (WC)	South Georgia College (SGC)
1. 創立於 1970 年。	1. 創立於 1906 年。
2. 2011 年秋季入學人數：964 人。	2. 2011 年秋季入學人數：2,270 人。
3. 42.6% 的學生來自鄰近的 Ware County。	3. 26.3% 的學生來自鄰近的 Coffee County。
4. 第一年就學穩定率（retention）為 53.9%。	4. 第一年就學穩定率（retention）為 47.9%。
5. 3 年畢業率為 20%。	5. 3 年畢業率為 12.2%。
6. 2011 年度學位授予人數：105。	6. 2011 年度學位授予人數：251。
7. 2012 年度預算：860 萬美元。	7. 2012 年度預算：2,030 萬美元。

※ 機會：
1. 合併後學校學生人數將超過 3,000 人，能夠據以提升經濟規模，亦同時兼顧 Georgia 南部學生的入學機會。
2. 2 所學校係屬同區域內提供類似功能及服務的高等教育機構。
3. 藉由經濟規模的提升，據以提升聘用關鍵需求人力的機會。
4. 藉由資源整合以提升促進區域經濟與社區發展需求的能量。
5. SGC 係為 Waycross 地區第二熱門的學生轉學學校，學校合併後 SGC 的學生住宿設施亦足以供應整體學生需求。

※ 挑戰：
兩所機構既有的文化混合可能會對機構經營與發展造成影響。

Macon State College（MSG）	Middle Georgia College（MGC）
1. 創立於 1965 年。	1. 創立於 1884 年。
2. 2011 年秋季學生入學人數：5,702 人。	2. 2011 年秋季學生入學人數：3,424 人。
3. 60% 的學生來自 Houston 及 Bibb。	3. 38.2% 的學生來自 Laurens、Dodge 及 Bleckley。
4. 第一年就學穩定率（retention）為 53.2%。	4. 第一年就學穩定率（retention）為 53.1%。
5. 3 年畢業率為 3.2%。	5. 3 年畢業率為 9.5%。
6. 2011 年度學位授予人數：846。	6. 2011 年度學位授予人數：502。
7. 另有 Warner Robins 校區。	7. 另有 Dublin 中心及 Eastman 校區。
8. 2012 年度預算：5,600 萬美元。	8. 2012 年度預算：3,580 萬美元。

※ 機會：
1. 合併後的機構具有座落於 5 個校區的近 1 萬名學生，能夠提供策略性與全面性的服務以符合 Georgia 中部學生的需求。
2. 提供更為便捷的學生轉學管道，MGC 係為中部 Georgia 地區第二熱門的學生轉學學校。
3. 提供地區需求中勞動取向之學士學位更為全面的入學管道及機會，例如健康資訊學（Health informatics）及護理。
4. 結合 MGC 的航空教育任務及 MSG 強大的軍方合作關係，藉以滿足區域性的經濟發展需求。理解並符合 Macon 及 Georgia 中部地區的公共高等教育需求。
5. 藉由經濟規模的提升，據以提升聘用關鍵需求人力的機會。

※ 挑戰：
1. 有效的重新組合現有的學士學位學程。
2. 5 個分散校區的經營與管理具有挑戰性。

Gainesville State College (GSC)	North Georgia College & State University
8. 創立於 1966 年。	8. 創立於 1873 年。
9. 2011 年秋季學生入學人數：8,526 人。	9. 2011 年秋季學生入學人數：6,067 人。
10. 69.1% 的學生來自 Hall、Gwinnett 及 For-syth。	10. 35.9% 的學生來自 Forsyth、Hall 及 Gwin-nett。
11. 第一年就學穩定率（retention）為 61.4%。	11. 第一年就學穩定率（retention）為 79.9%。
12. 3 年畢業率為 11.7%。	12. 6 年畢業率為 49.2%。
13. 2011 年度學位授予人數：882 人。	13. 2011 年度學位授予人數：1,203 人。
14. 2012 年度預算：5,650 萬美元。	14. 2012 年度預算：6,500 萬美元。

※ 機會：
9. 合併後的機構具有將近 1 萬 5 千名學生，並能提供策略性的規劃以滿足 Georgia 東北部地區學生對於高等教育服務的需求。
10. 提供包含副學士至研究所等更為全面與便捷的學術服務類別。原先兩校的生源來自相似區域，學生亦可自由於兩機構中轉學。
11. 於人口成長快速地區提升學生教育程度及入學機會。
12. 藉由入學率的提升以有效的擴大 GSC 的學士與研究所學程，例如教師教育與外國語文等。
13. 合併後 GSC 可提供更多的校園空間需求。
14. 從現有合作基礎上建立更為堅實的夥伴關係。
15. 藉由經濟規模的提升，據以提升聘用關鍵需求人力的機會。
16. 藉由資源整合以提升促進區域經濟與社區發展需求的能量。
※ 挑戰：
3. 兩所學校的學生大學準備度（college readiness）差異相當大，平衡學生入學及畢業等相關問題相當具有挑戰性。
4. Watkinsville 的校區將會持續運作，但如何定位與優化該校區的功能需要進一步研究。

Augusta State University	Georgia Health Science University
1. 創立於 1925 年。	1. 創立於 1828 年。
2. 2011 年秋季學生入學人數：6,741 人。	2. 2011 年秋季學生入學人數：2,948 人。
3. 67.5% 的學生來自 Columbia 及 Richmond。	3. 16.5% 的學生來自 Columbia 及 Richmond。
4. 第一年就學穩定率（retention）為 68.5%。	4. 第一年就學穩定率（retention）：N/A。
5. 6 年畢業率為 24.5%。	5. 6 年畢業率：N/A。
6. 2011 年度學位授予人數：1,097 人。	6. 2011 年度學位授予人數：840 人。
7. 2012 年度預算：6,960 萬美元。	7. 2012 年度預算：6 億 3,240 萬美元。

※ 機會：
1. 合併兩所身負不同明確任務的學校以成為一所新大學。

2. 創立符合 21 世紀挑戰的研究機構，並提供高品質與全面性的學士學程及頂尖的健康教育及研究，以符合區域及全州的需求。

3. 持續提供符合地區需求的高水平大學入學服務。

4. 提高促進經濟發展與知識轉移的研究成果積累。

5. 提供多元化的博雅教育及專業領域等大學學位學程。

6. 理解地理區域條件的鄰近性（約 2 英哩）。

7. 建立強而有力的社群支持體系。

※ 挑戰：

1. 截然不同的既有組織任務、組織型態和治理模式。

2. 現代健康系統的複雜結構對於後續的機構合併具有相當程度的影響。

3. 機構品牌和認同等既存議題。

資料來源：USG (2013).

第十章

美國高等教育整併之探析與啟示

戰寶華

美國密蘇里大學哥倫比亞校區經濟學博士
國立屏東大學教育行政研究所副教授

壹　緒論

　　二十一世紀以來，隨著高中畢業學生人數減少、全球排名與國內存續競爭加劇，各國掀起高教整併之熱潮，促使許多在掙扎中求生存之高教機構，將整併視為存續發展的選項之一。Azziz, Hentschke, Jacobs, & Jacobs（2019）指出，高教機構整併非常困難且成本極高，於整併過程中應向所有的利益相關者提出明確方向，包括整併緣由、方法與步驟，以及其利弊得失，但當機構已陷入財務匱乏、校譽低落、品牌退色或學生人數銳減之困境時，再談整併則是為時晚矣，因為大學整併應是透過全方位的縝密規劃與考量，而非絕望的孤注一擲。Azziz, Hentschke, Jacobs, Jacobs, & Ladd（2017）亦指出，依據美國高教經營現況，當入學人數低於 1,000 人、年度學費增長率高於 8%、學費依賴性高於 85%、償債大於支出 10% 之財務困窘結構、以及尚無完整線上課程開發等現象出現，皆可被視為高教機構退場之可預測的危險因子。

　　事實上，美國高等教育具有世界肯定之品質，且美國高等教育系統因其去中心化結構，而具有與其他許多國家和地區截然不同之文化體系，美國並沒有國家層級之高教治理系統綜理事務，其管理權力下放至地方政府，並由各個州政府進行組織管理與規範（Koedel, 2014）。但美國逐年上漲的高額學費讓學生難以負擔，且由於社會人口結構改變與政府教育經費緊縮，併校仍是未來高教發展之趨勢，但整併不能只為減少支出，而是要周延規劃以兼顧雙方既有之教學特色與辦學目標，始能於龐大機會成本中找到未來成長新契機，因而亦導致欠缺整併或策略聯盟機會的小型學校，恐怕只得走上退場之路（Martin, Samels, & Associates, 2017; Trachtenberg, Kauvar, & Bogue, 2016）。

　　儘管許多成本效益因素可以預測整併成功與否，Williams（2017）即指出，整併機構之間需有共同戰略目標，並擁有信任及堅實之合作夥伴關係，且能確保於整併過程中備妥足夠之財務資源，皆是成功整併之重要成功因素。Georghiou & Harper（2015）亦認為，整併計畫應獲得機構成員與師生之內部支持，並於穩定之基礎上實施，始能成功地完成整併作業。

Azziz et al.（2017）從實務經驗中發現成功之整併需要落實關鍵要素，但亦須付出整併之代價。有鑑於此，本文即規劃由探討美國高等教育現況與發展趨勢切入，了解其教育現況、發展背景與整併理論，進而分析美國高等教育之整併情形與其影響，並從探析整併案例中，了解成功整併之關鍵因素以及克服整併挑戰之因應做法，以利提出對我國未來高教發展與整併之啟示。

 ## 美國高等教育現況與發展趨勢

　　美國高等教育發展有其特殊歷史脈絡與機構屬性，因為其高教發展始於歐洲移民進入美國所設立之殖民地學院，而第一所殖民地學院是於1636年設立之哈佛學院，即為現今哈佛大學之前身，後續設立現今之耶魯大學、普林斯頓大學、哥倫比亞大學、布朗大學、以及羅格斯大學等，其前身亦皆同屬殖民地學院（Thelin & Gasman, 2011），然而美國高教機構植基於歷史淵源，且能順應時代潮流及社會趨勢，逐步發展成為全球卓越且著名的大學，實為值得借鏡之處。是以為更了解美國高教發展與整併之來龍去脈，本段分為兩部分，第一部分針對美國高等教育發展現況進行分析，聚焦於美國高等教育學生人數與機構數量、以及其收支與就學成本之變化解析；第二部分著重探析美國高等教育發展背景與整併理論，並由其意涵範疇以及適用理論切入，期能建構高教整併思維之完整內涵。

一、美國高等教育現況背景

　　美國之高等教育體系在世界上具有獨一無二之特性，在整體規模、機構屬性與學生來源之多樣性，以及不受政府控制之學術自由理念與深信汰弱留強之市場競爭力量，皆是其他國家無法比擬（Eckel & King, 2004）。茲針對美國高等教育之定義與範疇、學生人數與機構數量、以及收入支出與就學平均總成本，論述於後，期能進一步洞悉高教機構未來發展之潛在趨勢與經營壓力。

㈠美國高等教育之定義與範疇

高等教育機構（higher education institutions）涵蓋專上教育（postsecondary education）與學士後教育（postbaccalaureate education），前者多指為高中義務教育階段以上的學生設計之學程，包含學術性、職業性以及繼續專業教育範疇；後者則指修習研究所或重要專業學位之學程（Aud et al., 2011），因而常以高教機構之名統稱。而美國教育部則使用最高學位授予級別、機構財務控制屬性等兩大類別對其再進行分類，而明確分類有助於資訊透明以利識別成本與效益。

1. 以最高學位授予級別分

依據授予最高學位之分類基準可分為三個級別，依序為 4 年以上之高教機構、2 年但少於 4 年之高教機構、以及少於 2 年之高教機構（Aud et al., 2011; Hussar et al., 2020）。第一級係指提供涵蓋學士、碩士或博士學位，以及醫學或法律專業學位之一般大學和學院；第二、三級則多是職業訓練屬性之社區學院並授予職業領域之副學士學位（Eckel & King, 2004）。

2. 以機構財務控制屬性分

財務控制屬性影響經營管理思維，而依據財務控制模式區分，高等教育機構亦可被分為三種類別，包括公立高教機構、私立非營利性高教機構、以及私立營利性高教機構等三類。茲說明如下（Aud et al., 2011; Gill, 2020; Hussar et al., 2020）：

(1)公立高教機構

公立高教機構主要營運資金係由聯邦或州政府補助，例如，加州大學洛杉磯分校（University of California, Los Angeles）。

(2)私立非營利性高教機構

私立非營利性高教機構之個人或主管，除薪資或其他合理費用之外，並無任何盈餘分配之報償，此一類型包括獨立之非營利性學校、或是與宗教組織相關之學校，例如，約翰霍普金斯大學（Johns Hopkins University）。

(3)私立營利性高教機構

私立營利性高教機構即是私營學校，其學院營運之利潤報酬及紅利皆可分配予機構主管或成員，例如：鳳凰城大學（University of Phoenix）。

Dos Santos（2020）指出，美國在過去的二十年間，私立營利性高教機構數量大幅變化，因為其多提供遠距學習與自定進度之學術或職業課程，授予之學位涵蓋從證書到博士學位各個層級，並善用各種策略來保持學生人數收取足夠的學雜費以維持財務健康。在私立營利性高教機構中，股東是最終決策者，因而可彈性為學生安排更快速的學位獲得時程，並提供更靈活的課程安排選項，但也意謂學生將被迫支付高昂的學費，且修習學分可能無法轉移與獲得其他學院認可（Muniz, 2020; TBS Staff, 2020）。Gelbgiser（2018）研究發現，私立營利性高教機構招收社經弱勢學生之比例較一般學院為高，因為其對於平均學業成績與 SAT 考試分數之入學審查標準皆相對較低，但弱勢學生經此管道付出更多教育成本卻獲得較少投資收益，導致渴望通過高等教育實現向上流動之夢想幻滅，無異再次深化高等教育中社會經濟不平等的嚴重後果。

(二)**學生人數與機構數量**

茲針對美國高等教育機構之就讀學生人數變化、機構數量變化、以及授予之學位數量變化，說明如下：

1.美國高等教育機構就讀學生人數變化

自 1970 年至 2010 年，美國高教機構註冊就讀學生人數快速成長144.96%，由 8,580,887 人增加為 21,019,438 人，其中，1970 年至 1980 年成長最為明顯，高達 41%；2000 年至 2010 年之成長比例為次，亦高達37.27%，然而自 2010 年至 2018 年卻逐年緩降，人數累計減少 5.21%，其後雖緩步微增至 2020 年之 20,047,000 人，但仍比 2010 年之高峰人數減少4.63%，詳如表 1 所示。

表 1　美國高等教育機構註冊就讀學生人數

年度	總學生數	身分別		公私立	
		全時生	非全時生	公立學生數	私立學生數
1970	8,580,887	5,816,290	2,764,597	6,428,134	2,152,753
1980	12,096,895	7,097,958	4,998,937	9,457,394	2,639,501
1990	13,818,637	7,820,985	5,997,652	10,844,717	2,973,920
2000	15,312,289	9,009,600	6,302,689	11,752,786	3,559,503
2010	21,019,438	13,087,182	7,932,256	15,142,171	5,877,267
2015	19,988,204	12,287,512	7,700,692	14,572,843	5,415,361
2016	19,841,014	12,126,325	7,714,689	14,582,972	5,258,042
2017	19,831,000	12,085,000	7,746,000	14,728,000	5,103,000
2018	19,924,000	12,128,000	7,796,000	14,798,000	5,126,000
2019	20,014,000	12,167,000	7,847,000	14,865,000	5,149,000
2020	20,047,000	12,164,000	7,883,000	14,888,000	5,159,000

註：預測模型於 2018 年推估，2017 至 2020 為推估值。
資料來源：整理自 Hussar & Bailey（2019）之美國教育統計預測第 46 版。

　　由表 1 可知，就讀公立高教機構之學生數一直多於私立高教機構之學生數，其相對比例自 1970 年至 2020 年，維持在 2.58 倍（2010 年）至 3.65（1990 年）之間，近年則皆保持約 2.89 倍之比例。公私立兩類機構之各自學生數變化亦與總學生數變化相似，自 1970 至 2010 年，其人數依序快速成長 135.56% 與 173.01%，達 15,142,171 人與 5,877,267 人；其後逐年遞減至 2017 年，人數減少比例依序為 2.74% 與 13.17%；迄 2020 年，仍比 2010 年依序減少 1.68% 與 12.22%。此外，全時生與非全時生在 1970 年之相對比例最高，全時生人數為非全時生之 2.10 倍，但自 2015 年迄今，全時生人數多維持在約 1.56 倍左右。

　　2. 美國高等教育機構數量變化

　　在 2000 至 2018 學年度，美國高教機構之總數由 3,727 所（包括公立、私立非營利性、以及私立營利性之高教機構），快速成長至 2012 學年度之 4,255 所，其後再逐年緩步減少至 3,660 所，其中，4 年制私立營利性

高教機構由 2000 學年度之 210 所，暴增至 2012 學年度之 710 所（增幅 238.10%），其後再快速減少至 2018 學年度之 300 所（減幅 57.75%），係為最戲劇化之消長，詳如表 2 所示。

表2　美國高等教育機構數量

機構類型	學制	學年度					
		2000-01	2012-13	2015-16	2016-17	2017-18	2018-19
公立（Public）	4 年制	580	650	669	698	711	730
	2 年制	1,067	930	909	885	875	870
	小計	1,647	1,580	1,578	1,583	1,586	1,600
私立非營利性（Private nonprofit）	4 年制	1,250	1,205	1,298	1,295	1,301	1,300
	2 年制	140	100	102	97	96	80
	小計	1,390	1,305	1,400	1,392	1,397	1,380
私立營利性（Private for profit）	4 年制	210	710	617	402	395	300
	2 年制	480	660	552	518	505	380
	小計	690	1,370	1,169	920	900	680
總計		3,727	4,255	4,147	3,895	3,883	3,660

資料來源：整理自 Hussar et al.（2020）、McFarland et al.（2019）、McFarland et al.（2018）、McFarland et al.（2017）之美國教育狀況 2017、2018、2019、2020 年版。

　　由表 2 可知，4 年制與 2 年制之公立高教機構消長迥異，前者由 2000 學年度之 580 所，逐年增長至 2018 學年度之 730 所，增幅為 25.86%；後者則由 2000 學年度之 1,067 所，逐年遞減至 2018 學年度之 870 所，減幅為 18.46%；致使兩者累計減少 2.85%。相對地，私立非營利性高教機構則互有增減，但整體變化趨勢相似，4 年制私立非營利性高教機構由 2000 學年度之 1,250 所，減少至 2012 學年度之 1,205 所，再快速增長至 2015 學年度之 1,298 所，並維持於約 1,300 所左右；相對地，2 年制私立非營利性高教機構由 2000 學年度之 140 所，快速減少至 2018 學年度之 80 所，期間雖有些微增減變化，但累計減幅達 42.86%。

3. 美國高等教育機構授予之學位數量變化

美國高等教育機構授予之學位包括副學士、學士、碩士以及博士，而授予機構包括公立高教機構、私立非營利性高教機構、以及私立營利性高教機構，其中最為顯著之增長在於私立營利性高教機構，詳如表 3 所示。

表 3　美國高等教育機構授予之學位與證書數量

學位別	公私立暨機構類型	學年度			
		1994-05	2004-05	2014-15	2017-18
副學士（Associate's）	公立（Public）	451,539	547,519	821,874	－
	私立（Private）	88,152	149,141	192,097	
	非營利（nonprofit）	48,643	45,344	58,622	
	營利（for-profit）	39,509	103,797	133,475	
	小計	539,691	696,660	1,013,971	1,000,000
學士（Bachelor's）	公立（Public）	776,670	932,443	1,209,438	－
	私立（Private）	383,464	506,821	685,496	
	非營利（nonprofit）	373,454	457,963	553,534	
	營利（for-profit）	10,010	48,858	131,962	
	小計	1,160,134	1,439,264	1,894,934	2,000,000
碩士（Master's）	公立（Public）	224,152	291,505	351,119	－
	私立（Private）	179,457	288,646	407,589	
	非營利（nonprofit）	176,485	253,564	336,182	
	營利（for-profit）	2,972	35,082	71,407	
	小計	403,609	580,151	758,708	820,000
博士（Doctoral）	公立（Public）	58,788	67,511	90,252	－
	私立（Private）	55,478	66,876	88,295	
	非營利（nonprofit）	54,675	65,278	80,092	
	營利（for-profit）	803	1,598	8,203	
	小計	114,266	134,387	178,547	184,000

資料來源：整理自 Hussar et al.（2020）、McFarland et al.（2017）之美國教育狀況 2017、2020 年版。

　　就比例而言，自 1994 至 2015 學年度，私立營利性高教機構授予之副學士、學士、碩士及博士學位，增長幅度依序為 237.83%、1218.30%、2302.66% 和 921.54%，令人瞠目結舌；因為同時期之公立高教機構的增長幅度依序僅為 82.02%、55.72%、56.64% 和 53.52%；私立非營利性高教機構的增長幅度依序亦僅為 20.51%、48.22%、90.49% 和 46.49%。就人數而言，自 1994 至 2015 學年度，公立高教機構仍占多數，其授予之副學士、學士、碩士及博士學位的增加人數依序為 370,335 名、432,768 名、126,967 名與 31,464 名；相對地，私立高教機構（包括營利與非營利）授予之副學士、學士、碩士及博士學位的增加人數依序為 103,945 名、302,032 名、228,132 名與 32,817 名，然而私立高教機構授予碩士與博士學位之增加人數超過公立高教機構。

⑶收入支出與就學平均總成本

　　在美國每所學院或大學都有各自獨特之管理結構及系統（Thelin & Gasman, 2011）。Eckel & King（2004）指出，美國高教機構之財務融資方式既符合傑佛遜主義之有限政府的理念，又符合市場競爭有助於提高質量及效率的信念。儘管來自聯邦、州和地方政府之撥款，在學校財務來源中扮演非常重要的角色，但美國學院與大學具有多樣化收入，包括學雜費、捐贈、企業贊助、研究契約、服務銷售、以及其他投資收益等不同來源。Hussar et al.（2020）亦指出，教學費用係公立高教機構與私立非營利性高教機構之最大的支出類別，而私立營利性高教機構則是學生服務、學術和機構支持費用之總和，兩者其他支出尚有研究暨公共服務、師生輔助支出、醫院以及學生獎助學金等其他類別。有鑑於此，表 4 呈現以 2016-17 美元為基準之公立、私立非營利性、以及私立營利性等三類高教機構的主要收支情形。

　　自 2010 至 2015 學年度，公立高教機構之平均學雜費從 $6,303 增加為 $7,830，五年間暴增 24.23%，縱使因政府補助增加 4% 而舒緩漲幅，但至 2017 學年度，累計漲幅仍高達兩成。在支出部分，自 2010 至 2015 學年度，每生的教學、學生服務暨學術及機構支持、研究暨公共服務之平均

表 4 美國高等教育機構 4 年制全時學生之平均學雜費收入與教學支出

機構類型	收支種類	學年度		
		2010-11	2015-16	2017-18
公立（Public）	學雜費收入	$6,303	$7,830	$7,578
	政府補助收入	$14,926	$14,959	$15,522
	聯邦	$5,578	$4,802	$4,854
	州及地方	$9,348	$10,157	$10,668
	教學支出	$11,655	$12,539	$12,096
	學生服務、學術和機構支持	$8,452	$9,483	$9,374
	研究暨公共服務	$5,999	$7,306	$7,169
私立非營利性（Private nonprofit）	學雜費收入	$20,071	$21,394	$21,512
	政府補助收入	$8,850	$7,600	$8,075
	聯邦	$8,126	$6,959	$7,465
	州及地方	$724	$641	$610
	教學支出	$16,734	$17,996	$18,065
	學生服務、學術和機構支持	$15,455	$16,931	$17,529
	研究暨公共服務	$6,334	$6,339	$7,126
私立營利性（Private forprofit）	學雜費收入	$16,698	$15,806	$16,122
	政府補助收入	$1,155	$783	$324
	聯邦	$1,051	$735	$296
	州及地方	$104	$48	$28
	教學支出	$3,425	$4,127	$4,095
	學生服務、學術和機構支持	$9,366	$10,588	$10,352
	研究暨公共服務	$26	$20	$29

註：數值皆改以 2016-17 美元爲基準（in constant 2016-2017 dollars）以利跨年度比較，並以 4 年制全時學生爲對象。

資料來源：整理自 Hussar et al.（2020）、McFarland et al.（2018）、Kena et al.（2014）之美國教育狀況 2020、2018、2014 年版。

支出依序增長 7.58%、12.20%、以及 21.79%；三項累計支出金額由 $26,106 增加爲 $29,328，增幅達 12.34%。

　　在私立非營利性高教機構之 4 年制全時學生的平均學雜費收入，由 2010 學年度之 $20,071 上漲至 2017 學年度之 $21,512，增幅爲 7.18%；相同期間中，每生政府補助由 $8,850 減少至 $8,075，降幅爲 8.76%。在支出部分，自 2010 至 2017 學年度，每生之教學、學生服務暨學術及機構支持、研究暨公共服務之平均支出依序增長 7.95%、13.42%、以及 12.50%；三項累計支出金額由 $38,523 增加爲 $42,720，增幅達 10.89%。

　　相對而言，在私立營利性高教機構之情形稍有不同，學雜費收入與政府補助收入同步下降，自 2010 至 2017 學年度，其降幅依序爲 3.45% 與 71.95%，但相同期間中，每生的教學、學生服務暨學術及機構支持、研究暨公共服務之平均支出卻大幅增加，依序增長 19.56%、10.53%、以及 11.54%。由數據可知，美國高教機構經營愈趨困難，必須積極思考開源節流之方以及提高效率之法，期能面對內外環境變化之衝擊。

　　此外，高教機構收入與支出之變化直接影響每生平均成本，表 5 即呈現就讀美國高等教育機構 4 年制全時學生之平均總成本，其中，機構類型

表 5　美國高等教育機構 4 年制全時學生之平均總成本

機構類型	學生生活安排	學年度		
		2010-11	2015-16	2018-19
公立（Public）	住宿舍	$20,114	$23,300	$24,900
	與父母同住	$12,561	$14,100	$14,600
	在外自行租屋	$21,665	$23,800	$24,900
私立非營利性（Private nonprofit）	住宿舍	$39,772	$47,400	$51,900
	與父母同住	$31,630	$37,500	$41,100
	在外自行租屋	$40,148	$46,900	$51,700
私立營利性（Private forprofit）	住宿舍	$30,130	$30,600	$33,200
	與父母同住	$20,226	$21,300	$22,700
	在外自行租屋	$29,114	$29,200	$30,200

註：數值皆以當年度公布內容爲準，並未依單一年度幣值做調整。
資料來源：整理自 Hussar et al.（2020）、McFarland et al.（2017）、Aud et al.（2012）之美國教育狀況 2020、2017、2012 年版。

依然分爲公立、私立非營利性及私立營利性等三類型之高教機構；學生生活安排則分爲住宿舍（on campus）、與父母同住（off campus, living with family）、在外自行租屋（off campus, not living with family）等三類。然而住宿舍與在外自行租屋之數字差別在於學校宿舍租金與學校周遭租屋價格之差異，兩者變異不大；但與父母同住之數字則可較眞實反映扣除租屋成本後之接受高等教育成本。因此，自 2010 至 2018 學年度，與父母同住之公立、私立非營利性、以及私立營利性等三類型高教機構的平均總成本，依序由 $12,561、$31,630、以及 $20,226 增加至 $14,600、$41,100、以及 $22,700，增幅依序爲 16.23%、29.94%、以及 12.23%；倘若再加上住宿舍之成本，其增幅則依序爲 23.79%、30.49%、以及 10.19%，顯示短短 8 年間，不同屬性之美國高教機構的就讀成本皆有快速增長之趨勢。

綜上所述，從美國高等教育機構之就讀學生人數、機構數量、授予之學位數量、機構年度收入支出項目、以及就學平均總成本之變化，可知學生人數消長與學習需求變遷，對美國高教機構營運發展之直接影響，亦可洞察其對未來經營方向調整與跨校整併合作之可能產生的潛在壓力。此外，美國高等教育之屬性範疇與我國稍有不同，但因其規範屬性分明之優點，致使私立營利性高教機構可被明確歸類，以利於機構資訊公開而非虛僞蒙混包裝，且能更尊重市場供需機制以及檢視設立目標達成程度，實有助於社會大眾知曉及判斷自我抉擇之成本與效益。高教機構亦可依據自身能力與優勢，著重發展方向於職業訓練培育所需之兩年制學院，或專業學習與學術研究所需之四年制及以上的大學模式，期能兼顧著重實力圈與跳脫舒適圈之平衡考量，有效界定適合發展之利基與模式。

二、美國高等教育發展背景與整併理論

美國高等教育結構植基於英國菁英型學院及德國研究型大學之運作思維，但其屬性受到美國三種主要哲學理念之深遠影響，包括有限政府與言論自由之傑佛遜主義觀點（Jeffersonian ideals）、市場競爭維持高品質之資本主義、以及機會均等與社會流動之廣泛承諾（Eckel & King, 2004）。本段茲針對美國高等教育之發展背景、以及整併意涵與理論基礎，簡述於後。

㈠美國高等教育之發展背景

Baum, Kurose, & McPherson（2013）指出，美國高等教育曾經專指 4 年制之學術研究教育，但現今幾乎適用於任何能授予證書或學位之公立或私立、學術或職業、2 年或 4 年制的專上課程。Trow（2005）將美國高等教育發展分為三個時期，包括 1870-1940 塑造統治階級高階思維之菁英期、二次大戰後傳授廣泛發展應用技能之大眾期、以及 1970 年代後促使全民適應社會變革之普及期。Thelin & Gasman（2011）則將美國的高等教育發展分為五大階段，包括 1880-1914 之大學創建漸增階段、1915-1945 之一次大戰後的高教醞釀變化階段、1945-1970 之高教黃金年代階段、1970-1990 之高教調整暨注重責信階段、以及 1990-2010 之高教跨入新世紀階段。無論植基於何種分類思維，皆無法忽視 1862 年通過之《莫里爾土地授予法》（Morrill Land-Grant Act）以及 1876 年約翰霍普金斯大學（Johns Hopkins University）之成立，對美國高等教育塑造與後續發展之影響，因兩者導致美國高等教育由質變而產生接續之量變，不僅促使高教任務出現本質之變化，從著重醫學和法律之古典學科課程，擴大關注範圍到農業和工程之實用學科教育，更加速轉變殖民地學院屬性，以彰顯普及研究型高等教育取向之濫觴，為美國高等教育迅速擴張轉型奠定基礎（Benson & Boyd, 2015）。

Eckel & King（2004）指出，除了多樣性（diversity）、自治性（autonomy）、競爭性（competition）和可及性（accessibility）之外，規模亦是美國高等教育的顯著特徵之一。美國高等教育數量快速擴張時期，開始於 60 年代、成長於 70 年、以及擴張於 80 年代（Trow, 2005），促使接受高等教育人口亦隨之增長，自 1960 至 2000 年間，學士及以上學歷擁有者成長三倍；至 2005 年已有 18% 之成年人具備學士學位、10% 則有專業或研究所學位（Rhodes, 2006）。Hussar et al.（2020）亦指出，自 2000 年至 2018 年間，高教機構總入學人數由 1,320 萬增加到 1,660 萬，增長 26%；預估至 2029 年，其人數雖將再增加到 1,700 萬，但成長趨勢已大幅減緩，實為值得關注之警示。

㈡美國高等教育之整併理論

法蘭克 · 羅德（Frank Rhodes）以任職美國康奈爾大學（Cornell University）校長 18 年間之親身經歷，提出對美國大學轉型發展之反思，認為大學不應再是象牙塔、大學需要改善治理和領導能力、大學需要對教授進行任期審查、大學需要控制學費之快速上漲、以及服務是所有大學的社會義務等維繫大學神聖使命之省視（Rhodes, 2001）。面對高教整併之轉型發展風潮，本段茲針對整併之確切意涵與適用理論說明如下，期能釐清美國高等教育整併之思考切入角度。

1. 整併之確切意涵

高教機構合作模式千變萬化，從開發共享服務系統到共享校園資源，亦有建構隸屬關係、夥伴關係及聯合品牌運作等不同模式（Martin et al., 2017; Thomas & Chabotar, 2015），因而高教機構使用之相關專業術語包括合併（amalgamation）、統一（unification）、聯盟（federation）、併購（mergers）、收購（acquisitions）、接管（take-overs）、以及整併（consolidation），但每一術語之意涵各有不同，其中，合併與統一是較模糊的不確定範疇術語；聯盟則是在各個參與者共同控制下創建共治系統；併購係指兩個或兩個以上的獨立機構放棄其法律及文化上的獨立身分，而在另一機構控制下採用新的聯合身分；因此，整併即是較常被高教機構使用的專業術語，且在特定狀況下常與併購交互使用，究其原因在於期望平等整合併融，然而因整併機構之間在聲譽、財務或市場影響力層面常存在明顯差異，致使高教機構整併甚少是真正達到平等地統合與融合（Azziz et al., 2017）。Zaheer, Schomaker, & Genc（2003）則建議可透過雙方機構努力，以形成整體平等之共同認知。

2. 整併之適用理論

高等教育機構整併可基於強化難以模仿之動態核心能力、優化互動關係之競爭合作能力或進化市場生態之系統共生能力，亦即可著重於動態核心能力理論（theory of dynamic core competence）、競爭合作理論（competition-cooperation theory）或複雜理論（complexity theory）之應用。茲分項簡述如下。

(1)動態核心能力理論

動態核心能力理論係結合核心能力與動態能力。核心能力具有獨特專業知能、可靠製銷流程、緊密客戶關係、敬業組織文化、以及優良人力資源等多維觀點，可以協助建構組織核心競爭優勢，讓競爭者難以仿效、爲客戶創造價值、以及可廣泛發揮於市場（Kawshala, 2017; Prahalad & Hamel, 1990）。動態能力是協助組織於快速變化環境中仍具有競爭優勢之基石（Denrell & Powell, 2016），其修正資源競爭優勢之錯誤的靜態觀點，促使組織能依據市場需求變化與新創技術出現，激發員工與合作夥伴持續投入資源，以掌握其他人未曾辨識與利用之組織發展契機（Hunt & Madhavaram, 2020）。

Teece（2018）認爲，動態能力是包含資源與策略系統的一部分，其共同決定組織於競爭中所能展現之競爭優勢，因爲動態能力是一個需要領導力與特定資源以解釋熊彼得（Schumpeter）經濟競爭理論嵌入管理機制之框架，其具有認知識別與感知機會之必要性，並包含理性進行市場研究以及感性構思新事物元素之過程。當消費者需求或技術發生變化時，曾經是關鍵資源或市場地位可能已經過時，因而組織必須以全新的方式從根本上挑戰舊秩序，始能識別與滿足全新之市場需求，因此組織需具備一定的品牌信譽、資源基礎與市場地位，始有成功之機會，然而更充足的資源、更多項的專利、更強大的品牌力量、或更優質的人才智力，卻並非成功的保證，因爲正確認知與事實行動才是動態競爭的核心（Baden-Fuller & Teece, 2020）。

(2)競爭合作理論

理解競爭合作的關鍵要素是發現參與各方之間目標的互補雙贏類型，各方目標之間可能存在負相關關係，進而導致產生輸贏取向之競爭互動，僅有在正向互動關係中，始能傾向以具有雙贏思維建立合作互動（Deutsch, 2000）。競合兩難代表組織經營活動實現雙贏的非零和賽局之衝突，在複雜經營環境中必須競爭，但亦有合作，因此競爭與合作之探究是策略管理領域的核心，其前因後果影響競合之間的緊張關係以及替代管理方法（Hoffmann, Lavie, Reuer, & Shipilov, 2018），緊張是矛盾的真實表

現，並提供對理解和管理矛盾所必需之關鍵能力的見解，因而較低的感知張力會限制機敏性和對意識複雜性之理解（Gnyawali, Madhavan, & Bengtsson, 2016）。

Gnyawali et al.（2016）亦指出，競爭合作能力的構建至關重要，亦即藉由分析能力理解競合兩難以及執行能力應對競合兩難，以維持緊張關係在中等水平並增強合作競爭的結果，其中，分析能力是由高階管理團隊具備與共享之思維方式所組成；執行能力是處理競合關係並提高競合效果之歷程展現，而參與者之良窳、附加價值之高低、規則施行之強弱、應用戰術之優劣、以及競合範疇之大小，皆會影響適應環境改變之能力與協同競合發展之機會。

(3) 複雜理論

Sammut-Bonnici（2015）指出，複雜理論藉由解釋系統成員之間的關係如何引起集體行為，並促使系統與環境交互作用，以詮釋系統如何成長、適應以及發展，因而複雜即是要求關注整個系統行為之細節，以了解營運模式如何隨著內部部門和環境的發展而變化，因為複雜性理論觀察到組織現象與科學及自然界的現象相似，而理解相似性的最好方法即是研究複雜系統之關鍵組成部分：增加回報、自組系統、持續適應、對初始條件敏感以及非線性。

複雜理論對理解系統之不可預測性與變化的貢獻，有助於協助了解公共政策與公共管理理論之動態性和非線性（Eppel & Rhodes, 2018）。Greenhalgh（2020）則提出七項複雜理論原則，包括承認不可預測性、認識自組系統、促進相互依存、鼓勵理性、關注人際關係、發展員工適應能力與有效利用衝突，以利協助發展系統能力，並縮小實務執行差距。Turner & Baker（2019）亦指出，簡單系統引起複雜行為，而複雜系統亦可產生簡單行為，但複雜理論並未將整體視為其各個部分之總和，因為整體在本質上已與部分不同，而複雜理論是可以協助學者利用更好的自我定位，以解決當今複雜問題的工具，諸如，解決與技術進步、全球化衝擊、錯綜複雜市場變遷、文化變革、以及無數挑戰和機遇相關之複雜性問題。

綜上所述，美國高等教育為順應社會發展與價值變遷而經歷多次結構

重組，其中亦有隨著人口增長而快速擴張，然而目前卻面臨高教機構生源不足、財政迫窘、以及成本高漲等經營壓力，機構整併轉型乃勢在必行。然而如何在快速變遷之環境中，使用核心知能以建構組織競爭優勢；在資源競爭之態勢中，利用雙贏思維以建立組織合作互動；以及在不可預測之需求中，善用適應能力以強化組織系統發展，在在考驗高教機構經營者之睿智。

 整併情形探析與影響分析

　　在過去的三十年中，包括美國在內之許多國家公共機構進行系統性整併（Azziz et al., 2017），各國政策制定者和機構管理者始終認為其高等教育系統效率不彰且表現不佳，而需要整編重組以提高學術質量與行政效率，並且實現策略性發展目標（Pruvot, Claeys-Kulik, & Estermann, 2015），Hazelkorn（2015）亦認為，整併可提高全球排名與國際競爭力，以克服因大學規模太小而無法與英美等國大學競爭之劣勢，然而儘管全球大學排名標準一直受到質疑，但目前仍是各大學在自我衡量與國際評比上之主要參酌憑據與方式（Hazelkorn, 2014）。雖然美國高等教育發展有其歷史淵源、當代脈絡與未來理念，但在面對學生人數漸減、政府補助降低、營運成本高漲、以及校際競爭擴大之內外環境衝擊，整併似乎也變成互通有無與共享資源的合宜策略之一。本節即針對美國高等教育整併案例探析、關鍵成功因素、克服整併挑戰之因應做法、以及對我國未來高教發展之啟示，說明如下。

一、美國高等教育整併案例探析

　　自 2016 年至 2018 年，美國已有 20 所非營利以及 62 所職業訓練導向之高教機構倒閉（Donohue, 2019），但近年來，高等教育亦有不少整併完成案例，例如，2013 年紐澤西州立羅格斯大學（Rutgers, The State University of New Jersey）與紐澤西醫科和牙科大學（University of Medicine and Dentistry of New Jersey）整併；2016 年聯盟研究學院（Union Graduate Col-

lege）併入克拉克森大學（Clarkson University）；2016年波士頓音樂學院
（The Boston Conservatory）併入柏克利音樂學院（Berklee College of Music）；2017年湯瑪斯傑佛遜大學（Thomas Jefferson University）與費城大學
（Philadelphia University）整併；2018年伊達山學院（Mount Ida College）
併入麻薩諸塞大學阿默斯特分校（University of Massachusetts Amherst）；
2018年惠洛克學院（Wheelock College）併入波士頓大學（Boston University）；2019年約翰馬歇爾法學院（John Marshall Law School）併入伊利諾大
學芝加哥分校（University of Illinois at Chicago）等（Brown & Chard, 2018;
Heyboer, 2013; Holland, 2018; Jaschik, 2016; Matson, 2016; Rhodes, 2019; Snyder, 2018），各案例多是在平等互惠之資源整合基礎上，繼續增強既有之
特色，並希冀能提供跨學科學習以擴大專業領域互補效益。此外，Chung
（2020）指出，羅格斯大學參議院執行委員會（The Rutgers University Senate Executive Committee）於2020年又再開始審查羅格斯大學（Rutgers,
The State University of New Jersey）兩所醫學院之潛在整併計劃，亦即將分
布於相距30英里的兩個城市中之羅格斯大學生物醫學與健康科學（Rutgers
Biomedical and Health Sciences, RBHS）與羅格斯醫學院（Rutgers Medical
School）進行整併，以利提高學校排名，並爭取國家衛生研究院（National
Institutes of Health）之經費補助，促使羅格斯大學成爲全國領導者，其案
例亦顯示成功整併經驗帶來更大繼續整併動機。

在美國另一顯著但不尋常的整併案例是喬治亞大學系統（University
System of Georgia, USG），因爲美國公立高等教育機構之間的系統性整合
活動較爲少見，目前該系統由26所高等教育機構組成，包括4所研究型
大學、4所綜合性大學、9所州立大學、以及9所州立學院，並涵蓋61個
圖書館系統與389個設施之州立公共圖書館服務（USG, 2020）。喬治亞
大學系統之整併作業始於2012年，且持續進行中，迄今已經完成10項
機構整併，促使其機構數量從36個減少爲26個，其中，喬治亞州健康
科學大學（Georgia Health Sciences University）即於2012年和奧古斯塔州
立大學（Augusta State University）整併創建喬治亞州攝政大學（Georgia
Regents University）再改名爲現今之奧古斯塔大學（Augusta University），

而基於規模經濟與垂直整合之殷切需求，獨立醫學院之數量亦因整併相關機構而逐漸減少，並爲機構整併帶來成功方程式（Azziz et al., 2017; Jones, 2012）。Hennen（2019）發現喬治亞大學系統之整併使學生直接受益，因爲整併節省之成本支出，被移轉到輔導及諮詢等學術支持服務上，致使輟學率明顯降低，並提高4年制學位學生按時畢業之比例。此外，喬治亞大學系統將再整併另外四個校區，以鞏固其作爲大學整併先鋒之卓越聲譽，而大學整併之顯而易見的效益即是財務收益上的優勢，但亦會犧牲傳統學校身分認同之無形資產（Downey, 2017）。

McGinnis, McMillen & Gold（2007）指出，俄亥俄州醫科大學（Medical University of Ohio）於2006正式與托萊多大學（University of Toledo）整併，成爲俄亥俄州第三大公立高等教育機構，而更多樣化的機構具有增加預算以及研究經費之優勢。科羅拉多大學丹佛分校（University of Colorado Denver）和科羅拉多大學健康科學中心（University of Colorado Health Sciences Center）於2004年整併（Azziz et al., 2019）；德克薩斯州大河谷大學（University of Texas Rio Grande Valley, UTRGV）係由德州大學布朗斯維爾分校（University of Texas at Brownsville）、德州大學泛美分校（the University of Texas-Pan American）以及德州大學哈靈根學術健康中心（UT Regional Academic Health Center-Harlingen）於2015年整併完成（Fagan, 2015）；維吉尼亞理工—加利永醫學院（Virginia Tech Carilion School of Medicine）於2018年併入成爲維吉尼亞理工學院暨州立大學（Virginia Tech）的第九個學院（Roanoke, 2018），皆顯示大學系統整併醫學院能衍生符合預期之成效。

當然亦有不少高教機構爲降低成本而做出艱難之整併決策，例如，阿拉巴馬州（Alabama）社區學院系統董事會於2015年投票表決，將7所學院整併爲2所（Smith, 2015）；阿拉斯加大學董事會（University of Alaska Board of Regents）於2019年爲因應州政府撥款削減41%之經費短缺，而決定將整個大學體系內三所獨立之大學，改組成爲一所獲得認可之大學，期能藉由簡化流程與學生服務降低大量管理成本以節省資金（Early, 2019）。此外，亦有公立高教機構整併私立營利性高教機構之案例，普渡

大學（Purdue University）於 2017 年以 1 美元的象徵性價格收購營利性卡普蘭大學（Kaplan University），並計畫轉變其爲一所新型非營利之印第安納州公立大學（Toppo, 2017）。伊利諾州芝加哥地區營利性之肯德爾學院（Kendall College）以烹飪藝術學校而聞名，亦於 2018 年以 1 美元標價將其課程與校名出售給國立路易斯大學（National Louis University），以解決長期財務困境（Channick, 2018）。Seltzer（2019）亦指出，於 2019 年在芝加哥地區有兩所私立非營利性高教機構在招生壓力下進行整併，亦即羅斯福大學（Roosevelt University）整併收編羅伯特莫里斯大學（Robert Morris University in Chicago），並核准於 2020 年運作。

除整併之外，亦有利用裁員、整併部門或鼓勵退休以降低成本，例如，喬治亞州瓦爾多斯塔州立大學（Valdosta State University）於 2015 年即因入學率下降而裁減教職員工之職位（Jaschik, 2016）；紐約州漢密爾頓學院（Hamilton College）於 2015 年將圖書館與資訊技術部門整併，以減少人員與管理成本（Straumsheim, 2015）；康乃狄克州立大學（Connecticut State University）於 2015 年在新合同中，擴大解僱終身教授之理由，並保留將終身教職人員轉移到另一所大學之權力，期能提高終身教職之退休人數（Flaherty, 2015）；南新罕布夏大學（Southern New Hampshire University）於 2016 年整併丹尼爾韋伯斯特學院（Daniel Webster College）時，將其所有教職員工皆改聘爲臨時員工，直到能夠轉變爲正式員工爲止（Rajala, 2016）；俄亥俄州公立艾克朗大學（Akron University）亦因入學人數減少，於 2019 年利用自願離職或退休以減少 340 位教師，占全校教師人數之 47%（Flaherty, 2019）；威斯康辛州大學系統（University of Wisconsin System）削減研究經費與裁員以推動新創投資，並於 2020 年公布鞏固學術、簡化業務與擴大線上學位課程等三項重整計畫，以建構機構特色（Shastri, 2020），其中，旗艦校區麥迪遜分校（Madison）因備受學術關注而影響不大，但歐克萊爾分校（Eau Claire）雖早已藉由自願離職、裁員及不續簽約以削減行政職位，仍盡力再透過減少行政管理各項支出以降低州政府資金刪減之衝擊（Woodhouse, 2015）。但亦有合作中止之案例，Carson（2016）即指出，俄亥俄州立堤菈社區學院（Terra State Community

College）因資金配置與運用方式之歧見，於 2016 年退出俄亥俄州之西北州立社區學院聯盟（College District with Northwest State）。

　　事實上，美國公立高等教育之整併活動並非由單一機構自願發起，而是由大學系統辦公室或州政府直接實施推動，近年之明顯案例即發生於紐澤西州（New Jersey）、喬治亞州（Georgia）以及佛蒙特州（Vermont），其焦點在於檢視業務適當性以降低成本並避免計畫重複（Chadwick & Ladd, 2018）。在二十世紀約有 75 宗美國高等教育機構之整併，但自 2000 年以來，隨著市場動態與競爭壓力之驟然加劇，已產生超過 40 起之高教機構整併案，其中有近四成發生在同一州內的兩個公共機構之間，且很少是對等整併（Azziz et al., 2019）。因為自 2007 年以來，有 23 個州之政府補助經費持續下降，致使降低成本是因應高等教育財務挑戰之便捷做法，但增加收入與多元化則是決定機構未來發展之關鍵要素（White, et al., 2018），兩者目前皆對機構經營造成極大困擾，且自 2009 年迄今，美國已有近 100 家私立非營利性高教機構倒閉，是以在未來幾年，許多高等教育機構將面臨愈來愈大之財務壓力（Azziz et al., 2017）。爰此，在面臨機構財政困境日增與政府財政補助下降之情形下，高教機構即需要更多具高附加價值之新創服務、或符合成本效益之創新作為，始能實現組織長期成長與繁榮。

二、成功整併之關鍵因素

　　高等教育機構在全球化與競爭日益激烈之產業環境中，整併作為存續手段已成為愈受青睞之選項（Williams, Roberts, & Shires, 2019）。Azziz et al.（2017）從實務經驗中發現成功之整併需要落實七項關鍵要素，包括：具說服力之一致性願景、負責任且善解人心之治理主體、正確領導力、適切緊迫感、強大專案管理系統、完善周延之溝通計劃、以及足夠專用資源；然而整併亦須付出代價，包括品牌傳播重置成本、解決人力資本需求成本、發展程序性短期績效成本、必要基礎設施支出成本、領導成本、政治資本支用成本、以及機會成本。Chadwick & Ladd（2018）指出，成功的整併應考慮到該行業獨特之因素，在高等教育中，財務可持續性只是其

中一個因素，而任務驅動之角色展現才是核心關鍵。故有效規劃、領導、溝通與衝突管理策略攸關整併任務驅動之效能，因為高教機構成功整併之挑戰即是盡全力減少可能引起功能耗弱、文化相斥、溝通障礙等衝突之干擾，亦即如何透過整併規劃產生機構功能提升、藉由卓越領導加速組織文化融合、以及經由溝通聯繫處理潛在衝突（Azziz, et al., 2019; Keller, 2014; Martin et al., 2017）。爰此，茲針對周延規劃、相容文化、持續溝通、以及卓越領導論述於後。

(一)周延規劃

高教機構整併係追求更佳之運營效能，並獲取競爭優勢以應對外部挑戰或掌握機會（Williams, Feldman, & Conners, 2017），而整併涉及按時完成特定關鍵步驟，必須透過專業知識以規劃與實施一個強大的項目管理系統（Azziz et al., 2017），因此詳盡調查是成功整併之關鍵要素，亦即藉由人力資本和組織文化之全面性調查，可了解兩個機構在領導、溝通、培訓、與績效管理等方面之分歧情形，有利於快速整合流程、人員及系統，以及未來精確人力應用與資源配置（Galpin, 2014）。其中，重組學院架構與校園設施，應避免不確定性與違反心理契約，同時在課程架構重組、資源分配調整、薪資福利衡量、教師專業運用、以及入學系統管理等程序，皆應周延縝密與公開透明，始能發揮整併之預期效益，然而平等整併概念卻是衍生緊張關係之重要根源，兩造雙方擔心失去自主權，在過程中都希望擁有平等之決策權，將導致整併變得更加困難（Williams et al., 2019）。

(二)相容文化

整併過程應解決之主要問題即是組織文化的融合（Drowley, Lewis, & Brooks, 2013），Williams et al.（2019）亦指出，在許多整併中，雖然焦點多置於策略與程序範疇，但組織文化之相容性才是最大的挑戰。依據Schein（2010）研究發現，組織文化最深層次之基本假設、信念與價值觀極難確知與修正，並且組織成員會據以認定之理所當然的習慣和信念進行操作。Puusa & Kekale（2015）指出，在高等教育中，文化與身分認同不易改變，因為許多機構擁有悠久的歷史並成為校友之精神堡壘。Donohue

（2019）亦指出，高等教育機構在運作上相對較爲保守，對現狀具有強烈之根深蒂固的意識形態，極易造成高度抗拒變革之潛在屏障，但可藉由專業成長與資源配置，提升多元化發展之效率，逐步消除變革阻力與保障學生學習品質。

(三)持續溝通

成功整併取決於機構利益相關者之參與及包容，不斷抵制與爭執將引起諸多問題，並延長整併時程與調整利基（Williams et al., 2019）。Ford & Ford（2009）即指出，由於權力結構變化增加未來的不確定性，新成立的領導團隊不管採取什麼行動，抵抗變革總是顯而易見，但抵制之次文化發展會破壞整併過程，並阻礙運營效率、降低創新動力以及減少預期成本之節省，但是可藉由有效管理透明溝通對話之過程，協助提供清晰訊息，爲探索改進契機創造可能性，以提高目標與願景實現之機會。Galpin（2014）亦指出，持續充分溝通是成功整併之關鍵要素，透過不斷的面對面雙向資訊傳遞回饋及疑問解答，可提高人員支持度與組織承諾，有利於了解工作進展並在具體工作目標下，更爲順暢地完成大規模之基礎架構重建。

(四)卓越領導

許多專家，諸如 Azziz et al.（2019）、Harman & Harman（2003）、Locke（2007）、以及 Williams et al.（2019），皆強調有效領導在整併之前、期間和之後的重要性，因有效領導不僅可降低組織文化差異之衝突，亦能利用競合式轉型風格激勵變革行爲，以創建充滿活力與士氣高昂之嶄新機構。Galpin（2014）亦指出，擇定具備專業能力的優秀整併領導人更是成功整併之另一關鍵要素，經由一位具有高度專業素養、發展規劃視野和良好人際溝通能力之團隊領導者，有利於領導核心團隊成員，進行破壞性整合、監督執行及決策過程，並於預定時間內，繳出亮眼之整併績效與成果。因爲優秀領導者具備驅動遠見變革、展望未來理想、傳達願景目標、勇於執行計劃之卓越能力，並會綜合考量教職員工生、主管機關、財政支持者、以及社區等利益相關者之權益（Chadwick & Ladd, 2018）。

綜上所述，美國高教機構整併之緣由，大致有追求規模經濟以提升成

本效益、尋求經費挹注以避免倒閉退場、講求跨域結合以強化競爭優勢、謀求組織縮編以撙節營運支出、探求資源整合以促進研究發展、訴求學術互補以增強辦學效能、或是企求醫療觸角以形塑機構聲譽。然而無論肇因於何種整併動機，鉅細靡遺之周延規劃、價值契合之相容文化、開誠布公之持續溝通、以及令人信服之卓越領導，皆是促使整併成功之關鍵因素。

三、克服整併挑戰之因應做法

高教機構整併具有令人生畏的體制變革與難以駕馭之重構流程，但隨著學生人數遞減、財政壓力日增以及社會對高等教育價值之懷疑，高教機構面臨愈來愈高之不確定性，其必須尋求策略以因應即將到來之衝擊，並重新檢視自我特殊使命與社會貢獻，期能確保永續生存與蓬勃發展，因而美國各地許多高等機構最終可能需要整併、重組或關閉，是以切實明確地查知高風險學校以維護學生與公共利益，實為其當務之急（Ernst & Young LLP, 2018; Prahlad, et al., 2019）。大型高等教育機構整併著眼於擴展產品範圍，小型學院著重於存續發展，而整併效益則是兩者考量之關鍵重點，首先，整併可藉由單位縮減以消除直接成本之重複；其次，可透過資源共享以減少間接費用與相關固定成本；再者，可經由追求規模經濟效果以提高獲利能力（Chadwick & Ladd, 2018）。爰此，Azziz et al.（2017）指出，整併可分為三個階段，包含整併訊息宣布之前、開始執行整併期間、以及整併生效日期之後等一系列過程，如何妥適規劃流程亦攸關整併成敗。

Cai, Pinheiro, Greschwind, & Aarrevaara（2016）將整併分為三個不同的階段，包括整併推動、啟動以及整併後之階段，其概念與 Azziz et al.（2017）相似，而本文則據以分為前置準備期、推動執行期、以及併後評估期，茲簡述如下：

(一)前置準備期

此階段聚焦於充分資料蒐集與數據分析，但時間不宜過長，以利對機構狀況進行清晰之評估，並為機構建立未來願景，且與利益相關者對話以提供評估結果與核心觀點之訊息（Azziz et al., 2017），而整併指導委員會

之成立可負責監督整個過程並促進廣泛參與，以利於對重塑品牌新身分與重置機構新目標等關鍵議題達成共識（Kotter, 1995; Locke, 2007; Williams et al., 2019）。另外，因人口與市場趨勢，致使規模較小之學院面臨之挑戰尤為嚴峻，若能藉由多樣化發展之整併以增長潛力，實為解決激烈競爭、資源匱乏、專業領域受限等困境之不二法門（Donohue, 2019）。Galpin（2014）則指出，運用十項關鍵作法可以增加實現並最大化整併價值之機率，包括針對機構財務與人力資源進行詳盡調查分析、確定整併之期望程度、加快決策速度、獲得高階管理人員之支持和承諾、明確定義整併方式、選擇一位備受推崇且有卓越管理能力之領導者、集結具備專門能力成員以組成核心團隊、使用最佳做法、設定可衡量之目標、以及建立持續溝通並蒐集回饋之機制。

㈡推動執行期

此階段必須在有限時間內，非常精確地執行高度機械化的作業流程，藉由透明開放且高頻率的教職員工生溝通及資訊傳遞，以降低擔憂與抗拒，同時透過卓越領導按時完成關鍵步驟，並消除部門間之對抗與實踐更好未來藍圖，可提高成功推動整併之機會（Azziz et al., 2017）。Pritchard & Williamson（2008）亦指出，整併規模到位與否取決於文化相容性與領導技巧性。Galpin（2014）則認為，彙整流程手冊將有助於組織推動高效之整併流程，包括整併時所需之步驟、活動、任務、工具、時間範圍、可交付成果、參與成員、以及其於每個步驟所扮演之角色，同時在執行整併過程，高教機構應確保避免殺手短語，因為殺手短語驅動殺手行為（Killer phrases drive killer actions.），而常見之殺手短語即是平等整併、輕鬆變革、以及需要溝通時再聯繫，因為多數組織並無平等整併之情形，而過度強調平等將造成誤解並減緩整合速度；輕鬆會延長整併時程，造成緩慢且痛苦之壓力過程；以及整併過程充斥謠言、猜測與假訊息，持續溝通與傳遞正確資訊，才能實現高效能整併目標並為師生創造價值。

(三)併後評估期

整併後必須藉由激勵人心宣言以展現制度化之新運作機制及其成效，但領導者仍應繼續與所有利益相關者進行強而有力的溝通，為整併後之漫漫長路做好準備，因為領導力的展現並非只是機構整併，而是兩個組成機構之後續振興與發展（Azziz et al., 2017）。Harman（2002）即指出，創建組織之最大脆弱點即是文化失調，而建立新的通用語言和發展相互依存關係，皆需要積極而卓越的領導。不同學院或校園之文化皆存在顯著差異，但組織無法強迫文化融合，它只有自然發生或根本不發生，許多看似很小的決策往往在行政上潛藏高度渲染力，必須儘早進行充分溝通協商並賦予分層決策權（Mueller, Franklin, & Warrick, 2013），否則整併過程完成，其結果亦可能是失敗（Krantz, 2015），亦即規模效率未達預期程度，導致整併後之組織績效不佳，而出現一加一小於二之不佳表現。

事實上，Azziz et al.（2019）認為，未符合預期的整併即是失敗，包括從未認真考慮之整併、已考慮但未能實現之整併、只追求表象之整併、以及未達最低預期水準之整併等不同形式，其中，有希望整併之機構都可能會失敗，更遑論從未充分考慮之情形，甚至有機構於整併過程不願接受具有破壞性之變革，而留存重複功能或職位之表象整併，不僅會產生衝突及混亂，亦充分表明整併本質即是虛假之行為。因此成功的整併實應避免兩個機構之間的功能重複，善用核心競爭優勢以加速機構間之協作與相互依存。

四、美國高教整併對我國未來高教發展之啟示

整併應被視為追求願景達成之手段，而非最終目標，而成功之可行方法或實現成功的方式亦有多種型態，故不同之起始動機、執行心態或整併歷程亦皆可能衍生迴異結果（Keegan, 2014）。爰此，茲針對其高教整併構思對我國未來高教發展之構思啟示與實踐啟示，論述如下：

㈠構思啟示

1.美國高等教育機構整併之構思

美國因社會經濟發展、民主政治深化、教育機會均等、人力資源開發、以及終身學習需求，高等教育已由菁英型走向普及化，但在數量急速擴張與品質多元發展之後，亦面臨生源不足、撙節經費、組織裁併、與競爭力下降等問題，致使重組高教機構成為教育改革之當務之急。

爬梳美國高等教育機構整併之構思後，了解其應以學生學習品質為基礎，並應藉由可及性（accessibility）、可負擔性（affordability）、可信賴性（accountability）與有品質性（assurance of quality）等 4As 目標之落實（Miller, 2006），界定內外環境衝擊與學生學習品質之平衡點；透過前置準備期（period of preparation）、推動執行期（period of execution）與併後評估期（period of valuation）等前中後 3Ps 流程之落實（Azziz et al., 2017），了解永續成長發展與學生學習品質之融合點，同時經由實現整併效率以降低成本（costs）、獲取新穎產銷通路（channels）、研發新產品或服務內容（content）、增強現有品牌利基與競爭優勢能力（capabilities）、聚焦目標客戶（customers）、吸引學生來自各個縣市（counties）、獲取有形與無形資本（capital）以及增加市占率與業務容量（capacity）等 8Cs 動能之落實（Galpin, 2014），以尋求永續成長發展與內外環境衝擊之轉化點。詳如圖 1 所示。

2.美國高教整併對我國之構思啟示

雖然美國高等教育機構屬性與我國不盡相同，但對教學品質、學術研發、行政精簡、以及規模效益之標準應是並無二致。因此在流程規劃與品質確保之前提下，高教機構亦應關注區域平衡之就學可及性、學費負擔之可承受度、以及辦學成效之可信賴性，易言之，亦可藉由下列 8Cs 動能之落實以達成預期目標：

(1) 考量各式成本（costs）

高教機構整併雖是基於規模經濟觀點，但並不能一味著眼於規模大小，而需同時考量成本效益模式，以利消除經費虛擲與配置重複，並創造更大營運收益。

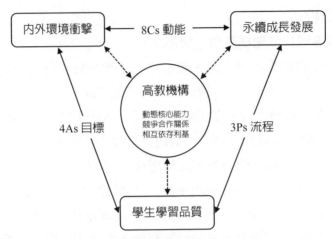

圖 1　美國高等教育機構整併構思啟示之概念圖

(2) 獲取發展管道（channels）

高教機構整併宜著眼於學術研發多樣性、系所領域完整性、校際排名提升度、以及經營績效彰顯度，始能藉由不同誘因以創造多元發展之嶄新管道。

(3) 研發創新內容（content）

高教機構可思考未來職涯發展需要，提供跨域專業人才之終身學習環境，並鼓勵擇定技術或學術之分流教育模式，以深化技能專精與學術鑽研之培訓內容。

(4) 增強優勢能力（capabilities）

高教機構宜認清本身優勢及威脅，篩選具有資源整合、學術互補及增能創價之整併對象，並加速組織文化與發展目標之共融，以強化機構未來永續成長力。

(5) 聚焦目標顧客（customers）

師生分屬高教機構之內外部顧客，故機構發展與整併宜兼顧師生多元需求，並應關注組織文化融合與互補協同情形，以提升教研品質與增強整體競爭力。

(6) 著眼全國縣市（counties）

同步或非同步之遠距教學及線上課程是高教機構突破地域限制的另類思維，亦即可透過吸引跨縣市學員就讀，增加機構收入與擴大產業影響力。

(7) 蓄積各式資本（capital）

有形資本易於計算與規劃，但無形資本多無法有效量化，故於整併過程中，高教機構應著眼卓越領導與有效溝通，始能提高師生之組織承諾與認同。

(8) 增加服務容量（capacity）

高教機構可藉由與區域產業鏈結，引導師生延展研發成果及服務產能，並協助產業創新研發，以增強產學合作之人才培育效果與學術轉型成果。

綜上所述，高教機構發展應以學生學習品質為導向、教師教學成效為依歸，並在認清環境變遷趨勢之情形下，植基於機構動態核心能力，強調競爭合作關係與關注相互依存利基，以利厚植自我實力與尋求整併契機，亦即高教機構實應盤點自我可資利用之優勢利基，結合教學研發需求，建立符應高品質學習需求之特色與聲譽，並鼓勵各單位維持相互競合與資源共享之關係，藉此避免資源閒置及經費虛擲，以利提升學校整體經營績效。同時藉由鉅細靡遺之周延規劃、價值契合之相容文化、開誠布公之持續溝通、以及令人信服之卓越領導等作為，並結合 8Cs 動能之落實，始能增強組織效能與行政效率、組織認同與文化融合、組織承諾與工作投入、以及組織創新與系統運作。

㈡ 實踐啟示

高教機構整併實為一項需要長期耕耘之改造工程，由美國整併案例之經驗分析可知，提升未來我國實踐整併之有效性做法，涵蓋事前準備、事中推動與事後評估等環節，茲綜合論述其對我國未來高教發展之實踐啟示如下（Azziz et al., 2019; Harman, 2002; Kotter, 1995; Locke, 2007; Smollan, 2013; Williams et al., 2019）：

1.及早組建超然領導團隊

避免由兩個機構代表所組成之領導團隊，因本位思維將導致對未來看法之相互矛盾，增加未來發展方向與基本假定之差異性。

2.卓越領導傳遞清晰願景

組織成員欠缺精確資訊，即無法形成明確目標之共識，致使教職員工生喪失可遵循之關鍵概念與指導原則。

3.關注組織文化融合程度

忽視文化相容性將造成巨大挑戰，整併前應進行組織文化與價值觀之檢視，以利儘早發現障礙與積極解決。

4.建構透明溝通強化信任

信任對促進組織整併具有關鍵影響，故提高參與過程之廣泛性與透明度，有助於增強對領導階層之信任，因缺乏即時訊息可能導致猜疑與假訊息渲染，而正式有效的溝通可減輕不確定性產生之變革抗拒力。

5.留意短期目標達成情形

整併應立即取得初步成就，有助於建立及維持組織士氣，可避免在繁複變革程序中，減損成員繼續參與之意願與鬥志。

6.考量聘僱間之心理契約

機構應利用大量時間專注於整併如何影響內部利益相關者之就業條件，基於公平觀念而決定採取調整修正與否，且需對做出決定之原因進行更明確的說明。

7.整併醫學院創造效益性

實踐醫療系統整併進入穩固之高教機構體系，可提高專業領域與組織架構互補性、資源擴充與功能延展顯著性、以及內外部溝通與社會認同功效性，有助於達成預期效益。

事實上，落實上述之及早準備、願景領導、文化融合、透明溝通、成效導向、公平檢核、以及跨域創價等七項啟示，係著眼於增強高教機構之價值性與蓄積機構整併之績效度，亦即唯有在強化組織動態競爭力、競合互補力、以及生存適應力之利基上，始能於高教整併之環境氛圍中，針對目前與未來之機構發展效益延伸、辦學效能增強、競爭優勢強化、以及永

續成長達成，界定最佳發展契機與尋求最高推動效益。

 結論

　　美國高等教育體系在整體機構規模與堅信市場競爭機制，具有其他國家無法比擬之特質，然而其註冊就讀學生人數呈現增長趨緩態勢，但教學、學生服務暨學術及機構支持、以及研究暨公共服務之支出均增加，不僅直接導致就讀成本快速提高，亦間接致使高教機構經營愈趨困難，加上面對全球評比競爭以及市場快速變遷之壓力，促使美國高教機構須更積極尋求提高生產力和效率之方法，例如，藉由動態核心能力理論，以提高管理效率且聚焦核心業務，並採用創新技術以進行教學變革、以及透過遠距教育以吸引更廣泛的社區學生；透過競爭合作理論，以建立夥伴關係且擴展機構研發能力，期能更快速開發課程、研究與服務之規模經濟效果；或是經由複雜理論，以協助組織持續發展適應能力，並著重組織文化融合與展現領導能力，期能有效利用衝突促進系統共生之相互依存利基。

　　無論植基於何種理論，高教機構整併多是著眼於提高組織營運效能或規模經濟效益，但其巨大變化通常充滿混亂與複雜性，為達成預期目標，除關注政策、程序與結構之外，尚須著力文化融合度、保持溝通透明度、建立領導信任度、以及思考規劃周延度，期能在動態調整、協同競合與適應學習之環境下，讓涉及組織內部巨大變革之整併活動，透過動態變革管理聚焦組織重新設計與資源配置取捨，以及利用協作互補專業知能與提高競合優勢，擴大市場利基與多元服務範疇，促使組織結構與形式能夠自發地持續成長與變化，以適應不斷改變之環境，並尋找不同依存模式之永續發展契機（Galpin, 2014; Greenhalgh, 2020; Williams et al., 2019）。

　　綜言之，我國高教機構亦須提升競爭能力與社會價值認知，因為環境、品質與存續之三元互動的影響範圍將更廣與更複雜，且借鏡美國高教機構整併案例之研究資料分析可知，周延調查以了解潛在協同效應與互補性、基於數據分析與策略規劃提升營運效益、降低變革對文化融合與人資管理之衝擊、充分溝通與承諾促進變革利益之認同度、運用管理專業知能

提升重組流程效率性、有效領導以落實創新競能之願景及目標、與聚焦關鍵變革領域以快速蓄積整併成果，皆能有效提升我國高教機構整併之預期成效。此外，落實考量資源配置成本、創造多元發展管道、深化分流培訓內容、增強機構優勢能力、聚焦組織內外顧客、遠距教學突破縣市、蓄積各式發展資本、以及延展產學服務容量等八項構思啟示，並執行及早準備、願景領導、文化融合、透明溝通、成效導向、公平檢核、以及跨域創價等七項實踐啟示，亦能確實強化我國高教機構整併之實質效益。

參考文獻

Aud, S., Hussar, W., Johnson, F., Kena, G., Roth, E., Manning, E., ... & Zhang, J. (2012). *The condition of education 2012* (NCES 2012-045). U.S. Department of Education. Washington, DC: National Center for Education Statistics.

Aud, S., Hussar, W., Kena, G., Bianco, K., Frohlich, L., Kemp, J., Tahan, K. (2011). *The condition of education 2011* (NCES 2011-033). U.S. Department of Education, National Center for Education Statistics. Washington, DC: U.S. Government Printing Office.

Azziz, R., Hentschke, G., Jacobs, B., Jacobs, L., & Ladd, H. (2017). *Mergers in higher education: A proactive strategy to a better future?* New York: TIAA Institute.

Azziz, R., Hentschke, G., Jacobs, L., & Jacobs, B. (2019). *Strategic mergers in higher education.* Baltimore, MD: Johns Hopkins University Press.

Baden-Fuller, C., & Teece, D. (2020). Market sensing, dynamic capability, and competitive dynamics. *Industrial Marketing Management, 89*, 105-106.

Baum, S., Kurose, C., & McPherson, M. (2013). An overview of American higher education. *Future Child, 23*(1), 17-39.

Benson, M., & Boyd, H. (2015). The public university: Recalling higher education's democratic purpose. *Thought & Action, 31*, 69-83.

Brown, R., & Chard, D. (2018). Lessons learned from a college merger. *Inside Higher Ed*, August 7, 2018. Retrieved from https://www.insidehighered.com/views/2018/08/07/two-presidents-provide-lessons-their-merger-opinion

Cai, Y., Pinheiro, R., Greschwind, L., & Aarrevaara, T. (2016). Mergers in higher education: Towards a novel conceptual framework for understanding mergers in higher education. *European Journal of Higher Education, 6*, 7-24.

Carson, D. (2016). Terra pulls out of college district with Northwest State. *The*

Fremont News-Messenger, September 19, 2016. Retrieved from https://www. thenews-messenger.com/story/news/local/2016/09/19/terra-pulls-out-college-district-northwest-state/90688082/

Chadwick, B., & Ladd, L. (2018). Mergers, partnerships and collaborations: May I have this dance? In M. Oster (Ed.), *The state of higher education in 2018: Seventh annual report* (pp. 28-32). Chicago, IL: Grant Thornton LLP.

Channick, R. (2018). Kendall College sells programs and name to National Louis University for $1. *Chicago Tribune*, January 18, 2018. Retrieved from https://www.chicagotribune.com/business/ct-biz-kendall-college-asset-transfer-national-louis-20180117-story.html

Chung, J. (2020). Rutgers University Senate begins reviewing potential medical school merger. *The Daily Targum*, February 20, 2020. Retrieved from https://www.dailytargum.com/article/2020/02/rutgers-university-senate-begins-reviewing-potential-medical-school-merger

Denrell, J., & Powell, T. (2016). Dynamic capability as a theory of competitive advantage: contributions and scope conditions. In D. J. Teece & S. Heaton (Eds), *The Oxford handbook of dynamic capabilities*. London: Oxford University Press.

Deutsch, M. (2000). Cooperation and competition. In M. Deutsch & P. T. Coleman, (eds.), *The handbook of conflict resolution: Theory and practice* (pp. 21-40). San Francisco, CA: Jossey-Bass.

Donohue, J. (2019). *Sustainability: The ongoing challenge in higher education*. Mesa, AZ: Synergis Education.

Dos Santos, L. (2020). How do for-profit colleges and universities maintain enrolment rates to continue their financial health. *Journal of Education and e-Learning Research*, 7(1), 69-75.

Downey, M. (2017). State merges more campuses. Georgia saves money, but is something lost? *The Atlanta Journal-Constitution*, January 11, 2017. Retrieved from https://www.ajc.com/blog/get-schooled/state-merges-more-campusesgeorgia-saves-money-but-something-lost/4i10u8rKKNIvwETzw4hsyH/

Drowley, M., Lewis, D., & Brooks, S. (2013). Merger in higher education: learning from experiences. *Higher Education Quarterly*, *67*(2), 201-214.

Early, W. (2019). UA regents move to consolidate University of Alaska system into one accredited university. *Alaska Public Media*, July 30, 2019. Retrieved from https://www.alaskapublic.org/2019/07/30/ua-regents-move-to-consolidate-university-of-alaska-system-into-one-accredited-university/

Eckel, P., & King, J. (2004). *An overview of higher education in the United States: Diversity, access and the role of the marketplace*. Washington, DC: American Council on Education.

Eppel, E., & Rhodes, M. (2018). Complexity theory and public management: A 'becoming' field. *Public Management Review*, *20*(7), 949-959.

Ernst & Young LLP (2018). *Transitions in higher education: Safeguarding the interests of students*. EY-Parthenon Education practice. Retrieved from https://www.mass.edu/strategic/documents/EY-Parthenon%20Transitions%20in%20Higher%20Ed.pdf

Fagan, G. (2015). UTRGV bids farewell to 2015: A historic, momentous, groundbreaking year. *Valley Town Crier*, December 31, 2015. Retrieved from https://www.yourvalleyvoice.com/article/20151231/NEWS/151239890

Flaherty, C. (2015). An attack on tenure from a democratic administration. *Inside Higher Ed*, October 9, 2015. Retrieved from https://www.insidehighered.com/news/2015/10/09/connecticut-state-u-professors-see-administration-proposal-attack-tenure

Flaherty, C. (2019). Big buyouts at U of Akron. *Inside Higher Ed*, March 19, 2019. Retrieved from https://www.insidehighered.com/quicktakes/2019/03/19/big-buyouts-u-akron

Ford, J., & Ford, L. (2009). Decoding resistance to change. *Harvard Business Review*, *87*(4), 99-103.

Galpin, T. J. (2014). *The complete guide to mergers and acquisitions: Process tools to support M&A integration at every level* (3rd. ed.). San Francisco, CA: Jossey-Bass.

Gelbgiser, D. (2018). College for all, degrees for few: for-profit colleges and socio-economic differences in degree attainment. *Social Forces, 96*(4), 1785-1824.

Georghiou, L., & Harper, J. C. (2015). Mergers and alliances in context. In A. Curaj, L. Georghiou, J. C. Harper, & E. Egron-Polak (Eds.), *Mergers and Alliances in Higher Education: International practice and emerging opportunities* (pp. 1-14). New York: Springer.

Gill, J. (2020). Wall Street Journal/Times higher education college rankings 2020. *Times Higher Education's global portfolio of university rankings*. Retrieved from https://www.timeshighereducation.com/world-university-rankings/harvard-university

Gnyawali, D., Madhavan, R., He, J., & Bengtsson, M. (2016). The competition-cooperation paradox in inter-firm relationships: A conceptual framework. *Industrial Marketing Management, 53*, 7-18.

Greenhalgh, T. (2020). Bridging the two cultures of research and service: Can complexity theory help? Comment on "experience of health leadership in partnering with university-based researchers in Canada: A call to re-imagine research". *International Journal of Health Policy and Management, 9*(2), 87-88.

Harman, G., & Harman, K. (2003). Institutional mergers in higher education: Lessons from international experience. *Tertiary Education and Management, 9*(1), 29-44.

Harman, K. (2002). Merging divergent campus cultures into coherent educational communities: Challenges for higher education leaders. *Higher Education, 44*, 91-114.

Hazelkorn, E. (2014). Reflections on a decade of global rankings: What we've learned and outstanding issues. *European Journal of Education, 49*(1), 12-28.

Hazelkorn, E. (2015). *Rankings and the reshaping of higher education: The battle for world-class excellence* (2nd ed.). Basingstoke, Hampshire: Palgrave Macmillan.

Hennen, A. (2019). Improving student outcomes by consolidating the University System of Georgia. *USA Today*, April 12, 2019. Retrieved from https://www.jamesgmartin.center/2019/04/improving-student-outcomes-by-consolidating-the-university-system-of-georgia/

Heyboer, K. (2013). Welcome to the new Rutgers: School makes history with UMDNJ merger. *NJ Advance Local Media*, Jun 30, 2013. Retrieved from https://www.nj.com/news/2013/06/welcome_to_the_new_rutgers_university_makes_history_with_umdnj_merger.html

Hoffmann, W., Lavie, D., Reuer, J. J., & Shipilov, A. (2018). The interplay of competition and cooperation. *Strategic Management Journal*, *39*(12), 3033-3052.

Holland, F. (2018). UMass-Boston 'furious' over move to buy Mount Ida College. *NECN News*, April 10, 2018. Retrieved from https://www.necn.com/news/national-international/umass-boston-students-upset-over-purchase-of-mt-ida/252584/

Hunt, S., & Madhavaram, S. (2020). Adaptive marketing capabilities, dynamic capabilities, and renewal competences: The "outside vs. inside" and "static vs. dynamic" controversies in strategy. *Industrial Marketing Management*, *89*, 129-139.

Hussar, B., Zhang, J., Hein, S., Wang, K., Roberts, A., Cui, J., ... & Dilig, R. (2020). *The condition of education 2020* (NCES 2020-144). U.S. Department of Education. Washington, DC: National Center for Education Statistics. Retrieved from https://nces.ed.gov/pubsearch/pubsinfo.asp?pubid=2020144.

Hussar, W., & Bailey, T. (2019). *Projections of education statistics to 2027* (NCES 2019-001). U.S. Department of Education, Washington, DC: National Center for Education Statistics.

Jaschik, S. (2016). Berklee and Boston Conservatory to merge. *Inside Higher Ed*, January 20, 2016. Retrieved from https://www.insidehighered.com/quicktakes/2016/01/20/berklee-and-boston-conservatory-merge

Jones, W. (2012). Regents merges two universities - GHSU & ASU. *The Augusta Chronicle*, November 20, 2012. Retrieved from https://www.augustatomor-row.com/regents-merges-two-universities-ghsu-asu/

Kawshala, H. (2017). Theorizing the concept of core competencies: An integrative model beyond identification. *International Journal of Scientific and Research Publications*, *7*(2), 2250-3153.

Keegan, M. (2014). Successful college mergers: A blueprint for future consolida-tion. *SayCampusLife*, October 18, 2014. Retrieved from http://www.saycam-puslife.com/2014/10/08/successful-college-mergers-a-blueprint-for-future-consolidation/

Keller, G. (2014). *Transforming a college: The story of a little-known college's strategic climb to national distinction*. Baltimore, MD: Johns Hopkins Uni-versity Press.

Kena, G., Aud, S., Johnson, F., Wang, X., Zhang, J., Rathbun, A., ... & Kristapo-vich, P. (2014). *The condition of education 2014* (NCES 2014-083). U.S. Department of Education, Washington, DC: National Center for Education Statistics. Retrieved from http://nces.ed.gov/pubsearch

Koedel, C. (2014). Higher education structure and education outcomes: Evidence from the USA. *Education Economics*, *22*(3), 237-256.

Kotter, J. (1995). Leading change: Why transformation efforts fail. *Harvard Busi-ness Review*, *73*(2), 59-67.

Krantz, L. (2015). Montserrat College of Art, Salem State rule out merger. *Boston Globe*, July 14, 2015. Retrieved from https://www.bostonglobe.com/met-ro/2015/07/14/montserrat-college-art-salem-state-rule-out-merger/

Locke, W. (2007). Higher education mergers: integrating organizational cultures and developing appropriate management styles. *Higher Education Quarterly*, *61*(1), 83-102.

Martin, J., Samels, J., & Associates (2017). *Consolidating colleges and merging universities: New strategies for higher education leaders.* Baltimore, MD: Johns Hopkins University Press.

Matson, Z. (2016). Clarkson's 'adoption' of Union Graduate College official. *The Daily Gazette Schenectady News*, February 23, 2016. Retrieved from https:// dailygazette.com/article/2016/02/23/0223_Clarkson

McFarland, J., Hussar, B., de Brey, C., Snyder, T., Wang, X., Wilkinson-Flicker, S., ... & Hinz, S. (2017). *The condition of education 2017* (NCES 2017-144). U.S. Department of Education. Washington, DC: National Center for Education Statistics. Retrieved from https://nces.ed.gov/pubsearch/pubsinfo. asp?pubid=2017144.

McFarland, J., Hussar, B., Wang, X., Zhang, J., Wang, K., Rathbun, A., ... & Bullock Mann, F. (2018). *The condition of education 2018* (NCES 2018-144). U.S. Department of Education. Washington, DC: National Center for Education Statistics. Retrieved from https://nces.ed.gov/pubsearch/pubsinfo. asp?pubid=2018144.

McFarland, J., Hussar, B., Zhang, J., Wang, X., Wang, K., Hein, S., ... & Barmer, A. (2019). *The condition of education 2019* (NCES 2019-144). U.S. Department of Education. Washington, DC: National Center for Education Statistics. Retrieved from https://nces.ed.gov/pubsearch/pubsinfo.asp?pubid=2019144.

McGinnis, R., McMillen, W., & Gold, J. (2007). Merging two universities: the Medical University of Ohio and the University of Toledo. *Academic Medicine, 82*(12), 1187-1195.

Miller, C. (2006). *The Spellings commission report: The chair's perspective.* Cambridge, MA: Forum for the Future of Higher Education.

Mueller, J., Franklin, R., & Warrick, D. (2013). *Learning from worldwide best practice cases: Non-profit excellence.* Oxford, UK: RossiSmith Academic Publishing.

Muniz, H. (2020). Are there any good for-profit colleges? Top 8 for-profit colleges. *PrepScholar*, January, 24, 2020. Retrieved from https://blog.prepscholar.com/

best-for-profit-colleges

Parahald, C., & Hamel, G. (1990). The core competence of the corporation. *Harvard Business Review, 68*(3), 79-91.

Prahlad, A., Rasool, A., Thomas, D., Zhang, C., Lockhart, A., Jacques, S., ... Smith, L. (2019). *Trends in higher education: 2019*. Arlington, VA: Hanover Research.

Pritchard, R., & Williamson, A. (2008). Long-term human outcomes of a shotgun marriage in higher education: anatomy of a merger, two decades later. *Higher Education Management and Policy, 20*(1), 1-23.

Pruvot, E., Claeys-Kulik, A., & Estermann, T. (2015). Designing strategies for efficient funding of universities in Europe. *European University Association*. Retrieved from https://eua.eu/downloads/publications/designing%20strategies%20for%20efficient%20funding%20of%20universities%20in%20europe%20define.pdf

Puusa, A., & Kekale, J. (2015). Feelings over facts: A university merger brings identity to the forefront. *Journal of Higher Education Policy and Management, 37*(4), 432-446.

Rajala, L. (2016). Southern NH University reaches deal to run Daniel Webster College operations. *NH Business Review*, September 13, 2016. Retrieved from https://www.nhbr.com/southern-nh-university-reaches-deal-to-run-daniel-webster-college-operations/

Rhodes, D. (2019). UIC approves merger with John Marshall Law School. *Chicago Tribune*, July 19, 2019. Retrieved from https://www.chicagotribune.com/news/ct-met-john-marshall-law-school-uic-20180719-story.html

Rhodes, F. (2001). *The creation of the future: The role of the American university*. New York: Cornell University Press.

Rhodes, F. (2006). After 40 years of growth and change, higher education faces new challenges. *Chronicle of Higher Education, 53*(14). Retrieved from https://www.chronicle.com/article/after-40-years-of-growth-and-change-higher-education-faces-new-challenges/

Roanoke, V. (2018). Virginia Tech Carilion School of Medicine approved to be-come a college of Virginia Tech: The medical school will become the univer-sity's ninth college on July 1. *WSLS 10 News*, June 19, 2018. Retrieved from https://www.wsls.com/news/2018/06/19/virginia-tech-carilion-school-of-medicine-approved-to-become-a-college-of-virginia-tech/

Sammut-Bonnici, T. (2015). Complexity theory. *Wiley encyclopedia of management: Strategic management*, *12*, retrieved from http://doi.org/10.1002/9781118785317.weom120210.

Schein, E. H. (2010). *Organizational culture and leadership* (4th ed.). San Fran-cisco, CA: Jossey-Bass.

Seltzer, R. (2019). Chicago universities plan acquisition: Roosevelt University plans to acquire Robert Morris University in Chicago as a shrinking market bears down on the private nonprofit institutions. *Inside Higher Ed*, October 2, 2019. Retrieved from https://www.insidehighered.com/news/2019/10/02/roosevelt-plans-acquire-chicago-neighbor-robert-morris

Shastri, D. (2020). UW System leader calls for academic cuts, layoffs, online advances to survive in post-pandemic world. *Milwaukee Journal Sentinel*, May 7, 2020. Retrieved from https://www.jsonline.com/story/news/educa-tion/2020/05/07/uw-system-leader-calls-academic-cuts-layoffs-more-collabo-ration/5175834002/

Smith, A. (2015). Mergers without rancor? *Inside Higher Ed*, December 22, 2015. Retrieved from https://www.insidehighered.com/news/2015/12/22/alabama-moves-more-regionalized-community-colleges

Smollan, R. (2013) Trust in change managers: The role of affect. *Journal of Orga-nizational Change Management*, *26*(4), 725-747.

Snyder, S. (2018). Jefferson-Philadelphia University merger drawing attention from other schools. *The Philadelphia Inquirer*, March 1, 2018. Retrieved from https://www.inquirer.com/philly/education/philadelphia-jefferson-universitycollege-mergers-textile-trend-20180301.html

Straumsheim, C. (2015). Library Bound: How and why Hamilton College merged library and IT. *Inside Higher Ed*, December 4, 2015. Retrieved from https://www.insidehighered.com/news/2015/12/04/how-and-why-hamilton-college-merged-library-it

TBS Staff (2020). Guide to for-profit colleges: What you need to know. *TheBestSchools*, March 23, 2020. Retrieved from https://thebestschools.org/resources/for-profit-colleges/#what-is-for-profit

Teece, D. (2018). Dynamic capabilities as (workable) management systems theory. *Journal of Management & Organization, 24*(3), 359-368.

Thelin, J., & Gasman, M. (2011). Historical overview of American higher education. In J. Schuh, S. Jones, S. Harper, & Associates (Eds.), *Student services: a handbook for the profession* (5th ed.) (pp. 3-23). San Francisco, CA: Jossey-Bass.

Thomas, M., & Chabotar, K. (2015). *Between collaboration and merger: Expanding alliance strategies in higher education*. New York: TIAA Institute.

Toppo, G. (2017). Purdue buys for-profit Kaplan University for $1, plans to make it public. *USATODAY*, April 27, 2017. Retrieved from https://www.usatoday.com/story/news/2017/04/27/purdue-buys-kaplan-university/100990102/

Trachtenberg, S., Kauvar, D., Bogue, E. (2016). *Presidencies derailed: Why university leaders fail and how to prevent it* (Reprint ed.). Baltimore, MA: Johns Hopkins University Press.

Trow, M. (2005). *Reflections on the transition from elite to mass to universal access: Forms and phases of higher education in modern societies since WWII.* UC Berkeley: Institute of Governmental Studies. Retrieved from https://escholarship.org/uc/item/96p3s213

Turner, J., & Baker, R. (2019). Complexity theory: An overview with potential applications for the social sciences. *Systems, 7*(4), 1-22.

USG (2020). *USG facts.* University System of Georgia Official Website, May 12,

2020. Retrieved from https://www.usg.edu/news/usgfacts/

White, R., Helm, J., Parker, J., Holloway, A., Hickman, J., Lester, A., ... Johnson, G. (2018). *Report on the future of higher education: The task force on the future of higher education*. Oklahoma City, OK: State Regents Central Services.

Williams, H., Feldman, L. & Conners, S. (2017). Impact of an institutional merger on four internal stakeholder groups of a College of Business? *Journal of Academic Administration in Higher Education, 13*(2), 21-30.

Williams, H., Roberts, C., & Shires, J. (2019). Merger, acquisition, hostile takeover: Unification of two colleges. *Organization Development Journal, 37*(3), 31-44.

Williams, J. (2017). *Collaboration, alliance, and merger among higher education institutions*. Paris: OECD.

Woodhouse, K. (2015). Struggling to Stay True to Wisconsin's Ideals. *Inside Higher Ed*, July 29, 2015. Retrieved from https://www.insidehighered.com/news/2015/07/29/university-wisconsin-eau-claire-responds-massive-cuts-state-support

Zaheer, S., Schomaker, M., & Genc, M. (2003). Identity versus culture in mergers of equals. *European Management Journal, 21*(2), 185-191.

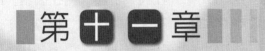

第十一章

日本高等教育整併政策與展望

梁忠銘

日本國立東北大學哲學博士（教育學專攻）

國立臺東大學教育學系教授

影響大學整併政策背景

　　大學整併政策的影響因素，大分為「外在因素」與「內在因素」的影響。所謂「外在因素」是指國外各種的因素，如軍事介入、國際化、全球化等因素的影響。而「內在因素」如少子女化、生員減少、資訊化、科技化的發展、強化競爭力、規模的調整、政策的調整、國家社會發展的需求、產業競爭力……等因素的影響。日本的高等教育在 1945 年第二次世界大戰以後大學整併[1]的發展也是如此。

　　日本二戰戰敗後受到「外在因素」的軍事介入，由聯軍最高司令總司令部（General Headquarters of the Supreme Commander for the Allied Powers：GHQ-SCAP）負責日本的占領政策的執行，其中教育改造問題主要是由「美國教育使節團」主導（堀松武一、入江宏、森川輝紀，1985）。在「美國教育使節團」主導日本的教育改造之前，是由附屬於占領軍司令部的「民間情報教育局」（Civil Information and Education：CIE）主導。CIE對當時日本的教育制度的各種機構，其教育的目標，均訂定為對於日本天皇的忠誠、愛國心的陶冶，訓練服從於權威，在教室授業以外的時間，也充分的進行學生的各種非專業相關訓練（堀松武一、入江宏、森川輝紀，1985；海後宗臣編，1971）。同時也融入戰爭的國家主義思想，因此培育出無法自由思考、自我表現的日本國民。當時 CIE 認為日本的大學應避開集中大都市，同時要實現教育機會均等，國立大學要貫徹一府縣一大學的方針。總之對於學校教育系統的「視野狹窄」、「同一性」、「孤立性」、「封鎖式教育」，應該本著「開放式」與「民主方式」的大原則來

1　本論的所使用「整併」的概念，日文通常以「再編‧統合」用語呈現，其內涵概念，包括 Absorption（合併、整編：一個機關被另外一個機關吸收）、Incorporration（合併、併購：一個機關成為另外一個機構的一個部門）、Federation（提攜：兩個以上的學群組成一個新的學群但各自保持其獨立性）、Integration（整合：指對同一物擁有較大權利等，較小的權利歸於消失）等諸概念，雖各有其特有定義，但相互共通部分概念也不少，為求言簡意賅，統一使用「整併」一語貫通文意。但文中諸多論述，因為牽涉到日文專有名詞的部分則盡量維持其原文用法。

進行重新規劃（海後宗臣編，1971）。

1948 年當時的日本文部省（現稱文部科學省）與直屬於占領軍司令部的「民間情報教育局（CIE）」及教育刷新委員會經過了數次的議論，決定「國立大學設置的 11 項原則」（文部省，1981）。

1. 國立大學除了在特別區（北海道、東京、愛知、大阪、京都、福岡）以外，同一地域的官立學校合併為一大學，實現一府縣一大學。

2. 國立大學的學院或是分校不跨越其他府縣。

3. 各都道府縣必須要設立教養（liberalarts）及師資培育相關的學院。

4. 國立大學組織設施等、暫且依據現在學校的組織設施作為基本編成，逐年進行充實。

5. 為了振興女子教育，特別設置兩所國立女子大學。

6. 國立大學可以在別科之外，可設置教師養成相關二年或三年修業年限之義務教育的教師養成課程。

7. 都道府縣及市、公立的學校，希望與國立大學的學院合併的情況，有關所需之經費等，需與地方當局協議而定。

8. 大學的名稱，原則上使用都道府縣名，但是該大學及地方的期望，亦可使用其他名稱。

9. 國立大學的教員，如有從整併學校所推薦者，需經過大學設置委員會審查加以選定。

10. 國立大學原則上從第一學年開始啟動運作。

11. 有關轉換為國立大學的具體的計畫、文部省要盡可能的尊重地方及學校的意見來決定相關事項。意見不一致之時，或是轉換條件無法整合的情形，依據《學校教育法》第 98 條之規定，在同意之前可以持續的運作。

新制國立大學的設置，依據以上的 11 原則，希望將舊制的大學與高等學校，專門學校，跨越府縣加以整合。雖然也有如將專門學校升格為單獨大學的主張、專門學校與師範學校合併有困難，與 11 原則相牴觸問題的產生。但是，隨著 1949 年 5 月 31 日《國立學校設置法》的制定，69 所的新制國立大學開始運作，此後，以前歸屬各省廳所管的教育機關也都

統整在新制大學體制內（文部省，1981）。此一時期的整併有三個特徵：

1. 是受到「外在因素」的影響，主要是因為戰敗，可以說是完全處於不可自主的整併。因此可以能夠在短期數年之內的進行全面、徹底且迅速確實的完成整併業務。

2. 全面開放高等教育機構：從以官立為主的保守式的學校制度，轉換為以私立為主「開放式」與「民主方式」的高等教育制度。

3. 提升師資培育的年限與教育程度：原來的師資培育期限依據學前教育、初等教育、中等教育，決定培育的年限與中等教育階段或高等教育階段來養成。此次的高等教育機構整併，使所有的師資培育，統一由四年制大學來培育，提升了教師的教育程度。但是，幼稚園教師可經由短期大學（二年制）來培育。

日本的高等教育也因美國民主式教育機制的導入，高等教育機構的開放，促使大學快速發展，使得日本國內大學、短期大學的數量迅速增加，從量的擴大校數來看，1953 年大學數已從 69 所發展成 226 所、短大數 28 所；1960 年至 1970 年間，日本大學數量從 525 所增加至 921 所，其中短期大學從 280 所增加至 479 所。而高等教育的入學率，也從 1960 年的 10.3%，增加至 1970 年的 24%，1971 年大學數以發展為 389 所、短大數 486 所。主要是以私立的大學和短期大學的擴張為主（文部科學省，2007b；日本私立學校振興共濟事業團，2007）。

但是，由於日本 1980 年代以後，受到國際化和日漸形成少子女化的影響，加上高等教育普及化衝擊與資源不足等問題影響，導致招生與經費窘困情形日益嚴重，呈現出日本高等教育機構過剩與經營惡化的現象。最大原因，首先是因為 18 歲人口急遽的減少，1992 年度尚有 205 萬的 18 歲人口，但 2007 年度只有 130 萬（文部科學省，2007b；日本私立學校振興共濟事業團，2007）。在這十數年之間就學人口的減少，僅造成升學率快速的上昇，危機尚未產生。但是，依據日本私立學校振興共濟事業團（2007）的說明，2007 年日本全國的私立大學有 39.5%、私立短期大學有 61.6% 已經招生不足，有 64 所大學和 34 所的短期大學法人，已經陷入「經營困難狀態」必須立即改善，其中有 15 所大學已經接近倒閉的程度。

同時，有增加的傾向。在財務狀況方面，2007 年度的資料顯示，大學有
34.5%、短期大學有 47.1%，財務狀況收支已經無法平衡。在招生方面，
2009 年度招生不足的情形已更加惡化，私立大學有 265 所（46.5%）、
短期大學有 246 所（69.1%）招生不足。而 2012 年度 18 歲人口已經剩下
120 萬人以下，大學、短期大學的升學率已經超過 50%，而且就學人口不
會有大幅上昇的情形，大學和短期大學已經很明顯的呈現供給過剩，想必
如果只是學校的自助努力，將很難解決現有的問題，大學的整編和淘汰已
經是不可迴避（文部科學省，2013）。更大的問題是少子女化仍然持續的
進行，並沒有減緩的跡象，依據日本文部科學省所公布的試算結果，日本
的大學生升學率從 2017 年度的 52.6%（男子 55.9%、女子 49.1%）到 2040
年度將會上昇為 57.4%（男子 58.4%、女子 56.3%）。同時，2017 年的 18
歲人口從 119 萬；2030 年約 103 萬人、2040 年為 88 萬 2000 人，約減少
50 萬 6000 人、約見少 26.4% 的生員。簡而言之，日本未來 20 年大學將
持續面臨生員減少而導致招生不足的現象（文部科學省，2017a）。

　　同時，隨著科學技術革新與經濟的高度成長，社會的樣態產生很大的
變化，大學功能與對社會貢獻被強烈的要求。日本政府為了解決少子女化
和來勢洶洶的國際化和全球化，加上擴大招收留學生政策，以提高日本高
等教育的國際競爭力等「內在因素」，日本的大學整併的問題，再度成為
高等教育政策的焦點。

　　如上所述，日本高等教育第一次整編原因，主要是因為第二次世界
大戰無條件的投降。此次的整合編併的規模其實是日本教育制度整體的
強制改革，無疑是非常重要的一環。1945 年日本戰敗以後，由聯合國最
高司令總司令部（General Headquarters of the Supreme Commander for the Al-
lied Powers: GHQ-SCAP）負責日本的占領政策的執行，其中教育改造問
題主要是由「美國教育使節團」主導（堀松武一、入江宏、森川輝紀，
1985），日本政府配合。但是，1980 年代以後，日本已經完全的成為世
界的經濟和科技產業的強國，不僅國家恢復自主，社會安定繁榮。但是，
國內所面臨的是少子女化及國際化全球化的競爭及資訊化時代的衝擊。日
本政府必須從內部強化國家社會以提升產業科技品質及人力素質，以因應

國際的競爭力。也就是說日本高等教育整編的背景，並不只是少子女化影響如此單純的因素所導致，也與國際情勢與社會發展及日本高等教育整體的強化有所關聯。

 ## 貳 大學整併過程與策略思維

　　隨著 1980 年代高度的工業發展，社會同時也產生少子女化的現象。1980 年代末開始，不僅是教育學系相關院校系所受到影響，教師採用的人數連續十數年呈現非常大規模減少，各學校也開始面臨招生不足的現象。日本的大學再編、整合問題，再度浮現，首先在 1987 年臨時教育審議會報告書提出的建議，於 1987 年 9 月成立負責調查審議「大學之基本事項」之機構，改變以往「大學重要事項」在個別的教授會或評議會以審議之方式，委由「大學審議會」機構來通盤的討論（文部省，1987）。大學審議會的設置，使得國家與大學之間的政策形成過程關係發生重大的變化，主要的改變在於，以往是依據尊重大學自主性的發展原則，但是因為「大學審議會」諮詢機構的成立，促使當時國家教育的發展方向，能將下列政策反映在大學的改革：1. 競爭原理的導入：自然淘汰論（自由化）、評鑑（自我內部評鑑與外部評鑑）制度的實施。2. 大學公費投入的削減：依據國家戰略予以重點配分。3. 大學管理營運改革：Top down 的管理體制建立、校外者之意見反映等，使產學共同發展之限制條件的鬆綁。4. 減量化：公務人員的削減與入學員額的削減（山崎博敏，2003）。

　　爾後，1998 年 6 月 30 日大學審議會中，發表《關於 21 世紀的大學型態與今後的改革方策─在競爭的環境之中個性閃耀的大學》的期中報告，在其第二部分提及「大學應依據適切的評鑑結果，因應實際情形，進行檢討改組轉換」（大學審議會，1998a；全國大學高專教職員組合，2001）。同年 10 月大學審議會發表諮詢報告書（答申），具體提及「有關於國立大學今後的研究所規模的擴大有必要作為發展重點，相對的學部階段的規模的縮小也有必要檢討」，……「因應快速發展的學術發展與社會、經濟，今後的社會，特別有必要的是對於細分化的學術領域加

以統合、再編」（文部省，1998a），發展卓越的教育研究據點「依據客觀、公正的標準，在一定期間內對研究費或設備，作必要的評鑑」（文部省（1998a），引起規模較小的大學對於未來「存續」的經營發展，衍生強烈的不安。同時又因爲少子女化的原因，使得 18 歲人口急速的減少，直接衝擊大學入學人口，產生入學生員不足的危機，再加上新自由主義的風潮的盛行，主張福祉、教育等公共服務的領域，國家應該撤離（全國大學高專教職員組合，2001）。此外，強調發展卓越的教育研究據點，採取集中、重點式的經費分配方式，促使大學本身，不得不思考如何成爲具有競爭優勢的大學，至少要能在競爭之下「延續」下來。特別是以往爲了防止城鄉過度的差距，在都道府縣，各有一所教員養成學院或大學的原則之下，以往國立的教育大學在財政、學生教師比各方面，都有比較優渥的補助措施，將直接受到重大的衝擊（佐藤修司，2003）。

　　其實 1998 年前後，日本進行的各項大學改革，特別是有關於「獨立法人化」與「大學整併」的本質，並非只是行財政改革的一環。就如 1998 年學審議會的諮詢報告書《關於 21 世紀的大學像與今後的改革方策─在競爭的環境之中個性閃耀的大學》（文部省，1998a），所指的大學改革方針，強調大學的發展機制，將透過競爭、評鑑、特色與強調科學技術立國，採取重點的財政分配、管理營運體制的修正，將「競爭原理」全面徹底的導入。同時將「知識體系企業化」，以是否有「市場價值高的知識、技術」的學院爲優先發展的基準（全國大學高專教職員組合，2001），作爲高等教育發展的目標和競爭的原則。

　　進入 21 世紀以後，國際化、全球化、資訊化已經是不可逆的趨勢，高等教育也進入「國際競爭」的時代（文部科學省，2003a）。同時，教育整體發展重點受到「國際化」與「少子女化」的壓力越是加劇。高等教育革新也以「競爭能力」、「人材培育」爲思考未來發展的重點。日本的高等教育政策，不僅是在制度上作根本的變革，從以國家經營「國立」的方式轉化爲以企業模式「國立法人化」的經營方式。在教育行政管理上，從以往均等、保護主義轉向爲自由競爭、重點主義的體制，做大幅度的調整。在教育目標與課程設計上強調特色、卓越、創新，企圖跳脫單調、僵

硬單一的方式，積極朝向多元、彈性、國際化、資訊化與跨域整合（文部科學省，2003b）。跳脫以往「國家權力」與「教育制度」緊密關聯的結合，改以「教育機能」與「競爭機制」作為教育發展的方針。主要還是要反映在順應國際潮流與因應全球化，所面臨的國際競爭之處境（教育部，2003）。但是，高等教育對於「少子女化」、「供需失調」的情況，即使透過擴大招收國留學生，情況也未見緩和與改善的狀態。延續1990年代初期廢止教養學部，同時配合教育學部入學定員大幅的削減，進行以教育學院為主的整併。

首先於2001（平成13）年1月25日提出《21世紀教育新生計畫學校、家庭、地域的新生～如學校變好、教育將改變～》（原文：21世紀教育新生プラン學校、家庭、地域の新生～學校が良くなる、教育が變わる～），提出七個重點戰略「1. 透過理解授業提升基礎學力。2. 以多樣的奉獻、體驗活動培育充實內心情感豐富日本人。3. 可以快樂安心學習環境的整備。4. 營造可以被父母和地域信賴的學校。5. 教學「專家」教師的培育。6. 營造具世界水準的大學。7. 符應新世紀的教育理念、整備教育的基本設施」（文部科學省，2001d），並針對第6個戰略「營造具世界水準的大學」，於2001年6月提出「大學（國立大學）構造改革的方針：營造具有豐富活力和國際競爭力的國公私立大學的一環」（又稱為遠山計畫）的計畫（文部科學省，2001b）。具體的提及實施鼓勵措施進行國立大學的整併是行政改革的一部分，也是強化國際的競爭力之方法策略，不是只有單方面，主要是避免已經供給過剩的日本高等教育進入經營危機和實現提高品質向上及效率，也是提升國、公、私立大學的國際競爭力的一環。同時指出要打造出具有「國際競爭力的大學」需要三個重點：1. 大膽的進行國立大學的再編統合。2. 導入民間發想的經營手法進行國立大學法人化。3. 導入競爭原理，培育世界最高水準的國公私「頂尖大學30」大學，為此將進行國家資金重點分配（文部科學省，2001b）。

據此，依據各大學或專長領域之狀況，進行跨縣市之大學、學院之間的整併。特別是伴隨少子女化教師需求的減少，教員養成相關校院系所；單科大學、醫科學系的需要減少，有必要進行規模的縮小或與其他大學進

行整併，使組織運作和經費有效的運用。同時，大學重要行政管理幹部或經營組織，可以晉用各領域專家，讓經營責任可以明確化，促使大學營運可以有機動、戰略式的大學經營方式，並根據能力主義、業績主義，導入新的人事系統，思考未來大學可維持獨立營運的規模與發展，有如企業透過「規模的經濟」與「範圍的經濟」之思考進行整併，基本上是以一萬人為「最適當的規模」，強化其競爭力以維持競爭的優勢或生存（Cohn, Rhine & Santos, 1989；引自羽田貴史，2003）。此外，如實施「國立大學法人」，讓國立大學有更大空間進行組織的靈活運作，國立大學機能可以將其一部分加以分離或獨立，使其財政可以獨立結算，進而透過經由專家、民間人士的參與策劃，「大學評鑑、學位授與機構」導入第三者評鑑的系統，根據評鑑的結果，將資金做重點的分配。也可透過國、公、私立大學的整合，提升競爭的能力，同時篩選出國、公、私立的重要研究據點，蘊育出世界最高水準的研究機構。

其中直接衝擊教育大學，是第一點「大膽的進行國立大學的再編統合」的部分，也就是國家的高等教育發展方針，直接明確指示教育大學的發展，進行跨校與地區性的統整合併。主要的原因當然是少子女化與教員採用的減少，使師資培育的需求大減，教育大學的存在需要受到質疑。所以2001年11月22日，日本文部科學省發表「有關國立大學的再編、統合的基本思考方案」（文部科學省，2003c），直接提出「有關各大學再編統合」，教育和研究上有哪些利基呢？作為思考的核心，從各自大學的將來發展的觀點廣泛的加以檢討。文部科學省的立場是尊重各大學自主的檢討結果，積極的給予支援、協助和建議。同時也公布《有關今後國立的教員養成系大學學部的方案（報告）》，具體的提出徹底實施大學重點化，主導大學整編，並從2002年度開始，逐漸的實施改革（文部科學省，2001a；2001c）。

隔年2002年3月文部科學省的高等教育局，在其諮詢機構中央教育審議會的大學分科會，提出《國立大學的再編統合現狀與今後作法》（原文：國立大學の再編統合の現狀と今後の取り組み）針對大學的再編統合的意義提出見解，開宗明義闡明日本在21世紀之中，國立大學必須是「在

競爭環境之中是具有個性鮮明之大學」（文部科學省，2003c），為使其使命和機能能更上一層精進，需有寬廣的視野及長期的展望，不要侷限在從來各自大學和學院框架上，有必要將人、物的資源做最大限的活用，充實教育研究等和強化特色，整理相關基礎設備的建設。還有就是透過國立大學的法人化，從整個學校的視點來看有限資源，從經營戰略的經營上，確保規模經濟做最有效的活用（文部科學省，2002c）。並具體的提出日本政府在 2001 今後整併的方向性，同時說明 2000 年已經同意整合的大學，及 2001 年和檢討 2002 年至 2004 年有整併的可能大學。認為每所國立大學，將從各自加強激勵教育和研究的角度考慮各種組織改革，包括重組和整併。文部科學省議會根據檢討的進展程度提供支持措施（文部科學省，2002a）。

同時，也提出大學檢討整併需要留意之地方。在考慮整併時，國立大學必須加強對地方貢獻，作為地方知識和文化中心的功能。因此，期望各大學利用各種機會來聽取與地方利益相關者的意見等，並在理解的同時加以考慮，並給適切的說明。另外，大學在整併之際最大限度利用人力和物力，加強教育和研究基礎，以創建具有個性和特色的大學、學院、系的觀點開始。同時從其他大學各個學院，從在教育研究與管理營運方面合作與相互支援的角度，積極支持和促進重組和整合。大學的組織，而且需積極地支持和促進整併。

具體而言，從全國的觀點強化特定領域和教育研究的基礎，及從鄰接縣市大學進行合作，從各自特色進行機能的分擔，思考創造出具有個性的大學。

此外，透過公立和私立大學結盟，將教育和研究成果，回饋給當地社區與地方政府也是深具意義。因此，透過大學之間的相互合作，期待展開各種教育事業（學分互換、地方政府委託講座等）、新創事業、共同研究事業，公開各種資訊和交流，發展產學合作的事業（文部科學省，2002a；2002b）。並從 2004 年 4 月開始實施大學法人化政策，特別是在2005 年 5 月公布修定《國立大學法人法》之後，數年之間國公立大學整編了 13 組 27 所大學，透過整併達成「綜合大學化」的目標，重組新大學

的規模，強化經營基本盤面（文部科學省，2005；2007a）。主要是透過日本文部科學省強力主導，進行以地方公立與國立大學及醫科大學的之間的整併爲主，同時調整教育學院的規模，確保在大學法人化後，改善其經營的合理性與競爭性的強化，使其具有豐富活力和國際競爭力的大學，以面對「優存劣汰」的競爭環境進行整併。目前爲止大學整併比較順利的案例是以「互補類型」爲多，例如筑波大學與圖書館情報大學的整合可視爲成功的案例。但是，以「教員養成大學、學部」的整合存廢爲主軸的大學整併，在各地已經出現難題，例如群馬大學與埼玉大學，在 20 萬地方人士的聯名簽署強烈反彈之後，已經決定延緩整併的進行（教育部，2003）。

　　如上所示，2001-2009 年日本國公立大學整併，主要是以因應國際化的競爭，強調卓越、自由競爭，其特徵有日本學者歸納如下三種模式（羽田貴史，2003）：

　　1. 縮編教育學院、系、所及教養學院，調整內部組織及院系的重組。

　　2. 因應少子女化，教師需求與就職率的低下，創造新課程領域系所，注重研究所的充實，以提升人力素質，進行內部的整合。

　　3. 以一萬人規模之大學爲目標，強調跨校，複數大學之間的整併。

　　但是，大學透過整併，對於「少子女化」、「供需失調」現象未見緩和，呈現招生不足，部分私立大學的經營也陷入經營困難的窘境，在大學教育機構供過於求的情況之下，政府必須面對處理大學解體與經營困難學校的壓力。實際上此時期日本政府及高等機構經營者，已試圖跳脫以往在各大學的「規模架構」或是「學生數多寡」，做爲機構重整和改革與發展方向的思維。這可從日本文部科學省 2011 年公布的委託研究報告書《大學經營強化事例集—促使大學經營步入成功之道》可窺見大概輪廓，該報告提及「國公私立大學、短期大學，各大學應從對地域貢獻、發展教育研究的特色、社會期待人材的育成等角度，進行改革和經營體制的強化」，向上提升教育的品質（文部科學省，2011；日本私立學校振興共濟事業團，2012）。

　　此外，日本文部科學省，爲了擬定日本高等教育未來發展策略，於

2017（平成29）年3月向其直屬的諮詢機構「中央教育審議會」，提出「有
關我國的高等教育相關將來之構想」的諮詢（文部科學省，2017a），「中
央教育審議會」於2018年提出諮詢報告書《面對2040年高等教育環境規
劃（原文：2040年に向けた高等教育のグランドデザイン）》。該報告
書之中具體的提出三點有關促進日本的大學整併方針如下（文部科學省，
2018a）：

1. 導入國立大學一法人複數大學制。
2. 私立大學合作整併圓滿順利之方式。
3. 跨越國公私立限制合作的機制。

也就是說，2010年代以後，日本的大學已經感受到少子女化所帶來
的衝擊危機，進行規模及結構的調整，已經是不可避免。日本文部科學省
也積極的透過各種方式協助大學的轉型，從資料顯示，2010年以後，日
本高等教育整併狀況，主要是以私立學校的整合爲主。

日本高等教育發展趨勢，整體上來說，最大的改變在於積極跳脫以
往整併思維。高等教育以「生存能力」、「人材培育」、「地域貢獻」、
「產學連攜」、「強化教育」爲政策思維核心，轉向發展高等卓越和特色
教育著手。並結合生涯學習與國際教育方向及產業發展爲重點，強調卓越
和特色及產官學合作。

 ## 大學整併問題

日本第二次大戰結束（1945年）後高等教育擴張，主要是以兩個時
期爲主。第一個時期爲戰後的數年之間，主要是因爲戰後美國強力介入，
進行高等教育的全面改革並進行整編。第二個時期是1970年代日本經
濟高度成長期間和嬰兒潮的到來，高等教育機構的需求大增，政府也積
極的配合社會和產業急速的發展所需，積極的增設私立大學（梁忠銘，
2007）。因此，日本的高等教育機構的快速增加，主要的原因之一是由於
大學設置標準的調整和鬆綁，加上國家減少對私學的管控和鬆綁，以因應
國家財政困乏而對國公立大學的經費預算採取消極的態度，使得私立大學

（含短期大學）有了更多發展機會。新制大學開始不久的 1955 年，私立的大學就已占大學總數的 59.7%、短期大學總數的 81.1%。至 1991 年時私立大學更是占大學總數的 73%、占短期大學總數的 91.9%。但是，如前言所及，日本 18 歲人口從 1991 年開始減少；如從 2020 年算起日本 18 歲人口在未來的 20 年後，到 2040 年之際，預計會減少 88 萬人，是現在的 70% 左右。也就是說日本未來 20 年，大學面臨生員減少導致招不足的現象不會緩解（文部科學省，2017b；2018a；2018c）。

在這樣的情況下，面臨少子女化所造成的生員短少，大學在面對社會供需方面，自然面臨學校存續與問題發生。例如，生員的不足，將會導致學雜費收入的減少，直接影響到大學正常的營運。同時，高等教育在不斷擴充後，雖使國民受高等教育之機會大增，但是也因為由於高等教育急速擴張，導致高等教育普及化現象，在很短期間從菁英階段邁向普及化及大眾化階段，在缺乏完善政策配套措施的狀況下，對於教育品質、社會人力素質方面都會產生負面的影響（天野郁夫、楊思偉譯，2008）。雖然私立大學擁有很強烈的經營敏銳性，吸引學生入學，期望達到經營安定和發展，這樣的特質自然強化了私立學校競爭體質。此外，私立學校在與國公立學校對抗競爭的關係之中，由於受限資金與資源調度，在教學與研究可能較為落後，但為了強化與國立之間的差異性與獨特性，往往傾向發展新的專業和機能領域，以提高其相對特殊地位，以求其在競爭環境中，得以脫穎而出，以爭取更好排名及社會聲望，造就私立大學主動改善內部發展體質（天野郁夫、楊思偉譯，2008）。

另外，全球化急速進展、因少子高齡化產生的人口構造變化、能源資源、食料供給問題、地域間差距的擴大等問題的急速浮現，社會結構急遽的變化。使得價值觀必須重新調整，在生涯之中問題解決能力也持續的被要求學習（日本私立學校振興共濟事業團，2011）。高等教育機關依據國家社會發展與需求，將會負有其新的使命，讓學習者可以很明確的知道「如何學、可讓自己適應國際化社會？」、「學什麼、可讓自己有一技之長呢？」、「何處學、可學得到所需要的知識呢？」。

大學也應思考「大學可提供何種知識、可讓學生具備何種一技之長

呢？」、「如何讓學習者可以確實感受到教育需求的存在呢？」、「如何可讓大學具有存在的價值呢？」。各大學或可從維持和提升教育品質的觀點思考，應如何擴大接受社會人及留學生，讓經營規模的最適當化。另外，從地方的高等教育規模來思考地方高等教育的校園規劃，從高等教育回應地方的需求觀點來加以充實，共同合作發展每個高等教育機關的強項和統合特色加以活化。

同時，近年透過跨校際與區域性的整編過程，創造出具有強力國際競爭力的重點大學，並能培育出維持科學技術創造立國的人材，營造出對社會有積極的貢獻，確實達到高等教育整體再生與創新的發展方式。但是，經過各種模式的整編，並無法保證哪一種模式能夠創造出強力優質的高等教育機構，甚至可以說最後的結果有可能使得公教育體系，失去教育機會均等與中立性的機能，使高等教育衍生新的問題。

為此各高等教育機關需準備多樣且柔軟的教育研究體制，並且須保證可確認其教育品質的應有方法。隨著社會的需求，高等教育課程與教育內容其價值意義將被重新定位，同時也必須思考其在國家發展上其必要性與合理性為何？例如，大學整合討論之際，就必須好好的思考，大學之間的整併可以產生哪些重要的效益？而非只著重在研究項目擴大或經濟的利益產生和組織編制的削減。重點是整合之後擁有兩校機關的機能，可以相互補強整合兩校所欠缺的各專長領域，是非常重要的條件。互補的大學在統整之時，與其思考裁撤重複的單位，還不如是從思考如何提升和強化其機能，是否可達到相輔相成的功能。換句話說，同種機構在整併之際，如果整併的理念和統整之後組織的目標和結構不是很明確的話，就會用裁撤削減的思考方式進行組織整併，反而可能弱化原本的功能，而無法達到整併所期待的效果。

在整併過程中，各大學的傳統和面臨的情況也有所不同，有教職員、學生、畢業生等各式各樣的因素存在，大學整併要成功，應該有三大挑戰要解決（文部科學省，2020a；2020b）：

㈠如何強化教育和研究的機能

　　大學整併如果只是強調經營的效率化，應該無法說是成功。在強調效率化之前應該是思考如何將整併做完善的規畫，如整合初期及整併後具體願景目標做明確的規劃，描繪出中長期具體期程，並依據學校整體發展戰略確實的進行，創造出經營資源最大的活用，強化教育和研究機能，促使大學更加發展，達到最終的整併目標。

㈡如何建構有效率有效果的營運體制

　　整併最大的效果可透過規模經濟利基將經營效率化，整合各大學之間相異的組織構造和業務，徹底的將業務標準化及簡化流程，活用科技化技術實現組織和業務的革新，確實建構出具有效率的運營體制，為最優先課題。

㈢如何建立和凝聚共識，使全體相關人員朝向同一個目標邁進

　　常言道「變革從改變組織氛圍開始」，有縝密的計畫，如果忽略組織氛圍的影響，也會讓整個整併走調的案例不勝枚舉。整併之際存在有很多利害相關人員，如教職員、學生、畢業生其重要性不可忽略。

　　整體來看，要成為一個合理的教育機構或學院系所，不應是從其學生數、教職員與行政組織規模的再編、整合或是削減，重要的是透過跨校與區域性的整編過程，創造出具有強力國際競爭力的重點大學，並能培育出維持科學技術創造立國的人材，符應政府因應全球化國際化發展的產業所需之人材政策，營造出對社會有積極的貢獻，以挽救高等教育過度擴張所產生的招生危機和經營困難校的轉型，確實達到高等教育整體再生與創新的發展方式。創造出具有競爭力之優質大學。

 肆　影響大學整併理念與因素

　　前文提及，日本政府在 1987 年代在臨時教育審議會已建議進行各項教育改革建議，然後在 1997 年的施政「六大改革」中，將教育改革列為其中之一，並於 1997 年和 1998 年分別提出及修訂「教育改革計畫」（文

部省，1997；1998b）。進而在2001年1月發表「21世紀教育新生計畫」，其中「整備大學競爭的環境」項下，提出三項內容：1.大學組織編制彈性化。2.檢討國立大學轉化為獨立行政法人化政策。3.導入大學教師任期制及促進大學教員流動（文部科學省，2001d）。同年2001年6月文部科學省大臣遠山敦子，發表「國立大學結構改革方針：建構富有活力且具國際競爭力的國公私立大學之一環」（簡稱「遠山計畫」），其具體內容如下（文部科學省，2001b）：

一、大力進行國立大學的整編與統合

（一）以各大學及各領域的現況為基礎進行整編與統合：1.師資學系等規模的縮小與整編或轉移給地方政府。2.單科大學（如醫科大學……）進行與其他大學的整併。3.跨越都、道、府、縣的大學與學院進行整併。

（二）進行大幅減少國立大學的數量，重組建構活化高等教育。

二、國立大學導入民間經營方式

（一）大學管理成員及組織經營聘用校外專家。

（二）經營責任的明確化，機動性和策略性經營大學。

（三）導入以能力和業績為主的新人事制度。

（四）分離及獨立國立大學的部分功能（導入獨立會計決算制度）。

　　　1.從附屬學校及商業學校開始檢討。

　　　2.盡早推動「國立大學法人」制度。

三、大學導入第三者評鑑及競爭機制

（一）導入由專家和民間參與的第三者評鑑機制：活用「大學評鑑學位授與機構」。

（二）將評鑑結果向學生、企業及支援機構、社會全面公開。

（三）參酌評鑑結果，重點分配補助經費。

（四）擴大國、公、私立大學分配競爭性補助金的幅度：培養國公私
　　　立「TOP 30」（COE 計畫），成爲世界最高水準。

實際上日本此後以此作爲大學結構改革的基本方向，有關大學的各種
改革，也都逐步推動；爲使國立大學徹底的轉型，日本政府將自由市場經
濟的競爭概念手法，導入國立大學的經營，於 2001 年 9 月針對國立大學
法人化，發表期中報告，讓學界進行議論。並籌透過「國立大學等獨立行
政法人化調查檢討會議」於 2002 年 3 月 26 日發表《國立大學法人化圖像》
諮詢報告書（文部科學省，2003c）。並在 2003 年 7 月 14 日頒布《國立
大學法人法》（法律第 112 號），10 月 1 日施行。國立大學法人法的第
一條開宗明義的說明其目的指出：

「此法的目的是爲了使日本的大學之教育研究，必須針對國民之期待
加以回應，同時提升與均衡發展日本高等教育及學術研究水準，設置國立
大學法人的組織及營運與大學共同利用機關，訂定有關提供大學共同利用
機關法人的組織及營運相關事項。」（原文：この法律は、大學の教育研
究に対する國民の要請にこたえるとともに、我が國の高等教育及び學術
研究の水準の向上と均衡ある發展を圖るため、國立大學を設置して教育
研究を行う國立大學法人の組織及び運営並びに大學共同利用機關を設置
して大學の共同利用に供する大學共同利用機關法人の組織及び運営につ
いて定めることを目的とする。）

日本在 1999 年 7 月通過了《獨立行政法人通則法》，以落實國家行
政組織預定實施的獨立行政法人化制度，此制度是爲了達成國家行政機關
業務的單純化、效率化等目標而設計的公法人制度。依據《獨立行政法人
通則法》的規定，各獨立行政法人可依個別的組織特性及需求另訂個別
法，故通則法的制訂可謂獨立行政法人化具體落實的第一步。爲達成國家
機構之績效化、效率化等目標，文教、研究、醫療等相關之機構，因無法
明確將其責任與職務定型化，且擁有大量的公務員名額，乃成爲獨立行政
法人化的首要推動目標（楊思偉，2005）。如前所述依據《國立大學法人
法》第 1 條的規定，本法制訂之目的是爲回應國民對大學教育研究的需
求，讓高等教育及學術研究的水準能提升並均衡發展，以本法來規定有關

國立大學法人和大學共同利用機關法人組織及業務的事項。在《國立大學法人法》的規定下，國立大學法人「原則上」依循廣義的獨立行政法人制度，但國立大學不再是國家行政組織的一部分，而是獨立於國家行政組織之外，擁有獨自的法人人格。

　　日本「國立大學法人化」是依據其《行政法人通則法》所成立的一種獨立行政法人，其制度設計可以歸納為五點基本理念（文部科學省，2003b）：1. 確保自律的營運自主性地運作。可以實現各自的特色及社會責任，進行更自主性的學校運作。2. 導入「民間的發想」之經營手法。大學的權限、責任及決策的過程可以更加明確，在運作有更多的激勵動機，促使運作更具靈活。3.「大學之外人士的參加企劃」將營運系統制度化。可將社會資源納入大學運作機制之中。4.「非公務員型」的彈性人事制度的轉移，實現以能力主義為主的人事制度。使人事制度更有彈性。5. 導入「第三者評鑑」建立檢覈機制。大學學術研究的成果，將讓專業的第三者評鑑機構進行評鑑，經費運作將更加透明化。其基本理念和內容重點歸納如表1：

表1　「國立大學法人」制度基本理念

基本理念	內容重點
1.「大學之法人化」確保自律的營運	*國家行政組織的一部分→賦予各大學獨立的法人格 *預算、組織等規制大幅的縮小，大學各自負起責任
2. 導入「民間的發想」之經營手法	*導入「委員會」制。 *設置「經營協議會」、從全校經營的觀點將資源做最大活用
3.「大學之外人士的參加企劃」將營運系統制度化	*導入「校外主管制度」（禮聘校外有識之士做為主管） *審議經營相關事項之「經營協議會」委由校外人士參加企劃 *負責大學校長甄選的「校長選考會議」也聘請校外人士參加企劃
4.「非公務員型」的彈性人事制度的轉移	*各大學的責任，導入依據能力‧業績薪水支付系統 *廢除兼職等限制，將能力、成果透過產學合作等反饋社會 *包含事務職在大學校長的任命權之下實現整個大學的人事
5. 導入「第三者評鑑」建立檢覈機制	*第三者機關評鑑進行大學教育研究績效的查核 *第三者評鑑結果確實反映大學的資源配分 *評鑑結果、財務內容、教育研究等資訊廣泛的公開

資料來源：筆者依據日本《國立大學法人法》自行做成。

　　如表 1 所呈現之內容，「國立大學法人」制度的基本理念，實際上就是 2001 年 6 月文部科學省所提出「國立大學結構改革方針：建構富有活力且具國際競爭力的國公私立大學之一環（簡稱：遠山計畫）」（文部科學省，2001b）。如同該法第 1 條的規定，本法制訂之目的是為回應國民對大學教育研究的需求，讓高等教育及學術研究的水準能提升並均衡發展，以本法來規定有關國立大學法人和大學共同利用機關的法人組織及業務的事項。並從 2004 年 4 月開始實施大學法人化政策，期望透過大學法人化政策的實施，提升整體高等教育的品質，促使走向教育卓越發展的目標（楊思偉，2005）。透過「文部科學省」發表的各種報告書的說明和計畫配合實施。例如，2002 年度開始進的〈世界最高水準的教育研究據點計畫（21 世紀 COE Program：Global COE Program）〉（文部科學省，2002a）、〈發展特色的大學教育支援計畫（特色 GP：Good Practice）〉及 2003（平成 15）年度的〈符合現代的教育需求改造支援計畫（現代 GP：Good Practice）〉（文部科學省，2002b；2003d；2007a），等計畫可看出官方重點發展的方針，鼓勵高等教育積極的發展國際化。

　　近年受「少子女化」的影響，大學生人口呈現生員不足，大學「供需失調」現象越趨嚴重，大學在供過於求的情況之下，部分私立大學的經營陷入經營困難的窘境愈來愈明顯。加上大學法人化的實施，大學補助金的減少，高等教育機關的經營環境愈來愈競爭。政府必須面對大學解體再編與經營困難學校處理的壓力。在《國立大學法人法》實施 15 年後的經驗和摸索之後，為使大學之間的整併和經營更具彈性，讓複數的大學的人力、物的資源有效果的共享，修正以往「一法人一大學」的國立大學法人方式，期望可以促進私立大學的學院和相關事業轉讓的順利化，跨越國公私立的範疇，促進大學之間的合作和機能的分擔制度，考量已經招生不足和經營困難大學的救濟及大學之間的合作，整併的方法策略可以更順利進行。因此，檢討《國立大學法人法》的修訂，2019 年 5 月發布《改正國立大學法人法》，讓一所國立大學法人，可以擁有複數個大學的可能，促使今後的大學，不論國公、私立，國立大學、私立大學之間可以有更多整併的方式。

同時，配合日本文部科學省在國立大學法人「第三期中期目標（2016年度～2021年度）」對於國立大學法人運營費交付金（補助金），提出「三個重點支援的框架」。國立大學法人必須從「三個重點支援的框架」之中，選擇一個（文部科學省，2015；2018b）：

1. 貢獻地方社區的大學：因應地方的需求培育人材培育和研究的發展（55大學選擇）。

2. 特別強專門領域分野的大學：專門領域分野形成卓越優秀的教育研究據點網絡的形成推展（15大學選擇）。

3. 進行世界卓越教育研究的大學：立足世界頂尖卓越大學發展教育研究（16大學選擇）。

各國立大學法人配合國家發展需求，提出各種競爭型大型研究計畫的申請，配合透過跨校際與區域性的整編過程，創造出具有強力國際競爭力的重點大學，建構能培育出維持科學技術創造立國的人材，營造出對社會有積極的貢獻，確實達到高等教育整體再生與創新的發展方式。同時，進入21世紀全球化急速進展、因少子高齡化產生的人口構造變化、能源資源、食料供給問題、地域間差距的擴大等問題的急速浮現，社會結構急遽的變化。使得價值觀必須重新調整，問題解決能力被要求在生涯之中，期待可以繼續學習（日本私立學校振興共濟事業團，2011），將延續2010年，促成2020年後日本的大學整併，預料將持續的進行。

伍　展望

展望日本高等教育編併的過程，從第二次世界大戰結束後至今持續在進行，本論將日本大學的整併歸納出三個主要時期。一、1949-1972年時期：大學擴張整併期。二、2002-2009年：國立大學縮減整併期。三、2010-至今：大學整體縮減整併期，當然，每次整併的時期其原因和方式，都有所不同。可歸納如表2：

表 2　日本日本大學整併時程

年	舊校名	新校名	備註
1949	東京高等師範學校／東京文理科大學／東京農業教育專門學校／東京體育專門學校	東京教育大學 1978 轉型為筑波大學	1949 年日本共整合編併舊制學校中高等學校，設立新制國立大學 69 所
	東京第一師範學校／東京第二師範學校／東京第三師範學校／東京青年師範學校	東京學藝大學。	
	廣島文理科大學／廣島高等師範學校／廣島女子高等師範學校／廣島高等學校／廣島師範學校／廣島青年師範學校／廣島工業專門學校／廣島市立工業專門學校	廣島大學	
1951	法政大學／中央勞動學園大學	法政大學	私立
	日本大學／東京獸醫畜產大學	日本大學	私立
1975	日本大學／日本大學松戶齒科大學	日本大學	私立
2002	大阪國際大學／大阪國際女子大學	大阪國際大學	私立
	山梨大學／山梨醫科大學	山梨大學	國立
	筑波大學／圖書館情報大學	筑波大學	國立
2003	東京商船大學／東京水產大學	東京海洋大學	國立
	福井大學／福井醫科大學	福井大學	國立
	神戶大學／神戶商船大學	神戶大學	國立
	島根大學／島根醫科大學	島根大學	國立
	香川大學／香川醫科大學	香川大學	國立
	高知大學／高知醫科大學	高知大學	國立
	九州大學／九州藝術工科大學	九州大學	國立
	佐賀大學／佐賀醫科大學	佐賀大學	國立
	大分大學／大分醫科大學	大分大學	國立
	宮崎大學／宮崎醫科大學	宮崎大學	國立
2004	神戶商科大學／姬路工業大學／兵庫縣立看護大學	兵庫縣立大學	公立
2005	東京都立大學（1949-2011）／東京都立科學技術大學／東京都立短期大學／東京都立保健科學大學	首都大學東京	公立
	山梨縣立看護大學／山梨縣立女子短期大學	山梨縣立大學	公立
	大阪府立大學／大阪女子大學／大阪府立看護大學	大阪府立大學	公立
	縣立廣島女子大學／廣島縣立大學／廣島縣立保健福祉大學	縣立廣島大學	公立

年	舊校名	新校名	備註
2007	大阪大學 / 大阪外國語大學	大阪大學	國立
2008	長崎縣立大學 / 縣立長崎 Siebold 大學	長崎縣立大學	公立
2009	武蔵工業大學 / 東橫學園女子短期大學	東京都市大學	公立
	關西學院大學 / 聖和大學	關西學院大學	私立
2011	上智大學 / 聖母大學	上智大學	私立
2013	常葉學園大學 / 浜松大學 / 富士常葉大學	常葉大學	私立
2018	北海道科學大學 / 北海道藥科大學	北海道科學大學	私立
2020	神戶山手大學 / 關西國際大學	關西國際大學	私立
	名古屋大學 / 岐阜大學	東海國立大學機構	
2021 預定	大阪醫科大學 / 大阪藥科大學	大阪醫科藥科大學	私立
	岡大學 / 浜松醫科大學	國立大學法人 岡 國立大學機構（暫稱）	國立
2022 預定	兵庫醫科大學 / 兵庫醫療大學	兵庫醫科大學	私立
	大阪府立大學 / 大阪市立大學	大阪公立大學	
	小樽商科 / 帶廣畜產 / 北見工業	北海道國立大學機構（暫稱）	國立
	奈良女子大學 / 奈良教育大學	國立大學法人奈良（暫稱）	國立
	兵庫醫科大學 / 兵庫醫療大學	兵庫醫科大學	私立

資料來源：文部科學省網頁（2020）。國立大學の再編・統合。（https://www.mext.go.jp/b_menu/shingi/chukyo/chukyo4/gijiroku/attach/1411004.htm）。

依據上表，進一步的說明如下：

第一個時期：主要是因為第二次世界大戰無條件的投降。日本戰敗以後，由聯合國最高司令總司令部（General Headquarters of the Supreme Commander for the Allied Powers：GHQ-SCAP）負責日本的占領政策的執行，其中教育改造問題主要是由「美國教育使節團」主導（堀松武一、入江宏、森川輝紀，1985）。此次的整併的規模最主要是受到國外政治力的介入，被動的進行日本教育制度整體的改造，整體上是將日本制度徹底的改

造為美國模式的高等教育制度，目的在使日本的國民可接受更多美國式的民主教育，不僅強調男女共學，也強調教育機會的均等和受教權，所以此次的整併，並非大學的整併，而是為了改造日本複線型的學校教育體制，將其改為單線型的學校教育體制，將以往定位不明的中、高等教育機構，明確的統整為中等教育機構和高等教育機構，讓日本的高等教育機構大幅度的增加，也讓保守封閉的日本教育體制，徹底的開放。

第二個時期：隨著 1980 年代高度的工業發展，形成社會的少子女化現象的產生。1980 年代末開始，教師採用人數持續呈現非常大規模的減少。加上 1990 年網際網路和國際化急遽的發展，高等教育機構呈現供過於求的現象，開始感受日本高等教育的國際競爭能力有必要強化，同時面臨招生的困難的壓力。日本的大學再編、整合的問題，再度成為焦點。同時再加上新自由主義的風潮的盛行，主張福祉、教育等公共服務的領域，國家應該撤離（全國大學高專教職員組合，2001）。強調大學的發展機制，將透過競爭、評鑑、個性（特色）與強調科學技術的立國，採取重點的財政分配、管理營運體制的修正。也就是將「競爭原理」全面徹底的導入。

第三個時期：2001 年以後。要因應全球化、資訊化，具有「國際競爭力」的體制（中央審議會，2003）。延續 1990 年代初期廢止教養學部，同時配合教育學部入學定員大幅的削減，進行以教育學院為主的整合編併。進行跨縣市之大學、學院之間的整併，將以往教員養成系大學進行規模的縮小、整編，也將單科大學、醫科學系與其他大學的統整合併，促使國立大學數量的大幅度削減。並透過將國立大學機能的一部分加以分離或獨立，使其財政可以獨立，實施「國立大學法人」。同時，大學重要幹部或經營組織，可晉用各方面專家，經營責任的明確化使大學營運能具有機動、戰略式的大學。同時根據能力主義、業績主義，導入新的人事系統，思考未來大學可維持獨立營運的規模與發展，有如企業透過「規模的經濟」與「範圍的經濟」之思考進行合併。日本基本上也是以一萬人為「最適當的規模」，強化其競爭力以維持競爭的優勢或生存（Cohn., Rhine, & Santos, 1989；引自羽田貴史，2003）。如前所述從 2002 年開始，整併了

27 所國立大學造就新的 13 個大學，主要是以同一縣內的地方國立大學與醫科大學的統合爲主，透過整併達成「綜合大學」的目標，特別是 2004 年實施《國立大學法人法》，隨著國立大學的設置型態的變更，日本的高等教育競爭將會發生重大的變化，這重大的變化也就是象徵著以往的「國立」大學，將失去「國家」的優勢保護。所以每個大學將進行內部的系所與大學之間的資源整合，確保在大學法人化後的經營基本盤面的強化。

接著在 2010 年以後私立大學也開始進行整併，主要也是著眼在改善其經營的合理性與競爭性的階段，以面對大學法人化後國立大學的經營基本盤面的強化，所有的大學必須立足在共同的競爭條件上發展，共同面對「優存劣汰」的競爭。也就是說，日本進入 21 世紀以後，日本的高等教育改革不僅是在制度上，把國立大學法人化作根本的變革，在教育行政管理體制上將強調均等發展，轉換爲重點補助主義，從以往保護的思維轉換爲自由競爭，做大幅度的轉變。在教育目標與課程設計上從以往單調的課程規劃，調整爲面對國際化、資訊化，強調卓越、特色發展。整體上可以說是從以往「國家權力」與「教育制度」緊密關聯的思維模式，改以「教育機能」與「競爭機制」作爲教育發展的方向，在思維上有相當大幅度的轉換。

實際上日本從 1980 年代以來，高等教育受到全球化急速進展，「國際化」競爭與「少子女化」所產生人口結構的改變，造成學生人口的減少，形成招生的壓力。地區之間城鄉差距的擴大與地方人口流失，使社區崩解等問題浮現，造成社會價值觀的改變，問題解決的能力在生涯之中，不斷的被要求學習（日本私立學校振興 • 共濟事業團，2011 年）。同時在新自由主義風潮影響之下，強調自由競爭原理、產官學聯繫、效率化等原則之下，依據評鑑結果分配國家資源，大學內部之系所在種種的因素之下進行整併。從 2010 年以後的日本高等教育發展趨勢整體上來分析，最大的改變在於積極跳脫以往整併思維。高等教育以「生存能力」、「人材培育」、「地域貢獻」、「產學連攜」、「強化教育」、「國際貢獻」、「社會貢獻」、「地方創生」爲政策思維核心，從強調卓越和特色教育及產官學合作著手。並結合生涯學習與國際教育方向及產業發展爲重點，符

應政府因應全球化國際化所需發展產業競爭所需之人材政策，以挽救高等教育過度擴張所產生的招生危機和經營困難大學的轉型。近年，透過各種競爭型計畫促使大學發展國際化、研究力的強化，企圖發展出貢獻日本與世界級頂尖大學。

　　從第二期和第三期的整併與第一期的因素有很大的差別，主要是受到「內在因素」如少子女化、生員減少等內部各種因素的影響，再加上「外在因素」國際化的影響，因此在整併過程中也顯得比較困難。再從三個日本主要整併時期近一步分析，可知日本大學、學院整併又可分內部與外部兩種方式。所謂內部的整併就是透過課程創新，達成符合社會需求的新學院系所之設立。外部的整合編併就是透過複數的大學進行跨學際整併，達成所期待的新大學或新學院的設立，主要可歸納出五種模式（文部科學省網頁，2020b）：

表3　日本大學整併模式

	整併方式	整併模式	主要說明
模式一	內部整併	大學院系整併	主要是整併教養學院及設有教育學院的大學，縮小其規模或以設置「教職中心」的機構替代。
模式二	外部整併	大學之間整併	整併都道府縣鄰近的大學、單科大學或學院的為一個大學。
模式三		複數大學之整併	整併複數大學的教育大學、單科大學、學院。
模式四		複數大學部分機構相互整併	各大學僅保持小學教師養成的機能；中等學校教師養成，各教科分別由複數大學分別擔任人文學系、與理工學系師資的培育。
模式五		大學機能分擔整併	以區域劃分為小學教師養成的課程的大學與其他教師養成的大學。

資料來源：研究者依據文部科學省網頁（2020b）。再編・統合の考え方。自行整理而成 https://www.mext.go.jp/b_menu/shingi/chukyo/chukyo4/gijiroku/attach/1410664.htm。

　　日本經過了如表 2 和 3，三個主要的大學整併時期，特別是從 2000年至今，日本大學完成了數十所大學的整併。但是，大學整併後相關的實證研究，如經濟效益、辦學績效、國際貢獻、社會貢獻、地方振興、人材素質、師資素質等相關成效與問題的探討，卻無完整和系統的檢討。因此，無論何種的整併方式，都無法提出具體且具有說服力及具體的正面效應，也沒有全盤的考慮和明確說明整併的完整規劃和相關問題的解決方案；也無法看出和證實哪一種模式，可以保證能夠創造出具有優質和國際競爭力的大學。甚至可以說其最後的結果，有可能使公教育體系崩壞，失去教育機會均等與中立性的機能，而產生重大的教育問題和缺陷。主要的原因之一是教育改革目標和整併方式缺乏具體和完整的方案，另外加上缺乏經濟支援、公共資源與缺乏創新觀念。

　　無論如何，政府在追求高等教育學術卓越與研究發展之時，校內與跨校際的整併之方式，似乎不失是一種直接、迅速且有效的方法。但是，政府在整併後失去大學或學院的地區，該當地區將失去某些進修與提升專業的機構，特別是如教育學院，被整併的地區其教師與教育學院之間的提攜、協力和合作的關係，隨即變的遙遠而不安定，必然受到嚴重的影響。因此，大學跨校整併的結果或許可使「大學或學院活化」，整併後的新大學，可能具有更完整的師資與課程，但對於「地方貢獻」卻是無所助益（森部英生，2002；臼井嘉一，2002）。

　　因此，大學整併在追求「經濟效益」和「規模經濟」之際，要能達成「卓越化」因應國際化競爭，完成「效益化」、「經濟化」、「多角化」與最適當經濟規模的要求，以符應社會發展所需，不僅只是從「制度」與「機制」的方面改革即可完成，也不是大學之間的「整併」即可解決的問題。如何思考新時代的發展方向，凝聚校內外教職員與地方人士的共識的同時，進行教師資質與認知的教育改革，甚為重要。故此，引進客觀公正的評鑑機制以作為共識與認知的基礎基準之外，有必要進行更確實的大學整併相關之實證研究，以作為後續整併之參考資料和檢視其成效的依據。

參考文獻

大學審議會（1998）。**21世紀の大學像と今後の改革方策について――競爭
　　的環境の中で個性が輝く大學**。日本：大學審議會。

山崎博敏（2003）。21世紀における學校教員の養成と確保。**教育學研究，
　　70卷NO.2。p.70**。日本：日本教育學會。

中央審議會（2003）。今後の學校管理のあり方について。日本：文部科學
　　省

天野郁夫、楊思偉譯（2008）。**日本教育體制――結構與變動**。臺北：五
　　南。

文部省（1981）。**學制百年史**。株式會社帝國地方行政學會。

文部省（1987）。**臨教審答申總集編**。日本：文部時報第1327號。

文部省（1997）。**教育改革計畫**。日本：文部省。

文部省（1998a）。**關於21世紀的大學像與今後的改革方策――在競爭的環
　　境之中個性閃耀的大學**。日本：文部省。

文部省（1998b）。**修訂教育改革計畫**。日本：文部省。

文部科學省（2001a）。**國立大學の再編・統合の現狀と今後の取り組み**。
　　文部科學省高等教育局。

文部科學省（2001b）。**國立大學結構改革方針：建構富活力且具國際競爭
　　力的國公私立大學之一環**。日本：文部科學省。

文部科學省（2001c）。今後の國立の教員養成系大學、學部の在り方につ
　　いて。日本：文部科學省。

文部科學（2001d）。**21世紀教育新生プラン學校、家庭、地域の新生～學
　　校が良くなる、教育が變わる～**。東京：文部科學省。

文部科學省（2002a）。**世界最高水準的教育研究據點計畫**（**21世紀COE
　　Program；Global COE Program**）。日本：文部科學省。

文部科學省（2002b）。**發展特色的大學教育支援計畫**（**特色GP：Good**

Practice）。日本：文部科學省。

文部科學省（2002c）。《國立大學法人化圖像》諮詢報告書。日本：文部科學省。

文部科學省（2003a）。文部科學白書（平成15年版）。日本：財務省印刷局。

文部科學省（2003b）。國立大學等獨立行政法人化調查檢討會議。日本：文部科學省。

文部科學省（2003c）。國立大學の再編統合の現狀と今後の取り組み。https://www.mext.go.jp/b_menu/shingi/chukyo/chukyo4/gijiroku/030301e.htm）。

文部科學省（2003d。符合現代的教育需求改造支援計畫（現代GP：Good Practice）。日本：文部科學省。

文部科學省（2005）。我が國の高等教育の將來像（答申）。日本：中央教育審議會。

文部科學省（2007a）。Global戰略報告書。日本：文部科學省。

文部科學省（2007b）。文部統計要覽。日本：財務省印刷局。

文部科學省（2011）。大學經營強化の事例集──大學經營を成功に導くために。日本：文部科學省。

文部科學省（2013）。少子女化に対応し教育再生の實現に向けて。下村臨時委員提出資料。審議會的大學分科會。日本：文部科學省。

文部科學省（2015）。第3期中期目標（2016年度〜2021年度）國立大學法人運營費交付金（補助金）。日本：文部科學省。

文部科學省（2017a）。「有關我國的高等教育相關將來之構想」的諮詢。日本：中央教育審議會。

文部科學省（2017b）。大學への進學者數の將來推計について。日本：中央教育審議會資料2。

文部科學省（2018a）。2040年に向けた高等教育のグランドデザイン。日本：中央教育審議會。

文部科學省（2018b）。第3期中期目標期間における指定國立大學法人とし

て。https://resemom.jp/article/2018/10/24/47357.html

文部科學省（2018c）。今後の高等教育の將來像の提示に向けた中間まと
　　め。日本：中央教育審議會大學分科會將來構想部會。

文部科學省網頁（2020a）。**國立大學の再編・統合**。https://www.mext.go.jp/
　　b_menu/shingi/chukyo/chukyo4/gijiroku/attach/1411004.htm。

文部科學省網頁（2020b）。**再編・統合の考え方**。https://www.mext.go.jp/b_
　　menu/shingi/chukyo/chukyo4/gijiroku/attach/1410664.htm。

日本私立學校振興共濟事業團（2007）。**私立學校經營相談センター大學經**
　　營強化の事例集～大學經營を成功に導くために～。文部科學省委託研
　　究報告大學經營強化調查研究。

日本私立學校振興共濟事業團（2011）。**大學・短期大學の經營基盤強化事**
　　例集。

臼井嘉一（2002）。福島大學改革と「教員養成學部」の再編。**教育學研**
　　究，69卷NO.4。p.95。日本：日本教育學會。

全國大學高專教職員組合（2001）。**國立大學の改革と展望**。日本：日本評
　　論社。

羽田貴史（2003）。高等教育の再編成と教員養成大學、學部の統合。**教育**
　　學研究，70卷NO.2。p.70。日本：日本教育學會。

佐藤修司（2003）。教員養成學部、大學の再編をめぐる諸問題。**教育學研**
　　究，70卷NO.2。頁63。日本：日本教育學會。

海後宗臣編（1971）。**教員養成**。日本：東京大學出版會。

堀松武一、入江宏、森川輝紀（1985）。**日本教育史**。日本：國土社。

教育部（2003）。日本國立大學的整合各地出現難題。**高教簡訊：147**。臺
　　北：教育部高等教育司。

梁忠銘（2007）。日本國立大學整合編併的過程與問題之探討──以教育大
　　學、學部為中心。**比較教育**。**63期**，pp.1-39。

森部英生（2002）。大學統合と教員養成學部。**教育學研究，69卷NO.4**。
　　p.95。日本：日本教育學會。

楊思偉（2005）。日本國立大學法人化政策之研究。**教育研究集刊，第**

五十一輯第二期，pp.1-30。

Cohn, E., Rhine, S. L. and Santos, M. C.(1989). 'Institutions of higher education as multiproduct firms: Economies of scale and scope' ,**The Review of Economics and Statistics**,Vol.71.

第十二章

日本國立大學整併之分析：
以一法人複數大學制爲例

楊思偉

日本國立東京大學教育學博士
南華大學幼兒教育學系講座教授兼副校長

李宜麟

國立臺中教育大學教育學系博士
南華大學校務研究辦公室博士後研究員

壹　前言

　　全球高等教育目前正面臨少子化、高齡化趨勢、產業結構變革及全球化等國內外問題，多數國家皆正在進行高等教育改革，以因應未來社會之發展需求。其中，大學整併為高等教育改革之一項重要課題。因為透過大學整併，更重要的是大學在教學和研究功能的提升、改善大學管理機制和內部結構、導入財務自主和可獲得來自產業界和經濟界的龐大研究和人力資源（楊其文，2016），因規模擴大，進而提高大學的影響力和辦學績效，以使獲得更高的國際聲望，可見大學整併帶來的優點不僅是因應少子化趨勢和減少財政負擔，但如何整併才能獲得上述整併後的實質效益，一直是被討論的議題。

　　反思我國在 1994 年，因應當時民間需求推動 410 教改運動，其後在推動廣設大學政策下，自 1990 年到 2014 年間，臺灣之大專校院增加了 38 所，達到 159 所，大學指考錄取率也從 1991 年的 40% 增加至 2014 年的 95.7%，2020 年的現在，更加提高，幾乎已是「人人可以念大學」的情況。然大專校院數量增加及大量改制的結果，也造成了整體教育資源稀釋、大學校院與技專校院定位不明、改制後學校整體資源能否滿足發展需求以確保教學品質，以及畢業生就業等問題（許品鵑、謝秉弘、陳麒竹，2015）。為解決上述高教數量過多問題，教育部認為推動大學整併是一可行之策略。然大學整併除了可減少大學之數量外，是否可解決整體教育資源稀釋、大學校院與技專校院定位不明、改制後學校整體資源能否滿足發展需求以確保教學品質，以及畢業生就業等問題，仍需靠更多實證研究才能了解。

　　另外，自 1999 年至今，教育部在高等教育機構整併的推動成效有：1999 年「地區性國立大學校院整併試辦計畫」促使國立嘉義師院與國立嘉義技術學院整併為國立嘉義大學、2005 年「師範校院定位與轉型發展方案」推動國北師院、新竹師院、臺中師院、屏東師院、花蓮師院、市立臺北師院等六所師院轉型教育大學，並推動與鄰近大學整合、2013 年針對「單一縣市超過 2 所國立大學且學生數低於一萬人」之學校推動合併，

目前已整併之大學有國立嘉義大學、東華大學、臺中科技大學、臺北市立
大學、屏東大學、清華大學、高雄科技大學等。

　　依據上述，可以發現我國大學整併過程較爲複雜，除因尊重大學本身
意願而導致推動緩慢，整併大學之間的歷史和實力不相符、系所整合和主
管心態等併校困難更是難解（張瑞雄，2017）。另外，政策未見藍圖化、
策略化和階段化，數次大學整併的績效，僅能從「數字」作爲績效，對於
大學整併能否解決上述問題（整體教育資源稀釋、大學校院與技專校院定
位不明、改制後學校整體資源能否滿足發展需求以確保教學品質，以及畢
業生就業等問題），以及獲得前述所提之大學整併效益（教學和研究功能
的提升、改善大學管理機制和內部結構、導入財務自主和來自產業界和經
濟界的龐大研究和人力資源等），也有待大學整併後的評估。整體而言對
於教育部歷年推動的大學整併政策成效，更是無從得知。

　　目前面臨少子化之困境，教育部基本上沒有提出更完整之大學改革
政策，就私立大學校院面臨之招生困境，教育部僅提出消極之管控策略，
對於招生不足，以及財政出現危機之校院，只提出控管之相關原則，並沒
有提出積極可解決招生問題，以及鼓勵退場之作爲，基本上可說是沒有策
略的。至於有關國立大學部分，在經過修改大學法後，雖然教育部可用行
政權命令大學進行整併，但因爲相關因素非常複雜，政策上也只能以從旁
鼓勵之方式進行。因爲國立大學整併牽涉地緣位置、科系整併、行政整併
等，進而國立大學整併後的實質效益如何達成，以及如何解決大學及改制
後所產生的問題，與大學整併的目的、大學整併後的定位、整併模式、整
併機制、整併計畫的方向等構想、策略與作法，息息相關。而鄰近國家中
日本也在整體高教發展藍圖中，包括推動大學整併，日本在 2010 年以後
高等教育整體發展趨勢，最大的改變在於跳脫以往整編思維，以「生存能
力」、「人才培育」、「地域貢獻」、「產學連攜」、「強化教育」等爲
政策思維核心，轉向發展高等教育卓越和特色教育著手，同時並結合生
涯學習與國際教育方向、產學發展，再結合卓越、特色及產官學合作，
符應政府因應全球化和國際化所需發展產業競爭所需人才政策，以及挽
救高等教育過度擴張所產生的招生危機和經營困難學校的轉型（梁忠銘，

2017）。其中國立大學也推動數次整併政策，也有一些成果，而本文擬探討日本文部科學省（以下簡稱文科省）提出之國立大學整併之「一法人複數大學」（一法人管理多個大學）爲例，探究日本國立大學法人在「一法人複數大學制」下的整併重要政策內涵後，分析日本「一法人複數大學制」的相關個案，再綜合內涵和個案分析後，析論日本國立大學法人整併之目的、理念、策略、相關配套措施，進而提出日本國立大學法人整併之特色，並歸納對臺灣大學整併之啟示。

貳　一法人複數大學之發展沿革及重要內涵

日本國立大學的創立始於 1877 年東京大學，1886 年制訂《帝國大學令》，戰後 1947 年制訂《學校教育法》，以及 1949 年成立新制國立大學，一路發展下來，直至 2004 年開啟國立大學法人化新的階段。當時關於法人化制度的檢討，在「關於成立國立大學等獨立行政法人化檢討會議」（國立大學等の独立行政法人化に關する調查檢討会議）的最終報告中提出「國立大學法人化」圖像，清楚指出：藉由最大程度的實現大學法人化的改革，將比以往更能實現國立大學的使命和職能、尊重大學獨立性和自治權、擴大營運自由裁量權，以及實現國立大學多元化等開拓性基本思考。國立大學法人化後大學校長由包括校外人士組成的選考會議遴選，校長產生後組成包括外部人員（至少一位）的理事會，各大學理事會總人數由法律規定，負責決議重要事項，而另有文科大臣指派的「監事」兩名負責督導學校運作相關事項；另外，也包括校外人士（二分之一以上）的經營協議會，負責決策學校經營事項，而由校內人員組成教育研究評議會，負責決策及審議教學及學術研究方面事務（楊思偉，2005），上述理念，已經爲高教行政提供確保一定程度的機構獨立性，包括正在執行建立以校長爲中心的組織管理系統的政策，並且需要一種能夠實現綜合管理，以及行政與教育之間達成協議的機制。自 2004 年之後，國立大學法人化制度賦予國立大學法人資格，使每所國立大學成爲一法人，且根據法律規定，在法人領導下經營大學之運作（國立大學の一法人複數大學制度等に

關する調査檢討会議，2019）。

　　具體而言，日本國立大學法人化的目的有二：1. 提高日本高等教育和學術研究水平的同時，實現國立大學均衡發展的作用；2. 在自治環境下進一步振興國立大學，積極從事優質教育和特色研究，並實現更具吸引力和獨特性的國立大學。依據上述目的，日本國立大學法人化具有五項基本理念，包含：1. 藉由國立大學法人化確保營運自主；2. 引入「民間思維」的管理方法；3.「校外成員參與」營運制度化；4. 全面貫徹「能力主義」人事原則；5. 導入「第三者評鑑」的評鑑機制等（國立大學等の独立行政法人化に關する調査檢討会議，2002；楊思偉，2005）。

　　其後，在六年的中期目標／計畫，以及國立大學法人評鑑委員會的評鑑體系下，法人化第一階段啟動後，第二階段利用整併的優勢，全面改革並重新制訂「任務」。其在「大學改革實施計畫」（大學改革実行プラン）中，爲了形塑具有國際競爭力的人力資源和建置知識基礎的機構，開始進行關於「大學間多元化合作制度的可能機制（含一法人複數大學 - 傘型系統等）」之研討，說明將依照地區和功能，考慮各種機構框架的組合發展（國立大學の一法人複數大學制度等に關する調査檢討会議，2018），2014 年並修法完成。

　　國立大學法人化在開始進入第三階段之際（2016 年起），文科省從整體大環境重大變化的過程中，國立大學的法人化具體展現出藉由大學校長領導實現國立大學法人化，除利用法人化特有的思考和項目外，更可以加速決策速度、藉由利用 IR（Institutional Research）和 URA（Universities Research Association）等專業人力資源強化管理功能、導入績效評鑑和靈活任期、引進充滿活力的人事制度和積極確保外部資金等，而取得穩定發展。另外，在除因全球競爭和人口減少的情況下有創新改革的必要性，進而在國家財政有限情況下自主經營，隨著社會對於國立大學的期待和強化管理職能的呼聲日益高漲下，2018 年 6 月中央教育審議會大學分科會提出未來大學藍圖期中報告，將一法人複數大學之構想具體化，同時在各種內閣決策文件和中央教育審議會報告中均已提出，國立大學法人化制度需發展多樣性，以符應時代的需求和進展（國立大學の一法人複數大學制

度等に關する調查檢討会議，2019）。2018 年 9 月正式設置「國立大學
一法人複數大學等制度調查檢討會議」，2019 年 11 月中央教育審議會提
出「2040 年日本高教藍圖」報告書，其中也明確提到有關「國立大學一
法人複數大學等制度」之架構，2019 年 1 月「國立大學一法人複數大學
等制度調查檢討會議」正式提出「國立大學一法人複數大學等制度」報告
書，該制度正式確定。

　　因此，2019 年日本文科省對《國立大學法人法》進行修訂，引入一
種同意多所大學在一法人框架下營運的體制，進而建立一種行政管理系
統，以實現更具策略意義的大學管理（國立大學の一法人複數大學制度等
に關する調查檢討会議，2018），並且在「國立大學一法人複數大學等制
度調查檢討會議（國立大學の一法人複數大學制度等に關する調查檢討会
議）」報告中，明確提出「一法人複數大學制度」的意義性、必要性，以
及基本設計理念；其中，基本設計的理想方式包含：1. 大學法人主席和大
學校長間的角色劃分；2. 法人主席和大學校長的任命程序；3. 法人決策系
統（理事會、監事、經營協議會、教育研究評議會等）；4. 中期目標、計
畫和評鑑；5. 指定國立大學法人整併時的處理；6. 其他，例如：法人的內
部組織、鑑於法人多樣性及其設立的設施、在法律範圍內進行審查和判斷
等（國立大學の一法人複數大學制度等に關する調查檢討会議，2019）。
以下僅就一法人複數大學之流程概要、模式、法人主席和大學校長角色、
任命程序、決策系統，以及日本國立大學法人整併的中期目標、計畫和評
鑑，說明如下。

一、法人複數大學制度流程概要

　　從下述一法人複數大學流程概要圖觀之，可知其步驟是首先徵詢有意
締結之相關國立大學法人，以及必要時徵詢法人大學中各學部（學院）變
更之意願，且新國立大學法人如有必要下提出預算要求，為首要步驟；其
次，修訂「國立大學法人法」，以及在整併過程措施中，針對政令和省令
修訂，且如有必要，進行法人主席的遴選和提名，最後進行臨時註冊；第
三，解散舊法人、成立新法人（一法人複數大學），其任務包含：任命法

人主席、提出法人中期目標和批准法人中期計畫、提交財務報表（含資產
負債表）、藉由資產評鑑委員會確認新法人的繼承資產價值等，最後進行
資本金額的確認和登記（如圖1）。

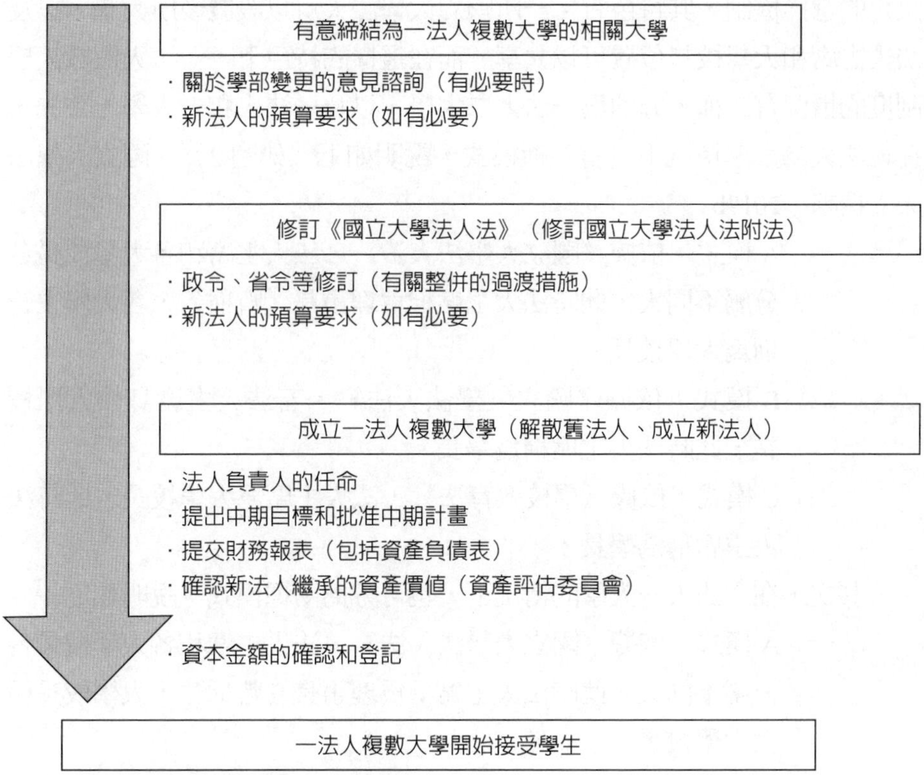

圖1　一法人複數大學制度流程概要

資料來源：修改自國立大學法人支援課（2019a）。

二、一法人複數大學制模式

　　現行國立大學法人化制度，國立大學校長和國立大學法人主席爲同一人，然制度修訂後，在一法人複數大學制度下，將建立可由國立大學法人決定的選擇機制，其特色有：一所國立大學法人可以設置多所大學，以及法人主席和大學校長位置可以共享。而在這樣的特色下，一法人複數大學制度的情況有二種，分別爲一法人二大學，以及一法人和一大學。首先，在一法人二大學情況下，有三種模式，說明如下（如圖2）（國立大學法人支援課，2019b）：

（一）A模式：依據《國立大學法人法》，法人主席和各大學校長各分屬不同人，此時法人主席稱爲理事長（暫稱），各大學主管稱爲大學校長。

（二）B模式：依據《國立大學法人法》，若法人主席身兼大學校長，此時法人主席稱爲學長。

（三）C模式：依據《學校教育法》，法人主席爲大學校長，此時法人主席稱爲學長。

　　其次，在一法人一大學的情況下，也可分爲兩種模式，說明如下：

（一）A模式：依據《國立大學法人法》，法人主席和各大學校長各分屬不同人，此時法人主席稱爲理事長（暫稱），大學校長稱爲大學校長。

（二）B模式：依據《學校教育法》，法人主席身兼大學校長，大學校長則稱學長。此爲現行制度。

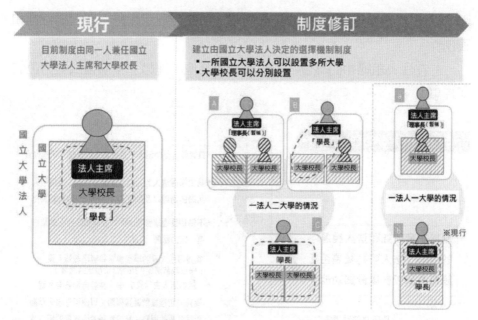

圖2　一法人複數大學概要圖

資料來源：修改自國立大學法人支援課（2019b）。

三、一法人複數大學中法人主席和大學校長的角色

其中，有關法人主席和大學校長角色的劃分，說明如下（如圖3）：

㈠法人主席

1. 因爲法人是法律上的權利義務主體，因此法人主席主要負責監督整個法人及對法人的治理和各種問題之負責。

2. 藉由掌握法人的人力、資源和預算，維持法人組織治理的同時，負責執行法人目標和促使辦學成效能達成最大化。

3. 不僅擅長經營管理，對於教育和研究活動也要有一定的了解。

㈡大學校長

1. 負責每所大學的學校事務和管理教職人員。

2. 除對法人主席負責外，在教育和研究方面，具有一定程度的裁量權

限，以便遵守法人整體管理政策的同時，使充分利用大學管理的獨特性和獨創性。

3. 在法人組織中的職位，是被賦予與其他「理事」不同權限和角色的「理事」。

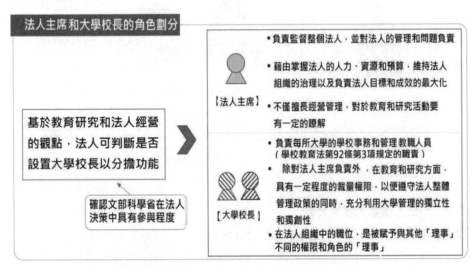

圖 3　法人主席和大學校長的角色劃分

資料來源：修改自國立大學法人支援課（2019b）。

四、法人主席和大學校長的任命程序

對於法人主席的任命，需從國立大學法人經營和教育研究兩者的觀點，訂定遴選辦法，並以透明方式選出候選人，經由文科省任命法人主席任期爲二至六年、經過「遴選會議」討論，以選舉符合法人規定的人選；而大學校長的任命則是由法人主席任命，但需要參考文部科學大臣之意見。而法人主席在選擇各大學校長人選方面，法人需先制定遴選規則再進行選拔，其任期根據法人理事任期來訂定（如圖 4）。

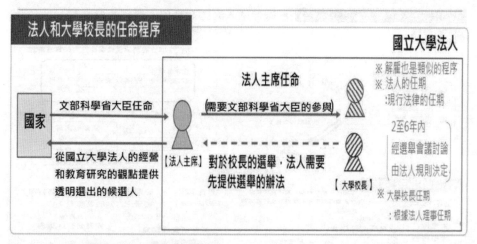

圖4　法人主席和大學校長的任命程序

資料來源：修改自國立大學法人支援課（2019b）。

五、法人決策系統

　　爲了確保法人在經營和教學上的一體性，其法人決策系統可分爲三個層級，分別是理事會，以及在理事會下設置經營協議會和教育研究評議會，另在理事會組織旁設有監事兩人，負責校務監察之責任；而理事會成員設置於法人總部，大學校長爲該理事會之當然理事，且具有與其他理事不同的權限和角色；其次，經營協議會成立的主要目的在於審議整體法人治理相關事宜，其基本形式是法人主席爲主席，各大學校長爲委員，除提供一個可討論每所大學治理事宜的場域外，各大學也可以某大學小組方式進行討論；第三，各大學可各設置教育研究評議會，其成立的目的，在於負責審議每所大學教育（教學）和研究相關事宜，其基本形式是該會議主席爲各大學校長，法人主席爲委員，各大學之教育研究評議會分別討論各自事項（如圖5）。

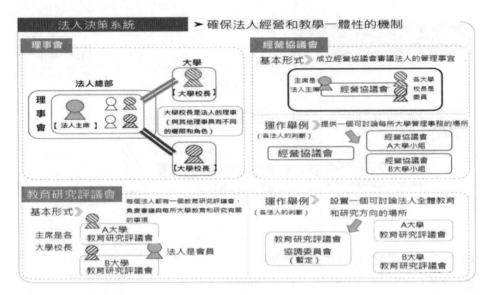

圖5　法人決策系統

資料來源：修改自國立大學法人支援課（2019b）。

六、日本國立大學法人整併的中期目標、計畫和評鑑

　　有關國立大學法人的整併，需要藉由法人和大學在中期目標和計畫之間的一致性來進行，同時各大學間的目標和計畫也與法人在有一致性下，具有關聯性。其中，法人主席負責管理法人和制定中期計畫，而能與大學校長一同制定和實現目標和計畫，更為重要。至於有關一法人複數大學的評鑑仍未定案，未來將有必要持續檢討國立大學法人評鑑委員會將如何評鑑負責管理的法人，和負責教育與研究的大學。

　　另外，有關「指定國立大學法人」（7所舊帝國大學被冠以此名稱，類似國內之頂尖大學稱號）整併時的處理，若是，原先不是「指定國立大學法人」之A法人、要和原先是「指定國立大學法人」之B法人整併時，不一定該法人和大學都當然被納入，應該設計只指定其中一部分之彈性措施，而成為新的一法人複數大學時，是仍申請成為「指定國立大學法人」，或申請其中一部分成為「指定國立大學法人」，可由法人自行判斷。但法人在統合大學的過程中，需要進行充分的參與和討論，並對所在社會、企業、學生和相關利益者，履行應有的說明責任；另外，同時考慮

更掌握目前法人主席和大學校長同為一人經營國立大學法人的優點外，當
大學校長和法人主席不同人擔任時，在教學和管理方面是否能有更多優勢
等議題，以利可以選擇法人主席和大學校長是否共享的制度，因此即使再
在一法人一大學的情況下，也應考量進行法人主席和大學校長責任由兩人
分擔之議題，而在那情況下，仍須確保法人在經營和教學的完整性目標
（如圖6）。

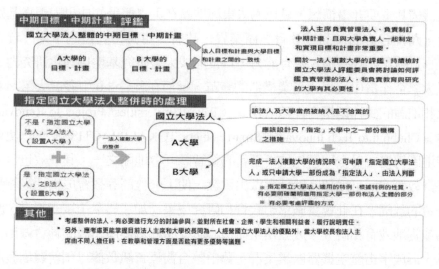

圖 6　日本國立大學法人整併的中期目標、計畫和評鑑

資料來源：修改自國立大學法人支援課（2019b）。

 ## 日本國立大學法人在「一法人複數大學」制度下的整併個案說明

目前日本國立大學已實施一法人複數大學之整併的有：2020 年 4 月
國立大學法人岐阜大學和國立大學法人名古屋大學、2021 年國立大學法
人靜岡大學和國立大學法人浜松醫科大學，以及 2022 年預定整併的有國
立大學法人小樽商科大學、國立大學法人帶廣畜產大學、國立大學法人北
見工業大學，2022 年預定整併的則有：國立大學法人奈良教育大學、國
立大學奈良女子大學（文科省，2018）。

一、東海國立大學機構

在 2020 年 4 月藉由國立大學法人岐阜大學和國立大學法人名古屋大學的整併，形成以東海國立大學為基礎的新大學模式以達實現超智慧社會5.0，這是第一個整併之個案。三年前開始接觸，文科省也特別補助日幣20 億元鼓勵，目前法人總部設在名古屋大學，也由原名古屋大學校長擔任法人主席，其總部目前從名大和岐阜大學調用約 283 人組成行政團隊，該機構其主要計畫構想，是以過去東海地區在世界競爭的成果表現為基礎下，藉由各方面（高等教育、產業界、政府、可獲得利益的事業）資源共享以強化財政基礎、教育能力，以及形成大型研究基地以強化研究力、以大學合作為中心以達產業構造的變革，進而在社會 5.0 中發展大學、產業和地區的良性循環合作核心模式（Tokai Universities' Project to Renovate Area Chubu into Tech Innovation Smart Society, TOKAI-PRACTISS），以使東海地區轉變成為全球領先技術創新的新智慧社會地區之一；其成效包含：終身教育方面可為超高齡社會做出貢獻、使下一代高等教育成為超級智慧社會的基礎、在社會實施卓越教育和研究成果（加速農業領域的基礎、應用或實地教育和研究、成立糖生命核心研究中心為健康長壽的社會做出貢獻、形成宇宙航空機器產業集群、藉由整合醫療資訊數據以創新醫療發展做出貢獻、高速公路複合事業體的發展）；計畫總計分為三期，說明如下（國立大學法人支援課，2019c）（如圖 7）：

㈠第一階段：建立治理體制和管理體制

1. 建立戰略管理體制：法人主席負責整個法人的管理，且計畫整個法人的策略、編列整個預算，並根據建立新法人的目的，進行全面調整；大學校長在法人整體策略下，負責各大學的教育和研究活動策略。其項目包含：簡化營運並有效利用資源管理、加強產學合作措施、進一步強化經濟界的支持、經營（支援）組織的一體化、強化品牌推廣、實現先進的教師評鑑及校園資源管理。

2. TOKAI-PRACTISS 的平台形式形成和構想精緻化、相關部門達成共識：與地方產業、國家、地方政府等建立一個區域規劃平台，以建立主

要合作業務（教育、研究、產學合作）的基礎和開展業務。

㈡第二階段

第 1 階段 TOKAI-PRACTISS 的基礎建立，和相關活動實質化。具體項目以進一步推動大學改革為主。

㈢第三階段

以組織的評鑑（自我評鑑、外部評鑑）和針對今後未來問題的釐清，提出解決方案的執行等為主。

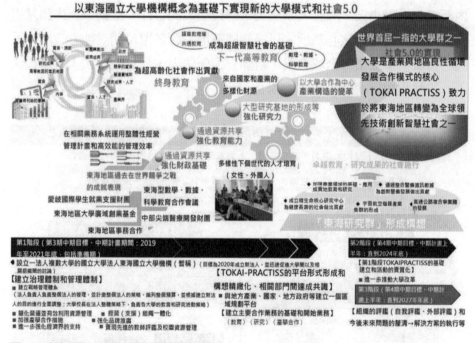

圖 7　東海國立大學機構整併概念圖

資料來源：修改自國立大學法人支援課（2019c）。

二、靜岡、浜松新國立大學法人

2021 年國立大學法人靜岡大學和國立大學法人浜松醫科大學，在新國立大學法人基礎上，依據一法人複數大學制，進行整併，設立新國立大

學法人，該法人下設兩大學，分別是：以靜岡大學靜岡校區爲中心的大
學，以及與靜岡大學浜松校區共同建立的浜松醫學院，作爲另一中心大
學；兩所大學三校區的整併，其主要目的爲藉由重組新大學強化職能的同
時，進而作爲該地區的核心基地；其職能強化重點項目以國際競爭力、振
興區域、人力資源開發爲主，具體項目包含：醫療、光學／電子、醫療／
工程合作、下一代汽車、大數據、人工智能等，並與當地社區、社會（地
方政府、區域中小企業、全球企業）合作作爲基礎。待新國立大學法人成
立後，將再次依據一地區內數個國公私立大學進行學分交換等合作，而成
立靜岡地區一般社團法人之大學等合作推進法人（暫稱），藉由靜岡地區
內新國立大學法人、國立大學法人、學校法人的合作，推動以合作爲基礎
向社區開放知識之核心基地，以達靜岡縣地區內各單位間（地方政府、社
區、區域中小企業、全球企業、新國立大學法人、公立大學法人、學校法
人）的強化知識基礎合作（如圖8）。

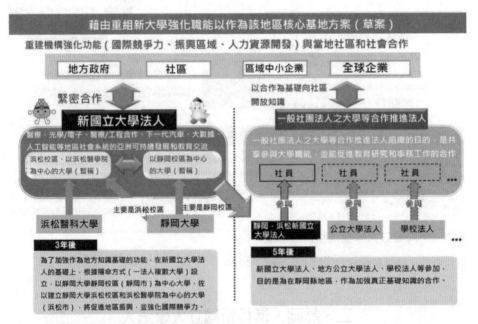

圖8 靜岡地區國立大學整併概念圖

資料來源：修改自國立大學法人支援課（2019c）。

三、北海道聯合大學機構

　　目前北海道不僅面臨人口遞減和老齡化速度高於整體國家速度等地區生存問題，加上北海道的經濟、產業課題有：農林水產業的持續成長、中小企業／地域商業的活力再生、觀光立國的推動、創造健康／醫療／環境／能源等產業、製造業和食品相關產業的促進、創造業務及擴大食品出口至海外市場等，足見急需藉由小樽商科大學、帶広畜產大學、北見工業大學整併後，所成立的北海道聯合大學機構，推動行政改革，加強教育和研究功能，為北海道的未來作出貢獻，特別是三所大學整併後的教育和研究成果，應用於北海道實際社會生活的「實踐學」極為重要。因此基於「將建立對社會開放的管理體系，並根據社會需求加強三所大學的教育和研究職能，進而為北海道經濟和工業發展做出貢獻」願景下，分析 2022 年 4 月國立大學法人小樽商科大學、國立大學法人帶広畜產大學、國立大學法人北見工業大學將整併為國立大學法人 - 北海道聯合大學機構（暫稱），以促進北海道國立大學法人管理改革；其中，治理組織和學術組織間的職能劃分，是此次國立法人管理改革的聚焦之處。在經營端，將由經營協議會負責，法人主席為主席，理事為會員，藉由預算編列和分配、確保財源多樣化、進行財務／法務／監察摘要、外部資金的活用和資源再分配，以達到：1. 負責招聘來自經濟界、產業界等多位高階管理人員；2. 透過整合三所大學的管理職能和經營，以實現管理合理化、效率化；3. 經營協議會的結構主要將反應國立大學各利益相關者的意見等目的。教學端則由三所大學各自成立的教育評議會負責，進行三所大學領域的綜合教育系統開發，以及建構三所大學產學合作體制（如圖 9）。

圖 9　北海道北海道聯合大學機構整併概念圖

資料來源：修改自國立大學法人支援課（2019c）。

四、奈良大學

　　2022 年預定根據一法人複數大學制，將國立大學法人奈良教育大學、國立大學奈良女子大學整併成立奈良大學，以作為奈良地區的知識核心機構，其目的為整合奈良地區高等教育機構（含奈良尖端科學科技大學、奈良工業高等專科學校、奈良文化財產研究所、奈良國立博物館），以培養引領該地區和社會的人力資源，整體大方向目標有：1. 建立文理教育共享化以開發創造性人力資源；2. 在各機構的優點和特點為基礎下，進行積極合作；3. 利用奈良歷史和文化的共享空間促進學校都市化。在上述整體大方向目標下，2022 年之奈良大學目標有：1. 充實和強化文科教育以開發創造可持續未來社會的人力資源；2. 師資培育高度化以為建構下一代師資培育系統模型；3. 培育奈良工程人力，頒發工程學士學位；具體作法包含：共同實施文科教育、合作開展師資培育「新型高級師資培育體

系」、建立工學系共同教育課程。新國立大學法人奈良大學理事會（也是經營協議會），除負責整體法人的中期目標、中期計畫、整體法人評鑑，法人主席（或稱理事長）、大學校長皆由文科大臣任命，法人主席兼任大學校長與否將由法人自行決定，兩所大學校長皆以理事身分參與經營協議會的營運；另教育研究評議會則由各大學依據各自中期目標／中期計畫進行營運和機構認證評鑑，其中副校長、執行董事或系所代表皆為教育研究評議會委員（如圖 10）。

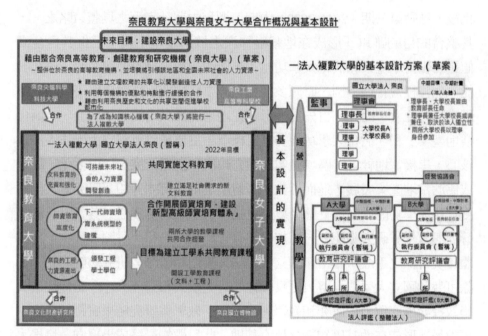

圖 10　奈良大學整併概念圖

資料來源：修改自國立大學法人支援課（2019c）。

肆 日本國立大學法人的「一法人複數大學」整併個案分析

一、日本國立大學法人在「一法人複數大學」制度下的整併目的和理念分析

　　經耙梳日本國立大學法人整併模式「一法人複數大學制」及分析整併個案之內涵後，可發現日本國立大學一法人複數大學政策是國立大學法人化後，推動第三期（2016-2022）中期目標和中期計畫下之具體策略之一，其整合的目的雖以「形成在地基礎知識之核心基地」為主，但其內含價值是活化當地產業和活化大學功能；其作法乃在劃分管理與教學／研究職能、加強經營管理機制、財源多樣化；成果目標則為將教學與研究功能結果實踐於社會。因此，首先在「形成在地基礎知識之核心基地」、「活化當地產業」和「活化大學功能」三目標下，主要是以新國立大學法人作為核心，串接當地社區、區域產業、地方政府和國際企業，以達活化、促進或協助當地產業發展，進而活化大學傳統定位「育才」和「研究」，也再度實踐大學功能於當地社區社會，更提升大學之社會責任。其次，「劃分管理與教學／研究職能」、「加強經營管理機制」和「財源多樣化」為具體實現目標之手段，藉由新國立大學法人管理和教學／研究功能的劃分，除可替新國立大學法人導入更具彈性的管理模式和管理人才，也促使各大學教授能專心致力於研究和教學。第三，「教學與研究結果實踐於社會」可說是「形成在地基礎知識之核心基地」此目標的最終成果導向，發揚大學社會責任之績效（如圖 11）。在此理念下，為顧及合併各大學之自主性，乃構思了「傘狀架構」。

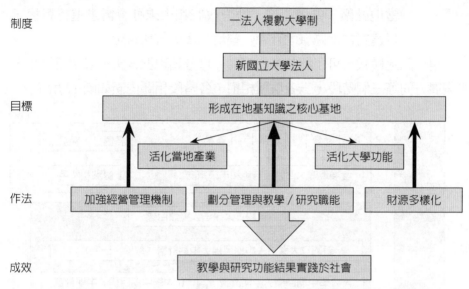

圖 11　日本國立大學法人在「一法人複數大學」制度下的整併理念分析圖

資料來源：研究者自行繪製。

二、日本國立大學法人在「一法人複數大學」制度下的整併架構分析

　　經分析上述日本國立大學法人在「一法人複數大學」制度下的整併概念後，可發現日本國立大學法人在「一法人複數大學」的整併論述模式，可歸納如下：

（一）先探討當地社會、經濟、產業發展現況及問題後，佐以分析當地社會、產業、經濟特色和發展方向，在超智慧社會5.0（society 5.0）政策下，提出新的國立大學法人第三期六年中期目標和中期計畫重大指標之一。

（二）各大學以文科省訂定之新國立大學法人的中期目標和中期計畫總目標為基礎下，再提出各大學法人之教學和研究方面的中期目標和中期計畫。

（三）規劃形成一法人複數大學之機構，提出新國立大學法人整體目標和計畫的育才（教學）和研究方向，該育才與研究方向需與

當地社區、區域產業、地方政府和未來社會需求進行對接，以達對當地區域的社會、經濟和產業有所貢獻。

再依論述模式，可了解其整併架構，可分為現況分析、設定目標和未來發展方向等三個階段，三者環環相扣，各階段相關內涵如圖 12 所示。

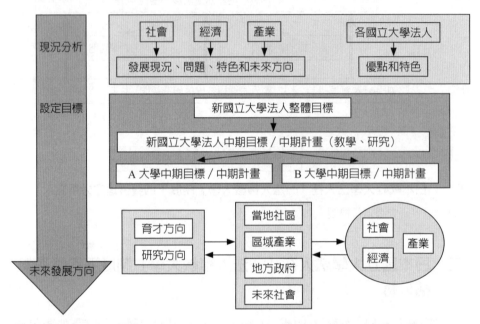

圖 12　日本國立大學法人在「一法人複數大學」制度下的整併架構分析圖
資料來源：研究者自行繪製。

三、日本國立大學法人在「一法人複數大學」制度下的整併配套措施分析

有關日本國立大學法人「一法人複數大學」之整併政策，是在內外社會需求下，基於輿論達成共識後，提出此一制度，然此一制度正式制度化需要藉由法令修正方能達成，是以可知「法令」為此制度推動的首要配套措施；其次從制度流程化中，可發現其他配套措施有因制度而產生的需求，例如：學部（學院）變更的意見諮詢、預算需求、法人主席的遴選和提名、法人主席的任命、各大學校長之遴選與任命、中期目標和中期計

畫、財務報表、確認新法人繼承的資產價值，因此歸納上述需求，可發現其配套措施有：流程、計畫和預算，對其各國立大學法人的人力資源、財務和物力等進行盤點（如圖 13）。

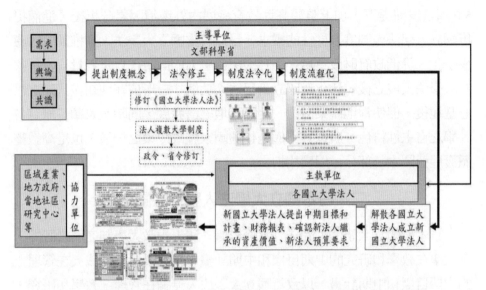

圖 13　日本國立大學法人在「一法人複數大學」制度下的整併機制分析圖
資料來源：研究者自行繪製。

伍　日本國立大學法人整併之特色

日本目前推動之一法人複數大學制度，是結合國立大學法人化之第三期重要政策而制定，其中也包括內閣總理府的「地方創生計畫」及「大學社會責任」（COC+ 計畫）等，所以政策相當具有一貫性、整體性及前後一致性，本文試著整理以下五項特色：

一、日本國立大學法人整併推動是在日本高等教育發展目標和方向為基礎進行

日本新國立大學法人的成立，是以政府內閣層級提出建構超智慧社會5.0願景為前提下，加上整體高等教育發展內外環境因素分析後，進而提出國立大學法人制度多樣性的需求。是以日本國立大學法人的推動除因應少子化、降低政府財政負擔、提升國家競爭力的同時，更是考量日本新國立大學法人成立後，活化新國立大學法人功能——形成在地知識基礎之核心基地後，促使當地產業活化，促進各地經濟發展，同時也兼顧了原有各大學之自主性特色。所以其不僅是整體國家施政政策之一環，也是高教整體發展藍圖之一部分，環環相扣。

二、日本國立大學法人整併藍圖化

日本新國立大學法人的成立，除依據一法人複數大學制度而設置外，各大學在教學和研究的中期目標和中期計畫，皆能銜接整體法人在管理上的中期目標和中期計畫，以致新國立大學法人無論在管理、教學和研究，由上而下（從經營協議會至教育研究評議會）、從左到右（各大學間）都能有所銜接。另外，新國立大學法人依據整體法人的管理中期目標和中期計畫，佐以相關作法（加強經營管理機制、劃分管理與教學／研究職能、財源多樣化），以達成效（教學與研究功能結果實踐於社會），足見新國立大學法人之推動頗具藍圖化。

三、日本國立大學法人整併運作機制化

如前所述，因日本新國立大學法人的成立，需要事先徵詢有意締結之相關國立大學法人，諮詢學部變更意見以及提出新國立大學法人預算後，修訂相關法令，進而解散舊法人成立新法人，其相關作業包含：任命法人主席和校長、提出法人整體中期目標和批准中期計畫、財務報表和確認新法人繼承的資產和價值，方才能進行新國立大學法人的資本金額登記和確認，然後再由各大學依據先前提出的新國立大學法人中期目標和中期計

畫，各自提出中期目標和中期計畫；由此可知，日本新國立大學法人成立已達運作機制化（SOP 化），有一套應有的推動流程。

四、日本國立大學法人整併更強化大學社會責任的政策

日本新國立大學法人的成立，以「形成在地基礎知識之核心基地」為目的，是以需要對接在地產業、地方政府、當地社區和研究中心等單位，以使新國立大學法人的教學和研究成果可以貢獻於社會，以達活化新國立大學法人功能和在地產業，進而更能強化大學之社會責任。

五、整併政策重點置於經營與教學能充分整合

日本推動國立大學法人化之際，正如上述，重點置於經營策略引進企業經營觀念，並將市場競爭機制放入經費爭取上，另加上將經營與治理權放在校長身上，也加重校長之責任。此次法人整合後管理兩個以上大學，也是延續上述策略，法人設置 3-5 人之理事會，外部理事 1-2 人，整體業務由理事會決策，再交由經營協議會，以及教育研究評議會各負擔經營與教學事項。而經營協議會原則上整合成一個，合併之兩個大學只設置一個經營協議會，負責全法人機構之經營策略與措施，其中委員人數校內和校外各占半數，以保有外部經營理念之導入。另外有關教學研究設有評議會，沒有外部委員，可由合併之大學各自組成討論，可使保留原有大學之特色與專長，但經營策略由一個經營協議會運作決定。另也因新國立大學法人在研究與教學上，同時需與在地產業、地方政府、當地社區和研究中心等進行對接，而促使新國立大學法人的財源多樣化，以解決政府補助經費年年減少之困境。

 ## 對臺灣國立大學整併之啟示—代結論

目前臺灣國立大學尚未法人化，基本背景不一樣，所以可以參照之處較有限制，但本文仍從兩國制度與策略之相異處，歸納以下四項啟示：

一、在高等教育發展目標與方向為基礎下，大學整併政策應藍圖化

　　教育部自 1999 年推動「地區性國立大學校院整併試辦計畫」，促使國立嘉義師院與國立嘉義技術學院整併為國立嘉義大學，2002 年執行「研究型大學整合計畫」促成臺灣聯合大學系統的設立，2005 年執行「師範校院定位與轉型發展方案」，推動國北師、新竹師院、臺中師院、屏東師院、花蓮師院、市立臺北師院等六所師院轉型教育大學並與鄰近大學整併，至今完成四所教育大學（師範學院）之整併、2013 年針對「單一縣市超過 2 所國立大學且學生數低於一萬人」之學校推動合併，隱約可見我國大學整併之目的僅是因應少子化和降低政府財政負擔，未見其大學整併策略在高等教育發展目標和方向之定位，以及大學整併後高等教育整體發展、整併後大學定位的重新定義、整併後對其社會貢獻、整併後大學在行政（管理）、教學和研究成果評鑑，以及整併過程相關法令、制度、計畫、期程目標和任務和其相關配套措施之說明，是以我國大學整併政策較缺長遠之藍圖，建議應以我國高等教育發展目標和方向為基礎下提出，而非僅為財務和少子化而整併。此說法也符應歐盟負責人布蘭登歐瑪莉 Brendan O'Malley 所提出的警言：「大學整併的考量，不能只看見減少支出的唯一理由」（引自楊其文，2016）。

二、各大學應聚焦教學和研究發展方向，以提升整併後的大學能量

　　我國目前已整併之大學有國立嘉義大學、臺灣師大、東華大學、臺中科技大學、臺北市立大學、屏東大學、清華大學、高雄科技大學。私校則有法鼓文理學院和康寧大學；但在上述大學整併過程中，未見教育部提供整併相關機制，以及整併過程中各大學的優點和特色、教學和研究方向、人力／物力／財力盤點，以致整併後各大學在行政、教學和研究上依然各自獨立存在，未見具體整合，進而提出新的大學整併後發展目標和方向，以達共生共榮目標，實屬可惜。

三、大學整併應強調活化在地產業和大學功能，以達強化大學社會責任

近幾年教育部致力提供經費推動各大學社會責任（University Society Responsibility, USR），其目的為藉由大學功能促進當地產業或社區之動能，足見政府以重視大學經營在地產業或社區的重要性。然大學整併除可盤點各大學之優點和特色，更可以分析在地產業之特色與發展方面，結合整併後大學優點和特色，以及在地產業特色和發展方面，促使整併後大學功能更能符應在地需求，以達對在地產業、經濟和社會之貢獻。另外，大學社會責任的推動除可活化在地產業和大學功能，也可使大學財源多樣化、提升大學產學合作、使大學教育與研究課程更具實務性。

四、大學整併應強化大學經營管理體制，以使大學治理更加有效

大學整併之目的，如果是因為整合資源，擴大規模，以發展更優勢之大學能量的話，那如果只是形式上的合併，而沒有具體合併之策略與方法，可能不容易達成整併之目的。日本雖然看起來比較屬於由上而下之指導策略，但能具體指出應進行之基本整併作為，不失為一個可以學習之事項。國內應考量如何讓校長有權，能決策迅速，就必須修改大學法，使從大學治理策略上具體改革，才能使推動大學整合更具有目的性。

參考文獻

國立大學の一法人複數大學制度等に關する調查檢討会議（2018）。國立大學の一法人複數大學制度導入の主な経緯。取自https://www.mext.go.jp/component/b_menu/shingi/toushin/__icsFiles/afieldfile/2019/03/28/1414767_3.pdf。

國立大學の一法人複數大學制度等に關する調查檢討会議（2019）。國立大學の一法人複數大學制度等について。取自https://www.mext.go.jp/component/b_menu/shingi/toushin/__icsFiles/afieldfile/2019/03/28/1414767_1.pdf。

國立大學法人支援課（2019a）。參考資料（4/20）一法人複數大學化の流れイメージ。取自https://www.mext.go.jp/component/b_menu/shingi/toushin/__icsFiles/afieldfile/2019/03/28/1414767_6.pdf。

國立大學法人支援課（2019b）。國立大學の一法人複數大學制度等について概要。取自https://www.mext.go.jp/component/b_menu/shingi/toushin/__icsFiles/afieldfile/2019/03/28/1414767_2.pdf。

國立大學法人支援課（2019c）。參考資料（2/20）統合に向けた各國立大學法人における檢討狀況。取自https://www.mext.go.jp/component/b_menu/shingi/toushin/__icsFiles/afieldfile/2019/03/28/1414767_4.pdf。

國立大學等の独立行政法人化に關する調查檢討会議（2002）。新しい「國立大學法人」像について（案）。取自https://www.mext.go.jp/b_menu/shingi/chukyo/chukyo4/gijiroku/__icsFiles/afieldfile/2014/09/24/1266090_003.pdf。

張瑞雄（2017）。大學併校的成果與問題。臺灣教育評論月刊，6(1)，13-16。

梁忠銘（2017）。日本高等教育整編背景和趨勢。臺灣教育評論月刊，6(1)，30-37。

許品鵑、謝秉弘、陳麒竹（2015）。**25年來臺灣大專校院校數變動趨勢**。取自http://epaper.heeact.edu.tw/archive/2015/11/01/6442.aspx。

楊其文（2016）。**楊其文觀點：從世界風潮看大學併校風波**。取自https://www.storm.mg/article/88347。

楊思偉（2005）。日本國立大學法人化政策之研究。**教育研究集刊，51**(2)，1-30。

中日法臺四國高等教育
機構整併之比較分析

丁志權

國立政治大學教育學博士
國立嘉義大學教育學系教授

在各國高等教育發展歷程中，大學校院整併是高等教育改革的一環。中國在 1990 年代曾經有一波大規模的大學校院合併，大約到 2003 年告一段落（中國教育部，2008）。而日本則在 2001 年，發布「遠山計畫」推動國立大學合併政策（楊武勳，2011）。接著是，法國於 2009 年斯特拉斯堡大學首先完成合併，2013 年《高等教育與研究法》發布後，更是大規模進行高等教育機構合併與合作（張夢華，2017）。臺灣在 2000 年首先國立嘉義大學完成合併，至今 20 年，只有九個大學合併案確立，成果有待努力。

本論文所稱「高等教育機構」，包括大學及學院或專科學校。所稱「整併」（integration）係以「合併」（merger/amalgamation）為主，以聯盟（alliance）為輔，不包括一些較為鬆散的合作事項。依推動合併之年代順序，分析中國、日本、法國與臺灣的高等教育機構整併政策執行情形，並進行比較分析，並歸納五項結論。

一、中國高等教育機構整併分析

㈠中國高等教育的發展與現況

1955 年底，中國有 227 所高等學校（本科及專科），均由中央辦理，分屬於高教部與中央有關部門。1958 年時，已有 187 校下放地方政府辦理，占 81%。中共中央於 1965 年 5 月頒發《關於高等學校統一領導，分級管理決定（試行草案）》，規定「對高等學校實行統一領導，中央和省、直轄市、自治區兩級管理制度」。1965 年調整後，全國 434 所高等學校，隸屬於教育部門者 34 校（8%），隸屬於中央其他部門者 149 校（34%），隸屬於省市（自治區）者 251 校（58%）。改革開放初期，1978 年全國有 598 所高等學校，隸屬於教育部門者 38 校（6%），隸屬於中央其他部門者 217 校（36%），隸屬於省市（自治區）者 343 校（58%）（劉鐵，2006）。

表 1 為中國 2002、2009 年各類大專校院校數，根據該表提出二項要點：

1. 以學校總數言，2002 年 2,249 校，2019 年增加至 3,726 校，增加了 1,477 校，17 年間增加率爲 66%。主要增加的學校來自地方政府及民辦學校，特別是民辦學校由 133 校，增加至 1,534 校，約增加了 12 倍。

2. 以隸屬別言，以 2019 年爲例，隸屬中央教育部或其他部門校數約爲 130 校（3%），其中以本科校院居多；隸屬地方教育部 1,240 校（33%）或其他部門 715 校（19%），隸屬於地方企業 92 校（2%），民辦學校 1,534 校（41%）。

表 1　中國 2002、2009 年各類大專校院校數

單位：校

學校分類	合計	中央		地方		企業與民辦	
		教育部	其他部門	教育部門	其他部門	地方企業	民辦
2002 合計	2249	73	58	1110	629		133
1. 普通高校	1396	72	39	776	378		131
本科院校	629	72	31	464	58	-	4
專科院校	767	-	8	312	320		127
2. 成人高校	607	1	19	334	251		2
3. 民辦其他高校	-	-	-	-	-		-
2019 年合計	3726	77	53	1240	715	92	1534
1. 普通高校	2688	76	41	1168	586	48	749
本科院校	1265	76	38	635	73	0	434
專科院校	1423	0	3	533	513	48	322
2. 成人高校	268	1	12	86	127	41	1
3. 民辦其他高校	784	-	-	-	-	-	782

註：採自 2002、2019 年教育統計數據。中國教育部（2020）。線上檢索：2020/07/10。

(二)中國高等教育機構整併的沿革與成果

中國自 1985 年以後，高等學校的整併可分爲三個階段（于述勝等人，

2008）：

1. 醞釀階段：1985-1991年

在 1990 年至 2006 年 5 月合併成立的大學共有 431 校，其中，1990年 29 校，1991 年 22 校（中國教育部，2008）。本階段合併的高校大多數為專科學校，例如：遼寧省遼陽師範專科學校；以及職工大學，例如：武漢市職工大學。

2. 探索階段：1992-1997年

在上述 431 校合併成立的高校中，1992 年 19 校，1993 年 9 校，1994年 11 校，1995 年 21 校，1996 年 17 校，1997 年 17 校。本階段多所學院或專科學校合併後，升格為大學者逐漸增多，例如：揚州大學的合併成員共有 7 個機構：揚州工學院、揚州師範學院、江蘇農學院、揚州醫學院、江蘇商業專科學校、江蘇水利工程專科學校、國家稅務局揚州培訓中心。有的則是學院併入大學，例如：同濟大學，由上海城建學院與上海建材學院，併入同濟大學。國家教育委員會（教育部前身）曾於 1996 年提出高校改革五種形式：「共建、合作、合併、協作、劃轉」（周祝瑛，2002）。

3. 全面推進階段：1998-2002年

歷經上述二個階段，1998 年 1 月在揚州召開全國高等教育管理體制改革經驗交流會，會中國務院原副總理李嵐清提出「共建、調整、合作、合併」改革方針，加快改革步伐。當年 9 月原浙江大學、杭州大學、浙江農業大學、浙江醫科大學等 4 校，合併組建為新的浙江大學。2000 年原吉林大學、吉林工業大學、白求恩醫科大學、長春科技大學、長春郵電學院等五校合併組建為新的吉林大學，成為全國最大的大學。在上述合併成立的大學共有 431 校中，1998 年 29 校，1999 年 31 校，2000 年 91 校，2001 年 41 校，2002 年 44 校。2003 年以後合併的件數逐漸減少，2003 年22 校，2004 年減為 15 校，2005 年只有 9 校。

促動中國 1990 年代高校合併的因素有四（于述勝等人，2008）：

1. 高校原有結構與布局的弊端：受計畫經濟的影響，中國高校結構與

布局方面，「條塊分隔」明顯，學校與專業重複設置，自我封閉，造成資源浪費。

2. 市場經濟對高等教育提出更高的要求：綜合性高校的組成，有利於各領與學術的交流與複合型人才的培養。同時，面對市場競爭壓力，各類高校的合併，有利於增進學校競爭優勢。

3. 因應政府機關的調整：1998 年裁撤了電力工業部、煤炭工業部、冶金工業部等 15 個部委。除了教育部保留部分直屬高校外，其他部委直屬高校移轉至省市，或與省市共建。在移轉過程中，進行高校與專業合併。

4. 來自新興學術領域的的挑戰：高校為因應學術快速發展，以及新興學科與整合型學術領域的出現，提高學術水平與人才培育的質量，原有高校體質已無法適應快速發展的學術要求。

上述李嵐清副總理提出「共建、調整、合作、合併」改革方針界定如下（莫家豪、盧一威，2004）：

1. 共建：係實行中央部門與地方政府雙重領導、共同建設和管理院校。形式包括省與部，市與部，省、市與部，部與部，省與市等，廣州大學整併即屬於省市共建形式。

2. 調整：即針對高等教育區域設置不合理或科系、層次設置不合理，辦學體制劃分不合理等結構性問題，進行領導體制和院系調整，以解決重複設置、交叉、分散、封閉的問題。

3. 合作：指高等院校與其他院校建立資源共享及優勢互補的合作關係，避免封閉辦學導致重複建設的問題，其運作方式如校院設施共用、學生學分互通、學生自由跨校選課等。

4. 合併：係根據各高校地理位置的分布、學科種類的異同、辦學實力的差距，與學生人數的多少等因素，對兩所或兩所以上的高校進行合併。其主要功能有有效組建綜合性大學，提高辦學規模效益與調整高等院校布局結構。

在上述四種整併形式中，共建與合併是真正的院校整併，而調整與合

作則僅就院校結構不合理或資源共享部分加以整合，亦即大陸對高校整併是依不同屬性、需求，所進行不同層次的整併。

中國高等教育體系龐大，主管部門複雜，在合併的類型方面，依五種分類標準（于述勝等人，2008）：

1. 依主管部門是否相同來分：(1) 同一主管部門的學校間的合併；(2) 不同主管部門的學校間的合併；(3) 中央部委所屬高校劃轉省市，與省市高校合併後，歸省市管理；(4) 中央部委所屬高校劃轉省市，與省市高校合併後，由省、部共建共管。

2. 依學科領域是否相同來分：(1) 相同學科領域的學校間的合併；(2) 不同學科領域相同的學校間的合併。

3. 依學校是否屬同一層級來分：(1) 本科校院間的合併；(2) 本科與專科校院間的合併；(3) 專科校院間的合併。

4. 依學校是否屬同一類別來分：(1) 普通高校間的合併；(2) 成人高校併入普通高校；(3) 分校或辦學點併入某一高校。

5. 依學校辦學實力來分：(1) 強校與強校合併；(2) 強校與弱校合併；(3) 弱校與弱校合併。

合併後的高校規模一般會擴大，少則 2 所高校，萬餘人；多則 7-8 所高校，達 6-7 萬人。表 2 為中國高等校院整併舉例，由該表可知，有的整併案，參與的機構只有 2 所，例如：北京大學、復旦大學；有的整併案參與的機構多達 7 所，例如：揚州大學、廣州大學。有的整併案，在整併後，以原來的一所高校為名，例如：華東師範大學、清華大學；有的整併案，在整併後，改用新的校名，例如：包頭職業技術學院、南京曉莊學院。

中國在 1990 年代初期高等學校合併、調整後，接著在 1990 年代後期推出「211 工程」與「985 工程」重點大學計畫，2011 年再推出「2011 計畫」，2015 年又提出《統籌推進世界一流大學和世界一流學科建設總體方案》（簡稱雙一流建設）（林多華，2016），使得中國的大學國際競爭力顯著提升。

表2　中國高等校院合併舉例

年別	大學名稱	主管部門	成員機構
1992	揚州大學	江蘇省	揚州工學院、揚州師範學院、江蘇農學院、揚州醫學院、江蘇商業專科學校、江蘇水利工程專科學校、國家稅務局揚州培訓中心
1998	包頭職業技術學院	兵器總公司	包頭機械工業學校、國營內蒙古第一、第二機械製造廠職工大學
1998	中國礦業大學	國家煤炭工業局	中國礦業大學、北京煤炭管理幹部學院
1998	浙江大學	教育部	浙江大學、杭州大學、浙江農業大學、浙江醫科大學
1998	華東師範大學	教育部	華東師範大學、上海教育學院、上海第二教育學院
1999	湖州師範學院	浙江省	湖州師範專科學校、湖州教師進修學院、湖州師範學校
1999	西北農林科技大學	教育部	西北農業大學、西北林學院、中國科學院水利部水土保持研究所、水利部西北水利科學研究所、陝西省農業科學院、陝西省西北植物研究所、陝西省林業科學研究院
2000	清華大學	教育部	清華大學、中央工藝美術學院
2000	南京曉莊學院	江蘇省	南京師範專科學校、南京教育學院、南京市曉莊師範學校
2000	北京大學	教育部	北京大學、北京醫科大學
2000	復旦大學	教育部	復旦大學、上海醫科大學
2000	廣州大學	廣東省	廣州大學、廣州師範學院、廣州師範專科學校、廣州教育學院、廣州市城建職工大學、廣州建築總公司職工大學、華南建設學院西院、廣州市聯合職工大學電信學院、紡織學院
2001	華中師範大學	教育部	華中師範大學、湖北省供銷合作學校
2001	中山大學	教育部	中山大學、中山醫科大學

註：1990年以來高校合併情況（至2006年5月15日止），中國教育部，2008。

㈢中國高等教育機構整併的特色

綜合上述分析，中國推動高等學校整併的特色有五：

1.中國高校絕大多數為政府設立，又是「黨國合一」國家體制，政府

以行政命令執行高校合併政策，效率高。

2. 高等學校的主管部門複雜，除了分為中央與省市二級外，在中央又有許多教育部以外部門主管的高校，特別是成人高校部分。

3. 中國在 1990-2006 年間有 431 所合併成立高校，被合併的高校超過 1,000 校，合併績效卓著。

4. 中國「黨國合一」國家體制，以「共建、調整、合作、合併」四種方式，進行高校整併，有效進行高等教育體制改革。

5. 參與合併的高校包括普通高校本科、普通高校專科、成人高校三類。

二、日本高等教育機構整併分析

㈠日本高等教育辦學體制

二戰結束後，1947 年日本有 69 所新制的國立大學，1972 年增加為 76 所，1981 年增加至 95 所，2000 年增加至 99 所（梁忠銘，2007）。由此可知，在 2000 年以前，日本國立大學不斷增加。日本高等教育機構包括大學、短期大學、高等專門學校三種，其辦學體制分為國立、公立與私立三種。表 3 為日本高等教育機構數，根據該表提出三項要點：

1. 日本大學校院以私立學校為主體，2019 年時，私立大學 607 所，占 77%；私立短期大學 309 所占 95%。

2. 由於少子化的衝擊，2000 年以後，短期大學校數銳減；國立大學

表3　日本高等教育機構數

年別	大學				短期大學			
	合計	國立	公立	私立	合計	國立	公立	私立
2000	649	99	72	478	572	20	55	497
2010	778	86	95	597	395	-	26	369
2015	779	86	95	604	346	-	18	328
2019	786	86	93	607	326	-	17	309

註：文部科學統計要覽，令和 2 年版。文部科學省（2020）。

也由 2000 年的 99 所，減爲 86 所。

3. 在地方政府設立的大學校院方面，2019 年公立大學尚能保有 93 校，而公立短期大學只剩 17 校。

㈡日本高等教育機構整併的沿革與成果

戰後初期，1949-1976 年的 27 年間，有 17 所縣立大學被國立大學合併，其方式是縣立大學併入國立大學，成爲一個學院，例如：1950 年靜岡縣立農科大學，併入國立靜岡大學成爲農學院；1964 年山口縣立醫科大學，併入國立山口大學成爲醫學院。

2001 年文部科學省提出國立大學結構改革方針，被稱爲「遠山計畫」，進行新一波的大學合併（楊武勳，2011）。表 4 爲日本國立大學合併，根據該表提出二項要點：

1. 全部 13 個合併案，除東京海洋大學，爲「統合」合併外，其餘 12

表 4 日本國立大學合併

成立年別	大學名稱	成員機構	方式
2002	1. 山梨大學	山梨大學、山梨醫科大學	併入
	2. 筑波大學	筑波大學、圖書館情報大學	併入
2003	3. 東京海洋大學	東京商船大學、東京水產大學	統合
	4. 福井大學	福井大學與福井醫科大學	併入
	5. 神戶大學	神戶大學與神戶商船大學	併入
	6. 島根大學	島根大學與島根醫科大學	併入
	7. 香川大學	香川大學與香川醫科大學	併入
	8. 高知大學	高知大學與高知醫科大學	併入
	9. 九州大學	九州大學與九州藝術工科大學	併入
	10. 佐賀大學	佐賀大學與佐賀醫科大學	併入
	11. 大分大學	大分大學與大分醫科大學	併入
	12. 宮崎大學	宮崎大學與宮崎醫科大學	併入
2005	13. 富山大學	富山大學、富山醫科藥科、高岡短期大學	併入

註：日本國立大學的整併：以山梨大學爲例，頁 136。楊武勳（2011）。

個合併案均爲「併入」的合併案。且有 11 個合併案是醫科大學併入綜合大學。所謂「統合合併」相當於臺灣的「新設合併」。

2. 全部 13 個合併案，均在同一個縣，地理位置相近。

日本於 2003 年制定《國立大學法人法》，全國 89 所國立大學自 2004 年 4 月 1 日起，均成爲獨立的法人。每一所國立大學法人組織有五項構成要素：校長、理事會、監事、經營協議會、教育研究評議會（丁志權，2020）。2019 年 5 月修正公布《國立大學法人法》，該法規定今後一個國立大學法人可將經管二所以上之大學。國立名古屋大學及國立岐阜大學法人，於 2020 年（令和 2 年）4 月，正式改名爲「東海國立大學機構」。該兩所大學合併，將成爲日本僅次於東京大學和京都大學的第三大大學（駐大阪辦事處派駐人員，2019）。

㈢日本高等教育機構整併的特色

綜合上述分析，日本推動高等學校整併的特色有四：

1. 大學校院的主管部門，分爲隸屬中央的國立大學校院，以及隸屬都道府縣及市政府的公立大學，主管部門不同，增加高等教育機構間合併之難度。

2. 日本的國立大學合併，並未擴及都道府縣市的公立大學，成果不佳。

3. 合併案中，大部分是醫科大學併入綜合大學，其合併的主要理由在於資源整合。

4. 新修正《國立大學法人法》規定，推出「一法人多大學」模式，該種模式能否引導大學合併？值得觀察。

三、法國高等教育機構整併分析

㈠法國高等教育發展與現況

法國巴黎大學是現代大學的先驅，目前法國的高等教育機構，分爲三類：一般大學、高等專業學院、技術學院與專門學校。一般大學大學體系入學採申請制，凡持有高中會考及格證書或同學學歷證書即可申請入學；

但要進入高等專業學院（grandes écoles），學生須先在預備班苦讀 2 年，並經高度競爭性的入學考試（郭為藩，2009）。而技術學院（IUT）與專門學校（specialized schools），則屬於技職系統，修業 2-3 年。

　　表 5 為法國高等教育機構數，根據該表提出三點說明：

　　1. 在國立大學方面，由 2000 年的 89 校，至 2016 年減為 71 校，減少了 18 校。應該與法國政府在 2000 年後推動大學整併政策有關。

　　2. 在高等專業學院方面，由 2000 年的 698 校，至 2016 年增至 840 校，增加了 142 校。法國高等學院分為四類：文史基礎科學類、工程技術類、商業管理類、其他特殊專業類；雖然校數多，但每校學生數不多（丁志權，2020）。許多高等專業學院由中央其他部會主管，例如：建築與藝術學院屬文化部、綜合理工學院屬國防部、獸醫學院屬農業部，國立行政學院則直屬內閣總理（駐法國臺北代表處教育組，2013）。

　　以工程專業學院（grandes écoles d'ingénieurs）為例：2008 年時，全法國大致有 240 所工程專業學院，其中 178 所為公立，分別隸屬不同部會監督例如交通電訊部、國防部、農業部），也有部分由教育部主管（郭為藩，2009）。

　　3. 在技術學院與專門學校方面，校數都有增加。專門學校增加了 192 校，專門學校課程非常多樣化，包含長、短期課程，多達三百種專業訓練，例如：餐飲、旅宿、社會福祉、醫療輔助等領域（法國教育中心，2015）。

表 5　法國高等教育機構數

單位：校

年別	大學		高等專業學院	技術學院	專門學校
	國立	私立			
2000	89	18	698	102	578
2010	72	18	804	114	740
2016	71	27	840	111	770

註：諸外國の教育統計，頁 1.1.2.4。文部科學省（2019，平成 31）。線上檢索：2020/08/15。

學界普遍認為，法國大學小而散，教育與研究單位壁壘阻隔，不利於國際競爭力的提升。法國為增強高等教育的國際競爭力，政府於 2006 年制定《研究規劃法》（LOI de programme pour la recherché），開始在各地區成立「高等教育與研究中心」（Pole de recherche et d'enseignement supérieur, PRES）方案，加強不同性質高教機構的合作（駐法國代表處教育組，2014；Sursock, A., 2015）。

㈡法國高等教育機構整併沿革與成果

早在 1990 年代法國政府便開始鼓勵大學、高等學院與研究院所等三類高教機構合作。斯特拉斯堡大學第一大學以自然科學為主，實力最強，第二大學以人文領域為主，第三大學以法律與管理領域為主，從 2006 年起展開合作，2009 年合併為斯特拉斯堡大學（張夢琦，2017；劉敏、王麗媛，2018）。

在 2010 年，法國政府在「未來投資計畫」中，納入「卓越大學計畫」（Initiatives d' Excellence, IDEX），力圖打造 5-10 所具有國際競爭力的世界一流大學。同時帶動相關高等教育、科研機構、企業之間更深層次的融合；希望經由有效互動，協同創新，以科技帶動生產力的發展進而推動區域經濟增長。2011 年評選出波爾多大學、斯特拉斯堡大學（University of Strasbourg）、巴黎文理研究大學（Paris Sciences et Lettres -PSL Research University Paris）等三校；2012 年再選出索邦大學（Sorbonne University）、索邦巴黎西岱大學（Université Sorbonne Paris Cité）、巴黎—薩克雷大學（Université Paris-Saclay）、埃克斯—馬賽（Aix-Marseille Université）、圖盧茲大學等五校。2015 年時，「卓越大學計畫」已進入第三期（李志民，2019；馬麗君，2016；Sursock, A., 2015）。

接著，2013 年政府制定《高等教育與研究法》，該法案將法國高等教育與研究機構，進行全面性整頓。法案規定高等教育在共用計畫基礎上的「區域協調」。所謂「區域協調」（coordination territorial），是指在一個學區內部或跨學區的既定領土區域，在共用計畫的基礎上，由主管高等教育的部長主持，高等教育機構和研究機構之間以合併、共同體或聯合的

方式，開展研究協作、技術轉讓。由此可知，區域協調有三種模式：1.合併，2.大學與教育科研機構共同體，3.締結協議（黃碩，2019）。

　　在大學合併方面，表6為法國10所合併大學及其成員機構，根據該表提出三項要點：

　　1.合併織成員機構較多的有巴黎文理研究大學與巴黎―薩克雷大學，納入許多高等學院及研究機構。

　　2.巴黎大學在1968年以後，分成第一大學至第十三大學，在大學合併浪潮中，索邦大學、巴黎大學、巴黎―薩克雷大學等，進行重組。

　　3.這10所合併之大學，在2020年上海世界大學學術排名（ARWU），都有相當優異表現。

表6　法國大學合併情形

年別	大學名稱	成員機構
2009	1.斯特拉斯堡大學 ARWU 101	斯特拉斯堡第一大學、斯特拉斯堡第二大學、斯特拉斯堡第三大學
2010	2.巴黎文理研究大學 ARWU 36	巴黎高等師範學院、國立巴黎高等化學學校、巴黎第九大學、國立巴黎高等礦業學校、居里研究所、法國國家科學研究中心、法國國家信息與自動化研究所、法國國家健康與醫學研究院等名校
2012	3.埃克斯-馬賽大學	馬賽第一大學、馬賽第二大學、馬賽第三大學
2014	4.波爾多大學	波爾多第一大學、波爾多第二大學、波爾多第四大學
2015	5.蒙彼利埃大學 ARWU 151	蒙彼利埃大學第一大學、蒙彼利埃大學第二大學
2016	6.格勒諾布爾―阿爾卑斯大學 ARWU 99	格勒諾布爾第一大學、格勒諾布爾第二大學、格勒諾布爾第三大學
2018	7.索邦大學 ARWU 39	巴黎第四大學、巴黎第六大學
	8.里爾大學 ARWU 401	里爾第一大學、里爾第二大學、里爾第三大學

年別	大學名稱	成員機構
2019	9. 巴黎大學 ARWU 65	巴黎第五大學、巴黎第七大學
	10. 巴黎－薩克雷大學 ARWU 14	巴黎十一大、凡爾賽大學、埃夫里大學、巴黎高科農業學院、中央理工－高等電力學院、卡尚高等師範學校、高等光學學院、7 個研究組織。

註：1. 法國高等院校組織變革的動因、路徑與制度設計。張夢琦（2017）。
　　2. 法國大學組織變革研究。劉敏、王麗媛（2018）。

　　在大學與教育科研機構共同體（La communauté d'universités et établissements）方面，依據《教育法典》該共同體基本運作架構有三（張夢琦，2017；黃碩，2019）：

　　1. 在《教育法典》L718-7 條明定，「大學與教育科研機構共同體」是一個具有科學、文化和職業性質的公務法人。」大學與教育科研機構共同體，簡稱「共同體法人」，一個共同體中，其成員機構之間關係，比一般所稱的「聯盟」更爲緊密。

　　2. 依據《教育法典》L718-8 條至 L718-15 條規定，共同體法人應設主席、副主席、行政委員會、學術委員會、成員委員會等內部機構。

　　3. 共同體法人應訂定法人章程，作爲共同體運作的基礎；法人的許可權，來自參加共同體的各個大學、教育科研機構的許可權讓渡。

　　如上述規定可知，上述規定將大學治理結構中關於學術委員會、行政委員會等組織規範運用到共同體法人當中，使共同體的治理機制成爲大學內部治理結構的延伸。表 7 爲法國 21 個大學與機構共同體成員，根據該表提出二項要點：

　　1. 各共同體成員除大學以外。擴及至高等學院、研究機構。

　　2. 每一個共同體參與的成員數，少者 3 個，而做多的是「布列塔尼－羅亞爾大學共同體」爲例，其成員多達 26 個。

　　在合併的 10 所大學中，有 5 所列名上海交通大學 2020 年世界學術排名（Academic Ranking of World Universities, ARWU）前百大：1. 巴黎－薩克雷大學排名 14，2. 巴黎文理研究大學排名 36，3. 索邦大學排名 39，

表 7　法國 21 個大學與機構共同體

年別	共同體名稱	成員機構
2014（12月）	1. 諾曼地大學	卡昂大學、岡城國立高等工程師學院、魯昂國立應用科學學院等 6 所高教與科研機構
	2. 巴黎—薩克雷大學	巴黎第十一大學、凡爾賽大學、巴黎綜合理工學院、卡尚高等師範學院、國立中央科學研究所和國家研究中心等 18 所高教與科研機構
	3. 格勒諾布爾—阿爾卑斯大學	格勒諾布爾—阿爾卑斯大學、格勒諾布爾理工學院、國家科學研究中心、國家信息與自動化研究所等 3 所高教與科研機構
	4. 巴黎盧米埃大學	巴黎第八大學、巴黎第十大學、國家科學研究中心等 3 所高教與科研機構
	5. 索邦巴黎西岱大學	巴黎第五大學、巴黎第七大學（2019 年合併）、巴黎第三大學、巴黎第十三大學、巴黎行政學院、公共衛生高等研究院、國家地理研究院等 13 所高教與科研機構。
	6. 朗格多克—魯西永大學	蒙彼利埃大學（一大與二大在 2015 年完成合併）、蒙彼利埃國立高等化學學院、法國發展研究院等 8 所高教與科研機構
2015（2月）	7. 里昂大學	里昂第一大學、里昂第二大學、里昂第三大學、里昂高等師範學院和國家科研中心等 12 所高教與科研機構
	8. 蔚藍海岸大學	尼斯大學、蔚藍海岸天文臺、國家科學研究中心、國家信息與自動化研究所等 12 所高教與科研機構
	9. 東巴黎大學	巴黎第十二大學、馬恩拉瓦萊大學（準備合併）、巴黎橋路學院、巴黎高等電子電機工程師學院、阿爾夫國立獸醫學院、國家食品、環境及勞動安全署等 10 所高教與科研機構
	10. 巴黎—塞納大學	塞爾吉 - 蓬圖瓦茲大學、高等經濟商業學院、國際農業發展工程師學校等 13 所高教與科研機構
2015（3月）	11. 阿基坦大學與機構共同體	波爾多大學、波爾多第三大學、波爾多理工學院、政治學院、農業學院等 6 所高教與科研機構
	12. 勃艮第—弗朗什—孔泰大學	勃艮第大學、弗朗什—孔泰大學、貝桑松高等機械與微技術學校和第戎高等農學院等 6 所高教與科研機構
2015（4月）	13. 巴黎理文大學研究型大學	巴黎高等師範學院、法蘭西學院、巴黎高等物理化工學院、高等社會科學學院、國立美院等 16 個高等學院
2015（5月）	14. 蘭斯—香檳—阿登大學	蘭斯大學、特魯瓦技術大學、國立高等工藝學校香檳沙隆校區、蘭斯高等藝術與設計學院等 6 所高教機構

年別	共同體名稱	成員機構
2015（6月）	16. 索邦大學	巴黎第四大學、巴黎第六大學（2018年合併）、歐洲工商管理學院、國家衛生及醫學研究中心、國立自然史博物館等9所高教與科研機構
	17. 土魯斯－南庇里牛斯聯合大學	土魯斯第一大學、土魯斯第二大學、土魯斯第三大學（準備合併）等7所高教與科研機構
2015（7月）	18. 李奧納多・達文西聯盟大學	普瓦捷大學、利摩日大學、高等機械航天學校等7所高教與科研機構
2015（8月）	19. 里爾－北法蘭西院校共同體	里爾第一大學、里爾第二大學、里爾第三大學、中央理工學院、國家科研中心等8所高教與科研機構
	20. 索邦高等工藝學校聯盟大學	巴黎第一大學、國立工藝學院、國立行政學院、國立人口研究所等11所高教與科研機構。
2016（1月）	21. 布列塔尼－羅亞爾大學	雷恩第一大學、雷恩第二大學（預定合併）、南特大學、昂熱大學、雷恩高等師範學院、海洋開發研究所等26所高教與科研機構

註：1. 法國高等院校組織變革的動因、路徑與制度設計，頁75。張夢琦（2017）
　　2. 各共同體之成員時有增減。

4. 巴黎大學排名65，5. 格勒諾布爾－阿爾卑斯大學（Université Grenoble Alpes）排名99。另有三所，列名101-200名之間：1. 埃克斯－馬賽大學（Aix Marseille University）排名101-150，2. 斯特拉斯堡大學排名101-150，3. 蒙彼利埃大學（University of Montpellier）排名151-200（Shanghai-Ranking Consultancy, 2020）。

㈢法國高等教育機構整併的特色

綜合上述分析，法國推動高等學校整併的特色有六：

1. 法國國立大學係由教育部主管，但許多國立高等學院，則由其他部會主管。

2. 斯特拉斯堡大學首先於2009年合併，至今有10所大學完成合併。

3. 合併成員機構較多的有巴黎文理研究大學與巴黎-薩克雷大學，納入許多高等學院及研究機構。

4.《高等教育與研究法》公布後，將法國高等教育與研究機構，進行

全面性整併。

　　5. 依據《教育法典》規定，將大學治理的組織架構運用到共同體法人，使共同體的治理機制成為大學內部治理結構的延伸。

　　6. 十所合併之大學，在 2020 年上海世界大學學術排名（ARWU），都有相當優異表現。

四、臺灣高等教育機構整併分析

㈠臺灣高等教育的發展與現況

　　臺灣的高等教育機構包括大學、獨立學院與專科學校三種；從隸屬別分，分為公立與私立兩類，公立高等教育機構除臺北市立大學外，均為國立。表 8 為臺灣大專校院校數，根據該表提出二項要點：

　　1. 在總校數方面，私立校院遠多於公立；特別是 2010 年，公立校院 54 校，私立校院多達 116 校，私立為公立的 2 倍。

　　2. 在校數變化方面，2010 年以前公私立校院的校數都呈增加趨勢，2010 年以後，公私立校院的校數減少。公立校院由 54 校減為 48 校，私立校院由 116 校減為 104 校。公立校院校數減少應該與合併有關，原來的 9 所師範學院，目前只剩 2 所；而私立校院減少則是與學生數不足而停辦有關。例如：2014 年高鳳數位內容學院、永達技術學院等。

表 8　臺灣大專校院校數

單位：校

年別	公立				私立			
	合計	大學	獨立學院	專科學校	合計	大學	獨立學院	專科學校
1970	30	6	4	20	62	3	9	50
1980	35	9	5	21	69	7	6	56
1990	39	13	13	13	82	8	12	62
2000	53	25	24	4	97	28	50	19
2010	54	45	6	3	116	67	30	12
2019	48	45	1	2	104	81	13	10

註：教育統計，109 年版，頁 2-4。教育部（2020）。

(二)臺灣高等教育機構整併的沿革與成果

1999 年教育部推動「地區性國立大學校院整併試辦計畫」作為國立大專院校整併依據，2000 年 2 月國立嘉義大學隨即整併成立。在 2005 年《大學法》修正賦予法源前，大學合併政策是以行政命令推動（丁志權，2017）。2005 年 12 月《大學法》修正新增第 7 條：「大學得擬訂合併計畫，國立大學經校務會議同意，直轄市立、縣（市）立大學經所屬地方政府同意，私立大學經董事會同意，報教育部核定後執行。」由於整併政策多年以來，實際合併案件只有 2 件，成效不彰。爰於 2011 年 1 月《大學法》修正，增列第 2 項：「教育部得衡酌高等教育整體發展、教育資源分布、學校地緣位置等條件，並輔以經費補助及行政協助方式，擬訂國立大學合併計畫報行政院核定後，由各該國立大學執行。」賦予教育部授予國立大學執行整併主動權限。

依據《國立大學合併推動辦法》規定，第 2 條規定，教育部推動國立大學合併的目標有二：1. 整合教育資源，2. 提升整體競爭力。第 3 條界定所稱「合併」係指二所以上國立大學校院連同附屬學校之合併。合併方式有二種：1. 存續合併：合併後擇一校存續，其他學校變更為存續學校之一部分；2. 新設合併：合併後成立一所新設國立大學，並另定新校名，原學校變更為新設學校之一部分。

有鑑於 2016 年少子化浪潮將衝擊到大學，教育部進一步於 2013 年 1 月 23 日發文給 19 所國立大學，以地理位置及學生數兩項條件，決議「單一縣市超過 2 所國立大學且學生數低於 1 萬人」為合併的基準，鼓勵國立大學校院合併。表 9 為臺灣國市立大學校院合併情形，根據該表提出三項要點：

1. 合併案例共有 9 校，其中存續合併 3 校，新設合併（amalgamation or merger）6 校。在 9 個合併案中，有 5 個是教育大學。存續合併（incorporation）指的是其中的一所大學，併入另一所大學。

2. 在教育部 2013 年發文鼓勵 19 所大學合併後，2014-2020 年成立了 4 個合併案，其中除了清華大學與交通大學外，有 7 所大學是教育部所列名單中的大學。

表 9　臺灣國市立大學校院合併情形

年別	大學名稱	成員機構	類型
2000	1. 國立嘉義大學	國立嘉義師範學院、國立嘉義技術學院	新設合併
2006	2. 國立臺灣師範大學	國立臺灣師範大學、國立僑生大學先修班	存續合併
2008	3. 國立東華大學	國立東華大學、國立花蓮教育大學	存續合併
2011	4. 國立臺中科技大學	國立臺中技術學院、國立臺中護理專科學校	新設合併
2013	5. 臺北市立大學	臺北市立教育大學、臺北市立體育學院	新設合併
2014	6. 國立屏東大學	國立屏東教育大學、國立屏東商業技術學院	新設合併
2016	7. 國立清華大學	國立清華大學、國立新竹教育大學	存續合併
2018	8. 國立高雄科技大學	高雄第一科大、高雄應用科大、高雄海洋科大	新設合併
2020	9. 國立陽明交通大學	國立陽明醫學大學、國立交通大學	新設合併

註：我國大學整併案例之探究，56-57。許景棟（2016）。

　　3. 在 9 個合併案中，有三個合併案是學院或專科合併後升格（新設合併），有嘉義大學、臺中科大、屏東大學。

　　臺灣高等教育機構整併的促動因素，主要受外部因素影響：1. 大學院校數量過多，導致招生困難或學生素質下降；2. 政府財政緊縮，導致小規模校院財務經營困難；3. 小規模校院不符經濟規模（economies of scale），較難降低辦學成本及經營效率（efficiency）；4. 新公共管理課予大學校院教學、研究與產學績效（effectiveness），小規模校院不易彰顯績效（林新發，2017；戴曉霞，2006）。

(三)臺灣高等教育機構整併的特色

　　綜合上述分析，臺灣推動高等學校整併的特色有四：

　　1. 在高等教育機構主管部門方面，相較於中國、日本與法國，臺灣的國立大學均由教育部主管，大學整併的推動較為單純。

　　2. 臺灣近 20 年來，國立大學完成合併者有 9 校，成果普通。

　　3. 在法源方面，臺灣於 2005 年修正《大學法》，增訂大學合併規定，賦予大學合併法源；在此之前，教育部以行政命令推動。

　　4. 在合併的方式方面，臺灣 9 個國立大學合併案例中，有 6 個是「新

設合併」，有三個是「存續合併」。

五、四國高等教育機構整併之比較分析與結論

㈠比較分析

綜合上述對於四個國家高等教育機構整併之分析，在進一步比較分析如下：

1. 從高等教育發展階段而言，中國 1990 年代高等學校的整併，是處於改革開放初期，高等教育面向西方制度發展的起步階段。法國則是現代大學的發源地之一，但高等教育體制與美國、英國差異大。日本與臺灣在二次戰後，高等教育發展都與歐美國家密切關聯。

2. 在中央與地方政府方面，中國高等教育機構隸屬於中央與省市二級，日本也有隸屬於中央政府的國立大學與隸屬於地方政府的公立大學。法國與臺灣則都是國立大學。

3. 在主管部門與其他部門方面，中國高等學校有的屬於中央教育部主管，有的屬於其他部門主管（工業和資訊化部、國家衛生健康委員會、交通運輸部……）。法國也有同樣情形，特別是在高等專業學院方面。日本與臺灣的大學校院則均由教育部門主管。

4. 在推動整併的主要理由方面，中國 1990 年代高等學校整併的主要理由是爲了消除「條塊分隔」，學校與專業重複設置。法國推動大學校院整併的主要理由是基於擴大規模，提升國際競爭力；日本與臺灣推動大學校院整併的主要理由是基於教育資源的整合。

5. 在合併的法源方面，中國與日本以行政命令推動高等學校合併，並無特別立法。法國推動高等學校合併是以 2013 年《高等教育與研究法》爲依據。臺灣推動高等學校合併則是依據《大學法》。

6. 在推動合併的策略方面，政府是大學合併的主要推動者，除了採取立法策略外，中國、法國、臺灣也都由政府提供經費補助，引導大學合併。在日本，2019 年修正《國立大學法人法》，允許一個法人可以經營多所大學，以利大學資源整合。

7. 在參與合併的機構方面，中國參與高等學校合併的校數多，一個合

併案參與的學校少者 2-3 校，多者 6-7 校。法國、日本與臺灣參與高等學校合併的校數不多，比較特別的是法國的共同體，每 1 個共同體參與的校院及研究機構少者 3-4 校，最多達 26 個。

8. 在合併的方式方面，四國國家合併的方式主要有三種：新設合併（amalgamation/ consolidation）、存續合併（acquisition/incoporation）、聯盟（alliance/consortium）。法國的共同體，雖然導入大學內部的治理架構，但其性質類似聯盟，是比較鬆散的合併方式。本文所稱「整併」指的是新設合併、存續合併與聯盟。

9. 在合併的論述基礎方面，1980 年代以後新自由主義與新公共管理強調經濟（economy）、效率（efficiency）和效能（effectiveness），各國政府無不積極改革高等教育，課予高等教育機構的績效責任。其次，也希望擴大高等教育機構規模，增加課程的多元性與品質，並強化資源運效率，高等教育機構的整併乃成為改革的策略之一（劉敏、王麗媛，2018；戴曉霞，2006）。

㈡結論

根據上述比較分析，歸納五項結論如下：

1. 本文高等教育機構整併（integration）包括合併與聯盟，合併可分為新設合併與存續合併。

2. 在四個國家中，中國 1990 年代至 2000 年代初期高等教育機構合併達 431 案，成國最豐碩。中國在國家體制上，是「黨國合一」國家，以行政命令推動高等教育機構合併，執行效率高。

3. 日本 2000 年代初期以後，推動的高等教育機構合併，成果不理想。惟 2019 年修正《國立大學法人》後，推動「一法人多大學」模式，是否促進大學合併？值得觀察。

4. 長久以來，法國高等教育機構被認為是，規模小而分散，導致競爭力低。法國 2000 年代初期以後，全面推動高等教育機構合併，其世界排名顯著提升。

5. 臺灣自 2000 年至今合併 9 案，以總數大約 50 所國立高等教育機構

而言，成果高於日本；但近年來，臺灣高等教育的國際競爭力，並未顯著提升。

參考文獻

㈠中文

丁志權（2017）。嘉師與嘉技合併爲「嘉大」之案例分析。**臺灣教育評論月刊，2017，6**(1)，頁45-52。

丁志權（2020）。**六國教育制度分析，4版**。高雄：麗文。

于述勝、李興洲、倪烈宗、李濤（2008）。**中國教育三十年**。成都：四川教育出版社。

中國教育部（2020）。**2002、2019年教育統計數據**。線上檢索：2020/07/06。網址：http://www.moe.gov.cn/jyb_sjzl/

李志民（2019）。**法國的世界一流大學建設**。線上檢索：2020/07/06。網址：http://jsj.moe.gov.cn/news/2/1298.shtml

林冬華（2016）。1985-2015中國高等教育發展戰略述評。**黑龍江高教研究，270**。32-35。

林新發（2017）。大學院校整併的成果、問題與因應策略。**臺灣教育評論月刊，2017，6**(1)，頁17-24。

法國教育中心（2005）。**法國高等教育類型**。線上檢索：2020/06/11，網址：https://www.taiwan.campusfrance.org/node/7905

周祝瑛（2002）。**大陸高等學校管理體制改革研究：以高校合併爲例**。行政院國家科學委員會專題研究計畫成果報告（NSC90-2413-H-004-001）。國立政治大學教育系。

馬麗君（2016）。法國「雙軌制」下的世界一流大學建設：以巴黎高等師範學校爲例。**現代教育管理，8**，20-26。

郭爲藩（2009）。變革中的法國高等教育。**教育資料集刊，44**，131-144。

張夢琦（2017）。法國高等院校組織變革的動因、路徑與制度設計。**高教探索，2017**(2)，72-80。

陳少嵐、王德廣（2002）。合併院校學院制管理模式中的許可權問題研究。

三峽大學學報（人文社會科學版），**24**(6)，74-78。

許景棟（2016）。**我國大學整併案例之探究**。國立臺灣師範大學公民教育與活動領導學系碩士論文。臺北：未出版。

莫家豪、盧一威（2004）。大學整併與中國高等教育治理變遷。**教育政策論壇**，**7**(1)，83-100。

教育部（2020）。**教育統計，109年版**。線上檢索：2020/08/25，網址：https://www.edu.tw/News.aspx?n=829446EED325AD02&sms=26FB481681F7B203

黃碩（2019）。法國高等教育立法的新近發展及其對中國高校治理的啟示。**復旦教育論壇**，**17**(3)，24-30。

楊武勳（2011）。日本國立大學的整併——以山梨大學爲例。**教育研究月刊**，**206**，131-144。

駐大阪辦事處（2019）。日本國立大學法人今後將可同時經營複數大學。**教育部電子報**，**872**。

駐法國臺北代表處教育組（2013）。**法國高等教育體制**。線上檢索：2020/08/25，網址：http://edutaiwan-france.org/ch/index.php?tp=page&tt=%E9%AB%98%E7%AD%89%E6%95%99%E8%82%B2%E9%AB%94%E5%88%B6&PHPSESSID=feda0dd47b4ea32312fc62208997a07f

駐法國代表處教育組（2019）。巴黎薩克雷——世界級大學的誕生。**教育部電子報**，**860**。

劉敏、王麗媛（2018）。法國大學組織變革研究。**比較教育研究**，**2018**(8)，86-98。

劉鐵（2006）。**中國高等教育辦學體制研究**。廣州：廣東高等教於出版社。

謝仁業（2004）。大學合併與「後合併」時代的對話：中日高等學校合併重組的比較研究。**復旦教育論壇**，**2**(1)，61-64。

戴曉霞（2006）。**世界一流大學之卓越與創新**。臺北：高等教育。

㈡日文

文部科學省（2019）。**諸外國の教育統計，平成31年**。線上檢索：2020/07/25，網址：https://www.mext.go.jp/b_menu/toukei/data/syogaikoku/index.htm

文部科學省（2020）。文部科學統計要覽，令和2年版。線上檢索：2020/07/25，網址：https://www.mext.go.jp/b_menu/toukei/002/002b/kou-moku.html

㈢英文

Sursock, A.(2015). Mergers and alliances in France: Incentives, success factors and obstacles. In Curaj, A., Georghiou L., Harper, J.C. & Egron-Polak, E. Eds: *Mergers and alliances in higher education: International practice and emerging opportunities*. Heidelberg: Springer. DOI 10.1007/978-3-319-13135-1

ShanghaiRanking Consultancy(2020). Academic Ranking of World 2020. Retrieved: 2020/08/22, Web: http://www.shanghairanking.com/

㈣法文

légifrance (2020). *Code de l'éducation - Article L718-2*. Retrieved: 2020/08/22, Web:https://www.legifrance.gouv.fr/affichCodeArticle.do?idArticle=LEGIARTI000027739128&cidTexte=LEGITEXT000006071191&dateTexte=20130724

未來方向篇

第十四章

大學合併的成效評估：
案例分析

謝金枝

國立臺灣師範大學教育學系博士（課程與教學）
澳門大學教育學院助理教授

前言

　　大學合併是目前備受關注的議題。筆者以「university mergers」爲關鍵詞在 Google 上搜尋，出現五千五百多萬筆資料（55,100,000）。以「大學合併」一詞檢索也出現一千四百多萬筆（14,500,000），足見此議題的熱門程度。大學合併是目前全球高等教育的趨勢（張國保，2017；戴曉霞，2003；顏朱吟，2004；OECD, 2017）。由於學生人數下降、日益增加的財政壓力、國際上大學聲望、研究人才與資金的競爭而有愈來愈多的政府鼓勵大學之間的合作、聯盟及合併，以提高學術水準、經濟效率及滿足公眾的需求（OECD, 2017）。歐洲大學協會（European Universities Association, EUA）的統計發現，2000 年至 2015 年間，其 47 個成員國當中，出現 93 宗大學合併的案例（未計算非大學的合併）（OECD, 2017）。芬蘭、法蘭德斯（Flanders）、荷蘭、挪威和瓦隆尼亞（Wallonia）等五個國家中的理工型高教機構在 1980 到 1990 年間，也從 841 所減少到 157 所（OECD, 2017）。中國大陸從 1990 年開始至今已有超過 400 個大學合併的案例，涉的公立高等教育機構達 1,000 個（Cai & Yang, 2015）。臺灣自 2000 年至今（2020 年）也有 11 個合併成功的案例（包括已確定合併的國立陽明交通大學）（章凱閎，2020.8.19）。

　　大學合併是一個複雜艱辛的歷程（張國保，2017；戴曉霞，2003；Azziz, Hentschke, Jacobs, Jacobs, & Ladd, 2017; Estermann & Pruvot, 2015; OECD, 2017），充滿壓力（Cartwright, Tytherleigh, & Robertson, 2007），也需要投入大量的經費（林新發，2017；Rocha, Teixeira, & Biscaia, 2019）、時間（Aagaard, Hansen, & Rasmussen, 2015）、人力及文化的整合（Harman, 2002）。若合併後要再回復到原來的獨立機構更是充滿挑戰（Estermann et al., 2015; Karodia, Shaikh, & Soni, 2015）。有些大學討論合併與否更可能花上近十年的時間，例如：臺灣的國立清華大學與國立新竹教育大學的合併（黃政傑，2015）。即使合併了，可能還需要長達十年的時間才能彌平合併歷程中所受到的創傷而認同新合併的大學（Harman & Meek, 2002），或者經歷十年以上的時間才能確知是否成功（Azziz et al., 2017）。大學

合併如此不易，但因為主政者相信大學合併之後在經營管理上會更有效能、更有效率（Papadimitriou & Johnes, 2019），大學合併仍被各國視為高等教育的重要政策（Harman et al., 2002）。但是，大學歷經艱辛而合併成功，是否就能達成預期的效能效率目標，仍有待評估（翟本瑞、薛淑美，2006）。且大學合併後的成效研究仍相當有限（OECD, 2017; Rocha et al., 2019），迄今為止，仍相當缺乏高教機構合併後的評估報告或其他可能對結果產生影響的分析（Rocha et al, 2019）。臺灣有多位學者（丁志權，2017；池婉宜，2007；陳昭銘，2008；郭羽玲，2005；翟本瑞、薛淑美，2006）針對國立嘉義大學合併後的成效進行評估研究，是一個較完整的案例。Oakleigh Consulting Limited（2010）對卡地夫大學（Cardiff University）合併後是否達成合併的預期目標進行評鑑，是一個具體的成效評估案例。Nel & Stumpf（2007）針對南非的納爾遜 · 曼德拉城市大學（Nelson Mandela Metropolitan University, NMMU）的合併，從 2002 年政府提出合併計畫開始到 2007 年的五年期間，對合併歷程及合併後的成效進行評估，也是值得關注的案例。

　　本文旨在分析兩個大學合併成效評估的案例，探討大學合併成效評估的面向與成果，並提出相關建議，作為大學合併前的計劃及合併後期成效評估之參考。大學合併成效的評估需依據合併的目標來檢視，而目標的訂定受到合併動機的影響。因此，本文首先探討大學合併的動因與預期目標，然後整理出大學合併成效的分析架構，再依據所整理的分析架構，選取兩個大學合併成效評估的案例進行分析，並從兩個案例的做法提出建議，作為大學合併成效評估的參考。

大學合併的動因與目標

　　探討大學合併的動因與目標之前，先說明大學合併的意義與類型。

一、大學合併的意義與類型

大學合併早在二次大戰後就已經開始（湯志民，2003）。「大學合

併」是指兩個或兩個以上獨立的大學，放棄其法律和文化上的獨立認同，轉而認同由單一管理體制所經營的新合併大學，所有合併前大學的資產、負債、及職責（含人力），都被轉移到新合併的大學（Harman, 2002）。《國立大學合併推動辦法》（教育部，2019）有類似的定義，但特別指出大學的分校、分部也包含在大學合併之內。其中第三條把「合併」界定為「二所以上國立大學校院連同其分校、分部、專科部或技術型高級中等學校部之合併」。意即，合併的對象可能是兩個學校，也可能是多個學校。

大學合併後將涉及合併大學的身分問題。做法之一是「合併後擇一校存續，其他學校變更為存續學校之一部分、分校、分部、專科部或技術型高級中等學校部」，稱為「存續合併」（教育部，2019）。此類案例不少，例如：2016 年國立清華大學與國立新竹教育大學合併之後，國立清華大學存續，國立新竹教育大學成為國立清華大學的的一部分——竹師教育學院，就是一個例子。國外也有不少案例。例如：2014 年英國的倫敦大學學院（University College London, UCL）與教育學院（Institute of Education, IOE）合併，也是保留 UCL 為新合併大學的校名，教育學院的名稱雖然不變，但變成 UCL 的一部分（UCL, 2014），也是「存續合併」的例子。

另一種做法是「合併後成立一所新設國立大學，並另定新校名，原學校變更為新設學校之一部分、分校、分部、專科部或技術型高級中等學校部」，稱為「新設合併」（教育部，2019）。例如：2000 年國立嘉義師範學院與國立嘉義技術學院合併後，另定新校名為國立嘉義大學，就是屬於「新設合併」。此外，臺北市立大學與國立屏東大學也是屬於新設合併（丁志權，2017）。東芬蘭大學（University of Eastern Finland），由約恩蘇大學（the University of Joensuu, UoJ）和庫奧皮奧大學（the University of Kuopio, UoK）於 2010 年合併後另定新校名為東芬蘭大學（Vartiainen, 2017），也是屬於新設合併。

除了上述兩種合併方式外，若從合併大學的性質來考慮，也有不同的合併方式。黃政傑（2015）提出臺灣的大學合併現況有「公公併」（公立學校間的合併）及「私私併」（私立學校間的合併），未來可能也會有

「公私併」（公立與私立學校間的合併）（自由時報，2020.6.15）。謝明彧（2020.2.17）提到「強強併」（頂尖大學的合併）及廖慶榮（2019.8.12）提到的「大大併」（兩個學生數較多的大學合併）。Harman & Meek（2002）也以二分法來歸類大學合併的模式：單一校區與多地多校區、自願（大學主動談合併）與非自願（政府或政策要求合併）、整合（consolidation）與接管（take-over）、單一部門（大學與大學）或跨部門（大學與非大學）、兩校或多校及同質（例如：都屬於同領域）或異質（如理工與人文，互補性質）。歸納來說，大學的合併模式可以從參與合併大學彼此的性質來考慮，也可以從合併後校名的存續與否來加以分類，具有多樣的合併模式。

二、大學合併的動因

大學合併是一個漫長、艱辛、花錢而又費力的工程（張國保，2017；戴曉霞，2003；Aagaard et al., 2015; Azziz et al., 2017; Cartwright et al., 2007; Estermann et al., 2015; Harman, 2002; OECD, 2017; Rocha et al., 2019; Tytherleigh et al., 2007），但仍成為世界各國重組高等教育結構的政策選項（張國保，2017；戴曉霞，2003；顏朱吟，2004；Cai & Yang, 2015; Harman et al., 2002; OECD, 2017），是什麼因素促成，有了解的必要性。

從 Harman & Meek（2002）的觀點來看，大學發展的變化是大學合併的原因之一。兩位學者認為過去的大學是菁英教育，大學規模相對較小且高度分科，但轉向大眾教育後，高等教育的發展朝向少些、大些及綜合性發展。為了達到「少」的目標，大學的數量必須減少，與其關閉，更多是採合併的方式；為了達到「大」規模的目標，大學合併可以提高師生數量，增大規模；過去因為高度分科，缺乏「綜合性」，若能合併便能成為「綜合大學」，而非只是單科或單一領域的大學。Rocha et al.（2019）認為促成大學合併的動因是多方面的，包括：1. 大學過於分散；2. 缺乏資金；3. 大學的效率和品質低；4. 外部威脅；5. 人口變化；6. 國際競爭；7. 信念，指政策層面常假設大學合併有助於節省費用及財務資源、規模更大的大學更能集中火力，創造更好的規模經濟及品牌影響力，減少公共預算負擔。

The Star（2019）提到促動馬來西亞大學合併的動因是全球化、國際化、品質追求、對新型教學模式的期盼、大學排名、經濟發展的研究與創新日趨重要及經濟環境的困難。Lang（2003）認為擴展市場或減低成本等經濟考量是合併的主要原因。McBain（2009）認為大學合併是為了節省開支及提升效率。黃政傑（2015）就臺灣的情況指出，因高教校數多但資源有限，而且受到少子化衝擊，學生數減少，高教品質降低之故。林新發（2017）歸納臺灣推動大學合併的主要原因為少子女化，生源短缺、大學院校數量過多，資源稀釋及學校規模較小，財務經營困難。謝明彧（2020）認為頂尖大學合併，是看上「引發創新」的契機，而且「大大學」的師生人數較多，可以爭取到更多包括政府與外部的資源。此外，當科系愈多元全面，提供給校內師生跨域交流的機會就更多，更可讓產業與人才具有創新的可能。

也有學者認為大學合併的主要原因是促進效能與效率、處理組織分散的問題、讓學生有更多接近資源設備的機會、實施公平的策略、增加政府對高教的控制力度、分權化及建立規模更大的機構（Ahmadvand, Heidari, Hosseini, & Majdzadeh, 2012）。Barreiros（n.d.）以里斯本大學的合併為例，指出其合併的原因是多方面的考慮，包括全球化的挑戰、國際競爭、外部的聲望、經濟收入、有效利用資助、支持學生、合作、協同、有吸引力的學術環境、社會期待、重組大學結構、研究能力、政策等等。關友鈞（2001）發現，中國大陸高校合併是高教大眾化及市場化所趨，加上管理體制無法配合經濟發展所致。陳勇助與黃靖文（2014）指出日本的大學合併受到內、外部因素的影響。內部因素包括1980年代大學內部系所改組未能成功及其國立大學教育品質下降；外部因素包括社會與經濟變遷、追求績效、少子女化及整體的行政革新政策。

綜合上述學者的觀點，大學合併的原因可以歸納為三方面：首先是機構（大學）因素，包括大學本質的轉變（從菁英教育轉變為大眾教育）、大學經營品質的下降、大學創新、跨域及提升品質的需求、迎合學生的多樣性、提升畢業生的品質及促進大學的持續成長。第二是國內因素，包括經濟、財務困難、高教校數多、資源有限、少子化、生源短缺、減少大學

的數量、增大大學的規模、主政者認為大學合併有助於節省費用及財務資源及規模更大的大學更能集中火力，創造更好的規模經濟及品牌影響力，減少公共預算負擔。第三是國際因素，包括全球化、國際化所促成的國際競爭，特別是世界大學排名的競爭。由這些動因看來，大學合併確實成為各國重整高等教育結構的重要策略之一。

三、大學合併的目標

　　大學合併受到外在環境與國家政策的影響而有不同的目標（Cai et al., 2015）。臺灣的《國立大學合併推動辦法》（教育部，2019）的第二條提到「國立大學合併應以有效協助學校整合教育資源及提升整體競爭力為目標」，第六條也提到審議的四條基準，也可視為是大學合併的目標。包括：提升學校經營績效及競爭力、有效整合教育資源效益、提供學生多元學習環境及滿足國家社經發展。Azziz et al.（2017）認為大學合併的目的是要確保大學的持續成長與影響、更高的效率、更大的經濟規模、對消費者及股東提供更高的價值及提升競爭力及改善長期生存的機會。

　　Harman & Meek（2002）指出，世界各國共同採用了大學合併及其他形式的整合來進行系統性的高教重組，目的是為了提升效率與效能、處理經營不善的大學及大學過於分散的問題、擴大學生各種機會並實施更廣泛的公平策略、差異化課程設置，以迎合學生的多樣性並提高畢業生的素質、加強政府對高等教育系統總體方向的控制，特別是確保高等教育機構的服務更直接地達到國家和地區的經濟和社會目標。Lang（2003）認為大學合併主要有兩個目的：一個是經濟效率，另一個是課程、服務的多樣化，但多樣化的目的比經濟效率的目的更應受到重視。Kyvik & Stensaker（2013）指出大學合併的目的從以往的系統效能觀點轉移到市場競爭的觀點。意即大學的合併是希望能參與有限的競爭，在市場上占一席之地，在國內及國際上具競爭優勢，能應對外在環境的改變與機遇。

　　McBain（2009）認為大學整併主要是節省開支及效率的考量。臺灣學者林新發（2017）指出大學合併的主要目的為擴大學校經營規模，以形成較大的研究團隊、節省人力、減低成本、共用各種資源；提升高等教

育品質，透過合併使學科互補、跨領域研究與教學，發揮截長補短的功能；促進教育競爭力，追求卓越，提升效益，躋身一流學術殿堂。關友鈞（2001）指出中國大陸大學合併的目的是為了建立符合社會主義市場經濟體制的高校體制，培養人才，整合資源，創建一流大學及改善高校規模經濟，減少教育資源浪費。廖慶榮（2019.8.12）認為大學合併的目的在提高聲譽、國際競爭力與影響力、增加教學和研究的合作機會及強化研發能量以爭取更多外部經費。

綜合上述學者的觀點，各國進行大學合併的主要目的，其實是呼應本文前段所歸納的機構（大學）本身、國內及國際動因而設定。為了因應「國際」的競爭與挑戰，希望能透過大學合併而擴展市場、提升大學聲望、研發能力，進而「提升整體競爭力」；為了因應國內的經濟環境及財務困難、高教校數多、資源有限、少子化、資源短缺及相信大學合併可產生節省費用及財務資源、規模更大的大學能創造更好的規模經濟及品牌影響力，減少公共預算負擔等動因而設定的「整合教育資源」及「提升學校經營績效」。為了因應機構（大學）生存、創新、跨域及提升教育品質，以迎合學生的多樣性而設定的目標是增加課程、研究及服務的多樣化、提升師資品質以服務學生的多樣性，以營造「良好多元的教與學的環境」。

至於大學合併後是否能真正達到上述的合併目的？筆者接著將分析兩個案例。首先說明案例選擇及分析方法，再進行討論。

 大學合併成效評估之案例選擇與分析方法

一、案例之選擇

誠如一些研究（翟本瑞、薛淑美，2006；OECD, 2017; Rocha et al., 2019）指出，大學需歷經艱辛的歷程才能合併成功，但合併成功是否就能保證達成預期的合併目標，仍有待評估。大學合併後的成效研究仍相當有限，也缺乏高教機構合併後的評估報告或其他可能對結果產生影響的分析（OECD, 2017; Rocha et al., 2019）。

　　筆者利用 Web of Science 資料庫、Google 及華藝線上圖書館進行合併成效相關文獻的搜尋，發現針對合併成功後的大學進行個案研究或分析的中英文文獻都有近 15 篇（例如：丁志權，2017；池婉宜，2007；郭羽玲，2005；郭妙瑜，2018；Aagaard et al., 2015; Ahmadvand et al., 2012; Bolbanabad et al., 2017; Jia, 2017），也有一些在大學官網、網路上的分享文章或新聞報導（例如：自由時報，2019.3.2；2020.6.15；謝明彧，2020.2.17；Fazackerley, 2017.4.18; Myklebust, 2019.3.8; The Star, 2019.9.18），或者是針對大學合併成果的評論文章（例如：林新發，2017；張瑞雄，2017；湯志民，2003）。

　　若從量的角度來看，有關大學合併成效的探討文獻並非罕見，為何 OECD（2017）及 Rocha et al.（2019）皆指出這方面的研究仍相當有限呢？就筆者的分析，可能的原因是探討大學合併成效的研究及文獻，較少全面性地依據大學合併的目標來檢視成效。舉例來說，有的研究是單從效率的角度著眼，例如：Papadimitriou & Johnes（2019）分析英格蘭（England）新合併大學的效率（efficiency），發現合併後的大學效率表現比合併前的大學高約 5%，但此效率的影響不長，大概只在合併後維持一年。戴子英（2018）以國立屏東大學為例，發現合併效益是漸進的，合併後對政府財政依存度降低，自籌及獲取補助性資源能力提升。

　　有些研究則關注「人」對大學合併的知覺、觀點與意見。例如：Lopez & Mbodo（2014）針對非洲的納米比亞大學（the University of Namibia, UNAM）在 2010 年與四所教育學院合併後，各類人員在新大學中的角色知覺進行研究，發現合併後基礎建設改善、工作條件、薪水及附加福利較佳，有進修研究的機會，能吸引更多學生、學生有更多專業可選擇。但仍然存在教學、溝通、研究及經費等問題。Myklebust（2019.3.8）指出，挪威科技大學（Norges teknisk-naturvitenskaplige universitet, NTNU）於 2016 年由四個高教機構合併而成，是挪威最大的大學，有 42,000 個學生及 7,400 個教職員工。NTNU 合併之後做了評鑑，發現教師對合併的滿意程度較不理想，原來的 NTNU 的人員對合併有負面評價，認為原來的 NTNU 的招牌及學術地位變差，只有 20% 的教職員同意大學是往正確

方向發展，其他三個機構人員同意程度分別為 22%、65% 及 54%。而合併對國際關係的增進之同意比例分別為 7%（舊的 NTNU 成員）、41%、63% 及 57%。

Cartwright et al.（2007）以英國一所 2004 年合併的大學為對象，調查合併的兩校成員「對本身工作的知覺」、「對組織的態度」、「本身的健康」及「對合併的態度」。研究發現，合併的兩校成員的健康情況比預期好。可能是因為合併的兩校都是「老」大學，在教學和研究方面都享有很高的學術聲譽，有助於員工福祉。此外，兩所大學地理位置相近，有過長期的合作，可能溝通及資訊更公開。但研究也發現，對於工作保障的壓力在開始討論但尚未確定合併之前比確定合併後還高；合併壓力是由合併事件本質和個人特徵兩個因素觸發。這些因素相互作用形成個人對合併情況及預期的評價。如果是負向的評價，就比較會帶來壓力。研究也指出，較小的 A 校員工相信較大的 B 校將會主導合併，反而壓力較小，健康狀況比 B 校好。可能是因為小校的員工參與及諮詢的機會比大校多，顯示溝通在合併中的重要性。研究者也指出，要評估大學合併的成效，使成員表達感受與意見並不容易。

上述的大學合併成效的評估研究與文獻從較單一的面向看大學合併的成效，並未依據合併的目標全面檢視，確實有進一步探討的必要性。但有一些案例相較而言，在評估面向上較多元，有較完整的合併背景及成效評估資料，值得進一步分析。本文選出兩個國內外新設合併及存續合併的案例作為分析的對象，包括國立嘉義大學及威爾斯的卡地夫大學。選擇國立嘉義大學是因為它是臺灣最早合併的大學，合併後已有多位研究者針對它的合併及成效進行探討，可以從中了解臺灣的大學合併後在成效評估方面的議題。選擇卡地夫大學，是因為它依據合併目標做了一次相當全面及周嚴的評鑑，可以作為國內借鑑的對象。

二、分析方法

本文的案例分析是先依據前述的大學合併的動因及目的整合出大學合併的目標與參考指標，作為成效評估的參考架構，如表 1。接著將兩個案

例依相關文獻個別整理出其合併的背景及成效評估的結果。之後參照分析架構，檢核案例的成效評估結果，並從兩個案例的分析歸結出大學合併成效評估的建議。由於不同的案例可能因所處脈絡的差異，而有不同的合併目標，因此表1的分析架構只作為參照用，若大學自訂目標，將以其目標為主，再比較表1的目標，進行討論。

表1　大學合併成效評估的分析架構

合併之目標	成效評估之參考指標
提升大學整體競爭力	1. 大學聲望（世界大學排名） 2. 研究成果（出版量、研究案數量） 3. 市場地位（招生人數） 4. 研究經費 5. 國際學生人數 6. 社會對新合併大學的認同度 7. 產學合作或跨國、跨域合作 8. 支持研究的基礎建設（如研究大樓、支持部門）
整合教育資源	1. 大學規模 2. 師生使用資源設備的機會 3. 設備及行政資源共享 4. 學科互補 5. 院系所多元 6. 圖書館設備強化
提升學校經營績效	1. 減少開支 2. 開展經費來源 3. 行政服務效能 4. 收入增加 5. 人員素質（教師、行政）
良好多元的教與學環境	1. 整合多層次的課程 2. 擴大學生學習領域 3. 擴大學生選修機會 4. 跨專業的學習機會 5. 生師比 6. 增進師生互動

資料來源：筆者整理。

大學合併成效評估之案例分析

一、國立嘉義大學

國立嘉義大學是臺灣第一所合併成功的大學（丁志權，2017），於 2000 年合併，至今近 20 年。有多位研究者從不同面向探討國立嘉義大學的合併成效（丁志權，2017；池婉宜，2007；陳昭銘，2008；郭羽玲，2005；張瑞雄，2017；郭妙瑜，2018；黃豪臣，2002；翟本瑞、薛淑美，2006），研究的時間點落在 2005-2008 以及 2017-2018 年，有助於了解短期及長期的成效。以下先說明國立嘉義大學合併的背景，再討論它的合併成效評估的結果。

㈠國立嘉義大學合併背景

表 2 是國立嘉義大學的合併背景，包括成功合併的年代、對象、模式、理由、校區數及完成合併所花費的時間。以合併模式來說，國立嘉義大學是屬於新設合併，合併的理由依兩校的性質分列十點，比較大的特色是兩校四校區。

㈡國立嘉義大學合併成效評估

表 3 是筆者歸納多位研究者關於國立嘉義大學合併成效的評估表。因研究焦點的不同及各種限制，針對國立嘉義大學合併後的目標是否達成所做的全面且嚴謹的評鑑似乎欠缺。筆者僅就所蒐集到的文獻進行整理，並進行歸類，方便讀者從不同面向來看合併的成效，但難免因資料有限，而加入筆者個人主觀的詮釋，可能有其限制。但目的在拋磚引玉，引起相關人員對檢視及評鑑大學合併成效的關注。

由表 3 可以觀察到國立嘉義大學合併後在四個向度的成效：

1. 提升大學整體競爭力

比較此項正負面的評鑑結果，在「提升大學整體競爭力」方面顯現進步趨勢（正向多於負向）。然而此競爭力偏大學本身及與國內大學的比較，在國際上的競爭力，除了外籍生增加，國際化提升之外，並沒有具體

表 2　國立嘉義大學的合併背景

成功合併	西元 2000 年
合併對象	國立嘉義師範學院、國立嘉義技術學院
合併模式	新設合併
合併的理由	1. 資源共享，降低辦學成本，提升辦學績效，並符合教育部政策。 2. 兩校基礎深厚，校地面積大，師資優良，可迅速發展為具有特色的綜合大學。 3. 符合地方人士期許與兩校大多數師生認同。 4. 兩校同質性不高，可收互補之效。 5. 校區地理位置適中，深具號召力，可吸引師生前來。 6. 兩校合組後可增設其他院系所，將可提升影響力。 7. 可擴大學生學習領域，豐富學生學習內涵。 8. 可充分利用兩校市區校舍地利之便，擴大推廣教育功能。 9. 兩校合組後，由中等教育司與技職司改隸高教司，經費較充裕；且綜合大學編制大、職等高，有利同仁升遷。 10. 可結合兩校校友資源，有利籌集校務發展基金。
校區數	4（民雄、林森、民生、蘭潭）
合併歷時	2 年

資料來源：整理自丁志權（2017）。

表 3　國立嘉義大學合併成效評估表

合併之目標	成效評估之參考指標	資料與證據
提升大學整體競爭力	1. 大學聲望（世界大學排名） 2. 研究成果（出版量、研究案數量） 3. 市場地位（招生人數） 4. 研究經費 5. 國際學生人數 6. 社會對新合併大學的認同度 7. 產學合作或跨國、跨域合作 8. 支持研究的基礎建設（如研究大樓、支持部門）	1. 2006 年時對學校整體認同度與特色較弱，但到 2017 年在學校聲譽、認同感及國際化程度有所提升。 2. 與數十所國外一流大學共同簽署合作同意書，使國際資源與訊息之交流順暢；至 2016 年 9 月，僑生有 404 人，外籍生 86 人，國際化程度提升。 3. 研究計畫申請件數逐年增加，近三年科技部研究計畫平均每年 145 件，在 48 所國立大學中排名第 15；2016 年的大專學生研究計畫 78 件，排第 4；2006 及 2009-2013 學年度共六年獲得教學卓越獎勵計畫。

合併之目標	成效評估之參考指標	資料與證據
		4. 合併前的研究生比例為 9.4%，合併後為 30.5%，研究能量提升。 5. 與行政院農委會進行產業技術合作，共獲得一億七千多萬（170,660,000）的經費補助。 6. 與地方產業脫節，失去基層競爭力；有些系所調整，失去原有特色，難以發揮學科綜合優勢。
整合教育資源	1. 大學規模 2. 師生使用資源設備的機會 3. 設備及行政資源共享 4. 學科互補 5. 院系所多元 6. 圖書館設備強化	1. 原兩校 8,303 個學生增為 12,000 個學生。 2. 原兩校 422 位教師增為 476 位。 3. 校地包含四個校區共 156 公頃。 4. 圖書館經費的配置，電子資源（虛擬館藏）經費之比例正逐步提升中，大學合併帶來多校區圖書館發展的新契機，但圖書設備各校區各自發展，未能降低成本。 5. 各區各自成立學生會、社團、各開課程、各辦畢業典禮，較少互動，較難整合資源。 6. 各校區各自增建校區大樓，未見整併。
提升學校經營績效	1. 減少開支 2. 開展經費來源 3. 行政服務效能 4. 收入增加 5. 人員素質（教師、行政）	1. 校務基金大幅成長。 2. 在合併前，嘉師有 122 位教師，助理教授以上占 79%；嘉技有 300 位教師，助理教授以上占 53%；合併後，2016 學年度專任教師 476 人，助理教授以上占 96%。從併校時的將近百位講師降至目前不超過 20 位。 3. 校區分散，增加人事及往返上的成本。 4. 校區分散，學校營運成本增加。 5. 行政人事、學校的組織規模是在兩校基礎上擴大，並未精簡（從合併前的 811 到 2003 學年的 869 位教職員工）。 6. 校區分散，辦理行政業務不便。
良好多元的教與學環境	1. 整合多層次的課程 2. 擴大學生學習領域 3. 擴大學生選修機會 4. 跨專業的學習機會	1. 合併後，系所設置與學生數大幅增加，原兩校 19 系 4 科 2 所，增為 6 學院 37 系所。 2. 校區分散，資源分散，選課不便。 3. 校區分散距離遠，少有互動；教師往返

合併之目標	成效評估之參考指標	資料與證據
	5. 生師比 6. 增進師生互動	奔波，形成不便。 4. 公共運輸不完善，不同校區學生跨領域選課與交流較為困難，難以充分發揮「豐富學習內涵」的目標。 5. 生師比從 2000 年合併時的 22.51 到 2004 年的 29.67。 6. 校區分散，不利於不同校區間跨領域師生之交流。

資料來源：整理自丁志權（2017）、池婉宜（2007）、陳昭銘（2008）、郭羽玲（2005）、張瑞雄（2017）、郭妙瑜（2018）、黃豪臣（2002）、翟本瑞、薛淑美（2006）。

的世界大學排名的資訊呈現。值得注意的是，原先具有地方產業競爭力優勢的，反而因合併而減弱。

2. 整合教育資源

在「整合教育資源」的目標上，師生人數及校地都明顯增加，圖書館的資源也增加，但似乎因為校區過於分散，各校區各自成立學生會、社團、各開課程、各辦畢業典禮，各自增建大樓而未見整併及各自發展圖書設備，並未真正達到資源整合的目標。

3. 提升學校經營績效

校務基金增長，教師素質提升是優點，但是行政人事、學校的組織規模是在兩校基礎上擴大，人事並未精簡，未能減少支出。而且因校區分散，造成營運成本增加，校區間人員往返支出成本增加及造成行政業務辦理的不便，顯示在減低成本及行政效能方面未完全達標。

4. 營造良好多元的教與學環境

在「營造良好多元的教與學環境」面向，似乎負向多於正向。主要是由於校區過於分散、距離遠、交通又不完善，而造成學生選課不便、交流困難而較少互動；教師往返奔波，不同校區間跨領域交流不利。加上員額成長不及院系所擴張程度，而形成生師比變高，增加教師的教學負擔，影

響學生的學習品質，顯示此項目標仍有待努力。

　　由上述的評估結果顯示，在四個大學合併的目標中，似乎只有在提升大學整體競爭力方面的效果較爲明確，而其他三向度仍未能完全達到目標，而且未能達標的原因似乎來自於校區過於分散。使得即使大學已合併仍無法有效整併，而且此問題長久存在，仍未能獲得妥善的解決。翟本瑞與薛淑美在 2006 年的評論中曾提及此問題，到 2017 年，丁志權仍提到相同問題，認爲校區分散導致難以充分發揮「豐富學習內涵」的目標。歷經合併十多年後，校區分散仍然是一個難以克服的問題。雖然長期來看，國立嘉義大學在合併期間大部分年度優於配對學校，呈現進步趨勢（郭妙瑜，2018），但校區分散的問題若無法獲得改善，可能會持續影響合併目標的達成。

　　分析此案例發現，大學合併後可能遇到一些即使合併多年也難以改變的議題。例如：針對國立嘉義大學校區分散的問題，有三個研究者都認同，即使時間跨越十幾年，仍是一個難以克服的問題。而且因爲校區分散影響資源整合、行政服務、學生活動及課程等，進而影響預期的經濟效益及其他目標的達成，這是需要予以關注的問題；也有一些是合併後不比合併前更好的，例如：此案例的生師比從 2000 年合併後到 2006 年逐年變大，使教師的教學負擔加重；原先地方產業競爭優勢也因爲從技職學院變成綜合大學後受影響（翟本瑞、薛淑美，2006），這一類因合併而產生的負面影響，可能需要在合併前先予評估，以避免優勢喪失。

二、威爾斯的卡地夫大學（Cardiff University, CU）

　　卡地夫大學是威爾斯唯一一所屬於羅素集團（Russell Group）的大學，不但威爾斯政府對其寄予厚望，大學本身也積極革新，希望能成爲國際頂尖大學。因此，在大學合併成效的評估上也相對完整與嚴謹。以下依據 Oakleigh Consulting Limited（2010）的資料先介紹卡地夫大學的合併背景，再評估合併成效。

㈠卡地夫大學的合併背景

卡地夫大學（Cardiff University, CU）與威爾斯大學醫學院（University of Wales College of Medicine，UWCM）於 2003 年開始談合併，到 2005 年 1 月正式合併。到 2006 年 3 月在政策、程序、資訊與科技及其他系統的整合已大部分完成。

卡地夫大學的合併屬於存續合併，合併歷時 2 年。其合併契機是兩個高教機構的新任副校長同時上任，而且在上任前就對合併的必要性和理由達成原則性協議，也讓一些敏感問題浮現——例如合併後個人的角色及未來。此爲之後合併的聯合領導之整合提供了堅實的基礎。此外，兩個高教機構的校長及理事機構也對合併給予積極的支持，並且在準備合併期間與內部及外部的利害關係人進行溝通互動，而促成此合併。

另外一個特點是，卡地夫大學合併所需的 6,000 萬英鎊中的約 1,500 萬英鎊是由「威爾斯高等教育資助委員會」（the Higher Education Funding Council for Wales, HEFCW）的「重新配置與合作基金」（Reconfiguration and Collaboration Fund, RCF）所資助。爲了確保此經費能到位，威爾斯議會政府（Welsh Assembly Government, WAG）與 HEFCW 達成協議，希望卡地夫大學在合併後五年能達到四個目標：1. 展現被國際認可的高品質及具影響力的研究成果；2. 追求被國際公認高品質及具影響力的學習與教學；3. 藉由對威爾斯的健康、經濟、教育和文化做出重大而可持續的貢獻，從而造福社會，豐富和提升威爾斯在英國和世界的形象；4. 創建一個使教職員工和學生能夠充分發揮潛能，並在其中充實智力和創造力的環境。並且在合併後五年完成成效的總結評估，以了解合併是否成功，並提出相關的經驗與建議（Oakleigh Consulting Limited, 2010）。卡地夫大學的合併背景如表 4。

表 4　卡地夫大學的合併背景

成功合併	2005 年 1 月
合併對象	卡地夫大學（CU）與威爾斯大學醫學院（UWCM）
合併模式	存續合併
合併歷時	2 年（2003-2005）
合併特點	此合併約花費 6,000 萬英鎊，其中約有 1,500 萬英鎊是由威爾斯高等教育資助委員會（HEFCW）的重新配置與合作基金（RCF）所資助。但附帶一個條件，就是在合併後五年要完成總結評估，以了解合併是否成功，及提出相關的經驗與建議。
合併預期達成的目標	目標 1：展現被國際認可的高品質及具影響力的研究成果。 目標 2：追求被國際公認高品質及具影響力的學習與教學。 目標 3：藉由對威爾斯的健康、經濟、教育和文化做出重大而可持續的貢獻，從而造福社會，豐富和提升威爾斯在英國和世界的形象。 目標 4：創建一個使教職員工和學生能夠充分發揮潛能，並在其中充實智力和創造力的環境。

資料來源：整理自 Oakleigh Consulting Limited（2010）。

(二)卡地夫大學的合併成效評估

卡地夫大學的合併成效評估是計畫性的，在合併啟動時就已經設定在合併五年後進行，而且設立了四個合併的成效目標。因此，卡地夫大學從合併後就採用各種策略，致力達成相關的目標，也保留及蒐集各種資料，作為佐證之用。此次成效評估是委由外部機構進行，訪談 HEFCW 和卡地夫大學人員，蒐集理事會和大學對重要報告和數據的分析，也對其他高教的合併經驗進行了相關的研究而做出評鑑報告。以下依據 Oakleigh Consulting Limited（2010）的評鑑報告內容，依四項目標（參見表 4）分別列出具體指標、相關的資料與證據及評估結果如表 5 到表 8。

表5　卡地夫大學合併目標1之具體指標及成效評估

具體指標	資料與證據	評估結果
1. 在英國大學中取得並維持排名前5名。	研究評估活動（Research Assessment Exercise, RAE）的評估報告顯示2001年CU為第8名，UWCM排第51名；2008年合併後三年，CU在THE（Time Higher Education）排22名；2008年在研究力（research power）排名第15名。	尚未達到目標。[1]
2. 維護並進一步發展支持高質量研究的基礎設施。	1. 已利用威爾斯和英國的資金來重新開發現有的校園，並建立一個新的Maindy Park校園，供研究相關活動使用，包括研究生。此安排有助於進一步實現合併的跨學科研究優勢。 2. 通過大學和沃爾夫森基金會（Wolfson Foundation）的資助，圖書館的基礎設施也得以強化，希思公園（Heath Park）校園內的Cochraine大樓還將增加一個新的圖書館。 3. 因與UWCM合併，在重要的科技轉移功能方面獲得較廣泛的專業支持，通過建立現代資訊科技的工作環境，有助於大學的資料庫、系統和業務的運用；也建立了與高級研究統計服務相關的特殊支援部門，並增強支持大學研究的ICT基礎結構。	增強研究基礎設施的雄心有實質性的進展。
3. 鼓勵、促進和監督合作與跨學科研究。	1. 在2005-06年度引進和任命了六名「連結主席」（Link Chairs），負責開展跨學科研究。大學中的許多研究興趣領域都有這些人參與其中。 2. 大學通過連結主席獲取了超過1,500萬英鎊的研究資助，涉及28所大學學院中的14所的研究人員。大學也提供助學金給博士生，讓他們能在大學全日制從事跨學科研究項目。 3. 因合併而取得第一個威爾斯醫學研究委員會（Medical Research Council, MRC）的資助。 4. 現有校園的重新開發和Maindy Park的研究園區的創建，有助於將研究機構設置在適當的位置，進一步刺激跨學科研究。	積極進展中，可說是達標。
4. 確保平衡的研究組合（portfolio）。	1. CU透過提高研究委員會（Research Councils）的支持程度，希望到2010/11年度將研究委員會的經費支持提高到市場份額的2.25%。但證據顯示，截至2008/09年，CU所占份額為1.77%（Higher Education Statistics Agency, HESA）；以英國研究委員會（Research Councils UK, RCUK）發布的數據，CU在2008-09年度獲得了英國標準贈款的2.02%。 2. CU仍繼續尋求增加研究收入，來自研究委員會的收入從合併前的1,730萬英鎊（2003-4年）穩定增長至2008-09年的2,710萬英鎊，自合併以來，合併機構的研究收入總體上也有所增加。	目前未達標，但到2010/2011有機會達標。

資料來源：整理自Oakleigh Consulting Limited（2010）。

註1：2014年CU在英國大學的研究品質評鑑上排名第5名（CU, n.d.）；依QS Top University (2020)的排名，CU排名英國大學的第23名。

表6　卡地夫大學合併目標 2 之具體指標及成效評估

具體指標	資料與證據	評估結果
1. 探索和闡明研究與教學之間的關係	1. 實施學院的學與教策略——包括為試點計畫提供資金，為大學生提供開展研究項目的機會，並作為大學常規性的活動。 2. 希思公園校區的新醫學教育大樓（科克倫大樓）為學生提供更多與不同醫療學科接觸的機會，並為跨行業學習創造機會。 3. 在增強學與教文化的程序方面，大學進行一系列活動並通過該方案讓大學人員有機會一起考慮學習和教學事宜，並強化學生的學習經驗。	與學與教有關的目標的實現涉及廣泛的補充活動，從定義上說，它們不容易進行定量評估或測量。通過學與教策略，CU 正在闡明教學與研究之間的關係。
2. 確保大學的學術水準符合以研究為主導的機構。	依據 QAA（Quality Assurance Agency）在 2008 年的評鑑結果，有以下優點與限制： 1. 將員工的研究活動與教學和其他學生學習機會聯繫起來。 2. 將學生納入機構各個級別的決策結構，並且將學生視為大學的「成員」，而非「顧客」。 3. 大學與學生會之間正在進行學習經驗的開展工作。 4. 大學內部的品質保證評鑑是 5-7 年一次，但有些延遲，到第七年底才進行，建議按時完成。 5. QAA 建議對與提供協作有關的政策和程序進行審查，尤其要減低與所提供協作領域的特定風險。評鑑者也指出，在合併之前，CU 在此方面的撥款很少，但現在已有一些合作計劃是從前 UWCM 轉移過來。	根據 QAA2008 年的評估報告，此項目標可視為已達到。
3. 進一步發展具有品質的研究生經驗。	1. 大學實施「支持研究人員的生涯發展協議」（Concordat to Support the Career Development of Researchers）來為研究生提供培訓和支持。此活動需要相關委員會對一系列行動的批准，而且要求每個學術部門要依據實施清單完成檢核並報告進度。 2. 研究生院和研究生中心繼續推動研究型學生技能發展計劃（Research Students' Skills Development Programme, RSSDP），自 2007 年以來學生參與率有所提高。 3. CU 在 2007 年和 2008 年參加了「高等教育學院研究生研究經驗調查」（Higher Education Academy Postgraduate Research Experience Survey, PRES）。結果發現 CU 和其他羅素集團（Russell Group）的學校表現一樣好。 4. 有 84% 的研究生表示他們的總體經驗達到預期或比預期更好，並且在某些領域（例如發展研究技能和基礎設施的機會）的經驗更好。但是，由於沒有等效的合併前的基線數據可做比較，因此無法判斷這是否代表更好的趨勢。	此目標算是達成。尤其是產業的發展讓醫學院為學生提供更多的聯繫機會、與不同的醫療學科合作，並為跨專業學習創造機會。

資料來源：同表 5。

表 7　卡地夫大學合併目標 3 之具體指標及成效評估

具體指標	資料與證據	評估結果
1. 促進與大學的使命和策略相一致的活動，使有助於威爾斯議會政府解決威爾斯的特殊問題，並對威爾斯的政策制定有所貢獻。	1. CU 從《我們的未來》（For Our Future）中找出優先事項，再識別出可能的影響及努力的方向，在 2010 年向 HEFCW 提交策略計畫以解決當中存在的差距。 2. CU 對於 WAG（Welsh Assembly Government）設定的優先事項，透過「創新和參與策略」而有以下特殊貢獻： (1) 藉由 Fusion IP7 與 CU 的創新網絡（CUIN）等研究案來支持經濟的繁榮。 (2) 傳達社會正義（涉及彈性化的供應、擴大職涯機會以及區域規劃和實施）。例如：作為卡地夫威爾斯成人中心和格拉摩根谷地區（Welsh for Adults Centre for Cardiff and Vale of Glamorgan）的所在地，也開展了新的 MBBCh 醫學學位入學途徑。 3. CU 通過諸如 MRC 神經精神遺傳學和基因組學中心等機構來確定與 WAG 科學政策的一致性；該機構也同時是低碳研究及持續發展投資的領導機構。 4. CU 透過各學院的工作，為威爾斯的衛生專業人員提供了持續專業發展的機會。例如牙科學院針對專業人員開展了兩個新的兼讀（part-time）的理學碩士課程。在此學院層級的工作基礎上，CU 正在檢視終身學習以及大學內部個人和專業的持續發展，以期制定出新的策略來提供持續的專業發展。	大學對威爾斯政策制定和醫療保健的直接和間接貢獻既重要，而且還在繼續發展；但仍須在成為領先的國際研究密集型機構的目標上繼續努力。
2. 在威爾斯的發展和提供衛生與社會保健方面扮演關鍵角色。	1. CU 設立了一個負責與國家衛生局（NHS）的聯絡處，與 NHS 合作夥伴之間建立良好關係，特別是在醫學和衛生保健教育的共享與提供方面。 2. CU 對威爾斯的未來發展和醫療保健做出了以下貢獻： (1) 醫學院的連結主席正在與 6 家卡地夫學校的研究人員合作，包括調查患者如何積極參與決策和溝通。 (2) 有些公共衛生有關的研究項目，涉及未合併以前的學校之合作機構。 (3) 參與研究與教育策略衛生聯盟（Strategic Health Alliance for Research and Education, SHARE）的研究項目，與班戈大學（Bangor University）及貝齊‧卡德瓦勒大學地方衛生委員會（Betsi Cadwlader University Local Health Board），以及卡地夫和維爾大學希思委員會（Cardiff and Vale University Heath Board）合作。 (4) 為威爾斯議會政府（WAG）的國家社會護理與健康研究所（National Institute of Social Care and Health Research, NISCHR）制定了全威爾斯的學術健康科學合作策略。	已大部分達成，但個別學校在加強衛生專業人員的持續專業發展方面需進一步發展。

資料來源：同表 5。

表 8　卡地夫大學合併目標 4 之具體指標及成效評估

具體指標	資料與證據	評估結果
1. 招聘、保留、激勵，使員工發展到最高的專業水準。	1. CU 在全校實施「積極的工作環境」（Positive Working Environment）計畫，以改善大學所有員工的工作生活。此計畫目的是為員工提供支持，也包含首次對全大學的員工所進行的調查。調查結果顯示有 79% 的受訪者表示在「考慮所有因素」時總體上感到滿意。但此調查也指出一些須優先處理事項，包括： (1) 部門內部和部門之間應有更好的溝通。尤其是針對建築、藥學和工程的教職員更應優先處理。 (2) 應信賴人員所做的，尤其對醫學和學術研究人員尤其重要。 2. CU 通過績效管理和領導來改善大學環境，為員工提供領導和管理發展機會，包括： (1) 針對研究團隊負責人、高級管理專業人員、專家人員以及一線經理的三個領導力和管理發展計劃。 (2) 通過員工發展計畫和研究人員職業發展技能計畫對研究人員提供短期課程。	大部分達標，仍有些強化的空間。
2. 強化學生經驗，並為學生提供參與大學發展的機會。	1. CU 在解決和增強更廣泛的學生經驗方面很積極，在全國學生調查（National Student Survey, NSS）啟動之前，已經建立了覆蓋整個大學的既定改進計畫。 2. 在進行全國學生調查（NSS）之後，CU（與所有其他 HEI 一樣）將其改進工作集中於那些表現不佳的 NSS 領域。對於滿意度相對較低的醫學和牙科而言，尤其必要。 3. 與英國的其他機構相比，醫學和牙科學生滿意度在英國排名倒數第二。醫學在該領域滿意度是第三低的；牙科在 13 個機構中也是最低的。 4. 2005 年的 NSS 調查結果，CU 的醫學與牙科平均得分為 3.80，而 2009 年的平均得分為 3.63，顯示總體滿意度有所下降。 5. CU 的整體滿意度表現非常好，除了醫學、牙科和生物學以外，其他的所有學科的滿意度都在最高的前四分之一學校。 6. 除了上面提到的改進活動外，CU 還實施了學生溝通策略（Student Communications Strategy），與學生會合作開發「Q 項目」，與學生團體共同了解學生參與的範圍並加以強化。策略正在進行中，並因此成立了由負責教育與學生的副校長（PVC）和學生共同主持的學生溝通小組。	積極進行，採取不同策略，以大學整體平均數而言已達標，但個別院系來看，則未完全達標。

具體指標	資料與證據	評估結果
	7. QAA 在 2008 年機構審查報告中讚揚了 CU 內部的學生參與度，包括： (1)醫學院成立了一個審查小組，專注於解決導致 NSS 負面回饋的問題；2009 年 GMC 報告中所指出的考試問題也得到關注，並在學術人員的協助下為學生發起了問答環節。 (2)審核小組還專注於溝通問題，並確保學校實踐對考試錯誤進行內部調查後提出的所有建議，也包括評估和反饋的改進。 (3)從 2010 年 5 月起任命了一個新的醫學教育系主任，負責審查當前的醫學學位課程。 (4)牙科學院成立了一個由校長主持的審查小組，這項工作包括一系列學生焦點小組。學校還在每年的入學培訓會上發布了自己的問卷，然後通過分階段的行動計畫向學生報告。也對教學安排和時間表進行了許多調整。 8. 其他強化學生經驗的活動包括： (1)由 CU 及 CU 學生會提供許多學生支持服務且擴展到 UWCM 的學生，這些服務是合併前不存在於 UWCM 中或只是很小部分的，如職業諮詢服務。 (2)範圍更廣的學生諮詢服務和諮詢支持。 (3)改進了學生會的規定。 (4)讓學生能充分運用所有大學的設施與服務。 (5)產業開發將為學生提供更好的基礎設施和資源，對滿意度產生正向影響。	
3. 確保產業策略與大學的使命和策略保持一致。	1. 通過合併，CU 旨在繼續發展合併機構的產業策略，以創造性地利用現有和未來的額外空間。 2. CU 認為，如果沒有合併，就不可能有資本投資的水平，特別是在衛生相關領域。 3. CU 繼續以「校園地平線」（Campus Horizons）計畫作為資本投資的旗艦計畫來實施其產業策略。該計畫包括開發一個新的以研究為重點的校園和整修現有校園。如果將現有的可供學術使用的空間包括在內，CU 預計到 2010 年時達到增加 20,000 平方米的額外空間的目標。	已達到預期目標。
4. 確保大學的使命和目標以有效和高效的結構為基礎。	1. 合併前 CU 採用的預算分配程序解決了前 UWCM 遇到的財務問題。原則是「你所賺就是你所得」（what you earn is what you get）。CU 也在一定程度上為合併後的機構帶來了穩健的財務狀況。	財務方面已達標；在效率方面，減少管理的開銷已達預

具體指標	資料與證據	評估結果
	2. CU 採用了扁平化的「學院式」組織結構，賦予了學院很大的自主權和責任感，以換取他們致力於實施「單一機構」所必需的歷程之承諾。 3. 合併之後，在 2004/05 年結束的會議時完成了對委員會結構的初步審查。經過這次審查和隨後的滾動審查，成立了一個新的學術策略委員會，以確保研究、學與教以及創新與參與議題的整合。 4. 在效率方面，CU 設定了減少行政管理和房舍管理費用有關的目標。2008/09 年的數據顯示，在減少管理開銷部分已達成目標（從 2002/03 的 7.67% 變為 2008/09 的 6.32%），已低於 2009/10 設定的 6.40% 的目標。但場地使用與維護的費用並未達標，從 2002/03 的 6.50% 變為 2008/09 的 6.21%），仍高於 2009/10 設定的 4.80% 的目標。對於此，CU 認為是因為無法控制的能源成本大幅度增加之故。	設目標，但場地使用與維護的目標尚未達成。

資料來源：同表 5。

　　整體而言，卡地夫大學合併後的許多重要的策略成果已達成或接近完成，所以合併的過程與成果可視爲成功（Oakleigh Consulting Limited, 2010）。尤其此合併帶來許多重要成果：1. 建立了一個更具韌性及可持續性發展的機構及共享的身分和策略；2. 支持研究建設的重要資本投資的規模及範圍明顯提升，此是任何未合併前的單一機構不可能達成的；3. 促進跨學科的研究與合作；4. 使醫學及相關學科的教學與研究得以發展及生存，若只由原來的未合併的機構來維持，勢必充滿挑戰；5. 對威爾斯地區的醫學研究及教學的保留和進一步投資領域有了重大貢獻，尤其是在精神病學、神經科學和臨床心理學、基層醫療及其他以醫院爲基礎的臨床學科和牙科更爲顯著（Oakleigh Consulting Limited, 2010）。

　　然而，若要全然地達成合併設定的目標，還有許多挑戰需要克服，包括：1. 解決各部門之間研究的潛在不平衡。尤其依 2008 年的 RAE 評估結果顯示，源自 UWCM 的癌症研究、護理和助產士、感染與免疫學和心血管的評估結果與英國其他地區相比，表現相對較差；2. 需要繼續根據全國學生調查的結果，努力改善學生學習的滿意度，尤其是醫學和牙科

專業在調查中的滿意度在英國排名倒數第二（Oakleigh Consulting Limited, 2010）。

　　若參照本文的成效評估架構的四個面向：「提升大學整體競爭力」、「整合教育資源」、「提升學校經營績效」及「良好多元的教與學環境」來對照卡地夫大學的四個目標：「展現被國際認可的高品質及具影響力的研究成果」、「追求被國際公認高品質及具影響力的學與教」、「通過對威爾斯的健康，經濟，教育和文化做出重大而可持續的貢獻，從而造福社會，豐富和增強威爾斯在英國和世界範圍內的形象」及「創建一個使教職員工和學生能夠充分發揮潛能，並在其中充實智力和創造力的環境」可以發現，「整合教育資源」似乎被卡地夫大學視為是合併的必然優勢，且是達成其他目標的基礎，所以並沒有特別把它列成目標之一。而「展現被國際認可的高品質及具影響力的研究成果」及「追求被國際公認高品質及具影響力的學與教」兩個目標其實與「提升大學整體競爭力」及「提升學校經營績效」的目標一致，只是卡地夫大學更具體地列出要達到什麼樣的程度。例如：要在 2010 年達到全英大學排名的前五名。至於「創建一個使教職員工和學生能夠充分發揮潛能，並在其中充實智力和創造力的環境」也與「良好多元的教與學環境」異曲同工。倒是卡地夫大學特別列出一項目標，是對所在社會經濟及發展有所貢獻，這其實也與臺灣的教育部（2019）在大學合併的審議標準中所提到的「滿足國家社經發展」一致，但在國立嘉義大學的成效評估資料中並未發現這方面的資料。筆者並未將此項目標列入分析架構中，是因為筆者認為若能提升大學的競爭力、經營績效、整合教育資源及營造良好多元的教與學環境，即自然對國家社經發展有所助益。

　　憑實而論，卡地夫大學對合併成效的評估做得相當嚴謹，值得借鏡。尤其是為了達到預定目標，把目標轉化成具體的細部目標，採取各種相應的策略以保證目標的達成，可說多管齊下，面面俱到。不只在評估時能提供具體資料及證據，所採用的多樣策略亦值得臺灣參考。

三、兩個案例的啟示

本文分析國內第一所合併成功的大學——國立嘉義大學及威爾斯的卡地夫大學。兩個大學的合併目標其實類似，但在成效評估方面的做法卻有不同。國立嘉義大學雖然在合併大約五年以後即陸續有郭羽玲（2005）、翟本瑞、薛淑美（2006）、池婉宜（2007）、陳昭銘（2008）及丁志權（2017）等人研究或論及國立嘉義大學的合併成效，但並未針對合併目標是否達成進行系統的評估。國立嘉義大學似乎也未在合併時事先設定合併成效評估的時間點及目標。反觀卡地夫大學的案例，雖與國立嘉義大學一樣，在合併時獲得外部的經費資助，但不同的是，卡地夫大學為了保證經費到位，必須在合併五年後達到四個預定的目標。也因為已經預先設立了目標及評鑑的時間點，卡地夫大學有了努力的方向，在每個大目標及關鍵策略成果外，又具體化要達到的關鍵目標，然後推出各種革新及經營計畫，也在過程中參與校外的各種評鑑並進行內部的成效評估，才能在五年後的成效評估中展現資料及成果。整體而言，雖然卡地夫大學希望達到全英大學排名前五名卻未達成，但已比過去合併前進步。此項未達標，也有可能是目標設定過高所致。大學合併的成效評估是一件相當複雜繁瑣的工作，兩個案例都已合併一段時間，或許未來可再補充其他資料，了解其長期成效。但就目前的初步分析，我們可以獲得一些啟示。

㈠大學合併計畫中應包括成效評估的目標及時間點

大學合併是一個複雜艱辛的歷程，期間充滿壓力，也需要投入大量的經費。教育部（2019）為鼓勵大學合併，提供經費補助，包括「非具自償性之教學大樓新建工程計畫」、「學生宿舍貸款利息」、「合併初期往返不同校區之交通接駁費」及「其他有助於合併之相關計畫」。這些補助經費相當可觀，以國立嘉義大學為例，當初合併時興建四棟大型建築，就已花了十多億元（翟本瑞、薛淑美，2006）。在高教經費有限的情況下，投入大學合併的經費是否發揮作用，是否真正達到大學合併的效益，確實需要進行成效評估。誠如卡地夫的案例，接受經費補助就應展現其效益，所以應該在大學合併時就把成效評估的目標及時間點納入。目前教育部

（2019）的《國立大學合併推動辦法》中對於大學合併計畫的要求及大學合併後應履行事項的規定中皆未包含合併成效的評估，建議大學及教育部的推動辦法中皆應納入成效評估的目標及時間點，以檢視經費的效用。

㈡應考慮個別合併大學的條件設定具體的成效目標

由於每個大學合併案例的條件及背景不同，成效目標也應有所不同。但設定目標時應在情境分析後訂定具體的成效目標，讓大學有具體的依循及努力的目標。以「提升大學整體競爭力」為例，到底做到哪些才算是提升大學整體競爭力？怎麼樣才算是有績效？卡地夫大學就很明確地設定要在 2010 年成為全英大學排名前五名，在研究經費方面希望能在 2010/2011年度將來自研究委員會的研究費提高到市場的 2.25%（Oakleigh Consulting Limited, 2010），南非的 NMMU 大學也設定合併後三年內要減少人事費的 6%（Nel et al., 2007）。所以建議教育部及大學都應考慮合併大學本身的條件與背景，設定適當的具體成效指標，在評估成效時就可具體檢視。

㈢「整合教育資源」應成為大學合併的條件而非大學合併的目標

教育部（2019）的《國立大學合併推動辦法》中的第 2 條提到「推動國立大學合併，應以有效協助學校整合資源及提升整體競爭力為目標」，但兩個國立大學是否適合合併，「是否有利於整合教育資源」應該是一個先決條件。若是合併後還要努力整合資源，是不是失去合併的原意？所以能不能整合資源應該在考慮合併時就要先加以評估，否則會像國立嘉義大學的案例一樣，因為四個校區分散，自合併至今，仍然受到此因素的影響而無法做到資源整合。卡地夫大學的四個合併目標中就沒有提到整合教育資源此項目標，而是把它當成一種必然的優勢，運用原來兩校合併的資源來達成主要的目標。

㈣大學合併的成效評估可以同時包含自評及外評

以卡地夫大學為例，它的五年成效評估包括大學本身的自評報告，但是整體的評估活動則由外部機構來進行。外評機構除了蒐集大學內部的相關資料及各種文件、評鑑報告之外，也訪談了大學及高教主管人員，使得

整個評估歷程較為完整而嚴謹。臺灣也可以採取類似做法，除了大學自評外，可由高教評鑑中心針對大學合併的目標與成效進行外部評鑑。當然，大學合併成效的評估目前仍是較弱的一環，有必要再針對大學合併成效評估的時機（何時評鑑）、評鑑的面向、評鑑的指標、評鑑的標準、評鑑的資料與來源、評鑑計畫等加以探討，以建構包含自評與外評的大學合併成效的系統性評鑑機制。

伍　結語

　　大學合併是全球高等教育的趨勢，各國很難袖手旁觀。然而大學合併有其動因及其預期目標，雖然各國因脈絡、文化不同可能有些差異，但共通的目標是想達到「整合教育資源」、「提升整體的大學競爭力」、「提升大學的經營效率」及「提供良好多元的教與學的環境」。然而，大學合併是個艱辛費時、消耗人力、物力的工作，除了希望合併成功之外，更希望達到預期的合併目標。若想了解是否達成目標，就要針對大學合併的成效進行較周全的評估。但是目前針對合併大學成效的探討仍然有限，尤其缺乏系統性的評估機制。本文分析了國立嘉義大學及卡地夫大學在大學合併成效評估上的做法，並從中獲得啟示，建議教育部及大學應將大學合併成效評估的目標及時間點列入大學合併計畫中，而且應針對合併的目標訂出具體指標，把「整合教育資源」當成是合併的條件而非目標，在評估成效時納入自評及外評等。

　　本文主要扮演拋磚引玉的角色，期望喚起相關人員對大學合併成效評估的時機、面向、標準、資料取得、計畫等的關注。透過持續的研究與討論，建構一個有利於大學合併成效評鑑的系統，藉由評鑑提供給已完成合併學校發展的建議，也讓準備啟動合併的大學作為參考。

參考文獻

丁志權（2017）。嘉師與嘉技合併爲「嘉大」之案例分析。**臺灣教育評論月刊，6**(1)，45-52。

池婉宜（2007）**我國國立大學整併政策之成效評估：以嘉義大學爲例**（未出版之碩士論文）。臺北市立教育大學，臺北市。

自由時報（2019.3.2）。**公公併近10校／清大併竹教大跨領域巧結合**。取自 https://news.ltn.com.tw/news/life/paper/1271055

自由時報（2020.6.15）。**大學合併更鬆綁？教部首度研議「公私併」**。取自 https://news.ltn.com.tw/news/life/paper/1379716

林新發（2017）。大學院校整併的成果、問題與因應策略。**臺灣教育評論月刊，6**(1)，17-24。

陳昭銘（2008）。**我國師範學院轉型之研究：風險管理之觀點**（未出版之碩士論文）。國立交通大學，新竹市。

章凱閎（2020.8.19）。獨／行政院同意陽明交大合併案！新校長遴選9月啟動。**聯合報**。取自https://udn.com/news/story/6928/4792725

張國保（2017）。大學整併的調適。**臺灣教育評論月刊，6**(1)，58-63。

張瑞雄（2017）。大學併校的成果與問題。**臺灣教育評論月刊，6**(1)，13-16。

教育部（2019）。**國立大學合併推動辦法**。取自https://law.moj.gov.tw/Law-Class/LawAll.aspx?pcode=H0030053

郭羽玲（2005）。**兩岸合併大學圖書館館藏發展變革之研究──以嘉義大學和浙江大學爲例**（未出版之碩士論文）。國立屏東師範學院，屏東市。

郭妙瑜（2018）。**我國高等教育合併成效之研究**（碩士論文）。取自華藝線上圖書館系統。（系統編號U0061-2308201803291200）

陳勇助、黃靖文（2014）。國立大學推動整併機制之探析──日本國立大學整併經驗與啟示。**學校行政，94**，155-173。doi:10.3966/1606830020141

10094008

湯志民（2003）。**臺灣高等教育擴張與整併之探析**。取自http://www3.nccu. edu.tw/~tangcm/doc/2.html/article/E219.pdf

黃政傑（2015）。評大學合併──以清大和竹教大合併案爲例。**臺灣教育評 論月刊，4**(12)，94-100。

黃豪臣（2002）。大學校院合併後績效評估之研究──以學生顧客之觀點。 國防管理學院資源管理研究所碩士論文，桃園縣。取自https://hdl.handle. net/11296/fybr2n

廖慶榮（2019.8.12）。讓技職追上臺大！臺科大校長廖慶榮：三校合併 如何創最大效益？天下雜誌，**679**期。取自https://www.cw.com.tw/article/5096420

翟本瑞、薛淑美（2006）。教育部推動國內大學整併之政策評估：以嘉義大 學爲例。**教育與社會學研究，10**，163-199。

戴子英（2018）。大專校院合併對校務基金績效之影響──以國立屏東大 學爲例。國立屏東大學國際貿易學系碩士班碩士論文，屏東縣。取自 https://hdl.handle.net/11296/k4wbyz

戴曉霞（2003）。高等教育整併之國際比較。**教育研究集刊，49**(2)，141- 173。

謝明彧（2020.2.17）。頂大名校拼合併地方大學勤深耕。遠見。取自https:// www.gvm.com.tw/article/71058

顏朱吟（2004）。大學整併政策之組織：理論應用及問題探討。**學校行政， 32**，56-63。

關友鈞（2001）。**中國大陸高等院校合併之研究：以浙江大學爲例**（未出版 之碩士論文）。國立政治大學，臺北市。

Aagaard, K., Hansen, H. F., & Rasmussen, J. G. (2015). *University merger reforms: Rational, political, institutional or incidental processes? The case of Denmark*. Paper prepared for the panel "Mergers in Higher education: Lessons from the Nordic Countries" at CHER 28th Annual Conference, Lisbon, Portugal, 7-9 September 2015. Paper presented at CHER 28th Annual Conference, Lisbon, Portugal.

Ahmadvand, A., Heidari, K., Hosseini, S. H., & Majdzadeh, R. (2012). Challenges and success factors in university mergers and academic integrations. *Archives of Iranian Medicine, 15*(12), 736-740.

Azziz, R., Hentschke, G. C., Jacobs, B. C., Jacobs, L. A., & Ladd, H. (2017). *Mergers in higher education: A proactive strategy to a better future?* New York, NY: TIAA Institute.

Barreiros, J. (n.d.). *The merger process at the University of Lisboa.* Retrieved from http://www.unica-network.eu/sites/default/files/unica_joao_barreiros_university_of_lisbon_.pdf

Bolbanabad, A. M., Mosadeghrad, A. M., Arab, M., & Majdzadeh, R. (2017). Impact of merger and acquisition on university performance. *Archives of Iranian Medicine, 20*(8), 518-524.

Cai, Y., & Yang, X. (2015). Mergers in Chinese higher education: Lessons for studies in a global context. *European Journal of Higher Education, 6*(1), 71-85.

Cardiff University (n.d.). *Facts and figures.* Retrieved from https://www.cardiff.ac.uk/about/facts-and-figures

Cartwright, S., Tytherleigh, M., & Robertson, S. (2007). Are mergers always stressful? Some evidence from the higher education sector. *European Journal of Work and Organizational Psychology, 16* (4), 456 - 478.

Estermann, T., & Pruvot, E. B. (2015). The rise of university mergers in Europe. *International Higher Education, 82*, Fall, 12-13.

Fazackerley, A. (2017.4.18). University mergers: academics fight to be heard in marriage of minds. *The Guardian.* Retrieved from https://www.theguardian.com/education/2017/apr/18/university-mergers-academics-ucl-institute-education-private-equity

Harman, K. (2002). Merging divergent campus cultures into coherent educational communities: Challenges for higher education leaders. *Higher Education, 44*, 91-114.

Harman, K., & Meek, V. L. (2002). Introduction to special issue: Merger revisited: international perspectives on mergers in higher education. *Higher Education*, *44*, 1-4.

Jia, M. (2017). Mergers in higher education: A case study of organizational culture, communication, and conflict management strategies in the university system of Georgia. *Doctor of International Conflict Management Dissertations*, 11. Retrieved from htp://digitalcommons.kennesaw.edu/incmdoc_etd/11

Karodia, A. M., Shaikh, A., & Soni, D. (2015). The South African universities post - merger mess: Problems and challenges of transformation. *Mediterranean Journal of Social Sciences*, *6* (3), S1, 326-343.

Kyvik, S., & Stensaker, B. (2013). Factors affecting the decision to merge: The case of strategic mergers in Norwegian higher education. *Tertiary Education and Management*, *19*(4), 323-337. DOI: 10.1080/13583883.2013.805424

Lang, D.W. (2003). The future of merger: What do we want mergers to do: Efficiency or diversity? *The Canadian Journal of Higher Education*, *3*, 19-70.

Lopez, O. G. R., & Mbodo, L. (2014). The impact of the University of Namibia merger on staff and students: The case of Hifkepunye Pohamba Campus. *Namibia CPD Journal for Educators*, *1*, 19-39.

McBain. L. (2009). College and university mergers: Recent trends. *A Higher Education Policy Brief, July*. Retrieved from http://www.aascu.org/uploadedFiles/AASCU/Content/Root/PolicyAndAdvocacy/PolicyPublications/PM-CollegeUniversityMergers.pdf

Myklebust, J. P. (2019.3.8). *University mergers are changing the higher education landscape*. Retrieved from https://www.universityworldnews.com/post.php?story=2019030610294679

Nel, H., & Stumpf, R. (2007). Reflecting on the experience of the merger at the Nelson Mandela Metropolitan University. *Discourse*, *35*(1), 1-11.

Oakleigh Consulting Limited (2010). HEFCW evaluation of the impact of the merger of Cardiff University and the University of Wales College of Medicine: Final report. Retrieved from https://www.hefcw.ac.uk/documents/policy_areas/strategic_change/CU-UWCM%20Merger%20Final%20Evaluation%20Report%20June%202010.pdf

OECD (2017). Collaboration, alliance, and merger among higher education institutions. *OECD Education Working Paper No. 160.* Retrieved from https://minedu.fi/documents/1410845/4177242/EDU-WKP-2017-9.pdf/e3d72fd4-fcae-41d4-b8eb-87760435fa4d/EDU-WKP-2017-9.pdf

Papadimitriou, M., & Johnes, J. (2019). Does merging improve efficiency? A study of English universities. *Studies in Higher Education, 44*(8), 1454-1474, DOI: 10.1080/03075079.2018.1450851

QS Top University (2020. June.10). *QS World University Rankings 2020-Top universities in the UK 21-49.* Retrieved from https://www.topuniversities.com/university-rankings-articles/world-university-rankings/top-universities-uk-2021

Rocha, V., Teixeira, P. N., & Biscaia, R. (2019). Mergers in European higher education: Financial Issues and multiple rationales. *Higher Education Policy, 32*(2), 185-202. https://doi.org/10.1057/s41307-017-0076-2

The Star (2019.9.18). *Merger for quality education.* Retrieved from https://www.thestar.com.my/opinion/letters/2019/09/18/merger-for-quality-education

UCL (2014.11.25). *UCL and the Institute of Education confirm merger.* Retrieved from https://www.ucl.ac.uk/news/2014/nov/ucl-and-institute-education-confirm-merger

Vartiainen, P. (2017). Campus-based tensions in the structural development of a newly merged university: The case of the University of Eastern Finland. *Tertiary Education and Management, 23*(1), 53-68, DOI: 10.1080/13583883.2016.1205123

第十五章

大學合併之法規分析

胡茹萍

國立臺灣師範大學工業教育學系博士
國立臺灣師範大學工業教育學系副教授

壹 前言

　　歐洲大學協會（European University Association）透過相關數據與資料之蒐集，繪製自 2000 年至 2019 年所進行之歐洲大學合併數，詳如下圖：2013 年至 2015 年應爲歐洲大學合併之高峰期，之後則減少至 2019 年 2 例，而法國、立陶宛及希臘各國，仍持續進行大學合併之規劃及研商（European University Association, 2019）。針對歐洲大學合併障礙之比較分析研究顯示，大學合併，應就法制、組織、社會、心理、政治、文化及財務七大層面，進行相關障礙之排除（Gummett, 2015; Seliga, Sulkowski & Wozniak, 2019; Sursock, 2015）。

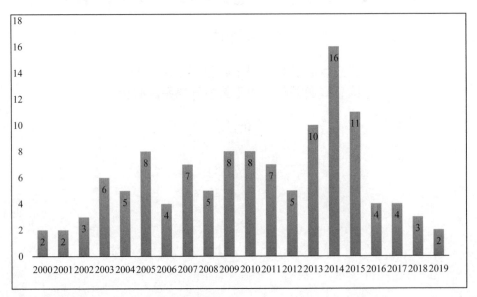

圖 1　2000 年至 2019 年歐洲大學合併數

資料來源：European University Association, 2019, p.3.

　　臺灣首次大學合併，係由國立嘉義技術學院與國立嘉義師範學院於 2000 年 2 月 1 日合併爲國立嘉義大學（國立嘉義大學，2019）；其次爲國立花蓮教育大學於 2008 年 8 月 1 日併入國立東華大學（國立東華大學，2020）；再爲國立臺中技術學院與國立臺中護理專科學校於 2011 年 12 月

1 日起，合併為國立臺中科技大學（國立臺中科技大學，無日期）。其後，2014 年 8 月 1 日，由國立屏東教育大學與國立屏東商業技術學院，合併為國立屏東大學（國立屏東大學，無日期）；2016 年 11 月 1 日，國立新竹教育大學併入國立清華大學（國立清華大學，無日期）；2018 年 2 月 1 日，由國立高雄應用科技大學、國立高雄第一科技大學及國立高雄海洋科技大學三校，合併成為國立高雄科技大學（國立高雄科技大學，無日期 a）。

　　另外，2008 年 2 月 1 日國立臺灣體育學院與國立體育學院二校正式合併為國立臺灣體育大學（桃園）、國立臺灣體育大學（臺中），然而 2008 年 11 月國立臺灣體育大學（臺中）卻於校務會議中，決議通過「不繼續執行國立臺灣體育大學實質整併作業」，導致教育部遭監察院就國立臺灣體育大學併校決定反覆，且該校未善用補助款各節，對教育部提出糾正案，並要求教育部追回相關補助款（監察院，2009）。

　　而於市立大學合併部分，則是由臺北市立教育大學與臺北市立體育學院，於 2013 年 8 月 1 日起，合併成為臺北市立大學（臺北市立大學，無日期）。至於私立大學部分，則有 2014 年 8 月 1 日起法鼓人文社會學院與法鼓佛教學院合併為法鼓文理學院（法鼓文理學院，無日期），以及康寧醫護暨管理專科學校自 2015 年 8 月 1 日起，併入康寧大學（康寧大學，2018）二案例。

　　茲彙整大學合併之學校如下表。

表 1　2000 年至 2018 年大學合併情形

主管機關	合併日期 年／月／日	合併後校名	原合併學校	合併類型
教育部	2000.02.01	國立嘉義大學	國立嘉義技術學院 國立嘉義師範學院	新設合併
教育部	2008.02.01	國立臺灣體育大學	國立臺灣體育學院 國立體育學院	新設合併 （未成）
教育部	2008.08.01	國立東華大學	國立花蓮教育大學 國立東華大學	存續合併

主管機關	合併日期 年／月／日	合併後校名	原合併學校	合併類型
教育部	2011.12.01	國立臺中科技大學	國立臺中技術學院 國立臺中護理專科學校	新設合併
臺北市 政府	2013.08.01	臺北市立大學	臺北市立教育大學 臺北市立體育學院	新設合併
教育部	2014.08.01	國立屏東大學	國立屏東教育大學 國立屏東商業技術學院	新設合併
教育部	2014.08.01	法鼓文理學院	法鼓人文社會學院 法鼓佛教學院	新設合併
教育部	2015.08.01	康寧大學	康寧醫護暨管理專科學校 康寧大學	存續合併
教育部	2016.11.01	國立清華大學	國立新竹教育大學 國立清華大學	存續合併
教育部	2018.02.01	國立高雄科技大學	國立高雄應用科技大學、國立 高雄第一科技大學及國立高雄 海洋科技大學	新設合併

　　承上，吾人可知，現行大學合併，除國立臺中科技大學及康寧大學，係由大學與專科學校合併成立，以及法鼓文理學院係由大學與宗教研修學院合併外，其餘皆由大學彼此間，進行合併。依《大學法》第4條第1項規定，大學分為國立、直轄市立、縣（市）立（以下併稱公立）及私立。以108學年度為例，公立大學計有46校及私立大學94校，共計140校（教育部統計處，無日期）。

　　查現行《大學法》第7條第1項：「大學得擬訂合併計畫，國立大學經校務會議同意，直轄市立、縣（市）立大學經所屬地方政府同意，私立大學經董事會同意，報教育部核定後執行。」之規定，係為增進大學經營效益，整合大學教學研究及行政資源，故增列「大學合併」之法源依據，並於1995年12月13日修正《大學法》全文時，予以增訂（立法院法律系統，1995）。而私立大學之合併則於2007年12月18日修正《私立學校法》全文時，於第67條第1項明定私立學校得與其他私立學校合併依據（立法院法律系統，2007）；至於學校合併之細部規範，則於《大

學法》及《私立學校法》授權訂定之《專科以上學校及其分校分部專科部技術型高級中等學校部設立變更停辦辦法》（以下簡稱《設立變更停辦辦法》），予以明定。鑒於法制為民主國家行為之基礎，故為利了解大學合併之法規範，本文僅依大學公、私立屬性，就「公立大學間」、「私立大學間」及「公、私立大學間」三種類型之合併，分別進行相關法規範之梳理，而本文所指之法規，係以法律及法規命令為限。

 貳　公立大學間之合併

依《大學法》第 7 條規定，公立大學合併之發動主體，得由公立大學主動申請，或由教育部主動合併國立大學為之；以下特就《大學法》第 7 條條文內容，進行分析，說明公立大學主動申請合併之法定程序及其困難，教育部主動合併國立大學之法律依據及其應注意事項，以及直轄市政府、縣（市）政府主動合併所屬大學之法據缺漏。

一、公立大學得經校務會議同意後，主動申請合併，惟不易獲校務會議同意

《大學法》第 7 條第 1 項規定，大學得主動擬訂合併計畫；國立大學須經校務會議同意，直轄市立、縣（市）立大學，經所屬地方政府同意，報教育部核定後執行。而依《設立變更停辦辦法》第 2 條第 3 項第 1 款及第 2 款規定，公立大學之合併，得採「存續合併」及「新設合併」二種方式；存續合併，指合併後擇一校存續，其他學校變更為存續學校之一部分、分校、分部、專科部或技術型高級中等學校部；而新設合併，則指合併後成立一所新大學，並另定新校名，原學校變更為新設學校之一部分、分校、分部、專科部或技術型高級中等學校部。

是以，依《大學法》第 7 條第 1 項所定公立大學合併之報核程序規定內容，亦即「直轄市立、縣（市）立大學，經所屬地方政府同意，報教育部核定後執行」，則依文義解釋，轄市立、縣（市）立大學之合併計畫，似毋庸提經各該大學校務會議同意。然於實務運作中，依《大學法》

第 16 條第 1 款明示，校務會議審議校務發展計畫及預算之規定，則大學之合併，屬與校務發展有關，尚難完全排除提校務會議討論之程序，且依《設立變更停辦辦法》第 26 條第 1 項規定，則已明定「合併計畫須經校務會議同意及所屬地方政府同意後，報教育部核定」。

　　至於國立大學之主動申請合併，依《大學法》第 7 條第 1 項規定，即應經校務會議同意程序，故無爭議，然而實務運作中，要獲得擬申請合併之國立大學各校校務會議同意，誠屬不易，例如國立臺灣師範大學與國立臺灣科技大學之合併，未能獲得各自校務會議之同意（大紀元，2002；江昭青，2004）。而國立臺灣大學與國立臺北教育大學雖自 2011 年即開始洽商，惟經國立臺北教育大學 2017 年 6 月 27 日臨時校務會議決議，俟國立臺灣大學新任校長上任後，再行辦理二校合併意願投票，再經 2019 年 6 月 3 日二校會談，因國立臺灣大學校長召開行政主管相關會議決定，先以推動校務為優先考量，爰國立臺灣大學與國立臺北教育大學二校合併意向案，暫告段落（國立臺北教育大學秘書室，2011，2013，2017，2019）。是以，依《大學法》第 7 條第 1 項規定，公立大學經各校校務會議同意，即得主動申請學校合併，然於實務運作中，各校校務會議卻不易通過學校合併案。

二、教育部得主動合併國立大學，然於國立大學合併後，仍應持續追蹤其合併效益及監督承諾事項之履踐

　　按《大學法》第 7 條，原僅規範大學得主動擬訂合併計畫，並經一定程序，報教育部核定後執行。然囿於教育部推動大學整併政策多年，卻僅促成國立嘉義大學及國立花蓮教育大學併入國立東華大學二案例，故參照英國、澳洲、日本及中國大陸皆以法律授權推動大學整併計畫，以利大學教育資源有效運用及提升大學競爭力之經驗，教育部爰提出《大學法》部分條文修正草案，並於 2011 年 1 月 10 日，完成《大學法》增訂第 7 條第 2 項及第 3 項規定：亦即，教育部得衡酌高等教育整體發展、教育資源分布、學校地緣位置，並輔以經費補助及行政協助方式，擬訂國立大學合併計畫，經報行政院核定後，由各該國立大學執行；同時，《大學法》並授

權教育部訂定國立大學合併之條件、程序、經費補助與行政協助方式、合併計畫內容、合併國立大學之權利與義務及其他相關事項之辦法（立法院法律系統，2011）。

　　藉由《大學法》第7條第3項規定之授權，教育部於2011年6月22日訂定發布《國立大學合併推動辦法》，並於發布日施行。該辦法將合併之類型，明定為「存續合併」及「新設合併」二類。2019年11月5日將「存續合併」之「合併後『僅』一校存續」，修正為「合併後『擇』一校存續」；同時，並將「新設合併」之「合併後各校均消滅，另成立一所新設國立大學，並另定新校名」，修正為「合併後成立一所新設國立大學，並另定新校名，原學校變更為新設學校之一部分、分校、分部、專科部或技術型高級中等學校部」。上開修正理由，係為避免負面文字，造成校內師生及校友對學校合併之疑慮，致增加合併阻礙，並期待藉由條文文意修正，增加校內師生及校友對推動學校合併之支持與認同（全國法規資料庫，2019）。而針對2019年11月5日之修正條文，其是否能達成得降低合併阻礙之期待一節，則有待後續觀察。

　　至依《國立大學合併推動辦法》第2條及第6條規定，教育部主動擬訂國立大學合併之圖像，乃是以合併後之國立大學，應具備能提升經營績效及競爭力，且能有效整合教育資源效益，提供學生多元學習環境，並滿足國家社經發展需求為目標（胡茹萍，2017）。基此，針對本辦法訂定發布以來之國立大學合併案，例如：2011年合併成立之國立臺中科技大學、2014年國立屏東大學、2016年國立清華大學及2018年國立高雄科技大學，教育部有必要依《國立大學合併推動辦法》所定上開「提升經營績效及競爭力」、「有效整合教育資源效益」、「提供學生多元學習環境」及「滿足國家社經發展需求」四項審議基準，針對合併後之學校，進行後續追蹤評估；同時，教育部亦應依同辦法第11條規定，針對合併後之新設學校或存續學校，檢視其應履行之事項，有否踐行。

三、直轄市政府、縣（市）政府主動合併所屬大學之法據，宜 再完備

　　除上述「公立大學主動申請合併」及「教育部主動合併國立大學」外，於公立大學間之合併，尚有「直轄市立、縣（市）立大學與國立大學合併情形」及「直轄市政府或縣（市）政府主動合併所屬大學」之可能。此時，針對前者，仍屬於各公立大學間之主動申請合併，則應依《大學法》第7條第1項規定，分別由各公立大學校務會議同意，並經直轄市政府或縣（市）政府同意後，報教育部核定，即得為之，尚無疑義。

　　惟如屬前段所述後者情形時，亦即直轄市政府或縣（市）政府主動合併所屬大學部分，礙於現行《大學法》第7條第2項規定，其僅規範教育部得主動擬訂國立大學合併計畫，卻未就直轄市政府或縣（市）政府部分，予以規範，故似無法據，然查《大學法》第4條第2項規定，其明示「直轄市立、縣（市）立大學之設立、『變更』或停辦，由各級政府依序報經教育部核定或調整之」，而依《設立變更停辦辦法》第2條第1項第3款所定「學校變更」，包括學校合併之情形，故直轄市政府或縣（市）政府仍得依《大學法》第4條第2項所定程序，主動合併所屬大學，應屬可行。然而，為完備法制規範，直轄市政府或縣（市）政府，並得依《地方制度法》第14條、第18條第4款第1目、第19條第4款第1目及第25條規定，就直轄市或縣（市）各級學校之興辦及管理自治事項，訂定自治法規，以利遵循。

 參 私立大學間之合併

　　私立大學間之合併，應依《大學法》、《私立學校法》及《設立變更停辦辦法》規定辦理，茲扼要檢視私立大學間之合併方式、法定申請程序及說明宣導與行政協助之必要性。

一、私立大學間之合併，得採存續合併、新設合併及改隸合併

　　私立大學間之合併種類，除得採上述公立大學間之「存續合併」及「新設合併」二種方式外，依《設立變更停辦辦法》第2條第3項第3款之規定，尚得採「學校改隸」方式，進行合併。所謂學校改隸，係指學校財團法人（以下簡稱學校法人）將其他學校法人所設學校，改隸為其所屬學校；換言之，如A學校法人設有A校，B學校法人設有B校，今A學校法人與B學校法人討論渠等所設學校合併之方式，擬採改隸合併為之時，則依規定，可能為A校改隸為B學校法人所屬，亦即B學校法人下設A校及B校，而A學校法人無所設學校；抑或B校改隸為A學校法人所屬，則為A學校法人下設A校及B校二校，而B學校法人無所設學校。此時，如A學校法人或B學校法人於學校改隸合併經核定後三年內，仍無新設學校，或未與其他學校法人合併，或未能改辦其他教育、文化或社會福利事業之財團法人時，則依《設立變更停辦辦法》第34條第2項規定，A學校法人或B學校法人，將被學校法人主管機關命其依《私立學校法》第72條規定辦理，亦即A學校法人或B學校法人將被命解散。

二、私立大學合併，應經校務會議及董事會同意

　　至於私立大學間之合併申請，依《私立學校法》第67條第1項及《設立變更停辦辦法》第26條第2項規定，應由各該學校法人就學校合併有關事項，擬訂合併計畫、合併契約及經會計師查核簽證之資產負債表與財產目錄，經校務會議與董事會同意後，報教育部核定。惟如屬於同一學校法人所設二所大學間之合併，則無須擬訂合併契約。而據《設立變更停辦辦法》第26條第3項規定，合併計畫應至少包括：1. 合併計畫緣起；2. 學校現況與問題分析；3. 學校合併規劃過程；4. 合併期程與應辦事項；5. 合併發展願景、校區規劃、校舍空間配置與調整；6. 行政組織架構與員額配置；7. 學術組織與科系所之配置；8. 財務規劃；9. 合併學校教職員工生之權益處理與其救濟之程序；及10. 預期效益。

三、私立大學合併，缺乏宣導及行政協助

根據馮于容、黃怡娟（2018）研究顯示，102 學年度至 105 學年度之大專校院註冊率，公立專科以上學校（以下簡稱公校）平均註冊率約為 87.9% 至 92.4% 間，相較私立專科以上學校（以下簡稱私校）之 75.6% 至 81.1%，高出 10.6% 至 12.3%。106 學年度停招之校數及系所，計有 15 所公校、33 個系所及 41 所私校、117 個系所；106 學年度學制停招之校數及系所，分別是 9 所公校、17 個系所及 32 所私校、70 個系所；而 106 學年度裁撤之系所，計有 7 所公校、9 個系所及 11 所私校、35 個系所。

承上，私立大學相較於公立大學因生源減少所承受之壓力，應更為迫切。而依《私立學校法》及《設立變更停辦辦法》之規定，私立大學得考量自身資源條件，選擇合適之合併對象，進行學校合併規劃，則何以迄今私立大學之合併案例僅有二例，且該二例之促成，乃是因原二校之創辦者相同（法鼓文理學院），及原二校之董事長是同一人與原二校所屬之二學校法人，其董事成員多數重疊（康寧大學）所致。

私立大學間之合併，其關係人包括學校法人及學校。於學校法人層面，涉及董事及監察人對於《私立學校法》及其相關法規所定私立大學合併規定之了解；而於學校層面，則涉及教師、職員、學生、校長及行政主管，對於學校合併認同與否問題。換言之，值此少子女化衝擊之際，縱使學校法人擬先將所設私立大學改隸為其他學校法人所屬學校，先進行學校改隸，再謹慎思考該學校法人未來之發展，然於實務運作中，所提「學校改隸」是否能通過學校校務會議之同意，仍有很大不確定性。存續合併或新設合併，亦面臨相同之問題。

基此，針對私立大學之合併規定，甚或對於先進行學校法人間之合併，再進行學校合併各節，教育部宜加強對學校法人之法規宣導，甚或提供相關行政指導，敦促學校法人審慎思考，並善用《設立變更停辦辦法》第 28 條所定得優先補助相關經費之規定；而學校法人，亦宜就學校未來發展之最佳方式，審慎評估，並讓學校教師、職員、學生、校長及行政主管充分了解學校合併之利弊得失，以獲得校務會議之同意支持。

肆　公、私立大學間之合併

　　現行《大學法》、《私立學校法》及《設立變更停辦辦法》，並未針對公立大學與私立大學有合併之相關規範。中山大學鄭英耀校長，呼籲教育部能開放讓大學更自主，並以國立中山大學與高雄醫學大學合併，提出「公私併」之可能作法（池俊吉、郭玟杏、杜奕廷，2020）；而據報載，教育部業已委託中正大學進行「大學公私立整併之分析」研究，研議之目的有二，其一係針對系所有互補性之公私立大學，藉由合併，整合資源，並擴大規模，以提升大學競爭力；其二則是透過公私合併，以原地辦學模式，協助地方人才培育（自由時報，2020）。以下僅就公、私立學校合併之阻礙及思考適用現行法規之方式，進行說明。

一、公、私立大學之法律定性不同，合併後之大學定性待議

　　公、私立大學間合併之主要障礙，涉及公立大學與私立大學之法律定性不同，換言之，公立大學屬於文教性營造物，大法官吳庚（1999，頁169）定義營造物如下：

> 　　行政主體為達成公共行政上之特定目的，將人與物作功能上之結合，以制定法規作為組織之依據所設置之組織體，與公眾或特定人間發生法律上之利用關係。

或國立大學得為隸屬教育部之高等教育行政機關（許育典、李佳育，2014），而私立大學則為學校法人所設之學校，依《私立學校法》第 2 條第 2 項規定，學校法人屬財團法人之性質。

　　承上，公立大學與私立大學如合併時，無論是存續合併或新設合併，皆會涉及教師、職員、校長之聘用、權利與義務及其救濟之法規適用問題，而涉及權利與義務事項，依《中央法規標準法》第 5 條第 2 款規定，應以法律定之。是以，後續如評估確有公立大學與私立大學間之合併必要時，於現行大學法制框架下，吾人認為於《大學法》，增列「大學合併」

專章規定，就「公立大學間」、「私立大學間」及「公、私立大學間」之合併，詳予規範，較為妥適，而如以設立專法方式為之時，則應考量公私併僅限大學階段，未涉及其他各級教育階段之立法目的及理由。

二、學校法人得將全部財產捐贈政府，促成公、私立大學之合併

《私立學校法》第 72 條第 1 項第 3 款明定，學校法人將全部財產捐贈政府，報經法人主管機關核定後解散。按有關私立學校將校產捐贈政府，繼續辦理教育者之立法，係於 1997 年 5 月 31 日全文修正《私立學校法》，予以增訂，並於 1997 年 6 月 18 日公布施行（立法院法律系統，1997）。此條文增訂之背景，肇始於 1990 年 8 月教育部指定國立高雄工商專科學校成立商科部，接受私立國際商業專科學校停辦後之師生，並於 1992 年 8 月 1 日正式更名為「國立高雄工商專科學校」（國立高雄科技大學，無日期 b）。之後，並有私立勤益工商專科學校捐贈政府，於 1992 年 7 月 1 日起改隸為「國立勤益工商專科學校」，及私立聯合工商專科學校於 1995 年 7 月 1 日起改隸為「國立聯合工商專科學校」案例（國立勤益科技大學，無日期；國立聯合大學，無日期）。

三、參照《促進民間參與公共建設法》，以投資契約訂定方式辦理

依《促進民間參與公共建設法》第 3 條第 1 項第 6 款、第 4 條第 1 項及《促進民間參與公共建設法施行細則》第 11 條第 2 款之規定，公立大學屬於文教設施類之公共建設，得由主辦機關與經主辦機關核定之私法人（即法所稱之民間機構），簽訂參與公共建設之投資。

主辦機關得為教育部、直轄市政府或縣（市）政府，或由主辦機關授權所屬機關執行之。是以，教育部、直轄市政府或縣（市）政府，得與私立大學所屬之學校法人，簽訂投資契約；亦得由教育部、直轄市政府或縣（市）政府所屬之公立大學與私立大學所屬之學校法人，簽訂契約辦理，此為《促進民間參與公共建設法》第 5 條第 2 項所明定。而參與公共建設

之方式，依《促進民間參與公共建設法》第8條第1項規定，包括下列七
種方式：

1. 民間機構投資新建並爲營運；營運期間屆滿後，移轉該建設之所有
權予政府。

2. 民間機構投資新建完成後，政府無償取得所有權，並由該民間機構
營運；營運期間屆滿後，營運權歸還政府。

3. 民間機構投資新建完成後，政府一次或分期給付建設經費以取得所
有權，並由該民間機構營運；營運期間屆滿後，營運權歸還政府。

4. 民間機構投資增建、改建及修建政府現有建設並爲營運；營運期間
屆滿後，營運權歸還政府。

5. 民間機構營運政府投資興建完成之建設，營運期間屆滿後，營運權
歸還政府。

6. 配合政府政策，由民間機構自行備具私有土地投資新建，擁有所有
權，並自爲營運或委託第三人營運。

7. 其他經主管機關核定之方式。

基此，於未有明確之法源下，如擬推動公、私立大學間之合併試辦
時，得參照《促進民間參與公共建設法》之規定，以投資契約方式簽訂辦
理。例如，國立中山大學如擬設立醫學院，且擬由民間機構協助興辦者，
此時，若高雄醫學大學所屬學校法人同意配合政府政策，依《促進民間參
與公共建設法》第8條第1項第6款規定，由高雄醫學大學所屬學校法人
備具私有土地投資新建，擁有所有權，並自爲營運或委託第三人營運，與
教育部或是國立中山大學，簽訂投資契約，進行實質合併；如此，公立大
學及私立大學之法律定性，仍續予維持，而因實質合併，學校間之資源整
合，將更能落實執行，故其效益，相較於學校間之聯盟或合作關係，將能
更加深化，以利提升大學競爭力及增進地方人才培育能量之目的。

 伍　結語

爲利大學教育資源有效運用及提升大學競爭力，臺灣亦如世界其他各

國，推動大學之合併。然自 2000 年首度完成國立大學之合併案後，迄至 2020 年 8 月，僅完成 10 個合併案例，而其中 1 例，卻於合併後不到 1 年，隨即反悔而停止合併。由此可知，合併之實務運作所涉層面，例如，法制、組織、社會、心理、政治、文化及財務各面向，尚需費時且應進行相關觀察及研究後，始足以了解合併個案之落實情形及評估其合併效益。

　　囿於時間及人力與物力之限制，本文僅就現行法規層面，進行相關法規範之梳理，結果發現現行大學合併之法規，主要以《大學法》、《私立學校法》及《專科以上學校及其分校分部專科部技術型高級中等學校部設立變更停辦辦法》為適用依據；而於公立大學間之合併，雖得由各公立大學主動提出申請合併，然礙於校務會議常因各種因素考量，致未能形成共識，通過與其他學校之合併；至於公立大學之主管機關主動合併所屬大學之依據，目前僅明白規範教育部得主動擬訂國立大學合併計畫，尚缺乏直轄市政府、縣（市）政府主動擬訂計畫，合併所屬大學之法據。且對於合併後之大學，其所屬主管機關亦應持續追蹤合併效益及監督原合併承諾事項，是否予以踐行。

　　而於私立大學間之合併，除應讓利害關係人，如董事（長）、監察人、校長、學校教師、職員工及學生，了解大學合併之效益外，尚須積極確保利害關係人之權益，避免其因學校合併而有權益受損情事，俾促合併案能經校務會議及董事會之同意。面對少子女化之衝擊，教育部宜加強對學校法人有關學校合併或學校法人合併之法規宣導，甚或提供相關行政指導，敦促學校法人審慎思考先進行學校法人間之合併，再進行學校合併，以利有效運用教育資源。

　　至於公、私立大學間之合併，則囿於無法源依據，且公、私立大學之法律定性不同，爰本文嘗試提出得依私立學校法規定，由學校法人將全部財產捐贈政府，促成公、私立大學之合併；或考量參照《促進民間參與公共建設法》之規定，就公、私立大學間之合併，以投資契約方式，簽訂辦理，不僅維持公立大學及私立大學之不同法律定性，且能深化彼此間之教育資源整合，提供人才培育更寬廣之能力與能量。

參考文獻

大紀元（2002年8月28日）。**臺灣師大、科大宣布合併九二學年用新校正式運作**。取自https://www.epochtimes.com/b5/2/8/28/n211453.htm

大學法（2011年1月26日公布）。取自https://lis.ly.gov.tw/lglawc/lawsingle?00076B3AFF030000000000000000000A000000002FFFFFA00^01711100011000^00002001001

大學法（2019年12月11日公布）。取自https://law.moj.gov.tw/LawClass/LawAll.aspx?pcode=H0030001

中央法規標準法（2004年5月19日公布）。取自https://law.moj.gov.tw/LawClass/LawAll.aspx?pcode=A0030133

立法院法律系統（1995）。**大學法**。取自https://lis.ly.gov.tw/lglawc/lawsingle?0071230FC97400000000000000000014000000004FFFFFA00^01711094121300^0008C001001

立法院法律系統（1997）。**私立學校法**。取自https://lis.ly.gov.tw/lglawc/lawsingle?001A402D68EC000000000000000000A000000002FFFFFA00^01721086053100^0002A001001

立法院法律系統（2007）。**私立學校法**。取自https://lis.ly.gov.tw/lglawc/lawsingle?000223FF62AC00000000000000000014000000004FFFFFD^01721096121800^00020001001

立法院法律系統（2011）。**大學法第七條修正理由**。取自https://lis.ly.gov.tw/lglawc/lawsingle?00076B3AFF030000000000000000000014000000004FFFFFA00^01711100011000^00002001001

自由時報（2020）。大學合併更鬆綁？教育部首度研議「公私併」。取自https://news.ltn.com.tw/news/life/paper/1379716

江昭青（2004）。**教育龍頭臺師大——前路困頓**。取自http://happyclass.50megs.com/93.10.14/school.htm

池俊吉、郭玟杏、杜奕廷（2020）。中山大學校長鄭英耀：政府應該放寬法律限制推動大學公私併。**評鑑雙月刊，第78期**。取自http://epaper.heeact.edu.tw/archive/2019/03/01/7103.aspx

全國法規資料庫（2019）。**國立大學合併推動辦法108年11月5日修正發布條文對照表**。取自https://law.moj.gov.tw/LawClass/LawHistory.aspx?pcode=H0030053

私立學校法（2014年6月18日公布）。取自https://law.moj.gov.tw/LawClass/LawAll.aspx?pcode=H0020001

吳庚（1999）。**行政法之理論與實用**。臺北：三民。

法鼓文理學院（無日期）。**認識本校——法鼓文理學院啓航**。取自https://www.dila.edu.tw/about

胡茹萍（2017）。如果大學合併能……。**臺灣教育評論月刊，2017，6**(1)，64-66。取自http://www.ater.org.tw/journal/article/6-1/topic/12.pdf

促進民間參與公共建設法（2018年11月21日公布）。取自https://law.moj.gov.tw/LawClass/LawAll.aspx?pcode=D0070062

促進民間參與公共建設法施行細則（2019年11月11日公布）。取自https://law.moj.gov.tw/LawClass/LawAll.aspx?pcode=D0070068

國立大學合併推動辦法（2019年11月5日發布）。取自https://law.moj.gov.tw/LawClass/LawAll.aspx?pcode=H0030053

國立東華大學（2020）。**關於東華——校史與理念**。取自https://www.ndhu.edu.tw/p/405-1000-45037,c8810.php?Lang=zh-tw

國立屏東大學（無日期）。**關於本校——校史簡介**。取自https://www.nptu.edu.tw/files/11-1000-3310-1.php?Lang=zh-tw

國立高雄科技大學（無日期a）。**關於我們——高科大簡介**。取自https://www.nkust.edu.tw/p/412-1000-617.php

國立高雄科技大學（無日期b）。**本校簡介－校史簡介－校史－工商專（79年~）**。取自http://www.kuas.edu.tw/files/11-1000-122.php

國立清華大學（無日期）。**認識清華——清華簡介**。取自https://www.nthu.edu.tw/about/nthuIntro

國立臺中科技大學（無日期）。**臺中科大歷史**。取自https://www.nutc.edu.tw/
files/11-1000-95.php

國立臺北教育大學秘書室（2011年12月13日）。**臺大整合資訊──國立臺北
教育大學與國立臺灣大學整合規劃書草案**。取自http://asecc.ntue.edu.tw/
secretariat/secretariat/tacticslist.html

國立臺北教育大學秘書室（2013年11月12日）。**臺大整合資訊──2013年
11月12日校務會議報告推動與臺灣大學合併進度**。取自http://asecc.ntue.
edu.tw/secretariat/secretariat/tacticslist.html

國立臺北教育大學秘書室（2017年8月12日）。**臺大整合資訊──教育部臺
教高（三）字第1060109017號函復，本校所報106年6月27日臨時校務
會議討論「與國立臺灣大學兩校合併意向投票之相關事宜」**案。取自
http://asecc.ntue.edu.tw/secretariat/secretariat/tacticslist.html

國立臺北教育大學秘書室（2019年11月12日）。**臺大整合資訊──國立臺北
教育大學與國立臺灣大學會談紀錄**。取自http://asecc.ntue.edu.tw/secre-
tariat/secretariat/tacticslist.html

國立勤益科技大學（無日期）。**關於勤益──本校簡史**。取自https://www.
ncut.edu.tw/p/412-1000-240.php?Lang=zh-tw

國立聯合大學（無日期）。**認識聯大──學校簡介**。取自https://www.nuu.
edu.tw/p/412-1000-414.php?Lang=zh-tw

國立嘉義大學（2019）。**關於嘉大──本校簡史**。取自https://www.ncyu.edu.
tw/newsite/content.aspx?site_content_sn=8353

許育典、李佳育（2014）。從大學的法律地位探討大學的自治落實：以大
學法人化爲核心。**當代教育研究季刊，22**(1)，169-209。doi: 10.6151/
CERQ.2014.2201.05

教育部統計處（無日期）。**教育統計查詢網**。取自https://stats.moe.gov.tw/

專科以上學校及其分校分部專科部技術型高級中等學校部設立變更停辦辦法
（2019年10月31日發布）。取自https://law.moj.gov.tw/LawClass/LawAll.
aspx?pcode=H0030034

康寧大學（2018）。**認識康寧──學校沿革**。取自http://secretary.ukn.edu.tw/

files/11-1002-2968-1.php

馮于容、黃怡娟（2018）。我國大專校院合併及轉型退場相關問題之探討。國會季刊，**46**(3)，75-109。

臺北市立大學（無日期）。**本校簡介**。取自https://www.utaipei.edu.tw/files/11-1000-2692.php

監察院（2009）。教育部對國立臺灣體育大學併校決定反覆且該校未善用補助款，監察院提案糾正。取自https://www.cy.gov.tw/News_Content.aspx?n=213&s=4824

European University Association (2019). *University mergers in Europe*. Retrieved from https://eua.eu/downloads/publications/eua%20merger%20brief%202904.pdf

Gummett, P. (2015). Reorganising the Welsh university system. In A. Curaj et al.(Eds.), *Mergers and alliances in higher education-international practice and emerging opportunities*, (pp.81-103). Retrieved from https://doi.10.1007/978-3-319-13135-1_5

Seliga, R., Sulkowski, L., & Wozniak, A. (2019). Barriers to university mergers-comparative analysis of universities in Europe. In J. I. Kantola et al. (Eds.), *AHFE 2018, AISC783*, (pp.558-567). Retrieved from https://doi.org/10.1007/978-3-319-94709-9_55

Surcock, A. (2015). Mergers and alliances in France: incentives, success factors and obstacles. In A. Curaj et al.(Eds.), *Mergers and alliances in higher education-international practice and emerging opportunities*, (pp.17-31). Retrieved from https://doi.10.1007/978-3-319-13135-1_2

第十六章

大學整併的新可能：
公私整併的模式與途徑

詹盛如

英國倫敦大學學院教育研究院哲學博士
國立中正大學教育學研究所教授

陳宏彰

英國倫敦大學學院教育研究院哲學博士
國立臺北教育大學教育經營與管理學系助理教授

黃士銘

英國桑德蘭大學電腦資訊系統學院哲學博士
國立中正大學會計與資訊科技學系教授

壹　前言

　　公私部門合作（public-private-partnership）是近年來的公共改革主軸與趨勢，特別是在過去傳統以公立或國家為主導的金融、醫療、交通運輸與教育部門都有此趨勢（Verger, Moschetti & Fontdevila, 2020）。引進私部門通常具有活化官僚系統，帶動新的觀點與能力，結合民間資源與能量，達成利益共享與新模式創造等多重目標與意義。事實上，許多先進國家也經常藉由非政府組織、半官方或者委託經營（franchised operation）等新型治理型態，協助政府來達成各種不同任務責任。這些不同的理念與治理目標包含：效能或效率的提升，符合在地的需求與發展，協助特定群體與利益，以及改革既有體制與運作方式等（Draxler, 2012）。

　　近年來高等教育持續擴張，接受大學教育的人口快速增加，眾人均相信擴張的體系，對個人與社會整體都能帶來正面的益處與影響。但是隨著少子化的發展，以及追求機構競爭力與在地區域的發展，大學也持續朝向整併方向。特別是自從 2000 年嘉義大學整併之後，不斷有新型態的結合方式，包括東華大學（2008 整併）、臺中科技大學（2011 整併）、臺北市立大學（2013 整併）、屏東大學（2014 整併）、清華大學（2016 整併）、高雄科大（2018 整併），以及陽明交通大學（2021 整併）等，都是這 10 幾年主要的案例。但是這些個案都是公立大學之間的整併，幾乎甚少私立學校，這樣的發展的確值得各方注意與了解。

　　一來我國高等教育系統大都是私立大學為主，數量超過 100 所（包括 10 所專科學校），亦即有將近 65% 的大專校院屬於私立性質；另一方面，部分私立大學屬於小型規模或者是地理位置偏遠（教育部，2020a、2020b），這些學校在面對規模經濟、追求卓越或資源競爭都相對脆弱，更需要考慮跨校合作甚或是整併，來面對外界挑戰與社會需求。因此，雖然過往的大學校院整併是以公立大學為主要趨勢，但展望未來，私立大學參與合作與整併勢不可免，如此才能有效回應時代與社會的需求。

　　也正因為如此，當前整併的思維與觀點當中，即有專家學者指出，政府應該放寬法律限制，積極推動大學公私合併（鄭英耀，2019）。他們認

為公私合併並不僅止於解決少子化問題，更在於提升學校規模，而且透過資源整合，進一步提升高教能量與品質。事實上，國內近期廣為各界討論的公私立合併案例就是國立中山大學與私立高雄醫學大學，兩者有地利之便，亦有專長互補之優勢，的確具有合併潛力。但是，公私立合併存在許多潛在困難與議題，需要仔細研析。主要關鍵者包含以下數項：國立大學法人化是否合宜、私立大學如何能夠捐贈給公立大學、以及公私共同治理的模式與機制為何等。這些整併的方式，經常涉及治理體制／權限、資產處置、人事制度、會計法規，乃至於教務事務、師資與行政運作等，公私立併校亟需大幅重新設計與規劃，也有待了解公私立大學校長與主管及專家學者等互動關係人的意見。

　　基於上述的背景與說明，本文將以文件／文獻分析、調查與焦點訪談進行資料蒐集與分析以了解上述問題。本文之目的如下：探討大學整併的理念與目的；解析大學公私立整併之模式與樣態；探究大學公私立整併之法規、困難與可能的途徑；根據發現提出可行之建議，俾供主管機關研提政策與方案設計之參酌。

貳　大學整併之多元理念：卓越／提升競爭力

　　首先，我們針對英國、中國與臺灣的整併理念進行歷史性的耙梳與分析，據以得出各國分殊化動機與理由，藉此了解整併的多元理念。整體而言，本研究發現整併多數與追求卓越與提升競爭力，有最直接關連，也符合機構合併之意旨；其他當然也包括資源整合／互補、財務平衡、擴充就學機會與服務在地社區發展等多樣性目標等。

一、英國：學術卓越、財務考量與滿足多元需求

　　Harman（2002）認為機構的整併是指兩個或兩個以上分開機構的合併，放棄其法律上或文化上獨立的認同，支持一個新的共同認同，受到單一管理單位的治理，而所有先前的機構的財產、債務、責任，以及人事都轉移到新的單一機構。Pritchard（1993）認為組織的合併可定義為兩個

或兩個以上的機構或組織，放棄他們合法獨立的身分，而較傾向於其所結合後的新身分，以此定義可稱之為「合併」（amalgamation）或「整併」（merger），析論此一議題時此二字或可交替使用。理所當然地，合併兩個分支組織是可能的，比如說兩個鄰近的大學將某一相近系所合併，無論是系所的合併亦或是整個組織的合併，撇開合併單位的範圍之大小，其所探討的核心議題都相同。

大學機構之所以歷經整併有許多因素，英國學者 Fielden 和 Markham（1997）從機構層級角度出發，認為會想要整併的理由有：學術面具有相容性（compatibility）與互補性（complementarity）、增強學術陣容、協助改善在高等教育界的長期策略計畫、進入新的市場，以及成為區域中主要的供應商（providers）。學術面彼此的互補與相容程度是大學是否進行整併的核心考量，唯有厚實核心學術能力才值得進行機構整併；此外，機構渴望改善自身在高等教育市場的地位與實力，切入陌生的市場（例如：招收非傳統學生），整併也是可能選項。

類似的觀點也出現在 Harman 和 Meek（2002）的研究發現中，從機構合作（collaboration）的觀點分析，下列理由都可能是動機：改善效率與效能、協助處理財務有困難的機構、擴充學生入學機會與執行公平入學策略、供給多元課程給不同學生來源，以及增加政府對高等教育的發展方向等。財政與經濟的動機是推動機構整併的原因，它可能可以實現規模經濟，降低營運成本，改善服務品質，也可以「保住」財政瀕臨破產的中小型機構，這是 Fielden 和 Markham 所未觀察到。另外，若要更直接滿足全國性或區域性的經濟與社會目標，例如：擴增大學生的供給數量，政府也可以啟動機構整併，升格後中等教育機構（post-secondary institutions）的位階，提供高階課程的供給，達成社會對高級勞力增加供給的需求。根據 Temple 和 Whitchurch（1994）的研究顯示，英國大學之所以投入機構合併的重組（restructuring），尋求「相互成長」（mutual growth），主要因素可歸納為內外部兩大類（見表 1）：

表 1　英國高等教育整併之因素

內部因素	外部因素
集中學術、人事與財務資源	傳統 18 歲學生數量下降
調整學術陣容與市場利基（niche）	政府經費的縮減
多元化現有學位課程以回應市場需求	尋求新的資金來源
改善機構在全國與國際上的排名與地位	市場的變遷，例如：在職進修課程的增加藉以吸引非傳統學生
透過共享圖書館、電算設施與總務服務，藉以提升規模經濟	

資料來源：Temple & Whitchurch（1994）。

二、中國：規模效益與學術卓越

改革開放後，中國大陸進行「對內改革、對外開放」的新政策，其主要工作就是經濟改革；如 1985 年發布《關於經濟體制改革的決定》，即揭示將市場經濟引進經濟體制，以取代政府之過度干預（中共國務院，1985）。尤其進入 90 年代後，隨著市場經濟體制的逐步建立，過去在計劃經濟體制下建立起來的部門辦學模式，已不能適應市場經濟發展的要求。為解決上述這些問題，最直接有效的辦法就是對一部分高校進行合併和調整。而進行機構整併的主要理論根據則是規模經濟，以及追求卓越兩大面向。

㈠規模效益理論

中國大陸多位學者對高校規模所做的研究，一致得出的結論為：在一定範圍內，隨著學校規模擴大，生均成本降低，資源利用率提高，因為：1. 在小規模的學校中，學校仍需設立各類相應的管理部門，從而造成管理幅度不足、行政效率低，生均管理成本高。2. 高等院校的教學設備和設施具有很強的專業性、不可替代性；當學校規模太小時，會導致生均固定成本增高。3. 當學校規模過小時，容易造成每個專業的規模過小，使得高校教師的教學效率低。因此在不改變學校專業設置門類和不影響教學品質的

前提下，只有學校具有一定的規模，才能使得資源有效被利用（丁小浩、閔維方，1997）。另外，從高等院校辦學的外部效益來看，學校規模過小常會導致學校系科設置不全，可供學生選擇的課程有限，使得學生的知識層面過窄，適應能力差，高等教育的社會經濟效益較低（王英杰、劉寶存，2009: 205）。

㈡追求學術卓越：以「211工程」與「985工程」為例

「211 工程」政策的提出係指為了迎接世界新技術革命的挑戰，國家教委會與國務院有關部門將集中中央與地方資源，辦好一百所左右重點大學與一批重點學科、專業，力爭在二十一世紀初，有一批高等院校與學科專業達到世界級水準。而「985 工程」政策的提出，源自中國前主席江澤民在 1998 年 5 月 8 日在慶祝北京大學建校百年大會上提出：「為實現現代化，我國要有若干所具有世界先進水準的一流大學」的號召（姚啟和，2002: 499）。正如國務院前總理李鵬在 1994 年的全國教育工作會議上指出，要通過「211 工程」政策，推動高等教育的改革與多種形式的聯合辦學，促進高等院校的布局和結構趨於合理，提高辦學規模與效益（蔡克勇，2002:335）。而這兩項政策都直接驅動大學校院之間合併的動機，因為大學卓越、學術生產與機構規模有一定關係存在，因此自從 1990 年代後期開始，中國許多知名大學持續投入整併行列，追求世界級地位。

三、臺灣：規模、品質與學術競爭力

2002 年 12 月 18 日當時黃榮村部長至立法院發表《國立大學整併現況的檢討與未來展望專案報告》（教育部，2002），指出「大學校院所面臨之國際激烈競爭情勢，故希望各國立大學校院能藉由整併強化競爭力，追求學術研究之卓越化，躋登一流學術之殿堂」，教育部的政策方向與立場是：「以預算誘因鼓勵大學整併」、「主動參與各校整併之相關會議」、「落實學校民主機制」與「持續關心並協助技職與師範院校整合（併）」等四項原則。過去十五年來，官方政策從粗糙到日益精緻化，從只有政策宣示到實際行動展現出政府積極處理機構整併議題的用心。

㈠政府推動整併理由

綜合過去政府的各項文件（教育部，1999、2001a、2001b、2003、2005）可以發現，教育部所提出的理由不外乎下列五方面，包括：1.最適經營規模：規模太小，資源運用缺乏效率；2.提升教育品質與辦學績效；3.追求卓越，增進高等教育的競爭力；4.滿足地方需求，促進地方教育發展；5.政府財政困窘。這五項原因最主要的是經濟性／財政性的理由，特別是實現規模經濟，加強資源有效運用，是最常論述的重點；其次機構的整合有利於卓越目標的追求，進而提升高等教育的競爭力；另外是教育性的理由，藉由機構整合可以提升教育品質與辦學績效，對學生學習與教師研究帶來直接助益。

㈡整併方式

從過去的文件可以清楚得知，政府對於整併的立場並非只有機構合併一種而已，更是多元整合的取向。2001年《國立大學院校區域資源整合發展計畫》主張採用校際合作、策略聯盟、學校合併等三種方式（教育部，2001a）；2002年《規劃因應高等教育發展專案小組研議報告》建議使用校內整合、設立跨校研究中心、組成大學系統、合併研究型大學成綜合型大學（適用研究型大學）（行政院高等教育宏觀規劃委員會，2001）；而2005年《教育部推動師範校院轉型發展補助要點》則提及採取轉型發展、整合學程、圖書資源整合，以及機構整併等四種（教育部，2005）。因此，除了最單純的合併之外，政府政策至少推薦包括校際合作、策略聯盟、跨校研究中心、大學系統、整合學程，以及圖書資源整合等多種概念，呈現出多元整併的途徑與模式。

 大學整併的光譜

檢視國內外大學整併文獻發現，學者傾向於將整併視為一系列不同組織結合程度的發展樣態。以下分別從早期的整併分類架構、晚近的整併光譜概念、以及更具彈性的跨校課程聯合協作，進行分析。

一、從全面兼／合併至鬆散聯盟

國內學者戴曉霞（2003）認為高等教育之整併涵蓋：聯盟（consortium）、附屬（affiliation）、聯邦（confederation/federation）、合併（consolidation/ amalgamation）、兼併／併購（merger/acquisition）。其分類主要依據參與整併的機構保有自主性之程度而區分，從而呈現出圖1，從聯盟到兼併，被整併機構之自主性愈來愈低，主併機構控制愈來愈強之光譜。

圖1　高等教育機構的整併類型與機構自主

資料來源：戴曉霞（2003，p. 153）。

此類整併分類架構主要是以參與整併的機構自主性之保有程度來進行畫分，其優點在於明辨不同類型的大學整併，從「全面兼併／合併至鬆散聯盟」，尤其詳細區分合併（consolidation）與兼併（merger）之差異。惟此分類框架不足之處，在於分析單位仍然侷限在高等教育機構對機構之間的整併，尚未能含括近來高等教育機構下不同層級單位跨校之間的多樣態合作關係。

二、整併的光譜概念

㈠CAM光譜

英格蘭高等教育撥款委員會（The Higher Education Funding Council for England, HEFCE）曾就高等教育機構之間不同程度的合作與整併作為，提出一套有用的分類架構，包含：合作／協作（Collaborations）、聯盟（Alliances）及整併（Mergers）之一系列性光譜，此分類架構又稱為「CAM光譜」（CAM spectrum）（Bennetot Pruvot et al., 2015; HEFCE, 2012）。在此CAM光譜中，包含從「軟」形式，如協會或聯盟，到共享式服務、合資

經營和策略聯盟，再到「硬」形式端的全面整併，見圖 2。

硬形式（Hard）			軟形式（Soft）
整併 Mergers	聯盟 Alliances		合作／協作 Collaborations
全面整併 Full merger	合資經營 Joint venture	共享式服務 Shared services	全球大學網路 或協會 Global university network or association
	跨外合聘師資 Joint faculty	聯合研究機構／ 課程／學術單位 Joint research institute/course/acade mic unit	區域協會 Regional association
	策略聯盟／ 合作夥伴 Strategic alliance or partnership		與地方當局／國 民保健署合作 Collaboration with local authority/NHS
	邦聯 Federation		採購聯盟 Purchasing consortium
固定 更高的風險 整個組織 不可以輕易解除 實現成本昂貴			靈活的 降低風險 組織的一部分 更容易解除 實現成本較低

圖 2　高等教育整併之 CAM 光譜

資料來源：HEFCE (2012, p. 11).

值得注意的是，CAM 光譜中的分析單位，已從早期文獻中以完整的大學機構為單位之侷限，轉而關注大學機構次級單位間的合作聯盟互動，尤其是位於光譜中「軟」形式一端，已將不同學校之間的聯合研究機構、課程與學術單位作為聯盟合作的對象，使得整併概念的討論更為多層次與立體。再者，處於這一光譜「較硬」一端的結構通常較難實施，所需成本也較高，因此通常會給機構帶來更高的風險。根據英國高等教育撥款委員會分析歐洲 9 所大學整併個案後建議，相較於硬形式的整併，軟形式的合作具有較簡單、靈活、更容易解除的特性，帶來更大的好處（HEFCE, 2012）。

1. 合作／協作（Collaborations）

由兩個或兩個以上的合作機構在一個特定的業務領域上共同協作，這可能涉及到合併現有的運作、彙集專業知識或創建全新的事務。此種合作有許多不同的形式，如聯合研究機構或聯合課程與學術單位，它們可能保有自身獨特的品牌，有時合作經營被稱為夥伴關係或合作協定。

2. 聯盟（Alliances）

由兩個或多個整併機構之間構成的一種更系統性之合作形式，涵蓋更廣泛（但並非所有）的運作，其中合作機構保有各自的身分。

3. 整併（Mergers）

由兩個或兩個以上的整併機構合併成立一個新機構，該新機構可以保留整併機構其中一個的名稱和法律地位，也可以成為一個全新的法人實體。在「控股公司」模式下，一家機構可以擁有附屬之子公司，子公司在不同程度上保留各自的名稱、品牌和運作。邦聯可視作是比全面整併更為靈活的版本。

㈡NCAM光譜

Williams（2017）在 OECD 報告書《高等教育機構中的協作、聯盟與整併》中，於 CAM 光譜基礎之上增列「網絡」（Networks）一項，提出所謂的 NCAM 光譜，以呈現出比合作／協作更為非正式和弱連結的合作活動，具體而言，「網絡」係指機構內的個人或機構之間的聯結合作，僅有少量或完全沒有領導層級之參與，通常是非正式的溝通，並且不會帶來組織自主權的變化。

值得注意的是，Williams（2017）所提之 NCAM 光譜已漸脫離校層級之合作關係，而將個人或機構內次級單位之間的合作形式凸顯出來，尤其在大學核心任務之一的教學活動上，有許多不同型態的跨校合作、跨層級教育服務合作（pp. 17-24）：

1. 教學活動的合作（collaborations in instruction）

(1) **跨校選修課，學分併計**：允許學生至其他大學修讀學分，所修學分得以算入本校之畢業學分，各大學仍保有最大自主權並自

行獨立頒授學位。例如，日本開放大學所提供的線上課程學分，得被其他大學採計。

(3) **正式的跨校課表上架提供學生多元跨校選課機會，或提供本校空間而進行他校課程**的結構性安排。舉例而言，擁有 50 所聯盟大學之京都地區大學聯盟（Consortium of Universities in Kyoto），相互共享課程，如京都研究。

(3) **學生選擇最大化、跨校共用教學空間**：除共享課程和學分之外，大學彼此可更系統性地互相使用彼此的空間來開課，或發展新的共享教學空間，讓彼此學生的選擇最大化。

(4) **聯合課程**：引入網絡化課程（networked curricula），建立共享的學程結構，例如透過階梯化課程結構（laddering structures），允許學生在一校修讀完某一學程規定的學分數後，可獲頒他校的學位，或可轉換至他校修讀另一學制之課程。

(5) **多元機構之聯合課程**：同樣採網絡化課程，讓兩家或以上大學的學生可以在不同學校修課取得模組課程的學分，惟不須同時取得各大學之畢業要求，僅需最後符合原本大學的必要要求，畢業學位仍由學生所屬大學頒授。如波隆那進程（Bologna process）的學分設計。

(6) **多元機構之整合性課程**：不管在學習學程的開設、管理、評量和學位頒授上，均要求夥伴大學機構之間要能付出同等貢獻，學生實際上需在所有相關的大學機構中修習，且須符合每個機構的要求才能取得學位。例如：波隆那進程（Bologna process）的聯合學位課程學生，將收到蓋有所有相關機構印章的單一證書，學生亦可能獲得雙學位或多學位，或如「雙聯學位」（joint and dual degrees）之合作。

2. **拆解式教學合作**（Unbundling instruction）

(1) **本校教學、他校授予學位**：常見者為將課程設計、發展及教導，和課程評量及學位授予分開在不同大學進行。舉如，英國公立大學與海外私立大學之間的學位授予合作，由英國大學授

予學位，讓海外私立大學能夠提供帶有品牌吸引力的學位課程。

(2) **外包課程設計**：某些大學機構會將課程設計與教學給外包，以降低成本支出，舉例而言，如美國國家學術轉型中心。

(3) **兩校教師合作授課**：兩校教師將教學工作給拆開分段進行，一部分採用邀請名校教師線上講授課程，另一部分由本地學校教師針對課程內容進行分組討論，線上教師可協同輔助指導與評量。此舉即將課程設計與發展外包給其他學校，但仍聯合教學傳授。

綜合上述的文獻分析可知，大學整併的概念具有光譜的特性，除早期以大學機構為單位來劃分外，晚近關注到大學機構次級單位的聯盟、合作／協作與網絡的概念。本研究依照所涉機構層級分為「全校層面的整併與合併」及「院系所層面的共同治理與合作」，進一步歸納整理如下表2：

表2　高等教育機構整併類型——機構層級之光譜

整併光譜 機構層級	合併 （Mergers）	聯盟 （Alliances）	合作／協作 （Collaborations）	網絡 （Networks）
全校層面的 整併與合併	全面整併	策略聯盟	共享式服務	全球大學網絡 或協會
		邦聯	合作夥伴	區域協會
		合資經營	跨校選修課	採購聯盟
		雙聯學位	整合性課程	
院系所層面的 共同治理與 教研合作		跨校合聘師資	合作夥伴	
		學院共同治理		
		聯合研究機構		
		聯合學術單位		
		聯合課程、整合課程		
		拆解式教學合作		

資料來源：研究者自行整理。

研究方法

本文以大學公私立整併爲主題，探索大學整併的新可能，透過文件／文獻分析法探討大學整併的理念與目的，以及解析大學公私立整併之模式、樣態與所涉及的法規；並以調查研究法及焦點團體座談會等多元資料分析大學公私立整併的可能困難與途徑，並根據發現提出可行之建議，各項研究方法說明如下：

一、文件／文獻分析法

文件分析主要在蒐集與整理國內法規、制度與內部治理紀錄等，藉以釐清整併的環境與條件。另外搜尋各國高等教育與私部門公私立整併案例，將以相關案例的報告、網站、公告或記錄甚至是歷史文件，當成主要的分析對象。至於文獻分析則以國內外相關之學術研究、論著爲核心，搭配主流報章雜誌與社論，藉以分析與探討公私立整併之相關議題。

二、調查研究法

本次調查主要由詢問私立大學對於與國立大學合作或整併之意見，由私立大學校院協進會於 2020 年 5 月 5 日來協助進行調查，總計有 19 所學校（A 到 S 校）回覆現有合作事項與規劃。調查用意在於蒐集私立大學端，對於現有合作的事項、範圍與困難，同時也包括有哪些創新治理或精進教研方式，能夠當成政策應用，充分讓互動關係人表達相關意見。

三、焦點團體座談會

本研究辦理 2 次焦點團體座談，邀集大學校長與主管、專家學者與公私立大學協進會等人參與，就當前我國公私立整併議題充分討論。研究者依據文獻分析基礎，擬定討論議題與初步意見，供與會互動關係人、學者與專家討論參考。焦點團體座談分別於 2020 年 2 月與 3 月進行，總計受訪者有 15 位。

伍 國內外高等教育與私部門的公私立整併個案分析

受限於全球目前進行大學公私立整併的個案相對稀少，本研究選擇芬蘭阿爾托大學、美國普渡大學、紐約長老會醫院，成大與郭綜合醫院以及日本私立大學學院讓渡為案例，進行分析。這些案例雖非嚴格定義下的公私立整併，然對於本研究有實質助益。

一、芬蘭阿爾托大學（Aalto University）

芬蘭高等教育自 2006 年起以提高效率為主導，由政府進行大學整併，以利提高芬蘭大學在世界的大學排名。大學校數從 2009 年的 20 所，降至 2012 年的 16 所，2013 年再降為 14 所；技術學院則自 2006 年的 31 所，降至 2012 年的 27 所（宋玫玫、吳姿瑩，2014）。其中，最受矚目之組織整併為赫爾辛基經濟學院（Helsinki School of Economics）、赫爾辛基科技大學（Helsinki University of Technology）及赫爾辛基藝術與設計大學（University of Art and Design Helsinki），整併為阿爾托大學（Aalto University），成為芬蘭規模第二大之大學。整併前的三所大學均為公立大學，整併後的阿爾托大學則改制成私立大學（Tienari, Aula and Aarrevaara, 2016, p. 27）。

阿爾托大學的整併案係由政府主導發起，其整併的目的即以追求「卓越」（excellence）為目標（Tienari et al., 2016, p. 25），值得關注的是，這樣的整併案得以由三所公立大學整併為一所私立大學，主要肇因於芬蘭政府配合大幅修訂《大學法》所致。2009 年新修訂、2010 年始執行的新《大學法》，賦予大學法人化之地位，此項高教治理結構的變革使大學具有獨立的法人資格，大學與國家分開，公立大學可以選擇成為受公法管轄的機構，亦可選擇成為受私法管轄的基金會。整併後的阿爾托大學為私立大學，許多相關法律必須改變，例如教職員的聘僱契約對象改變，工作表現如何衡量等條件，變成教職員與學校之間必須協商之處（Tjeldvoll, 2009）。

新整併的阿爾托大學制定了前瞻性策略，重新調整了其運作方式，試圖打造一個創新性的跨學科機構形象和品牌，並且為了吸引來自世界各地的頂尖人才，引進了在芬蘭前所未有的學術終身教職軌道職業制度。自 2010 年起新整併的阿爾托大學在世界大學排名逐年進步，在 QS 大學排名上從 2010 年之第 222 至 2020 年排名第 134（Quacquarelli Symonds, 2020a），在成立後的十年間持續進步了 88 名，穩健地邁向成為「世界級大學」的目標。該校亦於世界五十年內年輕大學排名中獲得前十大之肯定，如在 2018 年 QS Top 50 under 50 排名中排名第 7（Aalto University, 2020）。此外，藝術與設計、建築、商學與管理及工程領域，在世界大學排名中，均名列百大之內，尤以藝術與設計擠身至世界第 7；建築及商學亦有前 50 之排名，學術表現比未整併前更為優異（Aalto University, 2020）。

二、美國普渡大學（Purdue University）併購卡普蘭大學

普渡大學（Purdue University）成立於 1869 年，是一所由州政府捐贈土地後成立的州立大學。學生人數約 4 萬人，全校共有超過 210 個的科系。普渡大學學校整體表現在美國公立大學排名第 18，泰晤士報則將該校列為世界聲譽全球前 50 名之一（Bangert, 2018; Quacquarelli Symonds, 2020b）。

卡普蘭大學（Kaplan University）是卡普蘭教育集團（Kaplan Inc.）所擁有的一所營利性學院，主要以線上遠距學習提供學士、碩士文憑學位。卡普蘭集團為 Graham 控股公司（Graham Holdings Co.）旗下的子公司，是全球最大且多樣化的教育機構之一。卡普蘭大學約有 32,000 名學生，共計 15 個校區和 3,000 名員工；其 85% 的學生為線上課程學生，其餘為混合課程（Mack, 2000）。

近年普渡大學因為州政府補助經費的縮減，因此致力招收更多其他州學生，以期能夠收取較高的學費。著眼於新生源及其學費收入，2017 年普渡大學與卡普蘭大學達成共識，並獲印第安納州高等教育委員會（Higher Learning Commission）批准，於 2018 年 3 月由 Graham 控股公司以 1 美

元的價格將卡普蘭大學出售給普渡大學，並將卡普蘭大學更名為「普渡大學全球組織」（Purdue University Global, PUG），PUG 的董事會包括普渡大學董事會的 5 名成員和原卡普蘭大學董事會的 1 名成員。普渡大學取得卡普蘭大學七所學院頒發教育證書的資格，包含 100 多種學術課程。

　　卡普蘭大學併入普渡大學，主要的考量有以下幾點：1. 基於規模經濟考量下的節省經營成本；2. 擴大經營規模，提供更為多樣化的教育服務，使收入組合更加均衡；3. 增加非傳統的學生數量，擴大收入來源（Almond & Cowen, 2018；Fain & Seltzer, 2017）。

　　整併後，卡普蘭集團在招生、技術、營銷服務等方面，協助 PUG 進行國際和國內招生。雙方簽訂三十年的協議，卡普蘭高等教育捐贈資產給 PUG，若整併後 PUG 有財務獲利，則卡普蘭教育集團可獲得收入的 12.5% 以為利潤的回收，但若回報未達到預期，雙方可退出協議；若總虧損超過 7500 萬美元，任一方可終止交易。針對兩教育機構的整併，印第安納州高等教育委員會要求 PUG 設置管控機制，以確保普渡大學系統內的轉移學分與銜接課程、以及研究所課程的錄取能夠符合標準的要求。根據州法律，PUG 將不會獲得州撥款，也不受公共記錄法的約束，因此有別於州立大學的地位（Bangert, 2018）。

三、紐約長老會醫院（New York-Presbyterian Hospital）

　　美國聯邦政府因 1997 年的平衡預算法，大幅削減支付給醫院的醫療保險，進而導致醫療機構失去數百萬美元的財政支持。為了避免醫院的財政運作出現問題，紐約州的多家醫院紛紛尋找可能成功的企業策略，整併成為其中的選項。紐約州立醫院與長老會醫院的董事會因此決定採用合併資產的操作模式，與著名的學術醫學中心進行機構整併（Corwin, Cooper, Leiman, Stein, Pardes, & Berman, 2003）。

　　紐約州立醫院在 1998 年與長老會醫院合併，組成紐約長老會醫院（NewYork-Presbyterian Hospital），成為紐約州規模最大、學科最齊全的醫院。這所醫院位於紐約曼哈頓上東城，一共是由六個校區的學術醫療中心以及四個主要部門組成，被視為是美國最頂尖的醫療系統之一，其

神經外科一直位於全美排名前 5 名。紐約長老會醫院同時為威爾 · 康奈爾大學醫學院（Weill Cornell Medicine）和哥倫比亞大學醫學院（Columbia University College of Physicians & Surgeons）的教學醫院，因此和這兩家醫學院保持著密切的合作關係（Becker's Hospital Review, 2016）。

　　整併後的紐約長老會醫院是兩所常春藤大學醫學院的附屬醫院，因此積極追求臨床卓越性，從事開拓性醫學研究，提供優質醫學教育。根據美國新聞與世界報導對於全美近 5,000 家醫院的調查，紐約長老會醫院在紐約三州地區排名第一，並且在 2019 年連續十九年被評審為紐約最好的醫療機構。紐約長老會醫院是全美規模領先的醫院之一，擁有 6,100 名以上醫生，2 萬名以上員工，大約 2,600 張病床，每年有來自超過 100 個國家近兩百萬患者就診（NewYork-Presbyterian, 2019）。

四、我國成功大學與郭綜合醫院之策略聯盟

　　在臺灣，醫院面臨護理人力不足的問題，再加上一例一休的政策上路，造成醫院在營運上更為吃緊。2014 年郭綜合醫院即因招募不到護理人員因而關閉整層病房，反觀如成功大學醫學院附設醫院〔成大醫院〕此類大型醫學中心急診卻嚴重塞車。為使醫療體系可以分流分工，提供民眾更好的醫療照護品質，醫療政策上進而要求醫學中心門診量須逐年減少 2%，目標五年內減少 10%，希望落實分級醫療、微調定額部分負擔，使民眾有信心到就近的基層診所、區域醫院就醫，讓醫學中心有更多人力投入急重症的照護，醫療資源能平均分配且有效地被使用（賴淑敏、張國樑，2018）。因此，成大醫院與郭綜合醫院兩院進而攜手合作簽訂策略聯盟，成大醫院在不影響本身醫院營運下，提供結盟之區域醫院門診、住院照護、手術教學等方面醫師、護理師人力支援（曹婷婷，2017）。

　　兩院於 2017 年 7 月正式簽訂策略聯盟開設合作病房前，透過合作小組多次會議溝通，討論雙方欲成立之合作病房之運作，除須進一步了解郭綜合醫院針對病患類型、病患嚴重級別轉診之可接受程度，並對成大醫院醫師人力規劃之安排、以及醫師待遇、支援費用之分擔等問題達成共識；且在合作病房成立後，為維持醫療照護之品質，每月合作病房皆會召開檢

討會議，針對雙方醫療資訊系統之連結、加強轉診、安排共照醫師以及費用分攤等問題進行檢討並做滾動式調整。直至 2019 年底合作病房之運作模式越趨穩定後，始降低會議召開次數（成大醫院網站，2020）。

兩院合作病房運作模式，係由成大醫院提供人力資源，郭綜合醫院亦提供醫師及病房空間，並負擔成大醫師跨院支援之相關費用；同時成大醫院為了鼓勵院內醫師積極投入合作病房之運作，亦提供相關獎勵措施以及補助（曹婷婷，2017）。而兩院之經營管理模式仍是各自獨立運作，僅以「夥伴關係」的模式共同營運合作病房，不僅能降低醫學中心的住院占床率，將有限的醫療資源集中且有效地運用在重症病患之照護，亦能提供優質的醫療服務給轉診病患。

策略聯盟之簽訂可讓兩院醫師、護理人員相互交流、提高病患信心、減少病患在大型醫學中心等待就醫的消耗時間，讓有限之醫療資源有效地被運用。對郭綜合醫院而言，能增加醫院的可收容病患數，增加該院之經營績效；對成大醫院而言，除了可以緩解大型醫學中心看診塞車的情況，亦能真正落實醫療分級制度。如此一來，創造兩院及病患三贏局面。

五、日本私立大學「學院讓渡」的整併策略

日本少子化現象已對日本高等教育機構帶來嚴峻的經營挑戰，對此，日本中央教育審議會在 2017 年底向文部科學省提出建言，呼籲政府應該有更大的彈性與積極作為來促進學校之間的合作和合併，這些策略當中一項，允許經營不善的私立大學，可以將以學院為分割單位直接讓渡給其他大學之制度（劉秀曦，2020）。此後，日本文部科學省採納日本中央教育審議會之建議，在私立大學整併上允許經營不善的私立大學能「以學院為分割單位」直接讓渡給其他私立大學（駐大阪辦事處，2018a、2018b）。

實際上，日本的學校法人濱名學院（經營關西國際大學之一學院）與學校法人神戶山手大學業已於今（2020）年 4 月進行合併，關西國際大學以接收學院的方式將神戶山手大學吸收合併（駐大阪辦事處，2019a、2019b）。經此一率先示範，日本文科省也決定領先全國實施「學院讓渡」制度進行大學的統整，放寬並簡化大學之間的學院轉讓手續，有利於統整

後迅速進行改組（駐日本代表處教育組，2019）。

六、綜合分析

　　上述國內外高等教育與私部門的公私立整併個案分析中，主要目的都在提升規模，增加資源整合，並且提升競爭力，或者是追求卓越發展。合併的模式則是南轅北轍，有公立整併後轉為私立（阿爾托大學），亦有公私立合併的案例（普渡大學），也有公立醫院實質併入私立醫療系統中（紐約長老教會醫院），而且醫學院也是合作（整併）的對象，當然也有聯盟性質的醫療合作方式（成功大學與郭綜合醫院），最後日本的學院讓渡亦是可考慮的新型模式。

　　表 3 分別從整併目的、整併樣態、運轉方式，以及國情適用困難等四個面向，進行深入分析。阿爾托大學由 3 家公立大學合併，理論上不困難，但是之後轉型為法人地位，且引進商業代表擔任董事，可能不適應國內民情。而普渡大學併購卡普蘭大學（營利教育集團），是典型公併私，但是不再接受政府補助可能較為困難，然此模式值得參考之處，「可逆轉」的解約條款讓三十年內雙方可以根據合併獲利狀況，評估是否持續維持整併。而紐約長老教會醫院則是公立醫院被整併，之後主要由董事會運轉，本案雖然 Cornell 大學與 Columbia 大學的醫學院都參與經營管理，但是因為國內法規因素，教學醫院無法獨立存在（必須依靠大學的醫學院存在），因此這個案例亦有適用之難處。至於成功大學與郭綜合醫院則是穩定且可行的策略聯盟方式，屬於夥伴關係，共同經營病房，由一方出人力與專業，另一方負責病房與人力之經費，促進兩者之資源整合。最後，日本的學院讓渡模式相當具有創新意涵，屬於學院層級的兼併，唯獨放入臺灣的法令情境中，可能仍有增加政府財政，以及人事聘任的疑問。

表 3　國內外大學與醫療部門公私立整併案例分析

案例	目的	整併樣態	運轉方式	國情適用困難
芬蘭阿爾托大學	提升競爭力／學術排名	3 家公立大學實質合併	由公立大學轉私立性質，具有法人地位，由董事會領導	轉變為私立性質，具有法人地位

案例	目的	整併樣態	運轉方式	國情適用困難
普渡大學與卡普蘭教育集團	提升規模經濟、資源整合與擴大教育服務提供	公＋私：契約合作方式，依照財務獲利狀況可解約（30年後）	財政自主，不再接受州政府撥款、有別其他州立大學地位（性質不再討論）	停止政府補助，以及具有法人地位
紐約長老會醫院	財務整合，統整醫療服務	公立醫院實質併入私立，而且包含兩家私立醫學院（Cornell & Columbia U）	由獨立董事會運轉（由紐約長老會、Cornell U 與 Columbia U 的醫學院共同經營）	公立不宜併入私立，且教學醫院缺乏獨立地位
成功大學與郭綜合醫院	人力專長與資源互補、分級醫療	聯盟合作性質，屬於夥伴關係，共同經營 30 個病床	聯盟合作，屬於共同醫療服務	屬於穩定可行模式
日本私校學校讓渡學院給公立大學	解決經營不善之私立大學	學院讓渡給其他大學，實質是部分學院被兼併	直接由新大學管理與經營	法令可行，惟加重政府財政負荷、人事聘任疑問

陸 國內高等教育互動關係人訪談與調查

　　此部分主要根據兩項重要資訊來源進行分析與綜論，包括兩次的焦點團體座談，以及一次針對私立大學的調查。前者受訪者包括大學校長與主管，以及專家學者為主，總計 15 位成員。後者私立大學調查則是由私立大學校院協進會進行調查內容，針對「私立大學校院與國立大學合作」及「公私立大學整併」進行意見調查，計有 19 所學校回覆現有合作事項與規劃，並且表達對公私立整併之看法，以下依序分析綜整之。

一、焦點團體座談資料分析

　　為維護研究倫理，本研究所蒐集的訪談資料均以匿名及代號處理，針對不同身分屬性的參與者給予不同的代號；原文摘錄編碼中代號 P 代表大學校長與主管，代號 E 則表示專家學者，代號後續的數字則代表焦點團體座談逐字稿行號。

(一)全校層級整併意見

根據學理依據，以及現場互動關係人意見整理發現，校務層級整併可分類為四大方面，分別是公校法人化、私校委託公校經營、私校公共化，以及私立學校捐贈公立學校等，以下分別分析探討之。

1. 公校法人化

這種策略從公私併的角度而言，是先賦予國立大學單行法人的地位，再推動國立大學與私立高等教育機構合併。與會參與者指出，目前這種作法的可行性非常低，主要是因多個障礙限制。首先，目前公校法人化缺乏法源依據：臺灣尚未有法律規範允許公立學校以財團法人機構的方式運作。若真要探行，必須特別立法。

> 我們跟〔A大學〕談的話是我們要有兩個這樣子的財團法人，但是在現在目前沒有任何的法源，在國立下面可以這樣子的一個財團法人機構。那〔A大學〕的OO校長還是很樂觀，還是說應該有可以突破這樣的一個機制。（P242-244）

第二個可能的障礙是教職員的身分問題。參與者認為公私立整併涉及的最大的問題就是人事爭議。如果公立大學改成公法人，大學機構的財產雖然還是公有財產，但教職員將牽涉身分的變更，私立學校和公立學校的年金計算及保險，其實都會不一樣。學校員額的計算也需要考慮；公私立整併後將牽涉到教職員工的位置、員額增加或減少，甚至牽涉到他們的權益及將來如何解決權益的問題。

> 公私立整個影響的互動關係人事……其實一個就是學校教職員，當然財產來講，你如果國立大學改成法人的話，財產還是公有財產，……然後互動關係人學生比較好解決，因為學生反正〔取得〕學位就畢業了，可是教職員的話就牽涉到定位，身分改變改成公立學校的教職員，整個年金的計算是不一樣的、保險也是不一樣的。（E106-112）

與會學者專家也認為，若公私學校併後，讓原來私立學校老師改為具有公立學校教師資格，將會引起許多爭議，甚至這些私立學校教師可能會被貼上「二流」的標籤；這些問題特別在整併學校有相同的系所時，會產生更明顯的衝突。

> 私校老師透過公私合併，私校老師一下跳成公立學校的老師，我覺得基本上之後會有比較大的爭議，因為同樣是這個學校的老師，怎麼看待因為這樣而併進來、轉換身分。通常私立學校出來，經過公立學校挑選再進來，我們基本上是可以認可，但是你直接透過身分轉換……那你如果併成其中一個，連公公併我們都可能被看成二流學校的老師，都不願意了，那你說公私併，那學校老師一開始可能就會被貼標籤，尤其是同樣系所要又合併，人家就會有意見，會有直接衝突，所以基本上我覺得會製造很多問題。（E326-335）

若公私立大學整併，待解決問題還很多。例如，就教務層面，原本私校學生的招生人數是否回放到公立大學？就財務層面，如何處置整併後私校的資產？這些都是具有爭議性的問題。

> 你如果讓最後一屆的董事能夠拿到回報，那其他的董事是幹嘛的，那你要不要清算歷屆所有〔從〕創校開始〔至今〕。這其實是不符合社會責任，這我絕對反對私校給他錢轉〔型〕。你要就轉〔型〕、不要就回到社會，讓社會去利用。（E314-316）

2.私校委託公校經營

私校委託公校經營是指私立高等教育機構的校董事會，聘任公立高等教育機構校長，委託其經營管理私校事務。與會專家表示，透過這種方式進行公私整併亦有其困難，惟公私校若合併可考慮由校長與董事共同參與經營整併後的學校，且董事會席次分配及層級控制應劃分清楚，才能讓使

得未來的法規面能有效規範。然而，這個過程也需政府強力主導，否則恐難成事。

> 你弄一個公立學校的校長，通常是沒辦法解決問題，所以我說接管應該是董事會也要接管，然後再由校長一併經營，這個是用私立學校的經營模式去做公家所做的事，這是有可能的。（E502-504）

對於偏遠地區的高等教育機構，透過私校委託公校經營的作法看似有利基，例如私校在委託公校經營後，因冠上公校品牌而增加學生就讀的意願（像是學生畢業後的薪水因公校名聲而稍稍增加）；基於學生教育機會均等的角度，似乎可以採取此一作法，以彌補其資源普遍不足的缺陷。惟與會專家對於偏遠地區採用此種整併策略仍有疑慮：

> 如果要解決偏遠地區高等教育資源普遍不足，簡單講兩個（私立）學校退場，然後 B 公立大學、C 公立大學稍微增加一些名額就解決問題，招生名額就給他，現在就回歸退場。（E278-280）

再者，若採用這個策略，整併後的私校如果仍然無法取得充分的辦學資源，即使是由公校經營仍然是無法提升教學能量：

> 但是你整併以後，他發揮不了甚麼提升教學能量的問題。因為你的問題還在於你還招不招的到學生……公立學校當然要依靠政府，私立學校也要依靠政府，不是嗎？他不是靠整併。（P168-171）

3.私校公共化
私校公共化指的是公立高等教育機構法定代表加入私校的董事會，參

與經營私立學校的作法。這個作法仍受限於現行法規，例如若大學附設醫院另組董事會經營，將會違反私校法。因此，有與會參與者建議，若能夠頒布暫行條例，使大學附設醫院獨立經營或公共化，這個策略才有下一步的可能：

> ……那個醫院另外獨立然後設董事會，然後由董事會另外經營，這一點就完全違反私校法，除非你把私校法的基本邏輯全部打掉，要不然是不可能的。我不知道你們會做甚麼建議，但是只有一個有可能，暫行條例裡面這些是有可能的，就是說這個醫院可以獨立經營也許是可以……也就是說，這個醫院變公共化說不定可以另組董事會，但是董事會絕不可能是原來的董事會，這個暫行條例就有可能了。（P389-395）

4. 私校捐贈公立學校

此策略係指私立高等教育機構停辦後捐贈給公立大學繼續經營的作法；捐贈後的公私立高教機構並不侷限於同一個校區，或許可以區分在不同校區。例如，過去的勤益工專及聯合工業技術專科學校，兩校的董事會分別決議無條件將學校捐給政府改為國立大學，而在民法捐贈的概念下，學校的資產宣布停辦並將剩餘財產全數捐給政府，由政府接管。類似的作法，目前有相關的法源依據，因此與會參與者表示這種策略是可行的。

> ……那捐給公立學校，現在在私校法是有法源依據的，因為我們私立學校退場以後，清算以後如果有剩餘財產，其中一個方向就是捐給公立學校，這是可以的，法律上是可以的。（P120-125）

經營困難的私立大學可以透過政府安排，尋找鄰近區域的國立大學做整併，利用原本私立大學的優勢科系以附加條件的贈與方式捐給國立大學。與會代表也表示，此一策略在法律上雖有可能，但在實際上的執行

面，需要私校有意願。

> 　如果有意願退場的人……他願意整個捐給政府，由政府
> 去安排合適的，甚至去找鄰近的國立大學，看比較順眼願意捐
> 給他，讓他成立一個新的學院，來接納我原來的強項，因為每
> 個私立學校也都會有一點點比較強的優勢科系，那你把我這個
> 科系保留，就是一種附條件的贈與，贈與是可以附條件的……
> （P146-151）

㈡院系所層級整併意見
1. 學院實質整併及共同治理
　　在公私大學整併尚未有清楚法源之前，公校與私校之間的實質整併可能曠日廢時，難以即時回應私校存續與發展之需求，因此，另一種大學公私整併的可能性即在於學院層級的整併，亦即將有意退場的私立大學某一學院／系所整併至另一所大學的學院／系所之中，其整併方式可採「院／系所實質整併」或「託管／共同治理」方式。此類型整併尤其適用在部分私立大學學院／系所具有較佳的優勢特色者：

> 　一樣舉 D 公立大學跟 E 私立大學的例子，假設 D 跟 E 合併
> 的話，E 大學的規模絕對不可能維持既有的學生規模。這個模式
> 會變成說，也許 E 大學只剩下一個學院的規模留下來，而他是
> 掛 D 大學的招牌，譬如說 D 大學 E 學院。就像我在北大裡面看
> 到英傑管理學院這種模式。（E-352-355）

　　相類似於跨校間的學院實質整併模式，也受到國際上不同國家的關注，如日本文部科學省採納日本中央教育審議會之建議，在私立大學整併上允許經營不善的私立大學能「以學院為分割單位」直接讓渡給其他大學（駐大阪辦事處，2018a、2018b）：

　　那另外有提到日本他們有在做的……他們現在比較創新的做法，可能從去年開始他們有學院的讓渡、學院的轉讓……原來有一些私立學校，如果裡面有一些學院辦得還不錯，因為總不能整個學校都讓〔渡〕，還是有一些還不錯的。其他的私立大學、某所私立大學裡面的院辦的還不錯，可能我們政府也可參考日本的做法，整個院直接讓渡給其他公立大學，這我想是比較可行的。（E-255-265）

　　除了學院轉讓與學院實質整併，與會專家提及，轉讓出來的學院可採「共同治理」的模式來運作。例如某一私立大學中的 A 學院轉讓或納入某一國立大學中成為其中一個 B 學院，該 B 學院採兩校共同治理方式進行，並成立一「共同治理委員會」（或美國習慣性稱呼之評議會），該委員會成員由兩校共派：

　　我們就叫他共同治理。不是 Merger。我們要用共同治理這個概念，去〔推動〕雙聯學制……有一個董事會，那個 Board 裡頭，公股至少要占到三分之一以上…。（E-768-771）

　　有關學院實質整併（或共同治理）後之內部治理中，教師工作權益與身分是與會者認為最為關鍵的議題。與會專家建議可歸納為兩項可行作法：第一，可採以「私法契約方式」聘任原來私校教師擔任教師，而後則依學校教師聘任規定，申請轉為該公立學校正式教師。第二，先設定教師評鑑標準，由符合標準之教師留任下來，與會專家舉日本近來高等教育機構學院讓渡的例子表示，讓渡學院的教師也不是全部吸收，仍須經過教師評鑑進行篩選。與會學者認為「這也是公立大學他願意接受這比較好的學院的誘因，不然你叫它整個學校吃下來，它會有很多問題」（E-456-465）。

2. 公私立大學之間的教學精進合作──從「跨校聯盟」到「國內雙聯學位」

受限於現行法律框架，部分與會專家與校長代表對於大學公私立「整併」的可行性較不樂觀，反而支持公私立大學間「聯盟」或「合作辦學」的形式。如校長代表主張，大學公私立合作辦學，能善盡高等教育的公共性，發揮大學優勢特色的互惠互補、整合大學資源的區域共享、增進學生學習的機會與資源等優點，這樣的主張亦受到與會學者呼籲，例如：

> 如果今天要救私立學校的話，我還是偏向策略聯盟而且〔鄰〕近的學校，然後政府給一些的誘因給公立學校，譬如雙主修之類的，就對政府來講財政部門負稅也不會很大，他也不是很長期，因為清大跟竹教大併完之後，兩個公立沒有問題，但是公私立併完之後，後面的一大堆的法……我覺得人事二、三十年都沒辦法解決。那如果今天像大學現在說的社會責任……幫忙周圍性質相同的大學、做一些實質性的合作，我想他們會願意，會比整併來的好。（E-420-428）

與會代表認為公私立大學合作辦學，最簡易的模式可採以跨校聯盟進行學生的跨校雙主修或跨校相互轉學的方式來進行，例如現行存在於國立臺灣大學、國立臺灣科技大學、國立臺灣師範大學之間的跨校聯盟即屬之，另外國立中山大學與私立高雄醫學大學之間的合作辦學亦屬之：

> 基本上我們要跟高醫所謂的不管整併或合併這件事情，其實中山跟高醫原本就很久了，大概六年左右……那為甚麼會越走會……想要到合併意思就是說整合，我們現在是選擇中山擁有高醫，而高醫擁有中山，也就是說我們學生互轉，視同校內轉系。學校裡面的課程等等他們都可以來修，我們也可以來修他們的。（P-261-266；P-281-282）

　　除了跨校聯盟之間的雙主修與轉學機制，另一項備受討論的議題是「國內雙聯學位」，然而，我國受限於現行法規規範，尚無國內雙聯學位之體制。部分受訪者則認為國內應該要能開放所謂的跨校雙聯學位的頒授，並認為此舉將可能成為國內公私大學合作辦學的一大誘因選項：

> 　　現在如果有（國內）雙聯學位，可能促進公私（大學）合作或聯盟，才會有動機起來。因為現在還有一些法規面的問題⋯⋯。（E-740-743）

　　對於雙聯學位的期待，部分與會校長代表擔憂其可能帶來的負面影響。由於大學各校的招生入學門檻不一，且長期以來的聲望印象，使大學之間形成不同的階層化排名印象。因此，與會校長憂心雙聯學位若開放國內大學來施行，將有可能破壞我國大學校院招生公平性的原則：

> 　　你只要大學有排名、有等級的區分，那麼你在同一個國家裡面，這種雙聯學士的概念，你要實施實際可行性就不大，因為你不小心就會破壞入學的公平性。就是說我本來進不去臺大，但是臺大跟世新有合作，我先進世新然後去搞雙聯學士，我就取得一個臺大學位，你不是就破壞入學的公平性嗎？（P-564-570）

　　然而，另有與會校長代表持以樂觀態度認為不須過度憂慮，尤其大學校院在洽談與協商此類國內雙聯學位時，必須也必然考量合作學校彼此之間的互補性、價值性和適切性，並可藉由教育部最終核定之監督權作為品質控管機制，始有成案之可能：

> 　　我想這個破壞所謂的公平性部分，可能會比較多慮，有一些事情就是說，A 學校要不要跟 B 學校做雙聯，那是一定要談很久的，為什麼 A 學校要跟 B 學校做雙聯他一定有一些互補的

東西，不然的話他不會去做這件事，報教育部也不會准。所以
他一定是兩個在原學校沒有的東西，他透過這樣的機制在做一
個所謂的讓學生做更多元學習的部分，我覺得你說這邊每個人
都要去跟臺大雙聯，臺大願意跟你雙聯嗎？一定不要的。（P-
580-585）

二、私立大學校院協進會調查分析

以下分析是根據私立大學校院校進會於今年 5 月 5 日所進行之調查作
爲依據，針對「私立大學校院與國立大學合作」及「公私立大學整併」進
行意見調查，總計有 19 所學校（A 到 S 校），以下針對公私立大學之間
的目前整併之困境與可行整併策略進行詳細說明。

㈠公私立大學之間的目前整併之困難

綜整資料發現，目前公私立大學整併其首要三點困難是：首先是私立
大學（私法人）與國立大學（即使是已經法人化之大學）在體制方面先天
上的不同，在人事和主計制度及法規皆不同：

> 依大學法及其施行細則，並無不可行之規定，惟私立學校
> 法卻明列僅得法人與法人併或私校與私校併，故可考量建議教
> 育部修訂私校法。（B 校）

> 公立大學與私立大學之教學、研究、服務項目間應無不
> 同，皆須跨單位整合，校內整合與校際間整合需耗費較多時間
> 協調，校際間合作時，系統、設備軟體設備常面臨不相容問
> 題，形成合作阻礙，例如遠距連線設備等。……會計年度方面，
> 因私校爲學年度，公校爲曆年制，合作時共同補助計畫之期間
> 需協調。（L 校）

其次，是合併後可能存在著公私立教職員生的權利與義務（收取學費、薪資與退休福利制度皆不同）的不一致性。對於雙方整併後保留哪些學院或系所，以及哪些學院或系所需裁併，教師之聘任、升等，教職員工職務調動或工作調整，各原有單位擁有多少自主權，採行何種標準，因其牽涉到教師、職員與學生的權益，皆需審慎評估訂定適用之法規或機制。

> 跨校合作需要良好縝密溝通，但可能受跨單位和地區等因素及各校行政差異及規定不同影響，使合作事項不易處理。（G校）

第三、面對國內大學共同面臨的少子化問題與高等教育經費競爭關係，學校之間存在競合關係，故在整併上先天缺乏誘因。

> 國立大學恐缺乏誘因與私立大學合作。因此希望教育部能夠協助媒合。（I校）

> 學校間之招生合作，因少子化問題及作業自顧不暇，且有競合問題，難以推動。（B校）

(二)公私立大學之間的目前整併可行之策略

首先鼓勵兩校從校際合作（系所規劃、師資聘用、運動設施、校際選課、研究計畫等）、策略聯盟（共同運作系統）開始，發展共同的基礎環境及校務架構，形成大學間的緊密伙伴關係，強化實質的交流合作，共同追求學術卓越的成就感。在不失主體性及互惠的原則下，進而鼓勵同區域或性質互補的公私校整併，並予挹注資源，支援整併過程中所產生的過渡成本，成為一個規模更大、資源更充裕及更具競爭力的新型態大學學府。（J校）

以上J校所描述的公私立大學整併策略中，呈現出循序漸進的整併模

式，同時也反映出本研究前述的「整併光譜」概念，從跨系所／學院或是
跨校之間教研合作的軟形式聯盟，漸次「過渡」到硬形式的公私整併，在
歷程中逐漸提升學校的競爭力，發展爲因地制宜的整併方案。承上資料，
本研究分析歸納出公私立大學整併之可行策略有以下四點：

1.聯合招生的雙學位機制

因國內尙無公私立大學整併之具體案例可以依循，故可以通過公私
立大學的雙聯學位機制先尋找有意願且雙方性質爲互補共利的公私立大學
進行。

鑑於公私立大學合併的難度，建議可先嘗試讓能互補合作之公私立大
學創建創新學位學程，以聯合招生、共同培育能協助產業創新轉型的下一
世代人才；亦即從開放公私立學校合併招生的機制開始，讓公私立學校從
合作中找出創新互補的優勢與合作模式，並以雙學位機制提供學生就學誘
因。（E校）

2.共授學位課程

公私立大學整併前提下，教育部可先行開放公私立大學間可以通過共
授學位課程進行部分系所的合作，以學位共授的方式進行相關課程安排與
設計、合聘授師、共授課程、互享研究資源等。學生所獲得的共授學位課
程學位中，其畢業證書上爲公私立大學雙方校長或所屬學院院長共同授予
的共同學位。

在公私立大學整併前提下，教育部可先行開放公私立大學間較多之合
作項目，例如共授學位課程。（N校）

3.整併大學系統

由公私校雙方進行策略聯盟，以形成大學系統爲目標，共同舉辦教學
研究工作坊並建立學術社群、兩校教師互相支援課程、共同執行產學計畫
合作案、共同合作開發創新課程、共用圖書資源、共同辦理招生、共同開
課、國內交換生制度、學生跨校修讀輔系及雙主修等，如A校、B校、E
校、I校皆有執行本策略。但其需更積極性的法規鬆綁，如H校所提：

(1)政府法規要鬆綁，允許公立大學中某學院可有私立董事會運作
　模式。

(2)訂定合作或合併的法規作爲依據。

(3)建立並鬆綁公私立合併教師聘任、轉任的相關法規。

4.公立大學法人化與修訂私校法

目前公私立大學整併缺乏法源，故而政府應該給予法令上的修正且提供公私立大學更多彈性整合的空間：

> 促大學法人化：加速公立大學法人化取得法律明文依據，促使公私體制在地位和運作上的相容性。組織形式究爲財團法人、社團法人或行政法人。（J校）

> 目前可行的做法是私校董事會挪出一半席次讓公校代表參與，或將來國立大學法人化後以法人化的方式與私校法人合併。以上建議方案只是讓公校參與私校治理，若需眞正合併，須有更周全的通盤考量與配套措施。（O校）

然而憑空建構公私立大學雙方皆可接受之創新體制與所需之法規實爲困難，且恐遭遇因修法項目繁雜、曠日廢時之困難，因此另一可思考的作法爲，尋找有意願公私立大學整併的學校進行討論，予以沙盒實驗先行試驗，以簡化相關作業程序，並給予誘因，從實際案例中創建可行之模式與法規。

三、綜合分析

本研究綜合兩場焦點團體訪談，以及私校協進會之調查報告，有許多總結性的觀點出現。首先在全校整併意見方面，表4呈現出各整併模式之受訪者意見，基本上都有相當難度或實務上的不可行。首先，公校法人化已然面對相當的困難，除非考慮暫行條例或沙盒實驗，否則政策之窗已無疾而終。其次，私校委託公校雖然有一定的吸引力，但是不宜用在偏遠學校（應該直接退場爲宜），而且私校董事會也擔心失去主導權，導致私校自身都不願意。至於單純的私校公共化選項，則是難以達成實質整併的

表 4　全校層級整併意見

	內涵	主要議題	困難度
公校法人化	給國立大學單行法人地位，之後與私校合併	1. 缺乏法源依據（可考慮暫行條例） 2. 教職員身分問題	曾經推動此政策，但是無疾而終
私校委託公校經營	私校董事會委託公立大學經營私立大學	1. 並不適用偏遠學校（宜直接退場） 2. 若是私校已經缺乏資源，亦無法提升公校辦學能量	1. 私校董事會擔心消失與失去主導權 2. 公立大學缺乏接手動機
私校公共化	公校法定代表加入私校董事會	利用暫行條例可行	私校缺乏動機，需要有公校投資與人力支撐
私校捐贈公立學校	私校停辦，捐給公校經營（分校區）	在法律面可行	但是公校缺乏動機，且需要政府財政與修法支持

成效，公私校都缺乏正面動機。最後則是私校捐贈公立學校後合併之，在法律有其可行性，但是公校缺乏動機，且需要政府財政與修法支持，都是其主要困難度。整體言之，就全校層面的整併而言，撇開實質合併困難之外，私校仍需要有策略價值（例如：地理位置、科系（醫學系）、實質資產等），否則難以吸引公立大學的青睞，畢竟萬一整併失利，公立大學也須承擔風險。

相對於全校性的整併困難重重，若是降至院系所層級可能比較有達成整併的機會與有效運轉模式，見表 5。如同前面表 2 所呈，基本上院系所層級整併主要為教研精進的合作及共同治理兩個大方向。在教研精進方向上，可採取聯盟、合作或甚至透過大學系統來進行，內涵從雙主修到國內雙聯學位，乃至於合聘教師，擔任共同主管等，都是具有資源統整，以及提升競爭力的意義，甚至可共同設置研究中心，推動大型研究計畫等均為教研精進的目標。在此體系下，合作雙方在國內法令架構，大體上均能適用，僅須修正部分校內規則即可執行。此外，共同治理模式則是深一層的合作，希望朝向更具硬性的整併方式，包括學院共同治理、讓渡，或者是

實質合併等，這些都要在治理模式上有所創新，在互相共同決策與經營的
理念上，必須修改某些校內規則才能執行，例如相互參與對方校務會議或
董事會。

表5　院系所層級整併意見

	內涵	困難度
教研精進合作	從雙主修至國內雙聯學位、合作進行研究與教學（合聘雙方教師，擔任系所主管）	現行法規率皆適用，少數需要修正校內規則
共同治理創新	學院系所實質整併、學院讓渡制度（日本文部科學省新制度）、跨校之間的學院共同治理、學院整併後的內部治理（教師聘任根據私法聘任、符合公校標準）	必須修改某些法令與校內規則，才能推動

　　最後則是私校協進會的調查分析，初步的合作方案是透過大學系統
或大學策略聯盟進行，主要在教學、學生事務、行政、研究、產學合作、
國際交流等六個方面進行合作，這個部分與教學研究方面之精進有密切關
係。他們也傾向於先行開放「共授學位課程」使雙方能夠產生較多合作項
目以利後續整併規劃，進而通過「沙盒實驗」先尋找最有意願與可能性之
學校進行討論。這樣的觀點也呼應前面焦點團體的結論，先追求教學研究
方面的精，然後才漸進的往「治理創新」發展，最後第三個層次，才是鏈
結到沙盒實驗，透過更具彈性的法規鬆綁，增設「公私立大學整併」的途
徑，以落實個案實驗之用意。

 結論與建議

一、結論

㈠大學整併主要是以提升競爭力以及學術卓越為主軸

　　從文獻分析與國內外公私立整併個案分析中清楚發現，無論英國、中
國與臺灣的過往經驗，或是芬蘭、美國與日本的個案中，主要政策目標都
是在追求高等教育部門的卓越與競爭力為主軸，雖然涉及資源整合或是擴

大規模經濟，但是這些整合，都是追求提供學生、教育工作者，或者社會大眾更廣泛的公眾利益爲主要訴求，較少處理弱勢學校或者預計退場學校爲思考。顯示各國政府在政策面仍然希望，透過公權力支持與推動，讓大學往提升組織整體能量與功能前進，甚至近年來的主軸更有朝向卓越與優質教育品質與環境之趨勢。這些發展在在顯示：整併是支撐高教機構能量擴張重要策略工具。

㈡國外公私立整併的模式多樣化，但都無法完全適應我國需求

　　國內外在高等教育與醫療部門的個案研究顯示，模式具有多樣性，包括公公併轉私立（阿爾托大學）、還有公私併（普渡大學與卡普蘭教育集團）、公併入私（紐約長老會醫院），以及聯盟（成大與郭綜合醫院），甚至是讓渡的概念（日本的新政策）等，顯示整併的樣態有朝向多樣化的現象。甚至整併的模式開始關注到次級單位的合作聯盟互動，尤其是位於光譜中「軟」形式一端，已將不同學校之間的聯合研究機構、課程與學術單位做爲聯盟合作的對象，使得整個整併概念的討論更爲多層次與立體。但是除了少數的個案（成大與郭綜合醫院）之外，這些國外案例都難以適用至目前我國狀態，主因在於「法人化」是主要前提，這與我國當前公立大學的性質迥異，難以全然適用。

㈢公私整併涉及法規多元且複雜，主要困難包括法人化、人事與會計制度較爲複雜

　　根據前面文獻分析與個案研究發現，在公私立整併所需要面對的法規與制度，的確涉及多重困難與挑戰需要克服，最主要還是在公私立大學之間的法人化、人事與會計制度的不一致，需要大幅度的調整。依照現行實質的硬性合併，公私立整併最大的議題仍是法人化，加上當前不容易克服此困難，那麼連帶而來的人事與會計制度，除非透過修法鬆綁，否則大概難有協調的空間。此外，公私立大學整併尚須面對學校之間存在競合關係，故而在整併上缺乏誘因的機制。

二、建議

證諸前述分析與結論，並借用整併的光譜概念，本研究提出以下三點建議，以為未來的可能途徑：首先，在現有法令與治理架構下，我國公私立大學全校層級的實質硬性整併（兩者徹底合而為一）的確有其困難，除非在法制上能有法人化改革（如芬蘭阿爾托大學案例）、暫行條例頒布或是更具彈性的法令授權空間（如實驗性的監理沙盒），始有全校層級實質整併之可能。否則退而求其次，可朝向學院系所層級的共同治理，透過學院實質整併、讓渡或共同治理的模式進行創新合作。第三，鼓勵有意願的學校先行透過跨校聯盟、大學系統、共授學位或國內雙聯學位等教研精進合作，從此類較為鬆散的「軟性」合併／協作，循序漸進地往「硬性」整併醞釀試行。換言之，不強求在徹底體制的修法，優先在局部的範圍內，調整現有大學內部規定或制度，進而做到更緊密的次級單位整併。

參考文獻

丁小浩、閔維方（1997）。規模效益理論與高等教育結構調整。**高等教育研究，2**，1-8。

中國國務院（1985）。**關於經濟體制改革的決定**。2009年7月20日取自http://cpc.people.com.cn/GB/64162/64168/64565/65378/4429522.html

王英杰、劉寶存（2009）。**中國教育改革30年：高等教育卷**。北京：北京師範大學。

成大醫院網站（2020）。**醫院簡介**。取自https://www.hosp.ncku.edu.tw/nckm/HomeStyle.aspx?Type=1&ContentPage=2（2020/3/17）

行政院高等教育宏觀規劃委員會（2001）。**規劃因應高等教育發展專案小組研議報告**。臺北市：教育部。

宋玫玫、吳姿瑩（2014）。芬蘭高等教育與國家發展——兼論平等與市場。**教育資料集刊，64**，121-163。

姚啟和（2002）。**90年代中國教育改革大潮叢書：高等教育卷**。北京：北京師範。

教育部（1999）。**地區性國立大學校院整併試辦計畫**。臺北市：教育部。

教育部（2001a）。**國立大學院校院區域資源整合發展計畫**。臺北市：教育部。

教育部（2001b）。**推動研究型大學整合計畫**。臺北市：教育部。

教育部（2002）。**國立大學整併現況的檢討與未來展望專案報告**。臺北：作者。

教育部（2003）。國立大學整併現況之檢討與未來展望。**高教簡訊，142期**。臺北：高教司。

教育部（2005）。**教育部推動師範校院轉型發展補助要點**。臺北市：教育部。

教育部（2020a）。**教育部大專校院資訊公開平台**。取自https://udb.moe.edu.

tw/Index

教育部（2020b）。**108學年度大專校院一覽表：全國大專校院分布圖**。取自 https://ulist.moe.gov.tw/

曹婷婷（2017，7月12日）。成大、郭綜合醫院結親家聯盟。**中國時報**。取自https://www.chinatimes.com/newspapers/20170712000489-260107?chdtv。

劉秀曦（2020）。日本私立大學校院整併、轉型與退場策略。國家教育研究院電子報第191期。網址：https://epaper.naer.edu.tw/history.php

蔡克勇（2002）。**90年代中國教育改革大潮叢書：綜合卷**。北京：北京師範。

鄭英耀（2019）。政府應放寬法律限制推動大學公私併。**評鑑雙月刊第78期**。http://epaper.heeact.edu.tw/archive/2019/03/01/7103.aspx

駐大阪辦事處（2018a）。少子化加速日本大學「寒冬期」，檢討推合併救濟方案。**教育部電子報，802**。取自https://fepaper.edu.tw/windows.aspx?windows_sn=20784（2020/3/10）

駐大阪辦事處（2018b）。日本中央教育審議會為2040年的大學間合作、統合，提出了3種方案。**國家教育研究院國際教育訊息電子報，163**。取自 https://fepaper.naer.edu.tw/paper_view.php?edm_no=163&content_no=7374

駐大阪辦事處（2019a）。日本的關西國際大學、神戶山手大學統合，將成為新制度的範例。**國家教育研究院國際教育訊息電子報，167**。取自 https://fepaper.naer.edu.tw/paper_view.php?edm_no=167&content_no=7506（2020/3/10）

駐大阪辦事處（2019b）。「學院讓渡」首例！日本關西國際大學與神戶山手大學整併。**教育部電子報864期**。取自https://epaper.edu.tw/windows.aspx?windows_sn=22165（2020/3/10）

駐日本代表處教育組（2019）。日本文科省修正相關規定，放寬私立大學間之學院轉讓手續。**國家教育研究院國際教育訊息電子報，170**。取自 https://fepaper.naer.edu.tw/paper_view.php?edm_no=170&content_no=7605（2020/3/10）

賴淑敏、張國樑（2018，10月31日）。落實醫療分級大醫院被迫逐年減診
2%。公視新聞網。取自https://news.pts.org.tw/article/411584。

戴曉霞（2003）。高等教育整併之國際比較。教育研究集刊，**49(2)**，141-
173。

Aalto University (2020). *Key figures of 2019 and reports*. Retrieved 10th March
2020, from https://www.aalto.fi/en/aalto-university/key-figures-of-2019-and-
reports

Almond, J., & Cowen, C. (2018). *Acquiring a For-Profit University: Case
Study of the Purdue Kaplan Acquisition*. Retrieved from https://static1.
squarespace.com/static/57518e4660b5e9b1b99d62ee/t/5a65d7b0f961
9a2679480551/1516623794476/Tuesday+1000_Acquiring+a+For+Profit+Uni
versity+Case+Study+of+the+Kaplan+Acquisition.pdf

Bangert, D. (2018). *Final OK on Purdue-Kaplan deal came with condi-
tions, accreditors say*. Retrieved from https://www.jconline.com/story/
news/2018/03/06/unqualified-yes-conditions-tied-purdues-takeover-kaplan-
university/399922002/

Becker's Hospital Review. (2016). *10 things to know about NewYork-Presbyterian*.
Retrieved from https://www.beckershospitalreview.com/hospital-manage-
ment-administration/10-things-to-know-about-newyork-presbyterian.html.

Bennetot Pruvot, E., Estermann, T. and Mason, P. (2015). *Define Thematic Report:
University Mergers in Europe*. European Universities Association, Brussels.

Corwin, S. J., Cooper, M. R., Leiman, J. M., Stein, D. E., Pardes. H., & Berman, M.
A. (2003). Model for a merger: New York-Presbyterian's use of service lines
to bring two academic medical centers together. *Acad Med, 78*(11), 1114-20.
doi: 10.1097/00001888-200311000-00007.

Draxler, A. (2012). International PPPs in education: New potential or privatizing
public goods? In S. L. Robertson, K. Mundy, A. Verger, & F. Menashy (Eds.),
*Public Private Partnerships in Education: New Actors and Modes of Gover-
nance in a Globalizing World* (pp. 43-62). Cheltenham: Edward Elgar.

Fain, P., & Seltzer, R. (2017). *Purdue's Bold Move*. Retrieved from https://www. insidehighered.com/news/2017/04/28/purdue-acquires-kaplan-university-create-new-public-online-university-under-purdue

Fielden, J. & Markham, L. (1997). *Learning lessons from mergers in higher education*. CHEMS paper No 17, London.

Harman, K. & Meek, V.L. (2002) Introduction to special issue: "Merger revisited: international perspectives on mergers in higher education". *Higher Education*, 44(1), 1-4.

Harman, K. (2002). Merging divergent campus cultures into coherent educational communities: Challenges for higher education leaders. *Higher Education*, 44: 91-114.

HEFCE (2012). *Collaborations, alliances and mergers in higher education: Lessons learned and guidance for institutions* (No. 21). Higher Education Funding Council for England: London.

Mack, M. (2000). *Kaplan, Inc. Completes Merger with Quest Education*. Retrieved from https://www.ghco.com/news-releases/news-release-details/kaplan-inc-completes-merger-quest-education/

NewYork-Presbyterian. (2017). *HISTORY*. Retrieved from https://www.nyp.org/about-us/history

Pritchard, R.M.O. (1993) Mergers and linkages in British higher education. *Higher Education Quarterly*, 47(2): 79-102.

Quacquarelli Symonds (2020a). *Aalto University*. Retrieved 9th March 29, 2020, from https://www.topuniversities.com/universities/aalto-university

Quacquarelli Symonds (2020b). *QS World University Rankings*. Retrieved from https://www.topuniversities.com/university-rankings/world-university-rankings/2020

Temple, P. & Whitchurch, C. (1994). An international perspectives: recent growth mergers in British higher education. In Martin, J., Samels, J.E. et al., *Merging colleges for mutual growth: a new strategy for academic managers* (pp.209-

226). Baltimore: Johns Hopkins University Press.

Tienari, J., Aula, H.-M., & Aarrevaara, T. (2016) Built to be excellent? The Aalto University merger in Finland. *European Journal of Higher Education*, 6(1), 25-40, DOI: 10.1080/21568235.2015.1099454

Tjeldvoll, A. (2009). Finnish higher education reforms. *European Education, 40*(4), 93-107.

Verger, A., Moschetti, M. C., & Fontdevila, C. (2020). How and why policy design matters: understanding the diverging effects of public-private partnerships in education. *Comparative Education, 56*(2), 278-303. DOI: 10.1080/03050068.2020.1744239

Williams, J. (2017). Collaboration, alliance, and merger among higher education institutions.*OECD Education Working Papers*, No. 160, OECD Publishing, Paris, DOI: 10.1787/cf14d4b5-en.

第十七章

大學整併的問題分析與未來展望

黃政傑

美國邁迪遜威斯康辛大學哲學博士（主修課程與教學）
台灣教育研究院社社長、靜宜大學教育研究所終身榮譽教授

　　大學整併是國內外大學改革的風潮，相關研究和討論愈來愈多，國內新一波大學整併推動以來已有二十年，大學完成的校數高達 10 所，涉及 21 所大學，對大學的轉型發展影響很大。本文分析大學整併的意涵與發展，討論大學整併推動理由，分析大學整併的相關法規，探討大學合併實際推動之各種可能，剖析大學合併之問題，最後作成結語。

壹　大學整併的意涵與發展

　　國內推動大學資源整合時，先用了大學整併一詞，指稱大學之間的合併，文獻和討論中這兩個名詞經常混用，本文有必要先討論大學整併之意涵。對於大學整併，一般人會做廣義和狹義兩種解釋。廣義而言，舉凡整合運用兩個以上大學之資源以擴展辦學成果均可納入，這麼說來，大學整併就可包含兩個以上大學併成一校之合併（merger），或大學之間組成系統運作之大學系統（university system）（蕭芳華、何卓飛、連寶靜，2010），以及大學之間的緊密合作稱為大學聯盟（alliance），甚至於一般的合作（collaboration）。大學整併的狹義解釋是指兩個以上的大學併成一個大學，原來的大學成為新大學的一部分，校名可以選用原來大學校名，也可另創新校名，不論如何，都要整合運用其擁有的資源，訂定新的辦學目標、院系所課程、教學和推動策略，調整大學規章、行政組織、人力、物力和校園，規劃嶄新的定位和發展之謂。較早，國內法規用大學整併的狹義意涵，學者亦復如是，認為整併是指兩個以上分開機構的合併，放棄原來法定和文化的認同，接受新機構的認同，接受單一管制體的管控（湯志民，2003）。這個定義把整併等同於合併。國內法規已將大學合併一詞寫在法條上，大學整併包含大學合併的廣義意涵逐漸凸顯。本文以大學整併為題，對焦於大學合併，又稱大學併校，並以大學為主，專科學校併入大學，或者大學校院之分校、分部、專科部或技術型高級中等學校部之合併亦包含在內（教育部，2019.11.5）。本文經問題分析討論後，尚論及大學合併外其他的整併方向。

　　大學整併是國際各國持續進行的高教改革工作，高教史上常見到大

學分分合合現象，本世紀在市場競爭及規模經濟影響下，大學整併成為高等教育擴大規模、降低成本、提升效率及追求學術卓越的重要策略，有的國家開始把兩個以上的大學併成一個規模較大的大學。大學整併的案例，國外學者屢有分析討論，探討美、英，歐盟等國發展狀況、特色、阻力和問題（European University Association, 2019; Harman & Harman, 2003; Harman & Meek, 2002; Martin & Samuels, 2017; Pritchard, 1993; Seliga, Sułkowski & Woźniak, 2019; Thomas & Chabotar, 2015; Tienari, Aula & Aarrevaara, 2016; Williams, 2017）。國外學者歸納大學的整併動機，包含考量辦學經費與生源、強化專業領域能量、提升研究能量與世界排名、因應評鑑壓力、回應地理與區域發展因素、結合擴充教育與高等教育、擴充入學管道等。國內學者對國外大學整併亦迭有介紹，例如戴曉霞（2003）分析荷蘭、澳洲與挪威三國的高等教育整併及兩個加拿大案例；湯志民（2003）分析世界高等教育整併的趨勢，討論美英澳日中的大學整併；梁忠銘（2007，2017）分析日本國立大學整併之背景、過程、問題與趨勢。陳怡如（2011）就整併成果的角度分析，指出自1992以來英國整併案的討論，並舉倫敦大學學院與威爾斯大學為例說明之。于承平（2017）分析歐洲於2000年起開始逐漸推動大學整併，此一整併之主要目的在使教育經費更有效運用以培育優秀人才。

國內大學整併，自1940年代末期即已出現，有的是戰後大學重整，例如國立臺灣大學和國立中興大學都曾歷經併校過程，有的是為了處理私校倒閉師生安置問題，例如：私立國際商專併入國立高雄工專改名為國立高雄工商專科學校。不過，新一波的大學整併，起自廣設高中大學運動所引發大學擴增之後，各界憂慮大學校數太多，大學規模太小，未達經濟規模，教育資源重疊或分散使用，經營效能降低，最終影響教育品質，導致大學缺乏競爭力，而有併校之建言（教育部，1995；行政院教育改革審議委員會，1996）。

新一波大學整併成為一股改革運動，一般溯自1999年教育部推動「地區性國立大學校院整併試辦計畫」，其後歷經「國立大學校院區域資源整合發展計畫」（2001）、「推動研究型大學整合計畫」（2002）、「師範

校院定位與轉型發展方案」（2005），修正「技術學院改名科技大學審核作業規定」（2005.11.28），增列「國立技術學院申請改名科技大學者，應與鄰近他校提出完整整併計畫，並經雙方校務會議通過」。教育部藉此促進各校接受合併之意願，並把國立學校之合併成效進一步導向於推動私校合併，以有效利用與整合有限教育資源，提高教學品質，維繫國內整體高等教育合理規模。其後，教育部修正發布《大學及其分校分部專科部設立變更停辦辦法》（2007），增列大學合併之要件、程序及應遵行事項，明確規範推動及辦理大學合併之法規依據。

2011 年《大學法》增訂第 7 條，規定教育部得衡酌高等教育整體發展、教育資源分布、學校地緣位置等條件，並輔以經費補助及行政協助方式，擬訂國立大學合併計畫報行政院核定後由各該國立大學執行（大學法，2011）。據此，教育部《國立大學合併推動辦法》（2012），規範國立大學合併類型、推動方式、合併計畫、補助方式、存續或新設學校應履行事項、校長選任方式等，並組成合併推動審議會，據以推動國立大學合併。教育部進而提出篩選標準，針對「單一縣市超過兩所國立大學且學生數低於一萬人」之學校推動合併，以提升國立大學教育資源效益、提供優質教學環境、強化國立大學競爭力及社會責任（2013）。《大專校院合併處理原則》修訂公告（教育部，2017），對於大學整併的推動，以政策和經費做為工具，針對大專校院合併獎勵機制，包括招生、系所調整、評鑑、經費等明文保障，並提供招生名額及經費補助誘因。2019 年《國立大學合併推動辦法》兩次修訂，配合其他法規修訂、刪除形成大學整併阻礙的負面文字（教育部，2019.7.2, 2019.11.5）。

由此可見大學整併的推動，緣於憂慮和主張，形成教改之建言，教育部據以研擬計畫或方案，擬訂處理原則、作業規定，編列預算執行。但計畫、方案、處理原則、作業規定均屬行政命令層級，教育部的執行力道較弱，有法源作為依據才能順手。不過，大學整併的推動真正的主導者還是教育部，為了強化教育部在這方面的主動權責，2011 年《大學法》修訂及隔年國立大學合併推動辦法公布是為關鍵，法制上始趨於完備。大學整併推動過程顯示，一開始著眼點是區域資源整合的試辦，完成國立嘉義技

術學院和國立嘉義師範學院合併爲國立嘉義大學，接著著眼於研究型大學整合、師範校院定位與轉型，並於大學法修訂課以教育部明確責任後，教育部訂定大學合併推動辦法，於其中列出大學合併指標，全面推動國立大學整併。不過名義上教育部雖接手大學合併的主導工作，實際上仍需要由各大學自行評估需求，針對個別狀況分析討論，成立審議會集思廣議。

大學整併的推動理由

一、大學升格及擴張的考量

　　長期以來，國內大學的設置，有些是文理法商農工醫等學科多元、院系所完整的綜合大學取向，大部分則是以特定學科爲主設置系所的獨立學院取向，例如師範校院、體育校院、藝術校院、醫護校院、技術校院等，在發展過程中學院規模再發展爲單科大學或綜合大學，也就是一般所謂升格。在大學升格風潮推動下，未升格的大學在招生和爭取辦學資源上較爲不利，因而獨立學院在原有專門學系之外，增設院系所，成爲具有三個學院以上的單科大學，再由單科大學擴展爲綜合大學。

　　由於學術領域浩大無窮，所謂綜合大學雖說是綜合，實際上很難做到主要學科完備建置及發展，實際上不見得必要，因此有的重理工，有的重人文，有的重法商，各有特色。以全國規模最大的國立大學而言，雖說院系所相當完整，但仔細檢核，也可發現其於教育、藝術、體育、傳播、技術等領域並非所長。其他國立大學更是如此。但若重要的學門闕如，或既有學門強弱不一，就會感到遺憾而思謀改變。

　　舉例言之，國內高教政策並未規劃在公立大學廣設醫學院系，因而除了少數幾所國立大學設有醫學院系外，其他都是由私立大學設置。私立者，由獨立的醫學院開始，後來升格爲醫學大學；不少公立大學沒機會設醫學院系，引以爲憾，有機會就想申設。部分私立的綜合型大學亦複如是，由於私立大學自主性高，若有野心且財力雄厚，就先設立醫院，接連成立醫學相關系所，逐步向前推進。公立大學無法這麼做，在資源有限的

情況下，教育主管機關只能力求平衡地分配資料。遇到大學整併的機會，眼明手快的大學，就會把握先機，設法整併，再調整資源去設醫學院系。

二、國際趨勢的影響

以上是就個別大學的思維來看。但整體而言，爲什麼國內要推動大學整併？首先，常提到的理由是國際因素，認爲先進國家都以大學整併做爲提升大學競爭力的策略，有其實際成效，值得國內效法。例如教育部（2016）說：「從世界各國推動大學合併經驗來看，例如英國、澳洲及日本等，大學合併的確有助於教育資源有效運用及提升教學研究競爭力……。」

三、高教資源的整合利用

其次是高教資源的有效利用。整體教育資源十分有限，高教資源亦復如是，在有限資源下發展高教，捉襟見肘，然而各個公立大學訂定中長程發展計畫，莫不追求擴張發展，向主管機關請求協助，這些資源分配到各個大學都很微薄，結果各大學的發展只能點點滴滴，需要長期努力才能看到最後的規模和成績，總體來看會缺乏競爭力，有需要整合運用資源。教育部（2016）巧婦難爲無米之炊地說：「政府財政日益短絀，高等教育數量飽和，資源嚴重稀釋，加上少子女化現象持續，各大學面臨生源減少及經營困難的壓力，透過跨校資源整合或大學合併擴充學校規模，以發揮經濟規模效益，提升國際競爭力，亦是促使大學經營發展有效策略。」

四、提升大學競爭力和排名

第四個理由是爲了提高大學的競爭力和大學世界排名。國內大學系所的規模，除了早期設置的大學配置教職員員額標準較高外，後來設置的大學條件每況愈下，以致師資陣容不夠堅強，影響教學和研究成效，且大學分區設置，大部分規模不大，系所常有重複，難以發揮特色。大學整併有機會把大學規模擴大，把整併學校內性質相近的學術單位加以整合，增加師資數量，提升師資素質。

　　大學整併奠基於擴展大學規模和品質的論述，向上推進，那就是提高大學的競爭力和大學世界排名。臺灣許多產業在國際上展露頭角，甚至首屈一指，但談到大學，一直無法站上國際一流大學舞臺以發揮影響力，至為可惜。國際上許多大學招收臺灣的高中畢業生入學就讀，但國內大學對國際學生的吸引力卻仍有限。若要提高國內大學國際能見度和吸引力，打造國內具有潛力的大學，參加世界大學排名，進入世界百大，乃成為重要教育政策。此外，也有不少野心勃勃的大學進不到百大，仍參加排名，以每年成績的進展做為宣傳工具。

　　教育部採取競爭性計畫策略，以經費補助引導大學分流發展：大部分大學邁向教學卓越，少部分大學追求國際頂尖。尤其是國際一流大學及頂尖研究中心計畫（簡稱頂大計畫），提供最多經費給研究導向的大學申請，目的即在激勵幾所有機會得名的大學朝向這個目標去努力。只是國內得到頂大計畫補助的大學曾高達十所以上，經費依然分散使用，效果有限，近幾年縮減這類補助的校數，刺激追求頂大計畫光環的大學合併，臺灣才可能有機會在世界百大出人頭地。

　　可見整體高教資源無法挹注於個別大學依其所訂計畫成長，只能加緊火力，用在「有希望」的少數大學。基於這個政策方向的大學整併，應該是推動取得頂大計畫補助的大學去合併之力量，以往曾經出現幾個整併的組合，但都以失敗散場。整併成功的大學大多是基於第一、二個理由，期待整併完成的大學，資源整合，效能提高，規模迅速擴充，能見度升高，影響力增加。

五、因應少子化生源減少困境

　　最後一個常被提到的理由是以大學整併紓緩少子化社會大學生源減少的困境。大學整併的法令規章並未直接講到大學整併要發揮這項功能，但立法院和教育部的政策對話，以及社會一般人和私校的期望，常認為此一政策應具有整合釋放資源的目標，有助於少子化困境之突破。例如立法院第 8 屆第 8 會期教育及文化委員會審議 2016 年度中央政府總預算案教育部主管經費時做成決議：「……近年因少子化衝擊導致大專校院生源急

速減少，爲集中高等教育資源，教育部陸續推動國立大學合併及大學退場等機制……。」媒體報導常指出，爲了因應所謂的少子化問題，教育部正積極推動國立大學整併（天下雜誌，2015.12.31）。學者專家也認爲大學整併與少子化問題的解決有關，建議分階段評估少子化衝擊程度，適時執行整併、轉型與退場措施、研提我國推動大專校院整併、轉型與退場機制以解決少子女化問題之政策影響評估，將整併也納爲少子化之因應（張國保、黃嘉莉、劉曉芬、胡茹萍、徐昌慧，2012）。這部分有許多討論認爲大學整併減少大學校數，整合重複設置的系所，減少招生班數和人數，最終可讓其他大學有機會多招到一些學生。但實際運作結果，大學整併後，並不會減招，反而會增加招生人數，對少子化問題的解決毫無益處，此外合併大學還可得到大筆資源，大學整併因而被批評爲「只是一場假戲」（王盈勛，2016）。大學整併是否眞是可以解決少子化危機，倍受質疑（游婉琪，2016.09.28）。

　　對大學而言，升格、資源、競爭力、排名、招生等因素都會是整併的重要考量。大學整併的各方，都會考慮到合併後的新校資源會增加，除了原有的預算、教師員額、學生員額得到不變的保障，還可以在政策鼓勵之下，得到合校後學校發展所需要的資源，例如系所增設、校地擴張、校舍建築經費補助等。合併後的大學進而調整院系所的學術組織和招生班組成爲更全面而優質的大學，其競爭力或排名都有望提升，有利於招到所需要的學生。但遺憾地是社會期待大學整併宜紓解少子化生源困境，只是望梅解渴而已。

 ## 大學整併推動的法規解析

　　大學整併經多年推動，各界屢有批評，認爲績效不彰，主因是教育部缺乏法規授權的主導性。爲了強化教育部在大學整併方面的主動權責，2011 年《大學法》修訂及隔年國立大學合併推動辦法公布是爲關鍵。以下分別說明之。

一、大學法的規定

大學整併的實際運作，需要了解大學整併的法制規定。依據《大學法》第 2 條規定，所謂大學係指依大學法設立並授予學士以上學位的高等教育機構。該法第 4 條規定，大學分為國立、直轄市立、縣市立及私立，國立大學及私立大學之設立、變更或停辦，由教育部核定或調整之；直轄市立、縣市立大學之設立、變更或停辦，由各級政府依序報經教育部核定或調整之。

《大學法》第 7 條規定，大學得擬訂合併計畫，國立大學經校務會議同意，直轄市立、縣（市）立大學經所屬地方政府同意；私立大學經董事會同意，報教育部核定後執行。教育部得衡酌高等教育整體發展、教育資源分布、學校地緣位置等條件，輔以經費補助及行政協助方式，擬訂國立大學合併計畫報行政院核定後，由各該國立大學執行。有關合併之條件、程序、經費補助與行政協助方式、合併計畫內容、合併國立大學的權利與義務及其他相關事項的辦法，由教育部定之。值得注意的是《大學法》第 7 條第 1 項的大學合併涵蓋公私立大學，但第 2 項和第 3 項只針對國立大學，教育部據以訂出國立大學合併推動辦法（教育部，2019.11.05），顯然政策上只想推動國立大學合併。

二、國立大學合併推動辦法的規定

國立大學合併推動辦法中，所謂大學合併有存續合併和新設合併兩種型態。存續合併是指合併後擇一校存續，其他學校變更為存續學校之一部分（或分校、分部、專科部或技術型高級中等學校部）。新設合併係指合併後成立一所新設國立大學，另定新校名，原學校均變更為新設學校的一部分（或分校、分部、專科部或技術型高級中等學校部）。

該辦法指出推動國立大學合併，以有效協助學校整合教育資源及提升整體競爭力為目標。得擬具合併學校名單和合併構想，提交審議會審議下列合併的條件：學術領域分布廣度、招生規模及教職員數量、每位學生所獲教育資源（包括校舍空間、土地面積、圖書及經費等）、自籌經費能

力、評鑑結果、地理位置、與鄰近學校互補程度及跨校交流情形（教學及研究），實際註冊率及其他有助於整合教育資源及提升學校競爭力的條件。審議時，以學校合併後得以提升學校經營績效及競爭力、有效整合教育資源效益、提供學生多元學習環境、滿足國家社經發展作為審議基準。

學校於完成合併後，可向教育部申請經費補助，包含非具自償性之教學大樓新建工程計畫、學生宿舍貸款利息、合併初期往返不同校區之交通接駁費、其他有助於合併的相關計畫。教育部也要提供行政協助，包含派員出席參與合併學校的校內說明會或公聽會等相關會議、合併後基本經費需求及招生人數的處理、其他有助於合併推動的相關事項。

該辦法要求合併後的存續學校或新設學校應履行事項為：合併後無條件納編原有教職員，其法定待遇及福利均依現行規定予以保障；教職員異動及調整，應優先考量其專長及意願；合併後學生住宿需求及院系所改名等相關事項，應維護學生權益；合併後現有學生學籍、修讀學位、學程等權益，應依現行規定予以保障；合併後各校區土地、校舍空間及經費等相關教育資源，應作最有效之運用；合併前參與合併學校之雙方承諾事項。

三、關鍵點分析

由前述規定觀之，攸關大學發展的大學合併推動目標是源頭，如何設定合併學校是為重要的關鍵，涉及合併案過不過的大學合併條件和審議標準也很重要，可以逐項討論，但也要有宏觀及整體分析，深究合併名單在大學發展上的定位和角色。大學合併分成存續和新設學校兩者，存續學校是併校中的強校，合併實際上是用存續校名的學校把另一個學校併進來；新設學校常是兩個以上的合併學校勢均力敵，唯有另訂校名，合併才會成功。辦法中對合併學校原來教職員生要有保障，要無條件納編並保障待遇福利，異動調整要考慮其專長和意願，也要求對校地校舍和經費應有效利用，這些都很容易檢核。其中的保障對教職員有利，卻不利併校後之變革發展。

學校合併後可向教育部申請經費補助，這是對教育部的要求，若事前沒有談好，會變成由教育部決定補助項目，給多少是多少，學校就沒有保

障。合校後之行政組織、院系所整合改名及新設、招生名額等，在合併學校之間和教育部之間也要談妥，否則合校後變數很大。已經合併完成的學院大都出現這類問題，常未有完整規劃就匆促合併，合併後再具體地談，問題很大。所謂談妥，是指於合併計畫書內明列，並經併校過程中權責單位審議通過，最後由教育部核定，才據以執行。值得注意的是不論是經費補助或行政協助，都有其他項目，也就是說合併學校商討合併時，不要只限於規定項目，凡需要教育部協助，或需要合併後學校保障的項目都該力求列入計畫書。合併學校的各方，合併前需要十分專注為合併後的大學發展設想，去爭取到需要的各種協助。

肆　大學合併實際推動之各種思維

一、公公併、私私併、公私併的思維

這一波大學合併的規劃和運作以國立大學為焦點，所以出現的合併都是國立大學併校，可稱為國國併，後來也有市立大學之間的合併（如臺北市立教育大學和臺北市立體育學院合併為臺北市立大學），由於國立大學和市立大學都是公立大學，故可稱為公公併。國內大學的大學整併，實際上也包含私立大學之間的合併，簡稱私私併。私立大學校數約占國內大學總數的三分之二，不少私校面臨退場壓力，推動私私併也很重要，目前已有康寧大學和法鼓文理學院的實例，未來還會有更大的私校合併空間。公立大學和私立大學之間的合併（簡稱公私併），是另一個可能性，社會上也有不少人呼籲推動這個大學整併方向。這一波大學合併尚未有案例，教育部已經委託學者研究可行性及阻力可否破除。大學合併雖著眼於大學，是指以大學為主的整併，但有時公立專科學校亦可能與大學合併，甚至於分校、分部、專科部或技術型高級中等學校部也可併入合併後的大學。

二、大學之定位、大小、強弱的思維

這類思維迄今最明顯的是國立清華大學和國立新竹教育大學的合併，

由於是存續合併，併校後用前者之校名，可視爲後者併入前者。大學定位，是指大學是研究型或教學型（另有技術型、社區型的名稱），是以研究爲導向或教學服務爲導向，當然大學不是那麼純然可以歸到某一類，例如有的大學說，它是重視研究的教學型大學，有的說它是以兼重研究、教學和服務的大學，有的說它是重視教學和服務的研究型大學，有的又說它是重視產業研究和人才培育的大學。定位不同的大學合併的話，就要建立共識、重新定位，找到辦學的新方向。

大學的大小是以規模來區分，有的校名是大學，有的校名是學院或單科大學，校名不同，但都是大學，不過其下的院系所學程班組和學生數不同。規模大小懸殊的話，小的會擔心被大的吃掉，合併後沒有發言餘地，被人予取予求；大的會擔心小的資源有限，會需要資源挹注，拉下原來的辦學條件，或者嫌棄其水準或品質。如果規模不同的大學要合併，「小大學」需要得到保障，「大大學」要思考是否值得。大學的強弱和規模、定位都有關係，但強弱談的是大學的聲望、地位、影響力、競爭力；弱的常沒什麼發言餘地，強的會要求合校後的經營需要按照原來強校的各項標準，例如進用教師或教師升等的標準，令弱的擔心而不願同意合併。

大學定位大小強弱絕對是大學整併必須考量的因素。有的整併是研究導向的大學之間的整併，若兩者實力相當，平常老師或學生處於競爭地位，可能會有許多衝突矛盾，談合併是一大阻力，很難大家平心靜氣坐下來談。以往國立交通大學和國立清華大學談合併時，就是此於這種狀況。大學勢均力敵，用什麼校名，誰前誰後，制度文化都不一樣，合併後到底實行那個學校的，若沒辦法折衷就走不下去。這也是研究型大學整合計畫缺乏成果的原因。不過，若是研究型和教學型大學之間談整併，研究型大學重視學術研究，教學型大學重視教學和服務，合校後的辦學若不是全部往研究型方向，必然拉下原來研究型大學的研究表現；若往研究型方向走，原來教學型大學的教師難以接受、難以改變。以往國立臺灣大學和國立臺北教育大學兩校合併，就是想東想西，談不攏，最後只好暫時放棄。

三、同質性或異質性的合併思維

　　如果大學是同質的，合併爲新的大學會遭遇到很大的系所重複問題。例如師範校院之間的合併，裡面會有數量很多的教育學門師資，合爲一校之後，會成爲教育巨獸。而師範校院專門課程相關師資也類似，這些師資較爲教育導向，例如專長在分科教材教法方面。因而，師範校院之間若合併，新的大學如何定位是有問題的。是以同在臺北市一條大路上的教育大學和師範大學，沒有人想去推動合併。普通大學之間，同質性高的也是一樣，如果文理法商農工等專長重疊，合併之後可能面臨系所整合，需要減班減師資，合併後的變動會很大，討論起來很困難。異質性的考量，是指讓不同性質的大學因其可互補性而彼此得利，或許是互相欣賞，珍惜自己缺乏的部分；合併後學校的院系所增加，其所提供的教育更爲全面和多元，給學生更豐富的學習機會。目前國內大學合併成功的案例，大都是原大學之間的互補性較高，重疊較少，合併的阻力容易化解，合併的效益較大。例如師範校院和一般大學合併，後者原來缺乏中小學師資培育的系所，也少有藝術教育的系所，前者則缺乏一般大學文理法商農工醫。國立臺中科技大學由原來的國立臺中商業技術學院和國立臺中護專合併，也具有很強的互補性。國立交通大學和國立陽明醫學大學合併，一重理工，一重醫護，合併後可各取所需。不過，所謂異質性或互補性，都是程度問題，不能只看校名和院名，而需要具體地從所設科系所及課程進行分析。

四、地理位置的考量

　　再來考慮的是合併學校的地理位置。國內大學合併成功案例顯示，地理位置多數是在同一個地區，像是同屬嘉義縣市（如嘉師和嘉技合爲嘉大）、高雄縣市（如高應大、高海大和高一大併爲高雄科大）或花蓮縣（東華大學併花蓮教大），大學合併後，成爲多校區的大學，需要解決多校區經營問題，其中最明顯是校區之間的交通接駁、行政運作和活動辦理。合併前，原大學各有一套行政人力在服務所有的師生，合併後，同一套人馬稍作擴充來服務所有的校區，但正主管只有一位，大多分設副主

管，負責各校區業務。不同院系所的研究和教學有可能分置於不同校區，學生多元選課會是個問題，師生之間的融合也會有狀況。有部分整併案考慮到多校區經營的困難，將所有院系所師生和行政單位集中於同一校區，這需要原校有面積夠大的校地，也需要有經費興建新建築、添購新設備。目前的案例是花蓮教育大學併入東華大學的案例。新竹教育大學併入清華大學後，其院系所計畫搬到原清華校區，原竹教大校區擬改為未來新設醫學院之用，看起來校區是先集中再分散。陽明大學和交通大學訂於2021年2月1日合併為陽明交通大學，規劃取得新校地，興建新建築，成立總校區，顯然只是行政之集中，原來兩校的院系所和行政服務還是維持在兩校區內。兩校合併後之課程多元化、學生交流互動、新校認同及校友認同都需要努力。

　　國內史上地理位置最分散的合併構想，是臺灣科技大學和屏東科技大學的合併思維。該構想提出時只有兩校想參加，分散在臺灣頭和臺灣尾，一為工科取向，一為農科取向，有其互補性。構想曝光後，不久位處中部的雲林科技大學也想要加入，該校的特色是工商和設計學門。只是三校合併的構想，實際上尚未深入評估，是否可行值得再加檢視。純就地理位置而言，三校合併後，總校區會在那裡，很難想像；最強勢的臺灣科大校地很小，兩校不可能併入，校地最大的屏東科大，地理位置偏遠，其他兩校不可能放棄具有優勢的都會校區。很明顯的三校即便合併，校區分散北中南，其後的實質整合會是很大的挑戰。

伍　大學整併問題討論

　　國內大學整併政策推動以來，大學整併已成為教育學術探討的重要課題，不乏研究、檢討和評論。舉例言之，有的分析整併時之校名、各方權利義務、教師聘任升等再評估、學籍學位學費、職員調整與雇用、財務處理與財產轉移、校友會之處理、董事會之處理等困難（湯志民，2003）；有的檢討大專校院整併之政策、實施問題與推動困境，指出法制、誘因及執行決心不足（張國保等人，2012），有的批評數大就是美的整併政策

（林純雯，2003），有的關注於大學整併政策評估（翟本瑞、薛淑美，2006），有的討論整併之觀點和案例（謝金枝，2017），有的著眼於整併成效、問題和因應策略（林新發，2017；游婉琪，2016.09.28），有的注重國內案例和國際案例的比較（張惠怡，2015），有的提出大學整併的學校困難和整體資源不足（包含員額經費）（教育部，2016.3.1）。這些研究、檢討和評論，指出大學整併推動過程中，學校的聲望、歷史、法律、制度、文化、社會、政治、資源、位置、心理、情緒諸多因素會有影響，也討論整併後的學校面臨多校區經營、交通接駁、辦學經費、系所整併、人員調動、資源分配、師生認同、校友認同、行政支援、整併效益等問題，需要進一步設法解決。隨著大學整併的校數愈來愈多，大學合併的過程、效益、發展與問題，一定會有愈來愈多的探究。本文希望針對幾個重要的問題加以討論，藉供未來繼續探究之參考。

一、大學合併成效問題

　　國內大學合併到底有沒有成效，各方意見不一，但純就國立學校合併而言，國防校院不計，2000 年以來已有 10 組學校合併，合計涉及 21 所大專校院，若加上已經核定要在 2021 年 2 月合併的國立陽明交通大學，經歷合併洗禮的大專校院達 23 所。2019 年以總數 50 餘所的國立大學來看，占了近 40%，這是很大的動盪。學校合併後明顯可見的是大學經營規模變大，教師數學生數大幅增加，到達所謂的經濟規模，院系所透過合併去蕪存菁加以整合，招生數有所調整，此外，合併大學又爭取到機會發展新的院系所，成為學術體系更完整、更具發展潛力的學校。

　　大學合併是大學內部改革的大衝擊，原就不容易被原校師生所接受，教育部不得不保障大學合併後維持原校教職員員額和學生名額，原來的校區校地校舍不變，支持調整新增系所，補助合併所需的教學建築，協助學校合併後的宿舍興建之貸款利息，合校初期多校區來往交通接駁經費也給予補助，這都是所謂的併校嫁妝。這些舉措讓大學看到未來的希望，建立願景和共識，朝向新方向努力，增進學校合併意願，合併後得以安穩地發展。

　　國立大學合併讓合併後的大學更加擴充，教師的研究成果大幅增加，學術面向變得寬廣，也擴展學術縱向深度，影響力提升，大學更能提供多元的課程，讓學生的學習更為豐富；至於跨領域的學習機會也更加擴充，大學有機會提供多元的社會服務，滿足地方和社會發展的需要。大學合併完成後的人才培育學制，有副學士、學士、碩士、博士班別，範圍完整；要留意之後走學術型大學路線者，其發展有可能會是以學士、碩士、博士為主，原來的五專、二專、二技產生何種變化。不過合併的成效，還是需要時間考驗，也要根據合併計畫書、合併目標、併校條件、審議標準等長期去追蹤評估。

二、大學合併推動目標問題

　　大學合併的推動需要思考現行政策和實務上的目標是否恰當。國內的大學整併都是朝向整合教育資源，經營經濟規模適合的學校，以減少財務浪費，增進資源效益，促進學術卓越及國際競爭力。世界先進國家思考大學合併的目標，固然有著眼於學術卓越及大學排名者，但也看到更多著重教育機會均等及地方社會和產業發展的目標，還關注文化提升及人才培育等。因此國內現行大學合併目標可再重新思考和定位。再說大學學術卓越，並不是靠著把大學合併為更大型的學校就可以達到。兩校合併，一開始會拉平兩校的教育條件，如果沒有爭取更多的教育資源挹注，以平均的教育條件運營，原來水準較高者的條件往下拉，必然是有問題的。再說學術卓越，並不等於大學排名，排名也有可能只是大學追逐的表面數字，結果仍可能流於缺乏實力及虛假辦學。

　　國內大學合併審議基準，包含合併後可提升學校經營績效及競爭力、有效整合教育資源效益、提供學生多元學習環境、滿足國家社經發展等項。首先談經營績效和競爭力，經營績效需要再進一步界定，併校後的績效顯示在那些方面，所謂績效是什麼。至於學校競爭力，也需要界定什麼是競爭力，在那些方面有競爭力。國內高教政策常用競爭力一詞，簡單講就是要勝過別人，合校之後要勝過其他學校。這樣的界定會造成合併後的學校與其他學校之間的矛盾和衝突，不易產生真誠的合作。其次是整

合教育資源的效益更是矛盾，學校合併什麼都不能減，能減的也用在新增，主管機關還要給嫁妝，分配給合併學校更多教育資源。有的學校合併，意在調減併入院系所師生員額和經費，改用在新增醫學院系（勁報，2020.9.30），有人會質疑這樣是否算是有效整合教育資源？有一利是否也會有一弊？再說，提供學生多元學習環境，這是極有可能達成的使命，關鍵點在於各院系所師生有沒有整合在同一校區，若非這樣，如何找到其他有效的整合方式，以達成開展多元學習環境的使命。最後是滿足國家社經發展，這個指標可能需要擴大從大學的任務來看，大學是為了研究學術、培育人才、提升文化、服務社會而存在，這些任務在合校後的發揮情形和合校前比較，是否有進步，需要時間，也需要設定更具體的指標來評估。

三、高教發展藍圖及大學整併指標問題

大學合併的推動面臨許多問題。常被提起的是，大學合併缺乏整體高教發展藍圖，結果當然也就沒有整體的大學整併藍圖。大學合併有時是臨時起意，想到就說就做，沒有深入的研究、分析和規劃，熱絡一場之後無疾而終。大學合併的篩選指標常有矛盾性，大學退場時三千人以下規模，被認為無法經營，但是國立大學合併的指標又不一樣，認為小型大學難以經營，提出學生數一萬人以下的大學必須思考是否整併。一萬人是不是理想或最適的大學經營規模，缺乏足以說服的研究。批評者早就指出，國外知名大學不見得是大型大學，品質備受肯定且在各種大學評比富有盛名者，不乏中小型大學。大學雖小，其資源足夠，更可精緻及優質地辦學；大學很大，資源不足，各種條件難以提升，辦學品質低落，所在皆有。

再說，大學目標和功能包含社會服務，現在教育政策上也在推動大學社會責任的落實，各地方的發展需要當地大學就近協助。但是大學合併篩選指標又列出單一縣市超過兩所國立大學，規模小的大學要評估合併，也就是這個中小型大學可能會被併入座落於其他地方的大學校區，就算是多校區經營，原來獨立經營的大學被合併後，成為一個校區，其辦學能量和品質會受到減量，社會服務、社會責任的發揮也會降級和緊縮，這是值得留意的。

評估大學合併時，除了運用研究資料，也要接地氣，溝通協調，傾聽意見，由學校基層開始，只要共識形成，合併必然在望；否則由上位者設定的大學合併方案勉強提出，必然遭到反彈，最終適得其反。最慘地，推動的併校組合中，弱勢大學被框入合併推動名單後，其辦學的支持和發展常會無理地被嚴重壓縮，等於是被逼著停止發展，結果該校連維持現狀都有困難。等到最後沒合併成功的結果出現，該校可能落得比以往的情況更加弱勢。

四、大學合併模式的問題

如前所述大學合併的模式有公公併、私私併和公私併三種模式，公公併以國立大學合併為主軸，私私併，自從推動合併政策到現在出現兩個案例，法鼓佛教學院、法鼓人文社會學院合併為法鼓文理學院，康寧大學、康寧醫護暨管理專科學校合併為康寧大學。公私併，在這一波大學合併尚未出現。

臺灣高教的主要問題在於私立大學校數很多，公立大學併到最後，可能再也找不出合適的學校可以併。在少子化狀況下，私校有很多都遭遇到退場的壓力，私校之間是否也該是合併的焦點。私校合併，因辦學主體的屬性相同，現行法令只要評估調整，加強政策宣導，提供誘因，或可以破除阻力，促成更多的私校合併。目前教育主管機關以尊重私人興學及私校辦學自主為由，不予干預，任由私立大學維持現狀和發展；但是國家高等教育政策，也包含為數眾多的私立大學，所謂尊重，並不是維持現狀不變，而是要著眼於高教整體發展，促進私校整合資源，協助私校提升影響力的立場去努力。如果只推動私立大專校院退場，不思考退場之外還有整併的路可走，最後不少私校被消滅，其資源轉為教育之外的用途，對高等教育發展來講是非常可惜的。

至於公私併，社會上也有許多建言，希望政府開拓這個模式來解決大學發展問題。只是公立大學和私立大學合併十分棘手，因為這需要很多資源，要思考的是有沒有足夠的資源接手私校併入，還要思考有沒有必要。辦得好的私校可能只想獨立發展，公立大學會擔心辦學成績不佳的私校併

進來，在聲望及辦學的定位發展會受到不利的影響。如果私立大學願意捐贈給公立大學，看起來似乎可行，但老師如何處理是令人擔心的問題。雖然如此，公私併的困難若可破除，不失爲一個大學整併的重要途徑。

五、大學合併體系、及學制類型問題

大學合併就學制類型來看，有幾個可能，有的是在一般高教體系內合併，有的是在技職體系內合併，還有的則是跨高教和技職體系的合併。這三個體系合併類型，若再加上學制階段與大學類型，就會變得很複雜。

㈠單科型大學併入綜合大學

這類型有東華大學（併花蓮教育大學）和清華大學（併新竹教育大學）的實例。本來國內存在不少獨立學院，朝向特定學門的人才培育去發展，後來獨立學院升格爲大學，在原來的系所之外增加其他系所，湊足三個學院，成爲單科型大學。這樣的大學和綜合大學合併，通常會遭遇到定位發展的問題，由於單科型大學會比較偏重教學和社會服務的功能，因此合併之後，原校各方的學術領域如何定位，學生的教育和就業方向，都值得注意。

㈡研究型大學之間合併

這類型有國立陽明交通大學（國立陽明大學、國立交通大學在 2021 年 2 月併校）的案例。所謂研究型大學是指以學術研究爲重心，重視學術發展品質和地位的大學，可能都是頂大計畫遴選出來的大學，政府給予額度較高的補助去發展。所面臨的問題是，研究型大學之間的合併很難談成，談成之後是否能順利發展達成目標，仍有很大的未知數。由於這類學校需要用到很大的資源，可能排擠其他大學的發展。

㈢科技校院與一般大學校院合併

這類型合併有國立嘉義大學（國立嘉義師範學院和國立嘉義技術學院併校）、國立屏東大學（國立屏東教育大學、國立屏東商業技術學院併校）、此類合併並不是很容易，因爲擬合併學校的屬性分屬技職和高教體

系。臺灣的高教分成一般大學系統和技職系統雙軌並行，兩邊的教育目標不太一致，培育人才各有所偏。這樣的合併，把學校院系所領域擴大，教師數和教師專長增加，學生數增加，需要留意的是技職體系升學管道少，併校後招收技職體系學生升學的制度需要維持，以滿足技職體系學生升學進修之需求。原校是學院和單科大學體制，邁入綜合大學取向的體制，需要投入許多力量。兩類學校的定位不同，併校後的發展方向會是需要深入檢討的問題。

㈣科技校院之間的合併

1.大學和專科學校合併

這類型有國立臺中科技大學（由國立臺中技術學院、國立臺中護理專科學校併成）、國立臺灣師範大學併國立僑生大學先修班、康寧大學（由康寧大學、康寧醫護暨管理專科學校併成）的案例。這類併校後的大學，學制年限較長，學生成熟度較為多元，如何辦學也是挑戰。如為技專校院，合併後原校學制地位均提升，一升一級，一升兩級，屬性一致，經營目標類似，課程教學多元，學生在技職體系升學，進路相同。只是併校後如何提升專科教育變成學士教育的水準，又如何提升原來技職教育品質，會是一個問題。

2.科技大學之間的合併

此類型有國立高雄科技大學的案例（由高雄應用科技大學、高雄第一科技大學、高雄海洋科技大學三校合併），規模變成全臺灣科技大學最大。其特色為屬性均屬技職領域，學門專長有別，合併後可拓展教學、研究及人才培育範圍，於產業的振興發展上可發揮更大功能。不過由於規模驟增，體系龐大，校區分散，師生融合、課程多元、人力和資源整合和配置，都會是一大挑戰。

㈤學院和單科大學之合併

此類型有臺北市立大學（臺北市教育大學和臺北市體育學院合併）的案例。兩者都在臺北市，原校屬性和專長有別，整併後成為綜合大學取向。所面臨的挑戰是資源配置、課程整合、師生融合、校區交通接駁等課

題，併校後，需要由原校學院和單科大學體制朝向綜合大學的體制努力。

這些學校的合併，都會面臨原校強弱大小、辦學定位，院系所類別和行政組織重組、各種辦學方向能否並存的問題。教師在合併時，都會關心自己原來的系所是否存在，其定位發展是否會被改變，教師評鑑指標是否能維持，教師升等的規定是否照舊，不過既然合併，維持原狀是不太可能的，一般會安排過渡階段以朝向一校一制。基本上兩校以上合併，其辦學條件和成果等於原來各校平均。合併要能真正融合，需要相當長時間。要把教師換下來，異動調整是一個方法，但最終沒辦法就是等他退休，再聘新人進來，新聘教師就會符合新校所需，也會認同合併後的學校。

六、獨立學院或單科型大學的價值及合併是否持續推動問題

國內大學合併一直沒有仔細探討獨立學院或單科型大學的價值，即此一中小型規模辦學是否有品質、績效和特色，只是一窩蜂把大學規模擴大，一味地追求綜合型大學。對大學合併的推動，教育部挹注許多高教資源給合併學校，合併學校認為不夠，但整體高教資源並未增加，在這樣的情形下其他沒有合併的學校，尤其是弱勢的中小型學校，他們的發展值得憂慮。獨立學院及單科型大學這類中小型學校是否有必要存在，這些學校怎麼組織運作？其優質性如何，相較於大型學校，他們的特色為何，辦學的成果為何，他們的影響力又怎樣？這些都值得探討。要認真檢討的是，被合併的單科大學或學院，原來培育單科人才和學術研究之資源被原來的強勢大學稀釋掉，這是否為教育整體發展的合宜目標？師資培育就是很明顯的實例。

大學合併是否為永無止境的過程？現階段大學合併的路到底是要暫停，或者是要繼續向前？在政策上必須要有所評估，而且必須跟社會溝通，讓大家的意見可以表達出來，供作決策參考。各界還可思考的是國立大學哪些需要合併？以前合併的大學是否還有其他學校願意加入合併？尚未合併的大學是否需要再推合併？為什麼要跟誰合併？合併效益為何？目的是什麼？

不過，關注的眼神也要放在已經合併的大學，到底他們的辦學定位

和發展如何，他們遭遇的困難怎樣，他們的優勢又如何，大家的滿意度怎樣？這些都需要追蹤評估，而且必須提供合併之後營運發展所需要的協助。光靠新併學校內部的力量要影響改革，實際上並不容易，外部力量的介入影響，以及誘因的提供有其必要性。然而更重要的切入點是，大學合併後，被併入的「小大學」，其人才培育品質和教育能量如何，是被提升或是降級，原來的「大大學」辦學資源和品質是否上升或下降，併校後的資源是否確實整合，發展方向和學校定位是否恰當。

七、集中式或分散式校區的問題

大學合併後，由於原來的校區都被維持，因此合併後的大學一定是多校區的大學。只是各個合併學校狀況會有一些不同。有的學校校區高達五個以上，合併後並沒有把所有院系所和師生集中在同一個校區，而是讓各院系所留在原來校區，或者只做小幅調整，這樣作法是屬於分散式校區規劃。集中式校區，把合併前各校的院系所和師生集中在一個最大的校區，其他校區則作為研究發展、社會服務、實習實作、推廣教育及附設機構之用。師生集中在同一個校區，彼此互動頻繁，容易建立共識，課程多元化易於掌握，教師的研究合作也容易運作，整個行政服務，只要一套人馬，必要時酌予擴充就可以解決。

整體而言，集中式校區長遠來看經營成本較低。國內大學合併，採取分散式校區的大學相當多，原因都是原校的校區不大，沒有辦法容納併校後的所有院系所和師生，因此只能夠讓原校師生留在原來校區。這樣，合併後學校校區之間資源無法集中運用，校區來往困難，交通成本和時間成本增加，而且不同校區師生互動少，不易互相理解，難以相互得益，融合變得很慢。併校之後，原校的平行線還是沒有辦法快點交叉，資源整合度低，也就沒有辦法釋放資源出來創新發展，或供為整體高教發展之用。分散式校區需要的營運成本增加，行政人力不足、服務不足是最大的致命傷，大家疲於奔命。

陸　結語

　　本文討論大學整併的意涵和目的、推動理由、法規解析、實際運作及重要問題。本文的分析顯示，未來大學合併宜關注整體高教發展藍圖的訂定，重新思考大學合併推動的目標，由公公併模式推動私私併，並評估公私併的可行性、運作方式和相關配套，比較不同體系學制類型大學合併的利弊得失及發展和所需協助，再評估單科型大學併入大型大學或綜合大學的辦學成效，剖析分散校區大學的合併效益及集中式校區大學所需支持，切實做好大學合併成效評估，解決大學合併之問題。

　　本文要特別指出的是，大學整併效益評估先要針對推動目標是否達成，還要進一步檢討推動目標的適切性加以改進，對於大學合併產生的問題也要積極面對。大學合併成效，不能只看總數，更要看單位學生可用資源和表現，教師的研究表現也是一樣。大學合併只是高教發展藍圖的一部分，規劃好藍圖，不時用來檢視大學整併及其他政策之作為和成果，並持續回饋修改藍圖。對於大學合併模式和體系學制類型，要站在制高點觀察和檢討，大學改革不只是規模問題，更重要的是品質問題，也要檢視資源是否整合而發揮效益的問題，千萬別忘了大學定位和目標、辦學理念和方向，大學規模變大，不一定就能提升競爭力。還要特別注意，大學合併不是單純兩校以上併校問題，還涉及合併學校升格問題，由位階較低的辦學體制升格到位階較高的體制，這是併校之外的挑戰，卻未被注意到。

　　大學合併只是大學整併的一環，大學需要合併到什麼時候，大學系統是否是一條有利的道路，值得評估改進。相對於兩個以上大學合併重新打造為一所大學，大學系統的經營是不是比較容易，而且阻力比較小，也會產生很大的效益？系統內的大學維持獨立運作型態，不會被解構，但在系統中，可以和其他大學做定位的區隔，而且可互相合作、互相銜接、緊密連結、共用資源。目前國內大學系統已經存在，不過其實際運作相當形式化，主要是權力來源有問題，系統治理權責不高，沒有太大的力量來帶領系統內的大學發展。在資源方面，現行大學系統本身沒什麼資源，辦學資源掌握在系統內各個大學手上，系統本身也就沒有什麼資源可以分配。

現行大學系統的任務是什麼也不明確，即便明確有幾點具體項目，也被視為無關緊要。大學系統應該要有完善的法制，應有校長和理事會（或董事會）的組織，分配系統大學資源為其責任，規劃系統大學發展的方向和目標也很重要。大學系統的制度和運作，可參考先進國家做法，像美國大學系統已經運作多年，具有參考價值，日本刻正實施的一法人複數大學制，也值得參考。依據《大學法》第 6 條規定，大學得跨校組成大學系統或成立研究中心，其組織及運作等事項之辦法由教育部定之；大學得組跨校研究中心，其組織及運作方式等事項之規定由大學共同訂定，但須報教育部備查。因而期待教育部要更前瞻地負起責任，針對大學系統及大學聯盟之合作進行大開大闔的改革。至於大學系統之外，可以整合大學資源及力量的大學聯盟及其他各種合作的可能，也該重新檢視並積極推動。在大學合併及大學系統之外，大學聯盟及大學合作尚有很多值得強化的空間。現階段大學仍以競爭為基底在辦學，即便已經形成聯盟或出現合作，各參與大學大都以顧好自己為前提，改進之道，各方互惠互利乃是最重要方向。

參考文獻

于承平（2017）。歐洲大學整併經驗探究與啟示。**清華教育學報，34**(1)，163-200。

大學法（2019.12.11）。取自https://reurl.cc/14vl5m

天下雜誌（2015.12.31）。**你的母校還在嗎？大學明年瘋合併**。取自https://www.cw.com.tw/article/5073567

王盈勛（2016）。大學整併只是一場無謂的假戲。**獨立評論**。取自https://opinion.cw.com.tw/blog/profile/85/article/3741

行政院教育改革審議委員會（1996）。**教育改革總諮議報告書**。臺北：作者。

林新發（2017）。大學院校整併的成果、問題與因應策略。臺灣教育評論月刊，6(1)，17-24。

林純雯（2003）。批判的教育政策分析——以高等教育整併政策為例。**教育研究集刊，49**(2)，117-139。取自https://reurl.cc/OqMQLR

勁報（2020.9.30）。清大教育大樓動土打造國教師培創新基地。取自https://times.hinet.net/news/23067862

張國保、黃嘉莉、劉曉芬、胡茹萍、徐昌慧（2012）。**因應少子女化我國大專校院整併、轉型與退場機制之研究**。臺北：行政院研究發展考核委員會。取自https://reurl.cc/n0Nx42

張惠怡（2015）。**兩岸大學整併政策之比較研究——以臺灣東華大學與大陸廣州大學為例**（未出版之博士論文）。國立屏東教育大學，屏東市。

教育部（1995）。**中華民國教育報告書：邁向二十一世紀的遠景**。臺北：作者。

教育部（2010.5.6）。大學系統組織及運作辦法。取自https://reurl.cc/zz1Oda

教育部（2016.3.1）。**「國立大學合併政策與執行情形」書面報告：立法院第9屆第1會期第11次會議議案關係文書**。取自https://reurl.cc/q8Va40

教育部（2019.7.2）。**國立大學合併推動辦法**。取自https://reurl.cc/bRVOod

教育部（2019.11.5）。**國立大學合併推動辦法**。取自https://reurl.cc/v1aG4

陳怡如（2011）。英國大學整併政策及其成效評估：1992年～。**教育資料集刊**，**(52)**，23-52。取自https://reurl.cc/py38kQ

梁忠銘（2007）。日本國立大學整合編併的過程與問題之探討——以教育大學、學部為中心。**比較教育**，**(63)**，1-39。

梁忠銘（2017）。日本高等教育整編背景和趨勢。**臺灣教育評論月刊**，**6(1)**，30-37。

游婉琪（2016.09.28）。**臺灣「大大學」併「小大學」，是少子化危機的萬靈丹？**取自https://theinitium.com/article/20160928-taiwan-University/

湯志民（2003）。**臺灣高等教育擴張與整併之探析**。取自http://www3.nccu.edu.tw/~tangcm/doc/2.html/article/E219.pdf

翟本瑞、薛淑美（2006）。教育部推動國立大學整併之政策評估：以嘉義大學為例。**教育與社會研究**，**(10)**，163-199。取自https://reurl.cc/e8zQAM

戴曉霞（2003）。高等教育整併之國際比較。**教育研究集刊**，**49(2)**，141-173。

謝金枝（2017）。大學整併：觀點與案例臺灣。**教育評論月刊**，**6(1)**，38-44。

蕭芳華、何卓飛、連寶靜（2010）。美國高等教育系統治理組織設計對臺灣的啟示。**教育研究集刊**，**48**，111-137。

European University Association (2019). *EUR BRIEFING: University mergers in Europe*. Brussels, Belgium: Author.

Harman, G., & Harman, K. (2003). Institutional mergers in higher education: Lessons from international experience. *Tertiary Education and management, 9(*1), 29-44.

Harman, K., & Meek, V. L. (2002). Merger revisited: International perspectives on mergers in higher education: Introduction to special issue. *Higher Education, 44*(1), 1-4.

Martin, J., & Samels, J. E. (2017). *Consolidating colleges and merging universi-*

ties: New strategies for higher education leaders. Baltimore, MD: Johns Hopkins University Press.

Pritchard, R.M.O. (1993). Mergers and linkages in British higher education. *Higher Education Quarterly, 47*(2), 79-102.

Seliga, R., Sułkowski, Ł., & Woźniak, A. (2019). *Barriers to university mergers - Comparative analysis of universities in Europe*. Retrieved from https://reurl. cc/bRVAkl

Thomas, M., & Chabotar, K. (2015). *Between collaboration and merger: Expanding alliance strategies in higher education*. New York: TIAA Institute.

Tienari, J., Aula, H.-M., & Aarrevaara, T. (2016). Built to be excellent? The Aalto University merger in Finland. *European Journal of Higher Education, 6*(1), 25-40.

Williams, J. (2017). *Collaboration, alliance, and merger among higher education institutions: OECD Education Working Papers, No. 160*. Paris : OECD. Retrieved from https://reurl.cc/4mrnqX

國家圖書館出版品預行編目資料

大學整併：成效、問題與展望／黃政傑等合
著. -- 初版. -- 臺北市：五南書出版股份
有限公司, 2020.12
　面；　公分
　ISBN 978-986-522-356-4（平裝）

1.高等教育　2.教育政策　3.個案研究
4.臺灣

525.933　　　　　　　　　109018163

113R

大學整併：成效、問題與展望

叢書主編 ― 黃政傑

主　　編 ― 黃政傑（297）、李懿芳

作　　者 ― 黃政傑、李懿芳、王振輝、林新發、于承平、
　　　　　　楊慶煜、彭煥勝、張慶勳、梁金盛、劉名峯、
　　　　　　王麗雲、戰寶華、梁忠銘、楊思偉、李宜麟、
　　　　　　丁志權、胡茹萍、謝金枝、張國保、袁宇熙、
　　　　　　詹盛如、陳宏彰、黃士銘

發 行 人 ― 楊榮川

總 經 理 ― 楊士清

總 編 輯 ― 楊秀麗

副總編輯 ― 黃文瓊

責任編輯 ― 李敏華

封面設計 ― 姚孝慈

出 版 者 ― 五南圖書出版股份有限公司

地　　址：106台北市大安區和平東路二段339號4樓

電　　話：(02)2705-5066　　傳　　真：(02)2706-6100

網　　址：https://www.wunan.com.tw

電子郵件：wunan@wunan.com.tw

劃撥帳號：01068953

戶　　名：五南圖書出版股份有限公司

法律顧問　林勝安律師事務所　林勝安律師

出版日期　2020年12月初版一刷

定　　價　新臺幣650元

經典永恆・名著常在

五十週年的獻禮——經典名著文庫

五南，五十年了，半個世紀，人生旅程的一大半，走過來了。

思索著，邁向百年的未來歷程，能為知識界、文化學術界作些什麼？

在速食文化的生態下，有什麼值得讓人雋永品味的？

歷代經典・當今名著，經過時間的洗禮，千錘百鍊，流傳至今，光芒耀人；

不僅使我們能領悟前人的智慧，同時也增深加廣我們思考的深度與視野。

我們決心投入巨資，有計畫的系統梳選，成立「經典名著文庫」，

希望收入古今中外思想性的、充滿睿智與獨見的經典、名著。

這是一項理想性的、永續性的巨大出版工程。

不在意讀者的眾寡，只考慮它的學術價值，力求完整展現先哲思想的軌跡；

為知識界開啟一片智慧之窗，營造一座百花綻放的世界文明公園，

任君遨遊、取菁吸蜜、嘉惠學子！